Buch

»Jetzt war ich also fünfzig. Immer noch voller Fragen, immer noch neugierig. Was machte mich zu dem, was ich war? Ich fragte nicht länger, ob ich früher schon einmal gelebt hatte oder ob ich ein zukünftiges Leben haben würde. Ich fragte jetzt, wie und warum das möglich war.«
Mit einer turbulenten Party, zu der Hunderte berühmter Freunde und Gäste erschienen, feierte Shirley MacLaine ihren fünfzigsten Geburtstag und ihren Riesenerfolg als Schauspielerin in dem Film *Zeit der Zärtlichkeit*. Diese Feier bildet den Ausgangspunkt von Shirley MacLaines neuem Buch. Von hier aus blendet sie zurück in ihre nähere und fernere Vergangenheit, beleuchtet sie bedeutsame Stationen in ihrem Leben und berichtet sie von ihrer »Reise nach innen«, ihrem Vordringen in immer tiefere Schichten des spirituellen Bewußtseins und der Selbsterkenntnis.
Tanz im Licht entfaltet so ein eindrucksvolles und spannendes Panorama der glitzernden Welt des internationalen Showbusiness. Vor allem aber gewährt das Buch tiefe Einblicke in Shirleys private Welt: in ihre spirituellen Erfahrungen und Erkenntnisse, in ihre stürmische Beziehung zu einem exilrussischen Filmemacher und in ihr liebevolles, aber konfliktreiches Verhältnis zu ihren Eltern.

Autorin

Shirley MacLaine begann ihre Karriere als Broadway-Tänzerin, bevor sie zur international angesehenen Schauspielerin, Regisseurin und Drehbuchautorin wurde. Für ihre Bühnenauftritte gewann sie fünf »Emmy Awards«, und für ihren Film *Zeit der Zärtlichkeit* erhielt sie 1984 den »Oscar«. Darüber hinaus ist Shirley MacLaine auch Autorin einer Reihe von weltweit überaus erfolgreichen Büchern, in denen sie von den bedeutenden Stationen ihres Lebens und des Bemühens um Selbsterkenntnis und Selbstverwirklichung berichtet. *Tanz im Licht* ist ihr nunmehr viertes Buch, das monatelang an der Spitze der amerikanischen Bestsellerliste stand.

Die Bücher von Shirley MacLaine erscheinen in Deutschland
im Goldmann Verlag. Bislang liegen vor:
Raupe mit Schmetterlingsflügeln (Goldmann-Taschenbuch 8949)
Schritt für Schritt (Goldmann-Taschenbuch 8807)
Zwischenleben (Goldmann-Taschenbuch 6769. Auch gebunden als Goldmann-Hardcover 30080 lieferbar)
Zauberspiel (Goldmann-Hardcover 30340)
*Die Reise nach Innen.
Mein Weg zum spirituellen Bewußtsein*
(Goldmann-Hardcover 30546)

SHIRLEY MACLAINE
Tanz im Licht

Aus dem Amerikanischen von
Traudi Perlinger

GOLDMANN VERLAG

Titel der Originalausgabe: »Dancing in the Light«

Der Goldmann Verlag
ist ein Unternehmen der Verlagsgruppe Bertelsmann

Made in Germany · 11/90 · 4. Auflage
Copyright © 1985 by Shirley MacLaine
Published by arrangement with Bantam Books, Inc., New York
Copyright © der deutschsprachigen Ausgabe 1986
by Wilhelm Goldmann Verlag, Müchen
Umschlaggestaltung: Design Team München
Umschlagfoto: © 1985 by Roger Ressmeyer/Starlight
Druck: Elsnerdruck, Berlin
Verlagsnummer: 9070
G. R. · Herstellung: Heidrun Nawrot/Sc
ISBN 3-442-09070-9

Für Mom und Dad,
Honigbär und Christopher, die es mir ermöglichten,
mich durch sie widerzuspiegeln

Wu Li = Muster organischer Energie
Wu Li = Mein Weg
Wu Li = Un-Sinn
Wu Li = Ich halte meine Ideen fest
Wu Li = Erleuchtung

Meister = Einer, der in der Mitte beginnt,
nicht am Rande

Mit Gott, dem Schöpfer aller Dinge,
zu tanzen bedeutet,
mit sich selbst zu tanzen.

Gary Zukav,
»Die tanzenden Wu Li Meister«

TEIL EINS

DER TANZ NACH AUSSEN

Erstes Kapitel

Am Morgen des 24. April 1984 erwachte ich in meiner New Yorker Wohnung mit dem Gedanken: Heute nachmittag um 15.57 Uhr werde ich fünfzig Jahre alt. Für mich lag in der Tatsache, das halbe Jahrhundert ausgerechnet im Jahr 1984 zu vollenden, eine gewisse Bedeutung, da ich in Bezügen meiner persönlichen Daten zu anderen Ereignissen keinen reinen Zufall mehr sah. Und jedem Menschen, den ich kannte, hatte ich bereits erzählt, für mich gebe es so etwas wie Zufall nicht mehr. Alles, was geschieht, ist das Resultat irgendeiner Art von Ursache und Wirkung und hat folglich tiefer liegende Gründe.

Beispielsweise meine leichten Kopfschmerzen, die ich jetzt verspürte. Ihr tieferer Grund war in der Geburtstagsfeier vom Abend vorher zu suchen.

Mein Freund, der Textschreiber Christopher Adler, hatte eine Party für mehr als tausend unserer Freunde gegeben. Da ich am Abend des 24. April Vorstellung hatte, verlegten wir das Fest eben um einen Tag vor. Chris hatte das »Limelight« in Weiß und Kristall dekorieren lassen. Auf den Einladungen wurde um weiße Kleidung gebeten, und einige Gäste erschienen in Igganzügen oder in Bettlaken gehüllt, wenn sie in ihrer Garderobe nichts Weißes finden konnten.

Das »Limelight«, eine ehemalige Kirche, später Rehabilitationszentrum für Drogensüchtige, hatte sich in eine heiße, felliniähnliche Disco verwandelt. Die »Limelight«-Leute hatten das Gebäude vor dem Abriß gerettet. Schon wegen meiner Neigung für alles Spirituelle gefiel mir die Idee, meine Geburtstagsparty in einer ehemaligen Kirche zu feiern. Vielleicht gelang es uns, ihrer ursprünglichen Bestimmung eine neue Dimension hinzuzufügen. In einer Kirche zu tanzen schien mir ebenso angebracht, wie in ihr zu beten; für mich bedeutete beides ohnehin dasselbe. In der Baptistenkirche in Virginia, wo ich meine Kindheit verbrachte, war es verboten zu tanzen. Meine katholischen Freunde dagegen durften in den Kellerräumen ihrer Kirche tanzen und sogar Bier trinken. Beiden Lösungen haftete eine gewisse Doppelmoral an. In der Baptistenkirche ging es oben zwanglos zu und unten prüde, in der katholischen Kirche war es nur umgekehrt. Meine sogenannte Baptistenerziehung (die eigentlich kaum erwähnenswert ist) hat mich nie wirklich geprägt. Nach meinem ersten Picknick mit der Kirchengemeinde zog ich es vor, auf Privatausflügen mit den Jungs zu flirten. Meine religiösen Neigungen schienen also mehr von meiner Libido bestimmt als von meinem höheren Selbst. Andererseits hängt alles vom jeweiligen Blickwinkel ab.

Wie dem auch sei, meine Geburtstagsparty in der Disco war in jeder Hinsicht ein Ereignis, ob religiös betrachtet oder nicht. Jeder Gast wurde von einer Eskorte in weißen, mit Pailletten und Glasperlen bestickten Gewändern willkommen geheißen, durch die Korridore geleitet, vorüber am einstigen Pfarrzimmer, der Bibliothek und weiter in die von Lachen, Wärme und Freude erfüllten Gemeinschaftsräume. Überall standen Blumengebinde aus weißen Rosen, Lilien und Freesien, in denen Kristalle funkelten. An den Zimmerdecken schwebten Wolken weißer Luftballons, die sich im Lufthauch wiegten. Die Wände schmückten Draperien aus weißer, mit Glasperlen bestickter Seide. Kammermusik des 18. Jahrhunderts empfing uns zum Cocktail. Im stillen fragte ich mich, wann der Rahmen dieses eleganten Abends gesprengt und die Stimmung in eine wahre Dolce-vita-Party explodieren würde.

In meinem Bett streckte ich wohlig die Glieder und massierte die schmerzende Stelle an meinem rechten Fuß, auf den die Kamera eines übereifrigen Fotografen gefallen war. Ich mußte an Elizabeth Taylors Schilderung ihrer Eindrücke bei Mike Todds Begräbnis denken. Damals hatten sich die Reporter Stunden vorher auf dem

Friedhof eingefunden und auf den verwitterten, ehrwürdigen Grabsteinen ihre mitgebrachten Sandwiches ausgepackt, nur um möglichst gute und scharfe Bilder der trauernden Witwe schießen zu können. Die Atmosphäre war schaurig lüstern – eine Lüsternheit, wie sie die Menschen bei gräßlichen Autounfällen packt. Unfälle? Zufälle? War Mikes Tod bei dem Flugzeugabsturz Zufall gewesen? Meine Güte, wie sollte man einem Hinterbliebenen nur beibringen, der plötzliche Tod des geliebten Menschen sei kein Zufall gewesen? Was konnte der Tod wohl Gutes bedeuten? Ich wünschte, ich hätte damals gewußt, was ich heute weiß. Vielleicht hätte ich Elizabeth eine größere Hilfe sein können.

Aus meinem Schlafzimmerfenster blickte ich über den East River. Bilder des vergangenen Abends wirbelten durch meine Gedanken... die vielen Freunde, die aus allen Ecken der Welt angereist kamen, um mit mir zu feiern, daß ich ein halbes Jahrhundert alt wurde. Ihre gutgemeinten Trinksprüche als Ausdruck ihrer Wertschätzung. Es war einer jener Abende, an denen man Fassung bewahren und Komplimente ohne Selbstgefälligkeit, falsche Bescheidenheit und ohne verlegen zu werden annehmen muß. Doch meine Tochter Sachi brachte mich aus der Fassung. Wie es nur Kinder können, die mehr vom Gefühl als vom Intellekt gelenkt werden, schaffte sie es, daß mir die Tränen in die Augen schossen, als sie aufstand und, ohne Atem zu holen, losprudelte: »Meiner Mutter alles Gute zum Geburtstag. Ich liebe sie mehr, als ich sagen kann, und außerdem ist sie mein künstlerisches Leitbild.«

Barmherzigerweise brachte Christopher in diesem Augenblick die Geburtstagstorte herein (ich hatte mir meinen Lieblingskuchen, Möhrentorte, gewünscht). Und während ich die Kerzen ausblies, dachte ich angestrengt nach, wie ich mich bedanken sollte. Es war still im Raum. Ich war tief gerührt von der Zuneigung und Anerkennung meiner Freunde und Kollegen. Ich suchte nach Worten, um die Bedeutung, die der Anlaß und der Zustrom an Liebe für mich hatten, klarzumachen. Plötzlich stand mir ein Bild vor Augen, und ich sprach es laut aus: »Freundschaft ist wie ein Schiff am Horizont, das sich gegen den Himmel abzeichnet. Und dann, wenn das Schiff weiterzieht, verlieren wir es aus den Augen, was jedoch nicht heißt, daß es nicht mehr da ist. Freundschaft ist nicht linear. Sie bewegt sich in viele Richtungen, lehrt uns Dinge über uns selbst und über andere Menschen. Deshalb sind wir in langen Freundschaften, wie das bei den meisten heute abend hier Versammelten der Fall ist, füreinander da, auch wenn wir nicht immer zu sehen sind.«

Ich wollte mehr sagen, aber meine Kehle war wie zugeschnürt. Und außerdem hatte ich gewaltigen Hunger. Wir stürzten uns auf das köstliche Buffet: Spargel in Blätterteigröllchen, gebratene Kalbsbrust, Gemüsesorten, von denen ich noch nie etwas gehört hatte, Morcheln, Salate mit exotisch würzigen Kräutern, die nur Kräutersammler kennen. Gekrönt wurde das Festmahl von der himmlischen Möhrentorte.

Nach dem Dinner begaben wir uns ins Kirchenschiff in die wogende, drängende, tausendköpfige Menge. Von einem in Scheinwerferlicht getauchten Balkon über der jubelnden, tobenden Gästeschar erlebten wir das Programm einiger Entertainer, die das Fest mit ihrer glänzenden Show anheizen.

Es war ein funkensprühendes, strahlendes Geburtstagsfest im Tempel der Liebe und des Lichts aus einem meiner längst vergangenen Leben in Atlantis!

Gedankenverloren blickte ich hinüber nach Welfare Island und fragte mich, ob die anderen Gäste von der vergangenen Nacht ebenso begeistert waren wie ich. Ich wollte immer schon wissen, ob andere mit ihren Augen das sahen, was ich sah. Wahrheit und Wirklichkeit sind so relativ, sie existieren nur im Kopf des einzelnen. Wie sich wohl andere Menschen mit fünfzig fühlten? Blickten sie wie ich zurück in die Vergangenheit und nach innen? Machten andere sich gleichfalls Gedanken über frühere Leben, die sie einmal gelebt haben mochten und die sie zu ihrem heutigen Leben geführt haben?

Ich setzte mich auf und ließ die Beine aus dem Bett baumeln – meine Tänzerinnenbeine – meine Zwei-Shows-täglich-am-Wochenende-Beine – meine fünfundzwanzig-Jahre-das-Stück-Beine. Die Wirklichkeit dieser Beine in diesem Leben, an diesem Morgen war kein Geheimnis. Sie brachten mich vor Schmerz beinahe um und mußten schleunigst unter die heiße Dusche, um den Übergang in eine weniger schmerzhafte Realität zu schaffen.

O Gott, stöhnte ich, als ich wie eine Fünfzigjährige ins Badezimmer schlurfte, ist Schmerz nun Realität oder etwas, was ich mir nur einbilde haben zu müssen, weil ich hart arbeite und ein halbes Jahrhundert alt bin?

Kritisch musterte ich mein Gesicht im Spiegel. Gar nicht schlecht, dachte ich, klarer, durchscheinender Teint, wenig Falten, bis auf den Kranz Lachfältchen um die Augen, die ich mir als Auszeichnung für positive Lebenseinstellung verdient hatte. Ich neigte den Kopf ein wenig, um den Haaransatz besser zu sehen. War der Unterschied zwischen meinem grau-gesträhnten roten Haar und der Clairol-Tönung schon sichtbar? Ich hatte noch ein bis zwei Wochen Zeit damit. Ich dachte daran, wie ich mich auf meinen Reisen, fern von jeglicher Zivilisation und den kosmetischen Forschungsergebnissen des 20. Jahrhunderts, abgepackt in kostspielige Cremetöpfe, mit den Grundbedürfnissen der Hygiene hatte begnügen müssen. Die Lebensumstände, wie ich sie in Hütten des Himalaja, der peruanischen Anden, in Zelten auf afrikanischen Hochebenen oder in Blockhütten der Wälder unserer Südstaaten erlebt hatte, waren mir ins Gedächtnis eingekerbt – welch krasser Gegensatz zu meinem jetzigen Leben in New York als Musical-Star in meiner eigenen Show am Gershwin-Theater.

Ich zog den Duschvorhang zu und drehte das heiße Wasser an. Heißes Wasser ist die Trumpfkarte der Tänzer. Erst in den letzten zehn Jahren hatte ich begriffen, wie wichtig es für mich ist. Wasser wirkt flüssige Wunder. Und das im Nu. Ich mußte mich nicht nach Terminen im Eukalyptusdampfbad eines Fitneß-Studios richten. Ich konnte jederzeit eine Heißwasseranwendung in meinem Badezimmer vornehmen.

Ich prüfte die Position der vier Quarzkristalle, die in jeder Ecke meiner Badewanne eingelassen sind. Ich hatte gelernt, mir die

Kraft der Kristalle zunutze zu machen. Ich stieg in die Wanne und ließ das dampfende Wasser über mein Gesicht laufen, mein Haar, meinen Körper. Ich spürte, wie der Schlafstau in meiner Brust sich löste und die Muskeln entlang meiner Wirbelsäule geschmeidiger wurden. Ich machte ein paar chiropraktische Rückenkorrekturen, die Wirbel klickten hörbar ein, ich atmete den Wasserdampf etwa zehnmal tief ein und wieder aus. Dann schüttete ich etwas Meersalz in ein Glas heißes Wasser und begann mit einem weiteren täglichen Ritual. Ich legte meine Nase an den Rand des Glases und zog das Salzwasser ein. Meine Großmutter hatte, wie viele andere Großmütter auch, mit dieser Methode Nasen-, Rachen- und Nebenhöhlenwege gereinigt. Damit ersticke ich jede beginnende Erkältung im Keim. Natürliche, ganzheitliche Heilmethoden wirken bei mir besser als Medikamente. Ich habe nicht einmal mehr einen Hausarzt. Die Erfahrung hat mich gelehrt, daß unsere westliche Schulmedizin sich viel zu sehr auf Pharmaka verläßt.

Anschließend legte ich Daumen und Zeigefinger aneinander und bereitete mich darauf vor, meine Mantra-Verse zu singen. Durch Aneinanderlegen von Daumen und Zeigefingern wird der Energiekreis im Körper geschlossen, und die Klangfrequenzen erreichen jede Körperzelle. Ich liebe des Gefühl der Tonwellen, die durch meinen Körper fließen. Die Kraft von Tonschwingungen leuchtete mir zum erstenmal ein, als ich vor Jahren anfing, Gesangsstunden zu nehmen. Die Stimmübungen vor den Gesangsstunden versetzten meinen Körper in ausgeglichene Harmonie. Hatte ich mir als Tänzerin Verletzungen zugezogen, so behandelten mich Physiotherapeuten mit Diathermie (Hochfrequenz-Schallwellen) – und erzielten gute Erfolge. Also erschien es mir einleuchtend, Klangtherapie an mir selbst ohne elektronische Geräte anzuwenden, indem ich einfach sang, wie die Hindus es seit jeher in ihren Tempeln tun, oder im übrigen Tausende von Menschen, die munter in der Badewanne trällern. Zweifellos war den Römern diese Therapie auch nicht unbekannt.

Beim Singen meiner Mantra-Verse visualisierte ich weißes Licht, das ich einer Quelle über mir entnahm, ließ es mit den Tonschwingungen durch meinen Körper fließen und erreichte dadurch ein

Gefühl ruhiger Ausgeglichenheit und Zentriertheit. Die Herren der *American Medical Association* hätten für meine Morgenrituale als Beitrag zur Gesunderhaltung des Körpers nur ein müdes Lächeln übrig, daran zweifle ich nicht. Obwohl selbst Mitglieder dieser ehrenwerten Gesellschaft Visualisierungstechniken bei unheilbar Kranken anwenden – wenn nichts mehr zu verlieren ist.

Hals und Brust rieb ich mit Salz ein. Salz ist ein elementarer Reiniger. Die Natur weiß, was sie tut. Jegliche negative Energie, die mir vom Tumult der letzten Nacht anhaften mochte, wurde durch das Salz und den Mantra-Gesang von mir genommen. Auch dies mag als »neuer Fimmel« abgetan werden. Aber mir hilft es.

Etwa fünf Minuten lang sang ich und visualisierte das weiße Licht. Länger dauert das nicht. Fünf Minuten täglich am Morgen. Ich fürchte aber, ich hätte diese Techniken nicht über einen längeren Zeitraum angewendet, wenn ich nicht konkrete, solide Erfolge damit erzielt hätte. Ich bin und war immer ein pragmatischer Mensch. Um das Training als Tänzerin durchzustehen, ist diese Lebenshaltung Grundvoraussetzung.

Die Orientierung ist erdgebunden, weil Schmerz eine Realität ist, mit der man ständig lebt. Der Tanz als kreativer Körpereinsatz ist eine der ältesten der Menschheit bekannten Kunstformen. Hochentwickelte Tanzkunst beansprucht den Körper aufs äußerste, zwingt ihn, seine scheinbaren Grenzen zu überwinden, zur Grenzenlosigkeit aufzusteigen. Ein guter Tänzer weiß jedoch genau, daß diese Herausforderung an die Leistungsfähigkeit weit mehr verlangt als bloße Orientierung zum Physischen. Ebenso weiß ein Leistungssportler, daß Verstand und Geist unerläßlich sind, um das volle Potential seines Körpers auszuschöpfen. *Esoterik*, *Holistik*, *Mystik* mögen zwar unpragmatisch klingende Wörter sein, werden sie jedoch in physische Begriffe übertragen, wissen die Verfechter dieser Methoden, daß sie damit ganz einfach lernen, aus unsichtbaren Energien den besten Nutzen zu ziehen.

Ich trat aus der Dusche. Das Telefon schrillte. Ich ließ es klingeln, bis sich der Auftragsdienst einschaltete. Ich habe gelernt, daß ein simples Telefonat die Ausgeglichenheit der Energien für den Rest des Tages zerstören kann. Wartete ich, bis ich mit meinen Übungen fertig war, war jede Nachricht eine gute Nachricht.

Ich legte meine Yoga-Kassette ein und begann meine fünfundzwanzig Positionen. Nach der heißen Dusche ließen sich meine geschmeidigen Muskeln mühelos dehnen. Die Yoga-Übungen dauerten etwa fünfzig Minuten beziehungsweise siebenmaliges erneutes Telefonschrillen. Ich fühlte mich energiegeladen und stolz, daß ich mich nicht durch Kontakte mit der Außenwelt von meinem Konzept hatte abbringen lassen.

Nun konnte der Tag beginnen. Ich rief den Auftragsdienst an und erfuhr eine Menge Nachrichten; eine davon war, daß mein Verlag mir ein Geburtstagsgeschenk überreichen wollte. Man hoffte, ich könne am Nachmittag mal vorbeischauen.

Ich zog mich an und ging nach unten. Sachi und meine Freunde Sandy und Dennis Kucinich waren ausgegangen.

Ich kam mir verlassen vor, keiner gratulierte mir zu meinem eigentlichen Geburtstag. Das verdarb mir fast den Spaß am gestrigen Abend.

Simo brachte mir eine Schale seines selbstgemachten Apfelkompotts und eine Tasse koffeinfreien Kaffee. Simo war mein Mädchen für alles. Er war mein Freund, Haushaltsvorstand und Weggefährte auf der spirituellen Suche. Wir haben uns durch eine metaphysische Gruppe in Manhattan kennengelernt, und der spirituelle Weg, den er einschlug, hatte sein Leben genauso umgekrempelt wie mein Weg mich. Er lächelte stets milde, wenn ich ihn als meine Ehefrau vorstellte, denn bevor er zu mir kam, hatte ich gesagt: »Wissen Sie, ich brauche so etwas wie eine Ehefrau in jeder Beziehung, außer im Schlafzimmer.« Er hatte gemeint: »Dann bin ich der richtige Mann für Sie. Ich wünsche mir schon immer, jemanden zu bemuttern.« So stand das also zwischen uns.

»Konnten Sie denn schlafen nach dem Trubel der letzten Nacht?« fragte er.

»Hmhm. Haben Sie schon mal etwas Derartiges erlebt?«

Er schüttelte den Kopf, und sein Bäuchlein hüpfte beim Lachen auf und ab, als er sich über das Fest amüsierte.

»Wissen Sie«, sagte er, gemächlich auf den Fersen wippend, und schaute dabei zur Zimmerdecke, als könne er dort einen entflohenen Gedanken einfangen. »Wissen Sie«, murmelte er wieder, »die kamen alle, um sich zu vergewissern, daß so jemand wie Sie tatsächlich existiert.«

»Wie meinen Sie das?«

»Na ja, Christopher sagte das auch. Nach all dem, was im letzten Jahr mit Ihnen geschehen ist, wollten die Leute sich davon überzeugen, daß Sie keine Illusion sind, kein Mythos, daß Sie auch Ihre Fehler haben und auch nur mit Wasser kochen, wie man so schön sagt.«

»Schon möglich. Vielleicht sind Berühmtheiten deshalb eine so heiße Ware. Wir sind eine Art Symbol, daß alles möglich ist – Gutes wie Schlechtes.«

»Da kommt alles zusammen«, meinte Simo. »Ihr Oscar, Ihr Erfolg mit *Zwischenleben*. Und jetzt haben Sie auch noch diesen Hit am Broadway gelandet. Irgendwie spüren die Leute, Sie hätten eine Antwort, die sie auch gerne wissen würden. Und diejenigen, die noch vor einem Jahr der Meinung waren, Sie hätten nicht alle Tassen im Schrank, fragen sich allmählich, was sie nicht begriffen haben.«

Ich grinste in mich hinein. Im Grunde genommen verabscheue ich Schadenfreude. Ich kann Leute nicht leiden, die mir sagen »Siehst du, ich hab's ja gleich gesagt«. Ich mag diese Ich-hab's-ja-gleich-gesagt-Sätze nicht einmal, wenn ich sie anderen Leuten an den Kopf werfen könnte. Ich halte das für voreingenommen, selbstgefällig und arrogant.

Simo sammelte die gebrauchten Servietten vom Frühstückstisch ein und stützte eine Hand in die Hüfte. »Also ich weiß nicht«, seufzte er, »mit meinen früheren Freunden, die mich für übergeschnappt halten, weil mir ein Licht aufging, kann ich nicht mehr reden. Wir haben uns nichts mehr zu sagen.« Er hielt einen Augenblick inne. »Aber dann gibt es wieder Leute, die verstehen, wovon ich spreche, und mit denen bin ich gern zusammen.« Er ging wieder in die Küche.

Ich blickte aus dem Fenster auf die First Avenue. Für mich wie für Simo und andere in der Selbstsuche begriffene Menschen war es von karmischer Sicht aus gesehen ganz einfach. *Der konkrete Unterschied zwischen der karmisch-spirituellen Perspektive und der materialistischen »Beweise es«-Perspektive lag in der Eigenverantwortlichkeit.* Als uns klar wurde, daß wir für alles, was uns widerfährt, *selbst* verantwortlich sind, fiel es uns leichter, mit größerem Gemeinschaftssinn und positiver Einstellung weiterzuleben. Das traf auf jeden Lebensbereich zu, ob es sich um eine Liebesbeziehung, um Tod, einen verlorenen Job oder um Krankheit handelte. Wir treffen *selbst* die Wahl, solche Erfahrungen zu machen, um aus ihnen zu lernen – und für mich ist das der Sinn des Lebens: Lernen. Lernen und sich über die Erkenntnis freuen, daß das Leben aus Lernprozessen besteht.

Ich mußte daran denken, wie mir kurz vor der Veröffentlichung von *Zwischenleben* zumute war. Einige meiner Freunde meinten, das Buch sei eine »Karrierebremse«. War es denn wirklich nötig, meine Überzeugungen in der Öffentlichkeit breitzutreten? Hätte ich das nicht für mich behalten können?

Das gab mir einiges zu denken. Natürlich hätte ich meine Gedanken und Gefühle für mich behalten können. Aber mein Leben bestand nun mal aus Ausdrucksformen. Seit ich drei Jahre alt war, hatte ich Ballettunterricht, weil es mir Spaß machte, mich körperlich auszudrücken. Als Teenager wechselte ich vom Tanz zum Gesang und zum Musical, diese erweiterte Erfahrung war eine natürliche und logische Fortsetzung und Vertiefung der Möglichkeiten meiner Selbstdarstellung.

Als ich nach weiteren Ausdrucksformen suchte und zur Schauspielerei überwechselte, lernte ich eine neue Dimension kennen, den Spaß, mich durch Worte und Sprache zu äußern, Instrumente, die feinere Portraitzeichnungen ermöglichten, als Gesang und Tanz dies vermochten. Das komplizierte Mysterium, ein anderer Mensch zu sein, faszinierte mich. Mir über Hintergrund, Neigungen und Bedeutung einer anderen Person klarzuwerden und meine Gefühle und Gedanken in diese neue Person einzubringen stellte eine aufregende Aufgabe für mich dar. Das Schreiben wurde wiederum zur logischen und natürlichen Folge, meine Gedanken und Gefühle zu verstehen und zu erklären, in dem Versuch, die Gedanken und Gefühle anderer zu verstehen.

Als meine innere Suche eine metaphysische und spirituelle Richtung einschlug, glaubte ich anfangs, dabei handle es sich um eine rein private Angelegenheit. Eine Neugier auf etwas, worüber ich nur für mich selbst schreiben würde. Doch dann erlangten die Entdeckungen, die ich machte, überwältigende Bedeutung und Wichtigkeit, nicht nur für meine eigene Person, sondern als eigenständige, machtvolle Philosophie. Dieses neue Bewußtsein für mich zu behalten hätte bedeutet, den Ausdruck neuer und unerläßlicher Gedankenkonzeptionen in meinem Leben zu unterdrücken. Für mich wäre eine solche Beschneidung einer Lähmung gleichgekommen. Ich hätte nicht in Frieden mit mir leben können, wenn ich mich geweigert hätte zu schreiben, oder das, was ich schrieb, gängigen Markttendenzen angepaßt hätte. Das hätte bedeutet, daß ich mein Leben dem Diktat irgendeines amorphen öffentlichen »Images« unterworfen hätte. Und dieser Terminus ist im Lexikon meiner Verhaltensweisen nicht enthalten.

Auch wenn mir in der behüteten, heilen Welt einer amerikanischen Durchschnittsfamilie gute Manieren beigebracht wurden, die freie Erforschung des Denkens wurde dadurch nicht behindert. Sowohl meine Mutter wie mein Vater förderten die Wißbegier in mir und anderen Menschen ihrer Umgebung. Sie mochten Bedenken und Einwände haben, wenn es um Äußerlichkeiten ging, doch es wäre ihnen nicht im Traum eingefallen, mich in meinen Denkprozessen aufzuhalten oder zu beschneiden. Meine Eltern waren die wichtigsten Förderer meines freien, unabhängigen Geistes. Nichts erschien ihnen fremd oder absurd an meiner jugendlichen Wißbegier, die alles wie ein Schwamm aufsaugte. Sie ließen nicht nur alle Fragen zu, sie animierten mich, meine Fragestellung zu vertiefen. Mir wurden keinerlei Zwänge auferlegt, solange ich höflich war und einen relativ »guten Eindruck« machte als Mensch. Ihre Aufgeschlossenheit gegenüber philosophischer und geistiger

Suche war freizügig, unabhängig, offen und ermutigend. Sie vollzog sich nach dem Motto: »Solange du deine Füße auf der Erde hast und deinen Kopf in den Sternen, kann dir nichts passieren.« Diesen Satz hörte ich oft von meinem Vater. Meine Eltern hatten ihre Realität, so wie ich meine haben sollte. Und meine Realität lag draußen im freien Raum.

Als ich meine Werbekampagne für *Zwischenleben* startete, wußte ich, daß ich in der Öffentlichkeit zu Fragen über Reinkarnation, spirituelle Meister, die Möglichkeit der Existenz außerirdischer Wesen und die ›Realität‹ einer neuen Dimension Stellung beziehen mußte, und ich erfuhr zu meiner großen Erleichterung, daß die Aufgeschlossenheit meiner Eltern gar nichts Einmaliges war.

Mir bot sich dabei so etwas wie ein neues Befreiungswunder, von dem ich glaube, es kann nur in Amerika geschehen. Ich stellte begeistert fest, wie ehrlich wißbegierig und aufgeschlossen Amerikaner wirklich sind. Ich begegnete aufrichtiger Freundlichkeit und Wohlwollen seitens der Talkmaster und Teilnehmer an Gruppendiskussionen, von Feministinnen, Journalisten, Studenten, selbst von Ärzten und Psychologen, die meine Ansichten ohne Sticheleien, Vorurteile und Bosheiten akzeptierten. Ärzte und Psychologen gestanden sogar ein, daß sie bei der Behandlung ihrer Patienten zuweilen andere Dimensionen verspürten, doch als Wissenschaftler müßten sie sich an die empirisch erarbeiteten Wahrheiten halten, wie sie es gelernt hätten. Doch die unverfälscht menschliche Neugier der meisten Menschen gefiel mir sehr. Und dieser Humor! Es gab viel zu lachen. Sobald die Leute bemerkten, daß ich meinen Sinn für Humor nicht verloren hatte, während ich auf spirituellen Pfaden wandelte, entspannten sie sich und hatten ihren Spaß.

Die männlichen Journalisten fragten mich gewöhnlich nach »Beweisen«. Woher wissen Sie, daß Sie eine Seele besitzen? Wie messen Sie diese Gotteskraft? Woher wissen Sie, daß Sie schon einmal gelebt haben? Glauben Sie nicht, daß Sie sich diese Dinge nur zusammenphantasieren, weil unsere Zivilisation vor dem Zusammenbruch steht und Sie sich damit eine Art Strohhalm ergattern? Die Männer waren weniger *selbst*beteiligt. Sie trugen ihre

Reaktionen nach außen, wiesen jegliche persönliche Bewertung von sich, wie immer diese auch ausgefallen wäre. Für mich waren ihre Fragen eine wichtige Lehre in linksseitiger Verstandesorientierung (Yang). Die Männer scheuten sich, ihre intuitive Intelligenz (Yin), die in der rechten Gehirnhälfte sitzt, einzusetzen. Sie schämten sich ihrer »Gefühle« und erachteten sie als nicht glaubwürdig. Intuition und Gefühle waren nun mal die Domäne des Weiblichen.

Viele Journalisten kannte ich seit Jahren persönlich. Sie wußten Bescheid über meinen Feminismus, meine politischen Aktivitäten, meine Einstellung gegen den Krieg, meine Ablehnung nuklearer Rüstungsprogramme und meine Haltung gegenüber persönlicher und sexueller Freiheit. Sie wußten, daß ich Drogen ablehne, nicht einmal bereit bin, einen Joint zu rauchen. Und sie kannten meine unverblümte Sachlichkeit.

Als ich meine spirituelle Suche mit natürlicher Vertiefung persönlicher und intuitiver Wißbegierde erklärte, schrieben sie es *meiner* Realität zu, *meiner* Perspektive und *meinem* Drang, mehr im Leben zu sehen, als dem Auge zugänglich ist.

Bei den Frauen lag das etwas anders. Die meisten sehnten sich danach, Empfindungen, über die sie nachgedacht, die sie ergründet, vielleicht auch schon zum Ausdruck gebracht hatten, bestätigt zu finden. Doch es war ihnen unangenehm, ihre Karten auf den Tisch zu legen. Auf ganz persönliche, stille, kleine Weisen gingen sie ihrer eigenen Suche nach. Im kleinen Kreis wagten sie sich in Diskussionen oder in Sitzungen zur Bewußtseinserweiterung mit Fragen ihres spirituellen Lebens auseinanderzusetzen. Chakra-Energien, ganzheitliche Heilmethoden, Meditation und karmische Wahrheit waren Themen, die ihre Aufmerksamkeit mehr und mehr fesselten.

Wenn die Erforschung auch als Suche nach der eigenen Identität begonnen hatte, so hatte sie sich schnell als Identitätsbehauptung erwiesen. Seit Generationen hatten Frauen intuitives Verständnis angestrebt, ein fundamentaler weiblicher (rechtsseitig gesteuerter) Weg zu der Erkenntnis, daß Wahrheit möglicherweise in *unsichtbaren* ebenso wie in sichtbaren Bereichen existiert. Auf dieser Basis haben Frauen sich seit Menschengedenken mit männlichen Machtstrukturen abgefunden. Und nun setzen sie mehr Vertrauen in ihre Yin-Stärke, tragen sie nach außen und machen sie sichtbar.

Die weiblichen Journalisten stellten ihre Fragen aus dem Herzen, die Männer aus dem Verstand. Aus beidem zog ich meine Lehren. Beides war notwendig. Die Männer motivierten mich, deutlicher zu artikulieren – keine leichte Aufgabe, wenn es um Belange der Seele geht. Die Frauen motivierten mich, einfach ich selbst zu sein, was leider auch nicht einfach ist, wenn man sich die Aufgabe gestellt hat, herauszufinden, was sein Selbst ist.

Man hat mir eine Unzahl von Briefen geschrieben. Ich habe viele gelesen, wußte aber von Anfang an, daß ich keine Aufklärungen anbieten konnte und wollte. Es lag in der Verantwortlichkeit jedes einzelnen, in seine Seele zu blicken und dort nach der Antwort zu suchen. Meditieren Sie, schlug ich vor; beschäftigen Sie sich jeden Tag eine gewisse Zeit mit dem eigenen »Kennenlernen«. Denjenigen, die an spirituellen Übermittlungen interessiert waren, riet ich, Bücher von Edgar Cayce, Jane Roberts oder Ruth Montgomery zu lesen. Anderen Lesern wieder, die sich für eine größere Funktionstüchtigkeit ihres Körpers interessierten, riet ich zu Büchern über ganzheitliche Heilmethoden, neue Erkenntnisse moderner Vollwertnahrung und über Yoga-Übungen. Waren sie daran interessiert, die sieben Chakra-Energiezentren entlang der Wirbelsäule zu erkunden und zu öffnen, empfahl ich, sich in einer esoterischen Buchhandlung beraten zu lassen. Meiner Erfahrung nach führt ohnehin ein Buch zum nächsten, ebenso wie ein gemeinsames Gespräch weitere Gespräche nach sich zieht.

Ich zögerte, spirituelle Meister und Lehrer oder Medien zu empfehlen, da meiner Meinung nach die meisten Menschen zu ihrer eigenen Quelle des Lernens finden müssen. Wenn ein Schüler dazu bereit ist, erscheint bald der Lehrer.

Die vielen Zuschriften freuten mich sehr. Mir war aber klar, daß es für die meisten Briefschreiber das wichtigste war, sich mitgeteilt und Gefühle zum Ausdruck gebracht zu haben.

Ich wollte weder ein Guru werden, noch wollte ich eine spirituelle Bewegung ins Leben rufen oder deren Anführerin sein. Spirituelle Selbstsuche muß jeder Mensch für sich, auf seine Weise, in seinem Tempo unternehmen. Jeder einzelne reagiert auf persönliche Wahrheiten anders. Jeder Mensch ist sein eigenes Universum des Verstehens, dessen Ausmaß nicht im Sinne eines sichtbaren Fortschritts gemessen werden kann. Ein Mensch ist *scheinbar* fortgeschrittener als ein anderer, doch wer kann das tatsächlich beurteilen? Sich selbst zu erkennen ist ein Lebensprozeß, aber nicht etwa ein Prozeß, der nur dieses eine Leben andauert. Dieser Fortschritt ist nicht linear meßbar. Es gibt keine vergleichende Hierarchie. Ein in einer früheren Lebensspanne spirituell hoch entwickelter Mensch kann die Entscheidung treffen, in dieser Lebensspanne die Erfahrung spiritueller Blindheit zu machen, um beispielsweise als Katalysator für jemanden wie mich zu dienen, die ich mich deutlicher über meine gewonnenen Erkenntnisse ausdrücken mußte.

Und jetzt war ich fünfzig Jahre alt, stellte noch immer wißbegierige Fragen, war hoffentlich immer noch in einer Entwicklung begriffen und tappte gewiß immer noch im dunkeln. Was hat mich zu der, die ich bin, gemacht? Ich fragte nicht mehr, ob ich früher schon einmal gelebt habe und ob ich wieder leben werde. Ich fragte nun wie und warum.

Beziehungen sind das Herz und der Kern all dessen, was wir sind. Treffen wir demnach die *Wahl*, Beziehungen mit Menschen anzuknüpfen, um zu lernen? Trafen wir diese Wahl bereits vor der Geburt? Geht das so weit, daß wir uns die Eltern aussuchen, zu denen wir gehören wollen?

Überschaute ich mein Leben von dieser Warte, so bekamen die Beziehungen, die ich zu meinen Eltern, zu meiner Tochter und zu Freunden hatte, eine andere Dimension – eine Dimension, die diese Menschen und mich selbst in ein anderes Licht rückte. Ja, das Leben war ein Tanz, der für mich eben anfing, sich ins Licht zu bewegen.

Ich hörte Stimmen aus der Diele. Sachi und Dennis und Sandy waren nach Hause gekommen.

»Herzlichen Glückwunsch zum Geburtstag«, johlten sie, stürmten ins Zimmer und umarmten mich.

»Zum Glück waren die Geschäfte offen«, sagte Dennis, »gestern hatten wir so viel zu feiern, daß keine Zeit blieb, ein Geschenk für dich zu besorgen.«

»Ihr seid mir Geschenk genug«, entgegnete ich und sah Dennis an, den couragierten, unorthodoxen Großstadtpolitiker. Er hatte braune Augen und volles, jungenhaftes Haar. Sein federnder Gang glich dem eines siegessicheren Leichtathleten, der wußte, er wurde vom Strom seiner Bestimmung getragen.

Dennis Kucinich und seine blonde Frau Sandy haben eine zweijährige Tochter, Jackie, deren Taufpatin ich bin. Dennis ist sich sicher, daß ich Jackie in einem früheren Leben gekannt habe und später vielleicht die einzige sein werde, die in diesem Leben mit ihr zurechtkommt.

Hinter Dennis und Sandy kam Sachi herein. Das Zimmer schien sich mit ihrer Gegenwart zu erhellen, wie jeder Raum, den sie betritt.

»Hi, Mom. Herzlichen Glückwunsch zum Geburtstag.« Sie umarmte und küßte mich und überreichte mir zwei sehr hübsch verpackte Geschenke. »Das sagt es besser, als ich es kann«, meinte sie.

Ich öffnete die Päckchen. Eines enthielt mein Lieblingsparfum (ihres übrigens auch), das andere war ein Kaffeebecher mit der Aufschrift: ICH LIEBE DICH, Mom, jeden Morgen.

Ich goß den Rest meines coffeinfreien Kaffees in den Becher, lehnte mich zurück und betrachtete meine Tochter.

Sie plauderte vom Abend vorher, wie Christopher mitten in der Show aus der Gipstorte gesprungen war; lachte über Liberaces Auftritt in einem Cape, für das eine echte Königin einen Mord begangen hätte; über den bezaubernden Humor von Marvin Hamlish, als er mir die bisher unaufgeführte Ouvertüre zu *Chorus Line* widmete.

Während sie über das Show-Ereignis der Geburtstagsparty plauderte, freute ich mich darüber, daß dieses reine, unbeschwerte Blumenkind tatsächlich meine Tochter war.

Sachi hat eine »internationale« Erziehung genossen. Bis zu ihrem sechsten Lebensjahr lebte sie bei mir in den Staaten, bis zu ihrem zwölften Lebensjahr bei ihrem Vater in Japan und danach auf ihren eigenen Wunsch bis zum Abschluß der Schule in Internaten in England und der Schweiz. Jeden Sommer verbrachten wir drei Monate zusammen und sechs Wochen um die Weihnachts- und Osterzeit. Sachi sagte einmal, wichtig sei die Qualität der Zeit, die man zusammen verbringe, nicht die Quantität.

Ich war stolz auf meine Tochter. Sie hatte eine unberührte Reinheit an sich. War sie seelisch glücklich und ausgeglichen, gab es niemanden in meinem Leben, der mir mehr Freude bereitet hätte. Sachi war beinahe 28 Jahre alt, wirkte aber noch wie ein Teenager. Und doch konnte sie raffiniert und geschickt sein, wenn sie sich etwas in den Kopf setzte. Langes, weizenblondes Haar umrahmte ihr sommersprossiges, stupsnasiges Gesicht, und wenn ihre blauen Augen blinzelten, entstand um ihre dichten, geradezu lächerlich langen Wimpern ein winziger Wirbelsturm. Ihre Naivität paarte sich mit fröhlicher Weisheit. Sie konnte sich kindhaft an den Wundern der Welt erfreuen und steckte jeden in ihrer Umgebung mit ihrer unbeschwerten Fröhlichkeit an.

Sachi war aber auch zu tiefem Verständnis fähig, das mich manchmal sehr verblüffte. Sie vermochte sich in andere Menschen so hineinzuversetzen, daß ich mich oft fragte, woher sie diese Sensitivität nahm. Aber Eltern begreifen immer als letzte, daß aus ihren Kindern erwachsene Menschen geworden sind – mir ging es da wohl nicht anders als anderen Müttern. Sachi hatte, obwohl sie so unschuldsvoll wirkte, klare Vorstellungen von dem, was sie vermittelte. Das machte ihren ungewöhnlichen Reiz aus. Sie wußte, sie war ein Geschöpf des Lichts, und sie wollte es bleiben ... kein leichtes Vorhaben, wenn die Welt um sie herum immer mutloser wurde.

Auch sie lebte nach spirituellen und metaphysischen Prinzipien, ebenso wie die meisten ihrer Freunde. Sie meditierten, machten

Yoga und bedienten sich visualisierter Lichttechniken zur Heilung. Sie mieden Schnellimbißkost und kauften Lebensmittel in Bio-Läden, aßen salzlose Gerichte, zuckerfreie Kekse, Bienenpollen und Weizenkeime zur Stärkung des Energiehaushalts.

Wenn Sachi einkaufte, quoll der Kühlschrank über von Natursäften, Obst und Gemüse aus organischem Anbau. Ein gutes Abendessen bestand für sie aus einem Berg rohen Gemüses mit Zitronen-Senf-Dressing, in einer großen Holzschüssel serviert.

Andererseits hatte sie das Zeug zu einer Drei-Sterne-Köchin, denn in Paris und Tokio hatte sie die hohe Schule des Kochens gelernt. Aus Resten vom Vortag verstand sie es, ein Gourmet-Mahl zu zaubern. Als sie uns einmal geschnetzeltes Huhn mit frischen Waldpilzen in Butter, Schalotten und Wein sautierte, war ich der Meinung, sie habe eine neue Fleischsorte entdeckt, dabei hatte sie nur tiefgekühlte Hühnerbrust aus dem Eisschrank genommen. Sie hatte es nicht gern, wenn ich ihr beim Kochen über die Schulter schaute, darin sah sie einen Einbruch in ihre Domäne. Beim Kochen nippte sie an einem Glas trockenem Wermut auf Eis wie ein europäischer Küchenchef. Vermutlich wollte sie mich nicht in der Küche haben, damit ich nicht spitzkriegte, wie vielen dickmachenden Zutaten sie ihre köstlichen Gerichte verdankte.

Eine Weile hielt ich eine Diät, in der ich viele gebratene Äpfel essen mußte. Ich briet mir die Äpfel mit braunem Zuckerersatz, und sie schmeckten nicht übel. Wenn Sachi gebratene Äpfel servierte, wurden sie mit zerlassener Butter, Zimt, Muskat und echtem Zucker zubereitet. Sie schmeckten natürlich unvergleichlich viel besser. Sie sah mir genüßlich zu, wie ich mir die gebratenen Äpfel schmecken ließ, war aber verärgert, als ich in die Küche kam und herausfand, wie sie die Delikatesse anrichtete!

Sachi hatte überlegt, als Übersetzerin bei den Vereinten Nationen zu arbeiten. Sie beherrschte Japanisch und Französisch, außerdem so viel Kanton-Chinesisch, um chinesische Zeitungen zu lesen. Sie fühlte sich sowohl in westlichen wie in östlichen Kulturen zu Hause und konnte oft nicht begreifen, daß Ost und West so große Schwierigkeiten haben, zueinander zu finden.

Bald nachdem sie ihr Studium in Frankreich beendet hatte, kam sie zu mir nach Malibu. Eines Abends sprachen wir über ihre Zukunftspläne. Ich erinnere mich noch genau an die Situation; sie war etwas niedergeschlagen und im Begriff, einen Obstkuchen anzuschneiden. Sanft zog sie das Messer durch den Kuchen und sagte seufzend: »Ach Mom, das Leben ist so geheimnisvoll, findest du nicht auch?«

Ich mußte laut lachen. Ich konnte nichts dafür. Sie war einfach anbetungswürdig. Verdutzt schaute sie hoch und fragte: »Was ist los?«

»Verzeih, Liebling«, antwortete ich, »das Leben ist wirklich geheimnisvoll. Aber könntest du noch einmal in den Obstkuchen schneiden und diesen Text wiederholen?«

»Text wiederholen?« fragte sie verwundert.

»Ja. Ich meine, tu das, was du eben getan hast, noch einmal und wiederhole den Satz, wie du ihn gesagt hast. Weißt du noch, wie du ihn gesagt hast?«

»Klar. Ich weiß immer, wie ich irgend etwas mache.«

Aha, dachte ich. Das kann aufschlußreich werden.

Und sie wiederholte, ohne zu zögern, die »Szene«.

Sie war geradezu unheimlich identisch.

Sie sah mich an. Ich blinzelte. Ich spürte, dies war ein wichtiger Augenblick. Das spürte sie auch.

»Interessant«, sagte ich.

Ich zögerte. Sollte ich weitermachen oder nicht? Ich machte weiter.

»Na schön. Machen wir ein Spielchen. Du schneidest wie gehabt in den Obstkuchen und bringst den Satz ›das Leben ist geheimnisvoll‹. Diesmal gibst du mir aber das Gefühl, dir breche das Herz dabei.«

»Gut«, meinte sie bedenkenlos. Und ohne sich zu sammeln, schnitt sie ein wenig zaghafter in den Kuchen und sagte mit einer Stimme, als koste es sie Mühe, ihre Tränen zurückzuhalten: »Ach Mom, das Leben ist so geheimnisvoll.« Man hätte meinen können, im Morgengrauen werde das Todesurteil an ihr vollstreckt. Sie rührte mich, den Profi, wirklich an. Meine Güte, dachte ich, soll ich ihr sagen, wie talentiert sie ist? Ihre Ausdruckskraft war nur zu deutlich. Ich fühlte mich beinahe gezwungen weiterzumachen.

»Okay. Machen wir was anderes.«

»Prima«, antwortete sie, und ihr war klar, daß wir nicht nur spielten, sondern dabei etwas auf der Spur waren.

»Machen wir eine kleine Improvisation«, schlug ich vor.

»Was ist das?«

»Ich erklär' es dir. Du gehst jetzt hinaus, klopfst an die Tür, ich mache auf. Deine Aufgabe ist es, mir zu sagen, daß du jemanden auf der Straße gefunden hast, der irgendwie verletzt ist, und mich verzweifelt zu bitten, ihm zu helfen. Du mußt mich davon überzeugen, daß du die Wahrheit sagst.«

»Aha«, sagte sie mit leuchtenden Augen. »Ich klopfe also an die Tür, und los geht's.«

»Ja.«

»Okay.«

Sie ging hinaus, schloß die Tür. Ich hörte, wie sie die Treppe hinunter zum Strand ging. Es dauerte etwa eine Minute, bis ich hörte, wie sie die Treppe heraufpolterte und gegen die Tür schlug. Sobald ich die Dringlichkeit des Hämmerns hörte, wußte ich, wie die Sache laufen würde.

»Mom, Mom«, schrie sie. »Mach auf! Schnell!«

Ich öffnete.

»Da liegt ein Mann, draußen auf der Malibu Road. Er muß von einem Wagen angefahren worden sein und braucht Hilfe. Er blutet, Mom. Er verliert furchtbar viel Blut. Wir müssen den Notarzt rufen, ehe es zu spät ist.« Ihre Augen füllten sich mit verzweifelten Tränen, als sie mich am Arm zog, nach draußen zu kommen und nachzusehen. »Bitte, Mom, komm und sieh ihn dir an, wenn du mir nicht glaubst. Das ist kein Theater. Da liegt wirklich einer. Du mußt ihn dir ansehen, bevor wir den Arzt rufen, vielleicht weißt du, was ihm fehlt. Mach schnell, er muß große Schmerzen haben. Ich spiele kein Theater. Komm schon. Steh nicht einfach rum!«

Es kostete mich einige Überwindung, *nicht* die Treppe hinunterzustürzen und schnurstracks auf die Straße zu laufen. Erstaunt blieb ich in der Tür stehen.

Sachi starrte mich an.

»Was ist los, Mom?«

»Ich frage mich, ob da wirklich ein Mann auf der Straße liegt.«

»Nein, Mom«, lachte sie, jetzt ohne Tränen. »Du sagtest doch, ich solle dich überzeugen. Ich hab's geschafft, stimmt's?«

»Ja, Liebling«, sagte ich. »Das hast du wirklich. Besonders als du sagtest, daß du kein Theater machst. Außerdem bist du ziemlich raffiniert.«

»Ist das Schauspielern?« fragte sie.

Ich legte meinen Arm um sie und schloß die Tür. »Das ist mehr als Schauspielern. Das ist Glaubwürdigkeit.«

Sie widmete sich wieder ihrem Obstkuchen. »Dann bedeutet Schauspielern also, einen anderen Menschen von dem, was du sagst, zu überzeugen, ob es wahr ist oder nicht?«

»Ja«, seufzte ich und dachte dabei an Ronald Reagan.

»Vielleicht ist das was für mich. Das tue ich eigentlich schon mein ganzes Leben.«

In fünf kurzen Minuten hatte sich ihr Lebensweg verändert, das wußten wir beide. Mit verblüffender Klarsicht begriff sie, daß sie eine Form der Ausdruckskraft definiert hatte, die ihr immer schon als etwas Natürliches erschienen war. Die Frage stellte sich, ob sie auch begriff, daß Schauspielerei weit mehr als bloßes Talent erforderte.

Es dauerte keine zwei Wochen, und Sachi hatte sich an einer der renommiertesten Schauspielschulen Hollywoods eingeschrieben und arbeitete neben bereits bekannten Schauspielern, die wieder zur Schule gingen, um ihr Handwerk aufzupolieren. Sie hatte keine Probleme mit der Tatsache, daß ich meine Tochter war, redete nicht davon, außer andere Leute sprachen sie darauf an. Und bevor ich recht begriff, was vorging, lernte sie Texte auswendig, probierte Szenen, durchstöberte meine Schränke nach Kostümen und Requisiten und führte lange Unterredungen mit ihren jeweiligen Partnern darüber, was von ihnen am nächsten Tag erwartet wurde.

Von dritter Seite hörte ich von ihrem Talent und wie beliebt sie bei ihren Mitschülern war. Die meisten ihrer neuen Freunde waren gezwungen, sich mit trickreichen Methoden finanziell über Wasser zu halten, und sie lernten schnell, sich der emotionalen Brutalität des ausbeuterischen Konkurrenzdenkens im Showbusiness anzupassen. Sachi ließ sich dadurch jedoch nicht beirren. Sie *wußte*, sie war auf dem richtigen Weg, und eines Tages würde sie es schaffen.

Die Schauspielerei hatte außerdem einen wichtigen therapeutischen Nutzeffekt. In den vielen Jahren in Japan und England hatte sie unter den dort herrschenden gesellschaftlichen Zwängen gelitten, Gefühle unterdrücken zu müssen. Sie war weder Japanerin noch Engländerin, sondern Amerikanerin. Dieser Zwiespalt hatte angefangen, an ihrer Seele und an ihrem Herzen zu nagen. Sie *mußte* ihre Gefühle ausdrücken, latente Ängste, Zorn und Verwirrungen freilassen. Sie brauchte einen Spiegel, den sie sich vorhalten konnte, um ihre Emotionen hervorzuholen und sich mit ihnen auseinanderzusetzen. Die Schauspielerei bot ihr ein ideales Forum; und da sie früher nicht »wirklich« fühlen durfte, gab sie sich ungezügelt der Erforschung ihres Selbst hin.

Bald machte sie regen Gebrauch von den positiven Seiten des kalifornischen Lebens: unternahm lange Wanderungen in den Calabasas Mountains, watete im Ozean, streifte durch versteckte Winkel von Beverly Hills und Santa Monica und plünderte alle Bio-Läden.

Die Kokainszene widerte sie (Gott sei Dank) an, und sie trank nie mehr als ein Glas Kir (Weißwein mit Cassis) vor dem Abendessen oder das Gläschen Wermut, wenn sie kochte. Sie freundete sich mit einem jungen Kollegen aus der Schauspielschule an, dessen Familie in Santa Barbara lebte. Die beiden unternahmen in ihrer Freizeit Bergtouren und zelteten unter dem Sternenhimmel.

Anfangs machte ich mir Sorgen wegen der Drogenszene, denn ich wußte, in Hollywood kam sie zwangsläufig damit in Berührung. Der Hauptgrund, warum ich sie als Kind nach Japan zur Schule schickte, war, sie davor zu bewahren, zumal ich häufig zu Dreharbeiten unterwegs sein mußte. Ihr Vater und ich hatten eingehend über diese Gefahr diskutiert und beschlossen, sie nicht in Hollywood einzuschulen, einmal, um die mögliche Tragödie als Kind eines Hollywood-Stars von ihr abzuwenden, zum anderen, damit sie einen kulturell weiteren Horizont erhielt. Ob wir die richtige Entscheidung getroffen haben, weiß ich nicht, denn gewiß hatte sie unter anderen Problemen zu leiden, beispielsweise unter den langen Trennungen von mir, als sie noch ein Kind war; und ich wußte, daß sie viele einsame Stunden durchmachte auf ihrer Suche nach sich selbst. Wir sprachen häufig über diese Suche, durch die sich jeder selbst kämpfen muß. Wie ich sie jetzt vor mir sah, plaudernd und lachend, war mir wohl in der Gewißheit, daß aus ihr ein fröhlicher Mensch voller Optimismus geworden war und daß unsere Beziehung die verwirrenden, heiklen Situationen, die viele Mütter und Töchter plagen, überstanden hatte.

Sachi, Dennis, Sandy und ich feierten eine Stunde. Wir sprachen darüber, wie wichtig es ist, sich selbst zu feiern. Wir sprachen darüber, daß wir alles, was wir in unserem Leben wünschen, eintreten lassen können, wenn wir nur fest genug daran glauben. Wenn wir uns selbst nicht feiern können, wie können wir dann andere feiern? Wenn wir uns selbst nicht lieben, wie können wir andere lieben? Wenn wir uns mit uns selbst wohl fühlen, fühlen wir uns mit anderen wohl. Ich hatte fünfzig Jahre gebraucht, um zu dieser Lebenseinstellung zu gelangen, und ich hatte nicht die Absicht, sie wieder zu verändern, auch wenn diese Auffassung selbstherrlich erscheinen mag. Für mich war sie wirklich. Für mich war sie richtig. Und ich fühlte – das tue ich auch heute noch –, daß, solange ich eine positive Einstellung habe, alles nur ein unbegrenzter Anfang ist.

Zweites Kapitel

Ich zog ein warmes Strickkostüm an, verabschiedete mich für ein paar Stunden von Sachi und meinen Gästen und fuhr zu Bantam.

Der erste Mensch, der mir beim Betreten des Verlagsbüros begegnete, war Betty Ballantine, meine Lektorin bei *Zwischenleben*. Ich nenne sie meinen Schutzengel, denn sie hat mich wie ein Schutzengel geleitet in den Wochen, in denen ich meine neunhundertundnocheinpaar Seiten auf 370! kürzen mußte. Betty und ihr Mann Ian Ballantine (der große alte Herr im Verlagswesen) nahmen mich unter ihre Fittiche und sprachen mir Mut zu, als ich fürchtete, von den New Yorker Intellektuellen zerrissen und ausgelacht zu werden. »Schreibe über deine persönlichen Erfahrungen«, rieten sie mir. Oder: »Es ist *deine* Realität. Sei ehrlich mit deiner eigenen Erfahrung und laß das Buch daraus entstehen. Wir wollen lesen, was *du* erlebt hast.« Ich befolgte ihren Rat. Bald nannte ich Ian den Gremlin, denn er verstand es, jede Situation unsichtbar in eine positive Realität zu lenken.

»Da bist du ja«, rief Betty und kam mit ausgebreiteten Armen auf mich zu. »Many happy returns«, meinte sie strahlend, als habe sie etwas besonders Bedeutungsvolles gesagt.

»Danke, Schutzengel«, antwortete ich. »Weshalb machst du dabei ein Gesicht, als hättest du einen Kanarienvogel verschluckt?«

»Na«, lachte sie, »ich habe lange nachgedacht, was ich dir zu deinem Geburtstag wünschen könnte. Und plötzlich wußte ich es.« Sie sah mich eindringlich an. »Many happy returns. Ein schöner Geburtstagswunsch. Was, meinst du, bedeutet er?«

Many happy returns, wiederholte ich in Gedanken, und dann ging mir ein Licht auf.

»Meinst du, die Worte beziehen sich auf die jeweiligen Wiedergeburten, die wir uns aussuchen, um auf die Erde zurückzukommen?«

»Möglicherweise«, entgegnete sie, »jedenfalls finde ich diesen Wunsch für dich recht passend.«

Ich dachte nach. »Ich weiß nicht. Damit wünscht man doch nur, daß das Geburtstagskind sich darauf freuen soll, daß sein Geburtstag oft wiederkehrt.«

»Auch möglich«, erwiderte sie, »aber wir sind doch schon hier, was soll also die Wiederkehr bedeuten?«

Wie angewurzelt blieb ich im Flur stehen. »Schutzengel, du hast mir da eben den Titel meines neuen Buches genannt. Ich glaube, es wird mit meinem heutigen Geburtstag beginnen.«

»Gut«, sagte der Gremlin, der unbemerkt hinter mir aufgetaucht war. »Wann lieferst du ab?«

»Gleich nach dem Gastspiel fange ich zu schreiben an. Ich soll zwar einen Film machen, aber den muß ich wohl verschieben. In letzter Zeit wache ich nachts mit vielen Ideen auf. Bis jetzt wußte ich nicht, was ich damit anfangen sollte. Ich glaube, jetzt weiß ich es.«

Der Gremlin strahlte und klimperte mit dem Kleingeld in seiner Hosentasche.

»Und ihr beiden seid schuld daran, wenn mein Agent sich vor Kummer die Haare rauft!« schimpfte ich. »Er dachte, jetzt hat er mich endlich wieder fürs Showbusiness zurückgewonnen, da kommt ihr ihm schon wieder in die Quere.«

Wir fielen einander in die Arme. Ich wußte, es würde ein weiteres Jahr vergehen, bevor ich wieder vor der Kamera stand. Wenn ich mir über eine Sache, die ich für wichtig und richtig für mich hielt, im klaren war, dauerte es nicht lange, bis ich einen Entschluß gefaßt hatte.

Jack Romanos, Herausgeber bei Bantam, und Stuart Applebaum, der Pressechef, die mich im Sommer zuvor auf meiner Signiertournee begleitet hatten, kamen uns entgegen. »Alles wartet«, sagte Jack, »fangen wir also mit Ihrer kleinen Geburtstagsfeier an.«

Ich betrat den großen Konferenzraum, in dem ein paar Dutzend intellektuelle Literaten mit Champagnergläsern in den Händen herumstanden.

Jack stellte sich auf einen Stuhl und hielt eine kleine Rede, sprach davon, welche Bedenken einige Bantam-Mitglieder vor dem Erscheinen von *Zwischenleben* geäußert hatten, und meinte dann, wenn das Echo Schlüsse auf das, was die Leute lesen wollen, zulasse, dann müsse man wohl annehmen, daß die Leser dem Verlag um eine Nasenlänge voraus seien. Anschließend überreichte mir Lou Wolfe, der Präsident von Bantam, ein Dutzend rote Rosen und zwei in Saffianleder gebundene Bücher, die Hardcover- und die Taschenbuchausgabe von *Zwischenleben*, beide in kostbaren Geschenkkassetten. Die Bantam-Mitarbeiter applaudierten und baten mich um ein paar Worte. Ich schaute auf meine Armbanduhr. Es war 15.55. In zwei Minuten vor fünfzig Jahren war ich zur Welt gekommen. Ein spiritueller Meister hatte mir einmal gesagt, daß man an seinem Geburtstag eine besonders starke Energie besitzt, da die Sonne und ihre Planeten an diesem Tag dieselbe gesammelte Energie ausstrahlen wie am Tage der Geburt. Die Energie »gehört« einem sozusagen. Ein günstiger Zeitpunkt also, um Projekte für die kommende Zeit zu planen. 1983 stand ich zu dieser Stunde auf dem Gipfel eines Berges und »wirkte« positiv auf meine Wünsche ein: Erfolg für meinen Film *Zeit der Zärtlichkeit*, den Oscar, *Zwischenleben* und mein Gastspiel am Broadway. Dabei versuchte ich, weder Zweifel noch Angst in mir aufkommen zu lassen. Es war wichtig zu »wissen«, daß meine Pläne sich erfüllten. Alles, was ich plante und mir wünschte, traf ein. Jetzt, da ich vor den Bantam-Mitarbeitern stand, dachte ich an meine Pläne vom letzten Jahr. Diesmal war ich weder auf einem Berg, noch war ich allein, also stellte ich mich auf den Stuhl und bedankte mich bei allen. Ich erzählte, was ich an meinem Geburtstag vor einem Jahr um genau 15.57 getan hatte, und bat die Runde, mir eine Minute lang in gemeinsamer Sammlung positive Gedanken zu übermitteln für das Buch, das ich beabsichtigte zu schreiben, sobald ich das Verlagsgebäude verließ. Keiner senkte den Kopf, doch fast jeder schloß die

Augen. Und wenn einige dachten, ich sei geistesgestört, kamen sie doch alle meiner Bitte nach, und ich bin publikumserfahren genug, um zu spüren, daß diese Menschen mir von Herzen Gutes wünschten.

Ich nahm das Wohlwollen, das ich im Raum spürte, in mich auf, und eine Minute lang schwiegen wir gemeinsam. Es war ein kollektiver Wunsch.

Nachdem die Minute vorüber und ich offiziell ein Jahr älter war, klatschte ich in die Hände, bedankte mich, daß alle mitgemacht hatten, und ging, um mich mit Schreibblöcken und neuen, weichen Filzstiften zu versorgen.

Betty und Ian wußten, daß sie mich nicht drängen mußten. Ich war froh zu wissen, worin meine Aufgabe im neuen Jahr bestand.

Betty und Ian hatten mir zugesetzt, ich solle mehr über das Verhältnis, das ich zu meinen Eltern hatte, schreiben. Sie begründeten es damit, sie wüßten gern, wie meine Kindheit mein späteres Leben beeinflußt habe und welche Beziehungen wir zueinander hatten. Ich weigerte mich, da ich die Privatsphäre meines Bruders Warren nicht verletzen wollte. Meine Eltern fanden nie etwas dabei, wenn ich über unser gemeinsames Leben schrieb; im Gegenteil, sie schienen geschmeichelt, in einem Buch zu lesen, wie wichtig sie für mich waren.

Ich wußte, was Ian und Betty meinten, und hatte viel darüber nachgedacht. Der fünfzigste Geburtstag ist zweifellos ein guter Tag zum Nachdenken. Meine Gedanken bewegten sich jedoch auf etwas anderer Ebene. Ich war nicht einfach daran interessiert, mehr über meine Kindheit hervorzukramen, mir lag daran zu erforschen, was meine Eltern und ich einander bedeutet haben mochten, lange bevor ich geboren wurde. *Deshalb* hatte es mir Bettys Titel so angetan.

Mom und Dad und ich hatten auch schon darüber gesprochen – ob Sie es glauben oder nicht. Es fing alles damit an, daß ich ihnen das Manuskript von *Zwischenleben* vorlas. Mom war gerade an beiden Augen am Star operiert worden und konnte nicht lesen. Ich wollte, daß sie beide zur selben Zeit erfuhren, was ich geschrieben hatte, und so setzte ich mich drei Tage zu ihnen und las ihnen das Buch vor. Sie versprachen beide, ihre Hörgeräte voll aufzudrehen und nicht zu streiten, weder miteinander noch mit mir, bevor ich das Buch zu Ende gelesen hatte. Ich eröffnete ihnen, ich beabsichtige, ihnen das Buch zu widmen und wolle daher, daß sie als erste erfahren, was ich geschrieben habe.

»Wir sind die ersten?« fragte meine Mutter. Das war ihr, wie ich richtig vermutet hatte, wichtig.

»Na klar seid ihr das«, antwortete ich und fragte mich, ob sie entsetzt darüber sein würden, wenn sie erfuhren, womit ihre Tochter sich in letzter Zeit beschäftigte.

»Du liebe Güte, Shirl«, sagte Mom, »das ist ja phantastisch. Dein Vater und ich werden uns sehr konzentrieren, denn wir wissen, wie anstrengend das Vorlesen für deine Stimme ist.«

»Okay, Äffchen«, meinte Daddy, »schieß los. Welchen Klatsch wirst du diesmal über uns verbreiten?«

Er lächelte heiter, und es war ihm eine Genugtuung, als wichtige Figur in all meinen Büchern aufzutauchen. Er fühlte sich geschmeichelt, denn er wußte genau, welchen Einfluß er auf mich hatte. Daß dies einer breiten Öffentlichkeit zugänglich gemacht wurde, schien ihn über die Enttäuschung über die unerfüllten Möglichkeiten seines eigenen Lebens hinwegzutrösten. Er hatte sich nach manchem Abenteuer im Leben gesehnt, auf die Verwirklichung dieser Träume aber verzichtet (»die möglicherweise doch zu nichts geführt hätten«), um ein guter Ehemann und ein guter Vater für Warren und mich zu sein. Lange bevor er meine Mutter heiratete, holte ein berühmter Lehrer ihn, den jungen Geiger, aus dem Amateur-Symphonieorchester in Front Royal, Virginia, und bot ihm an, ihn nach Europa mitzunehmen, ihn zu unterrichten und seine Karriere als Sologeiger zu fördern. Doch Vater lehnte das Angebot ab, da er fürchtete, nach einem langen, mühevollen Musikstudium doch nur im Orchestergraben eines zweitrangigen Theaters am Broadway zu enden.

»Die Konkurrenz war zu groß, Äffchen«, verteidigte er sich,

»und es hätte nicht zum Leben gereicht. Man konnte sich nicht auf einen solchen Beruf verlassen. Zugegeben, ich hätte Europa gesehen und vielleicht ein paar berühmte Leute kennengelernt. Andererseits wäre ich eurer Mutter nicht begegnet, und wir hätten dich und Warren nicht bekommen. Ich bin der Meinung, ich habe die richtige Entscheidung getroffen.«

Irgendwo hatte ich hinter dieser Version immer einen tieferen Grund vermutet, etwas, das sehr viel stärker war als seine Angst vor der Konkurrenz. Aber ich konnte diese Ahnung nicht klar definieren. Ich konnte ja wohl nichts mit seiner Berufsentscheidung zu tun gehabt haben. Und doch spürte ich etwas Unvermeidliches, als ich die Geschichte zum erstenmal von ihm hörte, als ich noch ein junges Mädchen war. Im Grunde war in allem, was er in seinem Leben unternahm, etwas Unvermeidliches, und daran hatte ich sehr wohl teil. Immer wenn ich Dad ansah, spürte ich, daß unsere Beziehung beinahe vorherbestimmt war.

Auch meine Mutter gab mir dieses Gefühl. Es war, als habe sie die *Wahl* getroffen, Dad kennenzulernen und ihn zu heiraten. In der Weise, wie sie zueinander gehörten, lag ein starkes Element der Vorherbestimmung. Diesen Eindruck hatte ich jedenfalls schon immer.

Oft hatte meine Mutter mir den Augenblick ihres Abschieds von ihrer Mutter in Kanada geschildert. Ihr Vater, den sie bewunderte, war gestorben, als sie noch ein Teenager war, und sie hatte sich große Mühe gegeben, ihre Mutter bei der Erziehung ihrer Geschwister (zwei Schwestern und einen Bruder) zu unterstützen. Doch am Maryland-College, wo sie Theaterwissenschaft unterrichtete, lernte sie einen Dozenten für Psychologie kennen. Sein Name war Ira Owens Beaty. Er war intelligent, geistvoll, orientiert an hohen Wertbegriffen und von einem warmherzigen Humor, und sie verliebte sich in ihn. Und sie fühlte sich gezwungen, ihn zu heiraten.

Sie hatte ihren Verlobten und seine Mutter nach Kanada eingeladen, um ihn ihrer Familie vorzustellen. Bei Moms Abschied von ihrer Mutter, um ein neues Leben in den Staaten zu beginnen, wurde sie entsetzte Zeugin eines bösen Streites, den Ira und seine tyrannische Mutter beim Beladen des Autos hatten. Mom erzählte mir, damals habe sie zum erstenmal ein Gefühl der Angst beschlichen. Sie wußte, Dad hatte eine »unglückliche« Kindheit hinter sich, und sie erlebte starr vor Schreck eines der Dramen, mit denen er aufgewachsen war.

»Mache ich einen Fehler?« hatte sie sich gefragt. »Wer weiß, welchen Schaden diese Frau bei ihrem Sohn angerichtet hat – und ich werde ihn vermutlich ausbaden müssen.« Sie war unsicher, ob sie ein Leben mit einem Mann verbringen sollte, der eine solche Mutter hatte.

Aber sie sagte, sie konnte nicht dagegen ankämpfen. Es war etwas, was sie tun *mußte*, nicht nur, weil sie ihn liebte und es zu spät war, ihre Meinung zu ändern, sondern weil sie spürte, Dad brauchte sie. Meine Mutter war ihr ganzes Leben bereit, sich für andere zu opfern, wenn sie das Gefühl hatte, sie wurde von ihnen gebraucht.

Also setzte sie sich in das Automobil zu der neuen Familie, in die sie einheiratete, und erlebte eine qualvolle Rückreise nach Virginia.

Es war wie ein Zwang, unter dem sie jede Meile dieser Reise litt. Die Eigendynamik, die mit dem Augenblick, als sie Dad kennenlernte, eingesetzt hatte, lag irgendwie außerhalb ihrer Kontrolle. Sie *wußte* lediglich, daß ihr Vorgehen richtig war, auch wenn vieles fraglich schien. Sie spürte »diesen Zwang«, es durchzustehen, wie sie sagte. Sie konnte niemanden im Stich lassen. Und dann, als Warren und ich zur Welt kamen, verstand sie, warum.

Mich hatte immer interessiert, warum sie diesen »Zwang« verspürte. Natürlich gibt es eine Reihe psychologischer Erklärungen: das Bedürfnis, sich selbst zu opfern, die Anziehungskraft des Chaos hin zu einer Familie, die unbeständig und zuweilen gewalttätig explosiv war. Ich erinnere mich, wie Dads Mutter einmal, bewaffnet mit einer riesigen gußeisernen Pfanne, hinter seinem Vater um das Haus in Front Royal gerannt war, mit der festen Absicht, sie ihm über den Schädel zu schlagen. Mutters Elternhaus in Kanada hingegen strahlte eine geordnete, friedliche Atmosphäre aus, in der man höflich und zuvorkommend miteinander umging. Es gab viele Gründe für meine Eltern, sich zu einem gemeinsamen Leben zu entschließen, nicht zuletzt ihre Liebe füreinander. Ich ahnte jedoch immer, daß in ihre Beziehung noch eine andere Dimension hineinspielte. Im Augenblick möchte ich nur soviel sagen, daß ich mich schon als kleines Kind fragte, ob ich vielleicht adoptiert worden sei. Es war ein Element, das über mein Tochterdasein hinausging, was ich damit aufgriff. Dieser Gedanke gehört zu einer meiner frühesten Kindheitserinnerungen. Es gab für mich keinerlei Grund, ein »Waisenkind-Syndrom« zu haben, wie Psychologen so etwas nennen. Aber ich saß oft da, schaute meine Eltern an und fragte mich, wer sie *wirklich* waren. Ich wußte damals nicht, was ich damit meinte. Heute glaube ich jedoch, es zu wissen.

Nun saß ich also in der verglasten Veranda unseres Hauses in Arlington, Virginia, das Knarzen der Korbmöbel mischte sich mit dem Knacken der Hörgeräte, und ich fing an, das Manuskript von *Zwischenleben* vorzulesen. Dad überließ mir seinen Schaukelstuhl neben dem Pfeifenständer, Mutter goß Tee mit Zitrone in ihre hauchfeinen Porzellantassen. Beide lauschten vorgebeugt mit glänzenden, neugierigen Augen und einem Lächeln um die Lippen. Ich las laut und langsam vor, bis ich müde wurde. Das waren meist fünf Stunden täglich, drei Tage hindurch. Sie vernahmen staunend die Beschreibung meiner Liebesgeschichte mit dem verheirateten englischen Parlamentarier und meine vergeblichen Attacken gegen seine Engstirnigkeit; meine Suche nach Bewußtseinserweiterung durch spirituelle Erfahrung; meine Wißbegier über Reinkarnation und meine Sitzungen mit Trance-Medien, in deren Verlauf ich mit Wesenheiten aus dem Jenseits sprach; Peter Sellers Bericht seines eigenen Todes und seine Sehnsucht nach dem liebevollen Leuchten des weißen Lichtes; meine Reise in die Anden mit einem Freund, der behauptete, er habe ein außerirdisches Wesen von den Plejaden getroffen; meine wachsende Überzeugung, daß wir alle schon einmal gelebt haben und wieder leben werden, und meine eigene außerkörperliche Erfahrung, die mir Antworten auf viele Fragen gab – die sicherste Erkenntnis beruht auf Erfahrung.

Am Abend des dritten Tages war ich bei der letzten Seite angelangt und legte das Manuskript beiseite. Ich sah Mom und Dad an. Beide weinten, und ich fragte mich, ob ich sie damit gekränkt hatte.

»Tja, Äffchen«, gestand Dad, »ich bin wirklich stolz darauf, dich zu kennen.« Er versuchte seine Tränen zu verbergen und weiterzusprechen. »Für dieses Manuskript hast du den Doktortitel in Philosophie verdient«, sagte er. Dann versagte ihm die Stimme.

Ich wandte mich an meine Mutter. »Ach, Shirl«, begann sie, »es war sehr mutig von dir, das zu schreiben. Vieles davon verstehe ich nicht, aber ich möchte dir etwas sagen«, sie wischte sich die Tränen von den Wangen, setzte sich im Stuhl zurecht und zupfte an den Rüschen ihrer Bluse. »Weißt du, jetzt erst verstehe ich den Gesichtsausdruck meines Vaters auf dem Sterbebett. Habe ich dir nie davon erzählt?«

»Nein, nur flüchtig«, antwortete ich.

»Also, das war so: Mein Vater war krank, doch auf das, was geschehen sollte, war ich nicht vorbereitet. Ich war mit Freunden auf dem Tennisplatz. Er wollte mich sehen; warum mich und nicht meine Geschwister, weiß ich nicht. Ich weiß aber noch, daß ich nur widerwillig das Tennisspiel unterbrach. Ich trat in sein Zimmer, und er bat mich, neben ihm Platz zu nehmen. Als hätte er nur auf mich gewartet, drückte er meine Hand ganz fest und schaute mir ins Gesicht. Etwas ging in ihm vor, was ich nicht begriff. Ich weiß noch, daß ich vor Nervosität zu kichern anfing und viel lieber Tennis gespielt hätte. Wegen dieser Gedanken habe ich bis heute Schuldgefühle. Plötzlich trat ein seliges Leuchten in seine Augen. Ich habe nie mehr etwas Ähnliches gesehen. Sein Gesichtsausdruck war wie verklärt – ein Ausdruck von solcher Schönheit, daß ich kaum zu atmen wagte. Und er sagte: ›Mein Kind, es ist so schön, es ist so wunderschön.‹ Dann schloß er die Augen und war tot.«

Mutters Miene wirkte entrückt, verloren in der Erinnerung an einen bedeutenden Augenblick in ihrem Leben. Dann kam sie zurück in die Gegenwart und schien einen Moment die Orientierung verloren zu haben. »Meinst du«, fragte sie schließlich, »ich war damals Zeuge, wie die Seele den Körper meines Vaters verließ? Und war das, was er ›so schön‹ nannte, das, was Peter Sellers und die anderen Leute in deinem Buch auch beschreiben? Hat auch er das weiße Licht gesehen? Warum hätte er sonst gesagt, es ist schön? Bedeutet das, der Tod ist nichts, wovor man Angst haben muß; und alte Leute wie dein Vater und ich sollten sich nicht vor dem Sterben fürchten?«

Mir stockte der Atem. Was in aller Welt sollte ich meiner Mutter darauf antworten, deren Offenheit, über den Tod zu sprechen, so verblüffend ehrlich war? Meine geliebte, aufopfernde Mutter, die gebrechliche Achtzigjährige, der beinahe jeden Monat irgendein Knochen splitterte; die wußte, ihre Tage sind gezählt; die jeden Abend mit dem Bewußtsein einschlief, am nächsten Morgen vielleicht nicht mehr zu erwachen, fragte *mich*, was sie zu erwarten habe. Sie begriff und akzeptierte, daß ich einer neuen Dimension der Realität näher gekommen war, die möglicherweise bedeutet, daß es so etwas wie den Tod gar nicht gibt. Einen so wunderbar grenzenlosen Mut hatte ich nicht erwartet. Mir war die Kehle wie zugeschnürt.

Daddy, der das spürte, kam mir zu Hilfe.

»Also, Äffchen, jetzt werde ich dir etwas erzählen, was *ich* bisher niemandem anvertraut habe, nicht einmal deiner Mutter.«

Ich lehnte mich im Schaukelstuhl zurück. Meine Eltern versetzten mich immer wieder in Erstaunen.

»Weißt du noch«, fing er an, »als ich vor zwölf oder fünfzehn Jahren diesen Autounfall erlitten hatte?«

»Ja«, antwortete ich.

»In jener Nacht bin ich gestorben. Ich bin buchstäblich gestorben. Für die Besatzung des Notarztwagens war ich bereits tot. Ich sah und hörte, wie die Polizisten einander zuriefen, da habe sich mal wieder ein besoffener Autofahrer umgebracht. Aber ich sah und hörte sie nicht aus meinem Körper. Ich befand mich außerhalb meines Körpers. Ich schwebte über meinem Körper und beobachtete den Unfallort, sah die eilig hin und her hastenden Menschen, doch ich wußte, ich war nicht tot. Ich spürte, wie ich meinen Körper verließ, aufstieg und zu schweben begann. Mein Körper lag unter mir. Und ich hörte ihre Gespräche. Dann sah ich ein wunderschönes weißes Licht über mir. Ich kann nicht beschreiben, welches Gefühl ich beim Anblick dieses Lichtes hatte. Es war warm und liebevoll und *wirklich*. Es war wirklich, und es war Gott oder so etwas Ähnliches. Ich sehnte mich danach, diesem Licht näher zu sein. Es gab nichts, was ich mir je sehnlicher gewünscht hätte. Ich wollte mich eben diesem Licht nähern – da dachte ich an deine Mutter und an Warren. Ich wußte, sie brauchten mich; ich durfte nicht gehen. Ich mußte zurück in meinen Körper. An dich dachte ich dabei nicht, Äffchen, weil du mich nicht brauchtest. Und im selben Augenblick, als ich Zweifel spürte wegzugehen, empfand ich auch, wie ich in meinen Körper zurückkehrte. Plötzlich fühlte ich mich bleischwer, zerschunden, meine gebrochenen Knochen schmerzten. Ich kann nicht sagen, wie lange ich weg war, aber als ich die Augen aufschlug, waren alle Umstehenden beinahe erschrocken vor Überraschung. Wenn du mir also etwas von außerkörperlicher Erfahrung erzählst und Peter Sellers und der Seele, die den Körper verläßt, weiß ich genau, wovon du sprichst, denn ich habe das erlebt.«

Meine Mutter starrte ihn an, als sehe sie ihn zum erstenmal.

»Ja. Ich verstehe, was du sagst. Warum hast du mir das nicht schon früher erzählt?«

»Weil ich nicht wollte«, antwortete Daddy und stopfte seine Pfeife, »daß du mich für verrückt hältst. Hätte Shirley nicht darüber geschrieben, hätte ich dieses Erlebnis für mich behalten. Und noch etwas, Scotch« – sein Kosename für meine Mutter bezieht sich, denke ich, eher auf ihre Abstammung und weniger auf ihre Einstellung zu seinen Trinkgewohnheiten – »immer wenn ihr euch alle so aufregt darüber, daß ich zuviel schlafe, dann tue ich in Wahrheit nur ein wenig von dem, was ich damals getan habe.«

Dies war eine fraglos erstaunliche Bemerkung. Meiner Mutter stand vor Verblüffung der Mund offen. Ob ihr jedoch klar wurde, daß mein Vater behauptete, er begebe sich *willentlich* auf eine Astralprojektion, weiß ich nicht. Sie sagte lediglich: »Ich finde trotzdem, du solltest früher aufstehen, damit dein Zimmer sauber-gemacht werden kann. Es ist ein Saustall, ein Chaos, und der Staub aus deinem Zimmer wirbelt durchs ganze Haus.«

»Ich möchte dir noch etwas erzählen, Äffchen«, fuhr Daddy ungerührt fort. »Du weißt, wie lange ich an der John-Hopkins-Universität Philosophie studiert habe. Damals warst du noch ein kleines Mädchen.«

»Ja.«

»Jeden Sonntagvormittag setzten wir uns zusammen und debattierten genau über die Themen, die du in deinem Buch ansprichst. Ich erinnere mich, daß jeder der Studenten ein oder zwei Beispiele anführen konnte, die ihn dahin geführt hatten, an diese Dimensionen zu glauben, zumindest sie in Erwägung zu ziehen. Nur ein Dummkopf kann ihre Existenz kategorisch ablehnen. Damals berichtete uns der Aufseher unseres Schlafsaales von seinem Sohn, einem netten gutaussehenden Jungen, der als Soldat im Zweiten Weltkrieg kämpfte. Eines Nachts hatte sein Vater eine Vision, in der ihm der Sohn am Fußende des Bettes erschien. Der alte Mann erschrak zu Tode, denn sein Sohn wirkte so echt. Dabei wußte er genau, daß er in Europa an der Front stand. Doch der Sohn sagte, er sei gekommen, um sich von seinem Vater zu verabschieden, weil er gerade gestorben sei. Der alte Mann sprang aus dem Bett und kam mitten in der Nacht zu mir, um mir von seiner Erscheinung zu erzählen. Ich ahnte, was passiert war. Eine Woche später wurde der Mann telegrafisch vom Tod seines Sohnes benachrichtigt, der genau zu der Stunde an dem Tag gefallen war, als er dem Vater am Fußende des Bettes erschienen war.«

»Und was hältst du von diesen Dingen, Daddy?« fragte ich, denn ich hatte nie erwartet, daß ich ausgerechnet mit meinen *Eltern* über diese Phänomene sprechen könnte.

»Ich denke«, meinte er und fand augenscheinlich Gefallen an dieser Einführung in die Metaphysik, »man sollte allen Dingen gegenüber aufgeschlossen sein. Vielleicht wirkst du wegbereitend, damit offen darüber diskutiert werden kann. Man muß doch nur Platon oder Sokrates lesen; oder Freud und nicht zu vergessen

C. G. Jung. Wie wollen wir etwas wissen, ohne es zu ergründen? Natürlich können wir dies in gegenwärtig akzeptierbaren Begriffen nicht erklären, aber wer weiß, wie diese Begriffe sich einmal verändern? Niemand glaubte, daß auf der Haut Mikroben herumkrabbeln, bis einer es mit einem Mikroskop nachwies. Jeder von uns ist sein eigenes Mikroskop.«

Ich stand auf, reckte meine Glieder und schaute aus dem vertrauten Verandafenster. Hatte ich den Zugang zu metaphysischer Wahrheit schon als Kind über meine Eltern gespürt? Waren sie der Grund dafür, daß mir heute Ahnungen solcher Art zuflogen und ich begierig danach war, sie zu erfassen? Waren Ira und Kathlyn Beaty stumme Instrumente gewesen, um meine jetzige Geisteshaltung zu formen? Während der Jahre, in denen wir zusammenlebten, hatte ich mehr auf ihre Gefühle als auf ihre Worte gehört – emotionale Wahrheit beeinflußt mich seit jeher mehr als intellektuelle Wahrheit. Aber mir wäre nie in den Sinn gekommen, bewußt Vermutungen anzustellen, ob meine Eltern die gleichen Erwägungen bewegten wie mich. Ich dachte, *ich* sei die einzige.

Meine Mutter beobachtete mich, während ich am Fenster stand.

»Erinnerst du dich noch an deine alte Bibel, Shirl?«

»Ja. Warum?«

»Weil du viel darin gelesen hast, und die Verse, die dich besonders interessierten, hast du unterstrichen. Ich habe sie aufbewahrt, wenn du sie sehen willst. Du warst schon als kleines Mädchen an spirituellen Fragen des Lebens interessiert.«

»Tatsächlich?« Das hatte ich vergessen.

»Ja, du warst zwar nie für Religion oder die Kirche. Aber du wolltest wissen, was hinter ihren Lehren steckt. Du hast gern über Christus gelesen. Ich weiß noch, du nanntest ihn einen spirituellen Revolutionär.«

»Ist das wahr?« fragte ich.

»Sicher«, antwortete sie stolz. »Deine Freundinnen gingen in die Kirche, und du hast Bücher über Religion gelesen. Warren und du, ihr konntet beide schon lesen, bevor ihr zur Schule kamt. Dein Vater und ich, wir haben euch abends immer Geschichten vorgelesen, bis ihr anfingt, sie selber zu lesen. Ihr hattet beide einen unstillbaren Wissensdurst. In euren kleinen Köpfen muß ständig etwas vorgegangen sein.«

Ja, ich erinnerte mich an die Bücher meiner Kindheit und die Diskussionen, die wir mit Mom und Dad geführt hatten.

Meine Mutter hatte uns stets zur Selbstbesinnung und zur Ehrfurcht vor der Natur angehalten. Wie oft schlug sie mir einen Spaziergang am nahen Fluß vor, damit ich Zwiesprache mit mir halten konnte in der Gesellschaft von Bäumen, Vogelgezwitscher und dem plätschernden Wasser. Als junges Mädchen litt ich einmal unter schrecklichem Liebeskummer, und ich höre sie noch sagen: »Shirl, hör auf, unglücklich über diesen Jungen zu sein und dir den Kopf über ihn zu zerbrechen. Geh hinaus in den Wind und den Regen. Stell dich unter einen Baum und denk über dich nach. Du bist noch viel zu jung, um dir Gedanken darüber zu machen, ›einen festen Freund‹ zu haben. Da draußen liegt eine verzauberte Welt der Natur, an der du blind vorbeigehst. Wenn du es verstehst, von der Natur zu lernen, wirst du mehr über dich wissen.«

Und für Dad, selbst Lehrer, bedeutete Erziehung totale Hingabe. Er glaubte daran: Wissen ist Macht; Wissen ist Freiheit. Jungen Menschen zu helfen, ihren Verstand für die Suche nach der Wahrheit heranzubilden war für ihn oberstes Gebot seines Lebens. Dieser Maxime lebte er nicht nur in seinem Beruf als Lehrer, er trug sie auch in die Familie hinein. Ich erinnere mich nicht, daß er je eine Frage, die ich ihm stellte, ungeduldig oder unwirsch abgetan hätte.

Daddy zündete seine Pfeife an, schlug die Beine übereinander, als habe er vor, einen Vortrag zu halten. »Äffchen«, begann er, »kennst du die lateinische Definition des Wortes Erziehung, *educare*?«

»Nein. Darüber habe ich noch nicht nachgedacht.«

»Das Wort *educare* setzt sich zusammen aus *e* heraus und *ducere* führen. Es bedeutet also herausführen oder etwas von innen nach außen bringen. Wie würdest du das interpretieren?«

»Vielleicht heißt es, das Wissen aus einem Menschen zu holen, das bereits vorhanden ist.«

Er lächelte weise. »Hm. Kann sein. Aber was heißt es für dich?«

»Also, wenn wir tatsächlich nicht sterben, nur unseren Körper verlassen, wie du es für kurze Zeit getan hast, und wenn wir immer wiederkehren, das heißt in neuen Körpern reinkarnieren, dann müssen wir das bereits viele, viele Male vollbracht haben. Wenn das so ist, dann haben wir alle ein unendliches Reservoir an Wissen und Erfahrung aus unseren vergangenen Leben in uns. Vielleicht wußten unsere Vorfahren, daß Erziehung nur dazu beiträgt, das Wissen aus dem Menschen herauszuholen, das bereits in ihm steckt. Und vielleicht weiß unser höheres Selbst bereits alles. Waren nicht Platon und Sokrates dieser Überzeugung?«

Daddy überlegte einen Augenblick. »Ich denke, so kann man es ausdrücken. Platon behauptete zu wissen, daß versunkene Kulturen, wie zum Beispiel Atlantis, tatsächlich existierten. Vielleicht bestand dieses Wissen nur aus einer Vision, vielleicht sprach er aber auch aus früherer Kenntnis dieser Zeiten. Ich bin nicht sicher, wo der Unterschied liegt. Vielleicht ist Phantasie nur eine Form des Erinnerns. Die meisten großen Denker räumten ein, Intuitionen zu haben oder eine Art höhere Führung, die sie nicht beschreiben konnten, etwas, was sie konsequenterweise eine Macht nannten oder Gott oder höhere Erkenntnis der Wahrheit, die einen Quantensprung erfüllten Glaubens erforderte. Wie Carlyle sich ausdrückte: ›Das unergründliche ETWAS, das WIR nicht sind.‹ Oder wie Mathew Arnold sagte, das ›nicht wir selbst‹, das in uns und um uns ist.«

Ich hatte meinen Vater noch nie so reden hören. War das derselbe Mann, den ich im stillen einen voreingenommenen Spießer nannte, wenn er verstockt und querköpfig darauf bestand, die Schwarzen »Nigger« zu nennen? War dies der Mann, von dem ich annahm, der Alkohol habe seinen Verstand so sehr beeinträchtigt, daß er mich zu Tränen rührte?

»Mit der Kunst ist es ebenso«, warf meine Mutter ein. »Wer weiß, wie große Kunst entsteht? Wer kann erklären, was Inspiration und Talent eigentlich sind?«

»Was sind sie deiner Meinung nach, Mom?« fragte ich.

»Ich glaube, daß alles von Gott kommt«, antwortete sie.

»Und was ist dann Gott?« fragte ich weiter.

»Ich weiß es nicht. Ich weiß nur, daß es ihn gibt.«

Daddy räusperte sich anhaltend, wie er es immer tat, wenn ihn etwas sehr interessierte.

»Worauf willst du hinaus, Äffchen?« fragte er mit wacher Neugier im Gesicht.

Ich wählte meine Worte mit Bedacht, wollte meine Gedanken so knapp und bündig wie möglich ausdrücken, obwohl mir andererseits klar war, daß es nicht viele Worte gab, die das, was ich fühlte, verdeutlichen konnten.

»In letzter Zeit werden so viele neue Ideen geboren, und ich bin mir gar nicht sicher, ob sie tatsächlich *neu* sind oder im Grunde genommen schon ziemlich alt. Ich frage mich, ob nicht die alten Philosophen mehr Zugang zur ›echten‹ Vergeistigung der Menschheit hatten, was bedeutet, daß sie wußten, die Seelenenergie der Menschen ist ewig und unendlich. Daß sie *wußten*, die Seele lebt immer weiter. Sie stirbt nie und tritt zyklisch wieder in einen Körper ein, um im verkörperten Zustand auf Erden zu lernen, zu wachsen und sich weiterzuentwickeln.«

»Du sprichst also von Reinkarnation«, stellte Dad fest.

»Ja. Und wenn die Seele alles Wissen und alle Erfahrung speichert, dann ist Lernen nur der Vorgang, das aus ihr hervorzuholen, was sie bereits weiß.«

Dad schnipste sich ein imaginäres Stäubchen von der Schulter, ein Trick, den er immer anwendet, wenn er Zeit für ein weiteres Argument gewinnen will.

»Ich weiß, daß nichts stirbt. Das lernt man ja bereits im Chemieunterricht in der Schule. Die Materie verändert nur ihre Form. Ich kann sogar deine Überzeugung teilen, daß der Körper nach dem Tod zur ewigen Seele wird, doch ich weiß nicht, ob ich an Wiedergeburt glauben kann.«

»Aber Dad«, ich spürte, wie meine Stimme laut wurde wie schon als Kind, wenn ich ihn von meinem Standpunkt überzeugen wollte, »du hast es doch selbst erlebt, wie deine Seele sich von deinem

Körper *getrennt* hat. Wie kannst du dann behaupten, der Körper *wird* zur Seele?«

»Was willst du damit sagen?«

»Also, wenn du den Tod bereits erlebt hast, dann weißt du, daß der Tod nur ein Vorgang ist, wenn die Seele den Körper verläßt, stimmt's?«

»Stimmt.«

»Wenn sich also die Seele vom Körper trennt, warum kann man dann nicht noch einen Schritt weiter gehen und darüber nachdenken, was mit der Seele geschieht, wenn sie den Körper für längere Zeit verlassen hat. Oder sie in den alten Körper nicht mehr zurückkehren kann.«

»Also, Äffchen, nach dem, was ich beim Anblick dieses weißen Lichts empfunden habe, bin ich nicht sicher, ob ich den Wunsch hätte, noch einmal wiederzukommen.«

»Aha. Du würdest also da oben herumschweben und dich in alle Ewigkeit in diesem Licht baden?«

»Ich glaube schon«, lachte er. »Jedenfalls müßte ich mir dann keine Gedanken mehr über den Staub in meinem Zimmer machen.«

»Ach Ira, sei doch mal ernst!« wies Mutter ihn zurecht, und zu mir gewandt fuhr sie fort: »Shirl, wenn du glaubst, daß wir alle schon einmal gelebt haben, dann haben wir, du, dein Vater und ich, auch schon früher gelebt?«

»Ja«, antwortete ich, »das glaube ich. Ich glaube, daß unsere Familie, wie übrigens jede Familie, eine Gruppe von Seelen mit großem Zusammengehörigkeitsgefühl ist, weil wir bereits gemeinsam durch viele Inkarnationen gegangen sind. Ich glaube, wir *wollen* zusammensein, um unsere vorherbestimmten Funktionen zu erfüllen. Wir wählen unsere Eltern, und ich nehme an, die Eltern wählen sich die Kinder, die sie haben wollen, bevor sie eine neue Inkarnation eingehen.«

»Tatsächlich?« sagte Mutter, verblüfft über die Bedeutung meines Gedankenganges. »Willst du damit sagen, du glaubst, du hast dir deinen Vater und mich als Eltern ausgesucht?«

»Ja, und ich glaube, daß jeder von uns, bevor wir geboren wurden, den Entschluß gefaßt hat, Teil dieser Familiengemeinschaft zu sein. Deshalb erschien dir deine Heirat mit Daddy so unausweichlich. Dein höheres Selbst wußte bereits in der Sekunde, als du ihn kennenlerntest, daß du Warren und mich als Kinder mit Dad haben wirst.«

»Du meine Güte«, rief meine Mutter aus, »du glaubst also, das war alles vorbestimmt?«

»Ja. Und nicht von Gott, sondern von jedem einzelnen von uns.«

»Himmel. Ich brauche einen Drink«, sagte meine Mutter. »Ira, möchtest du ein Glas Milch?«

»Hör dir das an!« protestierte Daddy, »der Boß gönnt mir nicht mal einen Drink, obwohl wir unser Zusammenleben bereits auf astraler Ebene beschlossen haben.«

Ich lachte und überlegte, wie viele Inkarnationen sie wohl zusammen vollzogen hatten. Wenn je zwei Menschen als Katalysatoren im Lernprozeß des anderen fungierten, dann meine Eltern. Sie hatten eine ähnliche Beziehung zueinander wie George und Martha in *Wer hat Angst vor Virginia Woolf*. Miteinander konnten sie nicht glücklich leben und ohne einander ebensowenig. Seit meiner frühesten Kindheit spürte ich, daß die beiden ein psychologisches Experimentiertheater aufführten. Sie verstehen es, einander herauszufordern wie kein anderes Paar, das ich kenne. Und da sie meine Eltern sind, wurde ich von ihnen so stark beeinflußt, wie nur Kinder von ihren Eltern beeinflußt werden. Das menschliche Drama der Beziehungen zu unseren Eltern (oder das Gegenteil davon, die totale Beziehungslosigkeit) ist das Element, das uns am stärksten prägt. Das Drama innerhalb der Familiengemeinschaft ist zwangsläufig die Basis für unsere späteren Lebensanschauungen.

Wenn also die Sinnerfüllung des Lebens darin besteht, Erfahrungen zu sammeln, mehr noch, die Entwicklung und das Verständnis der Seele zu fördern, dann dient jeder Mensch, dem wir im Leben begegnen, mehr oder weniger als Mittel zu diesem Zweck. Um sich selbst vollkommen zu verstehen und zu verwirklichen, wird es folglich notwendig, alle Facetten der menschlichen Natur zu durchleben und auszuschöpfen.

Die Lehren des Lebens, die unsere elementarsten Reaktionen hervorrufen, beziehen sich auf Empfindungen gegenüber Autorität, auf Hilflosigkeit, Verlust der Beherrschung, materielle Sicherheit, Überleben, Umgang mit Angst, Einschränkung der Freiheit, Besitzverhalten. Reiz des Gegengeschlechtlichen, Reiz des Gleichgeschlechtlichen, Lebensnähe, Leidenschaft, Gewalt und Liebe.

Wo lernt man diese Lehren besser als innerhalb der Familiengemeinschaft? Die Konstellation der Familie ist ein Mikrokosmos in der großen Menschheitsfamilie. Schafft man es, die Probleme innerhalb der Familie zu verarbeiten, erwirbt man sich damit die Fähigkeiten und Voraussetzungen, Probleme auf globaler Ebene zu verarbeiten.

Familien sind karmische Verbindungen.

Die karmischen Aufgaben beginnen mit der Geburt in der Gemeinschaft von Eltern und Geschwistern. Innerhalb des Familienverbandes begegnen wir allen Konfliktsituationen, die letztlich zur Bereitschaft oder Ablehnung von Kampf führen. Die meisten Verhaltensweisen pro oder contra Gewalt und Feindschaft wurzeln in der Familie. Ebenso verhält es sich mit Einstellungen zu Liebe und Leidenschaft. Niemand weiß besser als Eltern und Kinder, wie Emotionen auszulösen sind. Gefühle von Mißtrauen, Angst und Zweifel sind direkte Folgen von Verhaltensmustern in der Familie. Diejenigen, die uns zur Selbsterkenntnis »erziehen«, haben die Wahl getroffen, uns in der Schule des Lebens beizustehen, und von diesem Forum aus üben Eltern eine wirkungsvolle Lehrfunktion aus.

Es trifft aber auch das Gegenteil zu. Lernen wir nicht im gleichen Maß von unseren Kindern wie sie von uns?

Im Idealfall könnten Eltern und Kinder einander bei ihrer gegenseitigen Selbstverwirklichung unterstützen. Was wir später draußen im Leben tun, wäre dann eine Fortsetzung und Vervollkommnung dieser Verwirklichung. In der Praxis wird dieses Schema jedoch leider meist verfälscht oder getrübt, so daß Wachstum und

Fähigkeit, mit seinem Selbst und der Welt umzugehen, sich nicht entwickeln können und somit verkümmern.

Meine Mutter brachte zwei leichte Martinis und ein Glas Milch aus der Küche.

»Er geht sowieso heimlich an den Whisky«, sagte sie schulterzuckend, »dann kann er ihn sich gleich in die Milch schütten.«

Ich nippte an meinem Martini und beobachtete Mom und Dad wie Akteure einer guten Situationskomödie. Mehr und mehr sah ich die beiden aus einer karmischen Perspektive. In meiner Jugend hatte diese stark emotionsgeladene Atmosphäre unterschiedliche Wirkungen auf mich.

Einmal war ich die amüsierte, mitunter erstaunt verwirrte, kindliche Zeugin ihrer dramatischen und theatralischen zwischenmenschlichen Beziehungen. Oft verstand ich weder den Hintersinn ihrer Szenen noch deren Konsequenzen, doch ich lernte auf subtile Weise, die Zwischentöne ihrer Gefühle und ihre raffinierten Stimmungsschwankungen zu entschlüsseln.

Ohne mir dessen bewußt zu sein, erhielt ich eine hervorragende Ausbildung, feine Nuancen der Manipulation zu erkennen.

Daher war es wohl unvermeidlich, daß ich in meinem späteren Leben dieses erlernte Wissen in eine Kunst umsetzte, die man Schauspielerei nennt.

Außerdem erweckte das Spektrum der Ausdrucksformen, positiver wie negativer, das mir zu Hause geboten wurde, in mir den Wunsch, mich selbst auszudrücken. Meine Eltern waren so sehr verstrickt in ihre zwischenmenschlichen Gefechte, daß Warren und ich uns eigene Rahmen der Ausdrucksformen suchen mußten. Für mich war das von frühester Kindheit an der Ballettunterricht, dieser Rahmen erweiterte sich später in die Ausdrucksformen der Schauspielerei und des Schreibens.

Meine frühkindliche Disziplin stand in direktem Verhältnis zu meinem emotionalen Drang nach Ausdruck. Diese »Disziplin« fiel mir keineswegs schwer. Im Gegenteil, sie war mein Motor, um mir Aufmerksamkeit zu verschaffen. Da meine Eltern die Stars der

Familie waren, beide Hauptrollen spielten, blieben für Warren und mich lediglich die Nebenrollen, und wir warteten ständig auf eine Chance, uns Gehör zu verschaffen. Zieht man die verfeinerte, kultivierte Kunst der Manipulation in Betracht, die meine Eltern im Umgang miteinander an den Tag legten, so war es unvermeidlich, daß Warren und ich Berufe ergriffen, in denen wir das, was wir daheim gelernt hatten, einbringen konnten. Das Showbusiness war genau das Richtige für uns. Selbstdarstellung wurde für uns so notwendig wie die Luft zum Atmen.

Nicht, daß unser Wunsch nach Ausdruck im Elternhaus unterbunden worden wäre. Keineswegs. Es war eher so, daß die Kraft des Ausdrucks meiner Eltern unsere kindlichen Ausdrucksfähigkeiten erstickte. Sie waren uns deshalb beispielgebende Lehrer, die uns inspirierten, weil sie unseren Selbsterhaltungstrieb weckten und anstachelten. Wir waren gezwungen, ins Scheinwerferlicht zu treten, um uns zu beweisen, daß wir existierten. Und unsere Wünsche nach Anerkennung wurden liebevoll toleriert und unterstützt – das heißt, wenn Mom und Dad neben ihrer Selbstdarstellung Zeit dafür übrig hatten.

Wie schon erwähnt, glaube ich heute, daß all das im karmischen Sinn von den vier beteiligten Darstellern vorprogrammiert worden war. Und *das* interessierte mich mehr als irgend etwas anderes in meiner langjährigen Suche.

»Mir gefällt dein Buch wirklich sehr, Äffchen«, lobte Dad jetzt, »und ich glaube nicht, daß die Leser in den metaphysischen Dingen ein Problem sehen. Ich sehe eher ein anderes Problem.«

»Aha«, fragte ich, »und das wäre?«

»Deine Liebesgeschichte mit diesem englischen Politiker. Ist er noch immer verheiratet?«

»Ja. Aber nach mir hatte er noch andere Liebesverhältnisse.«

»Trotzdem glaube ich, die Leute sind daran interessiert, denn schließlich gibt es seine Frau ja noch.«

»Meinst du, die Leser regen sich darüber auf?«

»Schon möglich. Übrigens, wer ist denn eigentlich nun dieser Gerry?« fragte Dad mit einem verschmitzten Augenzwinkern.

»Margaret Thatcher.«

Daddys Bäuchlein wabbelte bei seinem glucksenden Lachen.

Wir redeten noch lang an diesem Abend darüber, wieso und warum ich dieses Buch geschrieben hatte. Die karmische Überlastung kam gegen Mitternacht. Todmüde gingen wir zu Bett. Beim Einschlafen hörte ich noch, wie meine Mutter zu Dad sagte: »Schade, Ira, daß du nicht gehört hast, worüber Shirley gesprochen hat.«

»Was redest du da, Scotch? Ich kann lediglich dich nicht hören, weil du willst, daß ich dich nicht höre.«

Ich überließ die beiden ihrem Karma, und mit der Frage, ob Dad über die »Gerry«-Affäre recht behalten würde, schlief ich ein.

In der Woche, in der mein Buch in den Staaten erschien, hatte Margaret Thatcher in Großbritannien eine Wahl angesetzt. Ein findiger englischer Journalist las das Buch in New York, witterte eine Gelegenheit, den ansonsten ohne Höhepunkte verlaufenden Wahlkampf etwas anzuheizen, und schickte seiner Londoner Zeitung die anzüglichsten Kapitel meiner Liebesaffäre mit dem Labour-Abgeordneten, der im speckigen Trenchcoat rumlief, Löcher in den Socken hatte und dem eine Fingerspitze fehlte. Die Geschichte machte Schlagzeilen in allen Londoner Zeitungen. Die zur Wahl antretenden Politiker wurden aufgefordert, ihre fünf Finger zu zeigen und ihre Schuhe auszuziehen, und demjenigen, der sich als mein englischer Liebhaber ausweisen könnte, wurden Wählerstimmen versprochen.

Einige mutige Parlamentarier drückten ihr Bedauern darüber aus, daß sie leider nicht in Frage kämen. Einer behauptete gar, er würde sich glatt die Fingerkuppe abschneiden, wenn er dadurch eine Chance erhielte. Ein anderer meinte, welch ein Glück, daß dem Mann nur die Fingerspitze fehlte. Ein dritter war ganz sicher, es müsse sich um einen Tory gehandelt haben und nicht um einen Labour-Mann. Und einer war der Ansicht, dem Mann fehlten nicht nur ein Teil seines Fingers, sondern auch ein paar Tassen im Schrank.

Als mich ein paar Londoner Presseleute in Dallas aufspürten, konterte ich mit Bedauern, Fleetstreet sei offenbar mehr an meiner »innerkörperlichen« als an meiner »außerkörperlichen« Erfahrung interessiert, und im übrigen, versicherte ich ihnen, nähme ich die wahre Identität besagten Gentlemans mit ins Grab – würde möglicherweise jedoch sehr bald eine neue Inkarnation eingehen, um dafür Sorge zu tragen, daß Großbritannien eine interessante Wahl erlebe.

Dad hatte also in seiner altmodischen, kernigen Weisheit den Nagel genauer auf den Kopf getroffen, als ihm bewußt war.

Drittes Kapitel

Sachi, Dennis und Sandy zogen sich für den Theaterbesuch am Abend um, als ich von Bantam nach Hause kam. Ich betrat das Wohnzimmer und wurde von Simo empfangen.

»Ihre Mutter rief heute nachmittag an«, berichtete er. »Ich glaube, da stimmt was nicht. Sie wollte nicht, daß ich Ihnen den Geburtstag verderbe, aber ich finde, Sie sollten es wissen.«

»Was ist denn los?« fragte ich. Simos Worte hatten mir einen Stich versetzt. »Ist etwas passiert?«

»Ich weiß nicht. Ihre Mutter kam gerade vom Arzt«, antwortete er stockend.

Ich zwang mich zur Ruhe. Es war einer jener Augenblicke, über den man nachgedacht, ihn erwartet hat und doch nie darauf vorbereitet ist.

Ich ging zum Telefon und wählte. Meine Mutter war am Apparat.

»Mutter?« Ich hörte meinen flehenden Unterton um eine gute Nachricht. »Was ist los? Wie geht es dir?«

»Herzlichen Glückwunsch zum Geburtstag, mein Liebes. Feierst du schön? Ich hab' dein Geschenk dummerweise nach Malibu geschickt.«

»Ja, Mom, ich weiß. Danke schön. Das Lavendelblau gefällt mir sehr, und die Wolle des Pullovers ist wunderbar weich.«

Ich wartete.

»Also hör zu, mein Liebes«, begann sie, »ich möchte dich nicht beunruhigen, du hast viel um die Ohren, aber ich komme eben vom Arzt. Er hat ein EKG gemacht. Reine Routinesache, dachte ich. Aber mitten im EKG fing mein Herz an zu rasen. Man röntgte mich und stellte ein Blutgerinnsel an der Lunge fest, das zum Herzen wandert. Der Arzt will in stationärer Behandlung versuchen, das Gerinnsel aufzulösen. Ich will nicht übertreiben, aber es scheint etwas Ernstes zu sein.«

Sie hatte ihre Schmerzen und Leiden nie dramatisiert, auch nicht, als sie im hohen Alter häufiger Knochenbrüche erlitt. Jetzt spürte ich die aufrichtige Besorgnis in ihrer Stimme. Sie wollte mich auf das Schlimmste vorbereiten.

Ich wußte nicht, was ich sagen sollte.

»Und was meint der Arzt?« fragte ich.

»Er sagt, ich muß sofort ins Krankenhaus. In fünf Minuten kommt das Taxi. Gut, daß du vorher anrufst und ich dir noch sagen kann, was los ist.«

»Wie spät war es eigentlich, als dein Herz anfing, so schnell zu schlagen?« fragte ich, ohne wirklich zu wissen, warum. »Ich meine, wann hat das Gerät deine Herzstörung aufgezeichnet?«

»Hm« – sie dachte einen Augenblick nach –, »ach ja, ich habe gerade auf meine Armbanduhr gesehen. Es war kurz vor vier, ja vor eineinhalb Stunden. Warum fragst du?«

Und dann begriff ich, warum ich gefragt hatte.

»Weil es genau zu dem Zeitpunkt war, als ich vor fünfzig Jahren zur Welt kam«, entgegnete ich.

Wieder dachte sie eine Weile nach. »Das erstaunt mich gar nicht«, meinte sie beiläufig. »Ich habe immer gewußt, daß ich mein Leben durch dich lebe. Du hast das verwirklicht, wovon ich nur geträumt habe. Mir leuchtet dieser Zusammenhang vollkommen ein.«

Mir stockte der Atem bei der Bedeutung ihrer Worte. Ich scheute mich, sie zu fragen, ob sie das Gefühl habe, es sei Zeit zu sterben, spürte aber, daß sie diese Möglichkeit in Erwägung zog.

»Nun hör mal zu, mein Kind«, sagte sie streng, »was sein muß, muß sein. Mein Leben war wundervoll, und wenn meine Zeit gekommen ist, dann ist es eben so. Ich möchte, daß du weißt, daß ich dich liebe. Und ich möchte, daß du heute abend besonders gut auf der Bühne bist. Und außerdem weißt du genau, wie hart ich an meiner gebrochenen Schulter gearbeitet habe, weil ich nach New York kommen will, um deine Show zu sehen. Und das habe ich immer noch fest vor. Also mach dir keine Sorgen.«

Meine Kehle schmerzte mich so sehr, daß ich nicht sprechen konnte.

»Ach Gott«, brachte ich schließlich hervor. »Bringt Daddy dich in die Klinik?«

»Ja. Dein Vater begleitet mich.«

Sie nannte mir den Namen der Klinik, Telefonnummer, Zimmernummer und so weiter. Danach sagte sie: »Liebes, ich möchte nicht, daß sich diese Nachricht irgendwie auf deine Arbeit auswirkt. Wenn ich abtreten muß, können wir das auch nicht ändern.«

Ich konnte mein karmisches Verständnis problemlos auf alles Abstrakte anwenden, doch hier war ich persönlich der Prüfung meiner Überzeugung ausgesetzt. Der mögliche Tod der geliebten Mutter konnte kein besseres Beispiel sein.

Ich fühlte mich unfähig, ihr Trostworte zu sagen. Sätze wie »es wird schon alles gutgehen« waren hohle Floskeln und uns beiden fremd.

»Ich liebe dich, mein Kind«, sagte meine Mutter, »mehr, als Worte es sagen können. Und wenn dir danach ist, sprich ein kleines Gebet für mich.«

»Ich liebe dich, Mutter, ich liebe dich sehr«, krächzte ich heiser und versuchte meine Tränen zu unterdrücken und wünschte, ich hätte ihr in der Vergangenheit häufiger gesagt, wie gern ich sie habe.

»Also mach deine Sache gut heute abend auf der Bühne – und wir telefonieren morgen, okay?«

»Okay.«

Sie legte sanft den Hörer auf, und ich sank in einen Stuhl, den Hörer auf dem Schoß, mir war nicht bewußt, daß ich nicht aufgelegt hatte.

Ich spürte, wie Sachi das Zimmer betrat.

»Mom«, fragte sie, »was ist los?«

Ich fing an zu schluchzen.

»Großmutter hatte einen Herzanfall oder so was«, sagte ich weinend, »das heißt, sie hat ein Blutgerinnsel an der Lunge, ziemlich nah am Herzen. Sie muß in die Klinik.«

Sachis Gesichtsausdruck wurde traurig. Sie hatte nicht viel Zeit mit ihren Großeltern verbracht und in letzter Zeit den Wunsch, dieses Versäumnis nachzuholen.

Sie nahm mich in die Arme, und ich ließ meinen Tränen freien Lauf. Ich spürte, wie sie sich in meine Situation hineinversetzte und daran dachte, wie sie wohl reagieren würde, wenn sie eine derartige Nachricht über mich erfahren würde.

»Woran denkst du, Mom?« fragte sie. »Was fühlst du?«

»Vielleicht ist ihre Zeit gekommen. Es war so seltsam, wie sie sagte ›was sein muß, muß sein‹. So etwas hat sie früher nie gesagt.«

Ich stand auf und ging ruhelos auf und ab. Ich versuchte, die Situation klar und objektiv zu sehen. Meine Mutter war über achtzig, die letzten fünf Jahre waren für sie nicht leicht gewesen. Sie hatte eine Aorta-Operation, einen Beckenbruch, zwei Augenoperationen, eine am Hüftgelenk, einen gebrochenen Arm gehabt, und außerdem war sie Diabetikerin. Die Familie hatte ganz offen darüber gesprochen, daß Mutter anscheinend den Ehrgeiz entwickelt habe, wenigstens hundert Jahre alt zu werden, sonst hätte sie längst resigniert. Ich sagte mir, das, was jetzt geschah, war lediglich eine neue Krise, die sie meistern würde.

»Es ist eigentlich seltsam, Sachi«, sagte ich und holte tief Luft. »In den letzten drei oder fünf Jahren hat sie so viel durchmachen müssen, daß es beinahe abstrakt für mich geworden ist. Sie klagt nie, aber immer wieder bricht sie sich etwas aus eigenem Verschulden. Ich fange an, die Bedeutung dessen, was sie uns zu vermitteln versucht, zu ahnen.«

»Meinst du, sie will uns klarmachen, daß sie uns eigentlich verlassen will?«

»Ja. Aber ich glaube, sie macht sich Sorgen darüber, Dad zurückzulassen. Sie sagt immer, sie hoffe, er gehe vor ihr, weil er einfach nicht in der Lage sei, ohne sie zu leben.«

Sachi blinzelte unsicher.

»Aber Großvater würde ihr doch auf dem Fuße folgen, meinst du nicht?«

»Das nehme ich an. Und ich glaube nicht, daß er Angst davor hat. Ich glaube vielmehr, er wartet seinerseits darauf, daß sie geht, damit er endlich mit reinem Gewissen zu seinem weißen Licht zurückkehren kann.«

Sachi lächelte. Ich hatte ihr von Daddys Astralwanderung erzählt, und sie wußte, wovon ich sprach.

»Mom, mach dich lieber fertig, sonst kommst du zu spät«, mahnte sie. »Kannst du heute abend überhaupt auftreten?«

Sachi besaß eine gesunde Mischung aus Einfühlungsvermögen und praktischem Sinn für Krisensituationen. Deshalb hatte sie auch ihre Stewardessenprüfung für Quantas Airways mit Auszeichnung bestanden. Was sie den anderen Mädchen voraus hatte, waren ihre kühlen, überlegten Reaktionen in einer simulierten Flugzeugkatastrophen-Situation. Sie war als einzige ruhig und gelassen geblieben.

Ich machte ein paar Kniebeugen, um zu prüfen, wie mein Körper reagierte. »Natürlich kann ich arbeiten«, entgegnete ich, denn mich würde kaum etwas davon abhalten, meine Show zu absolvieren, wenn das Publikum dies von mir erwartete. Mein offenbar angeborenes Berufsethos würde es niemals zulassen, einen Auftritt abzusagen. Es war mir buchstäblich unmöglich, so etwas in Erwägung zu ziehen. In Wien während einer Europatournee schaffte ich zwei Shows hintereinander am Abend mit fast 40° Fieber. Am Ende der zweiten Vorstellung war meine Temperatur wieder normal. Während einer Silvestershow in Las Vegas verstauchte ich mir den Knöchel. Der Arzt meinte, ich dürfe den Fuß drei Wochen überhaupt nicht belasten, tanzen könne ich erst wieder nach zwei Monaten. Der Bluterguß war schwarz verfärbt. Ich bin trotzdem aufgetreten – und ließ keine einzige Vorstellung während dieses Engagements ausfallen. Im Alter von sechzehn Jahren hatte ich mir denselben Knöchel *gebrochen* und tanzte einen ganzen Abend lang auf Spitze, nur um die Vorstellung nicht platzen zu lassen. Ich glaube, ich würde die Achtung vor mir verlieren, wenn ich meine Berufsverpflichtungen nicht einhielte. Diese Einstellung mochte an meinem harten Tanztraining liegen. Aber im Vertrauen gesagt, ich wollte einfach mein Publikum nicht enttäuschen. Außerdem war ich die Tochter meiner Mutter und glaubte an ihre Aufrichtigkeit, mich nicht beunruhigen zu wollen. Mich so zu verhalten, wie andere es von mir erwarteten, war keineswegs ein bewundernswerter Charakterzug, sondern lediglich eine Art Ackergaul-Professionalismus. *Ich würde dasein.*

»Mom«, meinte Sachi, »findest du nicht, eine Hose wäre heute abend bequemer?«

»Nein«, antwortete ich. »Ich habe keine Lust, mich umzuziehen. Das Strickkostüm ist schon in Ordnung. Außerdem wollen wir doch nach der Vorstellung ausgehen. Weshalb sollte ich ausgerechnet in Hosen zum Dinner gehen?«

»Och, ich weiß nicht«, sagte sie vage.

Simo kam herein und klopfte auf seine Armbanduhr.

»Warum ziehen Sie sich nicht eine Hose an, damit wir endlich aufbrechen können?« fragte er beiläufig.

»Wieso will in diesem Haus jeder, daß ich heute eine Hose anziehe?«

»Och, nur so«, sagte er. »Ich dachte nur, in Hosen fühlen Sie sich wohler.«

Ich wußte nicht, was das sollte, machte mir aber keine weiteren Gedanken, griff nach meiner Handtasche, rief Sandy und Dannis, und dann kletterten wir alle in die Limousine und fuhren los.

Im dichten Verkehr quer durch die City kamen wir nur stockend voran. Und immer wieder mußte ich an meine Mutter denken. Wehmütige Kindheitserinnerungen beschlichen mich. Wie würde es sein, wenn ich sie nie mehr in die Arme schließen könnte? Wenn ich durch den Garten auf das Haus meiner Eltern in Virginia zuging, ohne daß sie mir entgegenkam, ihre Arme zur Begrüßung ausgebreitet? Ich verdrängte diese Gedanken. Ich hatte einen Auftritt vor mir. Doch als wir die Stufen zum Bühneneingang hinaufstiegen, rannen mir stumme Tränen übers Gesicht.

Am Bühneneingang drängten sich viel mehr Leute als sonst.

»Was ist denn hier los?« fragte ich.

»Immerhin haben Sie heute Geburtstag«, sagte Simo.

»Schon. Aber wieso das denn?«

Ich sah genauer hin und entdeckte drei Kamerateams verschiedener TV-Gesellschaften.

»Das begreife ich nicht«, sagte ich. »Ich bin doch nicht Königin Elizabeth.«

»Na, zum Glück«, seufzte Simo. »Damit wären Sie wohl ein wenig überfordert.«

»Womit?« fragte ich, neugierig geworden.

Michael Flowers, der Inspizient, begleitete mich, flankiert von zwei Polizisten, zum Lastenaufzug, in dem Bühnenversatzteile ins Theater transportiert werden.

»Weshalb nehmen wir heute den Lastenaufzug?« fragte ich.

Die Aufzugstür begann sich zu öffnen. Die Menge fing an zu klatschen. Ich drehte mich um, wußte nicht, wieso die Leute klatschten. Jemand deutete hinter mich. Ich drehte mich wieder um.

Über mir türmte sich ein riesiger indischer Elefant, geführt von seinem Dompteur des Zirkus Ringling Brothers.

Lee Gruber, der Pressechef meiner Show am Gershwin-Theater, meinte: »Du hast doch mal gesagt, etwas, was du noch nie gemacht hast, sei, auf einem Elefanten zu reiten. Herzlichen Glückwunsch zum Geburtstag! Hier hast du deine Chance.«

Ich wischte mir hastig über die Augen, holte tief Luft, betrat die Szene, und wir waren »auf Sendung«. Es stimmte, was Lee sagte. Am Abend nach der Oscar-Preisverleihung wurde ich von Joel Siegel interviewt. Er meinte, ich hätte wohl so ziemlich alles in meinem Leben gemacht, was man so machen kann, und wollte von mir wissen, was ich denn eigentlich noch nicht getan habe. Ich überlegte nicht lange. »Ja, richtig«, gab ich zur Antwort, »auf einem Elefanten bin ich noch nicht geritten.«

Dieses Erlebnis stand mir nun bevor, und ein paar hundert Leute würden mir dabei zusehen.

»Wie heißt er denn?« fragte ich den Dompteur.

»Sie ist ein Mädchen und heißt Tananya«, sagte er voller Zärtlichkeit, als spreche er von seiner etwas zu plump geratenen Tochter.

Ich blickte auf in die großen Augen des Dickhäuters. Das Elefantenmädchen zwinkerte mir in Zeitlupe zu. Ich schloß es sofort in mein Herz. Es machte einen gutmütigen Eindruck, und ich hatte immer schon eine Vorliebe für Elefanten gehegt. In meiner Wohnung standen viele Elefantenfiguren, die ich aus Indien mitgebracht hatte.

Tananyas Rüssel beschnüffelte mich und stupste mich in die Seite. Sie tat deutlich ihre Absicht kund, mich hochzuheben.

Die Menge jubelte. Und ehe ich begriff, was geschah, hatte sich ihr kräftiger Rüssel um mich geschlungen und trug mich hoch über die 51. Straße. Die Menge applaudierte. Tananya hatte eine neue Partnerin. Sie setzte mich wieder sanft auf die Erde und kniete sich hin.

Auf Zehenspitzen stehend, erreichte ich gerade ihren großen Ohrlappen und hob ihn hoch. »Ich habe das Gefühl, wir kennen uns«, flüsterte ich ihr ins Ohr. »Aber ich weiß nicht, aus welchem Leben. Entweder warst du es oder deine Ur-Ur-Urgroßmutter. Und wenn es stimmt, daß ihr Elefanten ein so gutes Gedächtnis habt, wie man euch nachsagt, weißt du vielleicht noch, wann das war.«

Wieder beschnupperte mich ihr Rüssel. Die Fernsehkameras surrten.

»Wie wär's mit einem Ritt?« fragte der Dompteur. »Deshalb sind wir zwei nämlich hier.«

Bei seinen Worten kniete Tananya noch tiefer, und jetzt erst ging mir ein Licht auf, weshalb Sachi und Simo mich hatten überreden wollen, eine Hose anzuziehen.

Na schön! Ich raffte meinen Strickrock – zum Glück trug ich dicke schwarze Strumpfhosen darunter – und packte sanft eines von Tananyas Ohren. Dann stellte ich ein Bein auf ihr gebeugtes Knie, schwang das andere Bein über ihren massigen Schädel und zog mich ganz nach oben, als Tananya sich schon wieder aufrichtete. Die Menge klatschte begeistert, und ich mußte an die Carmen-Miranda-Einstellung denken, die ich den Kameras geboten haben mußte. (Es gab einen berühmten Schnappschuß dieser Tänzerin während einer ihrer Tourneen im Zweiten Weltkrieg. Carmen Miranda hatte offenbar vergessen, ihr Höschen anzuziehen, und ein Fotograf fing die pikante Situation ein. Legionen von Soldaten behaupteten, diesem Bild in ihrem Spind sei es zu verdanken, daß sie lebend in die Heimat zurückgekehrt waren.)

Tananya fiel in einen raschen, kopfwippenden Trab – dieselbe schnelle Gangart wie in der Zirkusarena. Sie wußte genau, worum es hier ging, und trottete die 51. Straße entlang, und ich klammerte mich verzweifelt an ihr fest, um mein Geburtstagsleben nicht zu verlieren. Ein paar russische Taxifahrer trauten ihren Augen kaum. Wenn sie bisher keine ausreichenden Gründe dafür hatten nennen können, warum sie der Unterdrückung durch den Kommunismus den Rücken gekehrt hatten, so konnten sie jetzt wenigstens sagen, es sei wegen der Verrücktheiten geschehen, die das New-York-City-Leben zu bieten hat.

Tananya und ich waren ein Hit. Wir drehten ein paar Runden auf der 51. Straße, und ich dachte daran, daß meine Mutter die Szene möglicherweise in ihrem Klinikbett in der Sendung *Entertainment Tonight* sehen würde, und wenn etwas sie davon überzeugte, erneuten Lebensmut zu schöpfen, dann mein Anblick auf einem Elefanten.

Tananya kam schließlich zu einem triumphalen Halt und sank wieder in die Knie. Erst dann konnte ich den Grund dafür sehen ... Sie kniete vor einer riesigen Schokoladentorte mit brennenden Kerzen. Die Menge fing an zu singen. Ich sprang vom Rücken der Elefantendame, blies die Kerzen aus und wünschte mir ganz schnell die Genesung meiner Mutter. Nicht schnell genug, denn Tananya hatte mich bereits beiseite geschoben. Ihr Rüssel teilte den Kuchen gerecht in der Mitte, und schwups! war eine Tortenhälfte mitsamt Kerzen in ihrem Maul verschwunden. Ich bog mich vor Lachen.

Jemand reichte mir ein Messer. Ich schnitt die Unebenheiten der verbliebenen Kuchenhälfte glatt und verteilte die Stücke unter die Menge.

Sachi grinste schadenfroh, als ich im Bühneneingang verschwand. Mir blieb nur noch eine halbe Stunde für die Maske und um mich warm zu tanzen. Doch ich hatte schon lange begriffen, daß Lebensfreude wichtiger war als die beste Vorbereitung. Zu dieser Einsicht zu gelangen war ein mühsamer Prozeß, doch ich fühlte mich viel glücklicher in der Erkenntnis, daß nichts im Leben so bedeutungsvoll ist wie die Gegenwart.

Als ich die Bühne betrat, sang das Publikum »Happy Birthday«, und nachdem der Beifallssturm verebbt war, erzählte ich dem Publikum die Episode mit der Elefantendame. Einige Zuschauer hatten meinen Elefantenritt miterlebt und verzehrten noch die Reste ihres Kuchens. Ein Mann aus dem Publikum wollte wissen, warum wir den Elefanten nicht auf die Bühne gebracht hätten. Ich erwiderte, wenn er gesehen hätte, welches Malheur der Dame im Lastenaufzug passiert war, würde er begreifen, daß ich auf dieser Bühne eine Woche lang nicht hätte tanzen können. Ich spielte die Vorstellung und fühlte mich glänzend. Hinterher saß ich erschöpft, aber glücklich in meiner Garderobe und rief Dad an.

»Hallo, Äffchen«, sagte er, »wir haben dich im Fernsehen gesehen. Das war wohl ein Riesenspaß für dich, stimmt's?« lachte er gutgelaunt.

»Wie geht's Mom, Daddy?« fragte ich.

Er zögerte einen Moment. »Soweit ganz gut, glaube ich. Man muß abwarten. Jetzt schläft sie und hat hoffentlich eine ruhige Nacht.«

»Hat sie mich auf dem Elefanten gesehen?«

»Na klar. Und sie hat sich sehr darüber gefreut.«

»Wie denkst du über ihren Zustand, Daddy?«

»Tja, Äffchen, du weißt, wie ich darüber denke. Ich bin auf alles vorbereitet. Wenn sie geht, werde ich ihr bald folgen.«

Mein Glücksgefühl war verflogen. Der Kontrast zwischen diesen beiden Realitätsebenen war zu groß. Dad sprach wirklich von dem unvermeidlichen Augenblick.

»Deine Mutter ist möglicherweise nicht so gut auf das Nachher vorbereitet. Aber ich habe seit dem Erlebnis, von dem ich dir erzählt habe, keine Befürchtungen. Ich warte nur auf sie.«

»Würde es dir nichts ausmachen, wenn sie stirbt?« Ich war über mich selbst erstaunt, daß ich diese Frage stellte.

»Eigentlich nicht«, sagte er. »Wir alle müssen diese Welt einmal verlassen. Und für uns beide ist es bald Zeit. Ich habe keine Angst um sie. Aber sie macht sich Sorgen um mich, das sollte sie aber nicht tun. Wenn sie geht, dann könnte ich auch gehen.«

Ich sagte etwas, was ich ihm schon seit langem anvertrauen wollte.

»Weißt du, Daddy, wenn ihr beide von hier gegangen seid, dann werden wir viel mehr Zeit miteinander verbringen können.«

»Ja, Äffchen, das weiß ich.«

Seine Zustimmung erstaunte mich.

»Wenn du deinen Körper verläßt«, fuhr ich fort, »und wieder nur Seele bist, werde ich immer wissen, daß du bei mir bist.«

»Ja, ich weiß.«

»Ich meine, dann gibt es keine Trennung mehr durch Städte und Länder wie jetzt. Wenn du im Jenseits bist und nicht mehr in deinem Körper, kannst du immer mit mir sprechen – und ich werde dich hören.«

»Aber ja, ich weiß. Und ich muß nicht mehr dieses dämliche Hörgerät tragen, um dich zu verstehen. Ich weiß genau, wovon du sprichst. Deshalb habe ich keine Angst.«

Du liebe Güte, dachte ich, ob andere Väter und Töchter auch so miteinander reden, wenn der Tod nahe ist?

»In einem Körper zu leben ist manchmal nicht einfach, stimmt's?«

»Ganz recht«, antwortete er. »Besonders wenn man weiß, wie man sich außerhalb des Körpers fühlt.«

»Wenn Mutter geht, sollst du also nicht glauben, du mußt wegen Warren und mir bleiben.«

Ich hörte einen tiefen, erleichterten Seufzer. »Ach Äffchen, wenn ich nur wüßte, daß dein Bruder ebenso denkt, wäre es für deine Mutter und für mich bestimmt leichter.«

Ich war kaum mehr fähig zu sprechen. »Aber er ist doch ein erwachsener Mann. Mach dir keine Sorgen, wenn du gehen willst –

geh einfach. Und dann kannst du uns beiden von drüben helfen. Vielleicht wirst du einer der spirituellen Meister, mit denen ich spreche. Du wußtest immer mehr, als du offenbart hast. Warum sollte das dann anders sein?«

»Hm, das stimmt«, antwortete er, mehr mußte er nicht sagen. »Ja, das stimmt.«

»Und Warren und du, ihr könnt euch eine Menge Geld für Flugtickets sparen. Ihr müßt nur die Augen schließen, und wir sind bei euch. Wo immer ihr euch auch rumtreiben mögt, wir können zu euch sprechen und sehen, wie es euch geht. Das wird eigentlich viel besser als jetzt sein, weil wir euch viel zu selten sehen.«

Das ging über meine Kraft.

»Ja, Daddy«, sagte ich mit halberstickter Stimme, »für mich wird es jetzt Zeit. Ich rufe dich morgen früh an.«

»Gut, Äffchen. Danke. Sag mal, hat der Dickhäuter heute auf der Straße oder im Aufzug sein Geschäft gemacht?«

»Im Aufzug. Sie ist dazu erzogen, sich in der Öffentlichkeit anständig zu benehmen, genau wie ich.«

»Ja, du warst schon immer eine Lady. Warst du froh, daß du deine schwarzen Strümpfe angezogen hattest?« Er lachte sein aufreizendes Lachen, das meine Mutter zur Weißglut brachte.

»Ja, eigentlich schon. Aber weißt du, wenn man so hoch oben sitzt, ist es im Grunde egal, was man anhat.«

»Ja. Du bist zwar eine Lady, aber auch ein Naturkind.«

»Gute Nacht, Daddy, ich liebe dich.«

»Ich liebe dich auch, Äffchen. Und feiere deinen Geburtstag noch schön.«

Wir legten auf. Ich machte mich für das Geburtstagsdinner zurecht. Doch alle Restaurants, in die wir gehen wollten, hatten Ruhetag. Der Abend endete damit, daß wir Delikatessen einkauften, die Sachi zu Hause zu köstlichen kalten Platten anrichtete. Doch ich war von der Tragweite der Ereignisse dieses Tages so erschöpft, daß ich mich bald zurückzog und zu Bett ging. Schön und gut, abstrakte metaphysische Denkprozesse zu vollziehen, doch umgesetzt in lebendige Wirklichkeit und auf meine Eltern bezogen machte mir das doch sehr zu schaffen. Ich war erschöpft und brauchte dringend Schlaf. Bevor ich die Augen schloß, versäumte ich nicht, dankbar für meinen fünfzigsten Geburtstag zu sein und mich darauf zu freuen, daß er wiederkehrte. In diesem Leben.

Viertes Kapitel

Zwei Tage nachdem meine Mutter in die Klinik eingeliefert worden war, nahm ich eine Maschine nach Virginia, um sie zu besuchen. Sachi hatte einen Tag vorher ihren Rückflug nach Kalifornien unterbrochen und sie besucht. Weder Mutter noch Vater wollten, daß ich etwas tue, was meine Zeit oder Gesundheit zu sehr in Anspruch nehmen würde. »Komm doch lieber an deinem spielfreien Tag«, hatte Dad gesagt. Doch das hätte noch eine Woche gedauert. So lange wollte ich nicht warten.

Beim Betreten des Krankenzimmers fand ich meine Mutter in bemerkenswert guter Laune vor. In den letzten Jahren hatte ich sie oft hilflos im Bett liegen sehen, und jedesmal konnte ich mich des Eindrucks nicht erwehren, daß sie uns wissen lassen wollte, daß ihr das Leben zu mühsam geworden war. Bei Ärzten und Krankenschwestern war sie beliebt und schien unter ihrer Fürsorge aufzublühen. Sie machte sich mehr Gedanken um das schwer arbeitende Krankenhauspersonal als um sich selbst. »Gehen Sie ruhig«, sagte sie zu einer jungen, blonden Schwester, deren Mann zu Hause auf sie wartete, »ich komme schon zurecht. Ich kann mich ja ein wenig um die anderen kümmern, wenn Sie weg sind.« Die Krankenschwester lehnte das wohlgemeinte Angebot leicht verwirrt und verständnislos ab. Mutter wollte sie damit auch nur wissen lassen, daß sie ihr keine unnötige Arbeit machen wollte.

»Die Schwestern sind meine echten Freundinnen«, freute sich Mutter strahlend über die Aufmerksamkeit, die sie ihr widmeten, als ich eintrat, mich über sie beugte und sie küßte.

»Du hast wohl schon mehr Freunde in Krankenhäusern als draußen, wie?« fragte ich.

»O nein«, antwortete sie, »ich habe überall Freunde.«

Ich zog die Jacke meines Anzugs aus und setzte mich neben sie.

»Gott, ist das ein schicker Anzug. Wo hast du ihn gekauft? In Hongkong?«

Ich sagte, der Anzug sei aus Kanada, und sie meinte, sie sehe mich gern in hübschen Kleidern aus aller Welt.

»Weißt du, Shirl, die Reisen, zu denen du uns eingeladen hast, sind unsere liebsten Erinnerungen. Du sagtest, sie würden unser Leben verändern, und das stimmt wirklich. Oft sitzen wir abends zusammen und sprechen darüber, und wenn wir ein Buch über einen Ort lesen, wo wir waren, oder im Fernsehen eine Landschaft wiedererkennen, macht es uns einen Riesenspaß zu wissen, daß wir schon mal dort waren.«

Ich bereitete mich auf einen Nachmittag fröhlicher Reiseerinnerungen vor. Doch mich trieb eine besondere Art der Neugier, ihre Reiseerlebnisse zu erfahren.

»Mom, warst du schon mal an einem fremden Ort mit dem Gefühl, du seist schon einmal dort gewesen?«

»O ja, oft sogar«, antwortete sie. »Darüber habe ich viel nachgedacht. Einmal in den Bergen irgendwo in Schottland. Mir war, als kenne ich den Ort ganz genau. Ich dachte, ich sei schon mal mit deinem Vater dagewesen. Aber er erinnerte sich überhaupt nicht an die Landschaft. Ich konnte es mir nicht erklären, aber ich *wußte*, ich war schon einmal dort. Es waren der Geruch und die Atmosphäre des Ortes. Und außerdem hatte ich das Gefühl, daß ich damals sehr glücklich war, aber ich erinnere mich nicht, *wann* das gewesen sein könnte.«

Eine Krankenschwester betrat das Zimmer, um nach Mutters Herzmonitor zu sehen. Sie grüßte beiläufig zu mir herüber, und dann rief sie aus: »Herrje, jetzt seh' ich erst, daß *Sie* das sind.«

Ich lachte.

»Ja, das ist meine Tochter Shirley«, sagte Mutter stolz.

»Was bin ich nur für ein schusseliges Ding ... Nein, ich brech' zusammen. – Also, wir mögen Ihre Mutter alle sehr. Sie kümmert sich beinahe mehr um uns als wir uns um sie.«

»Ja«, antwortete ich, »das kann ich mir denken.«

Mutter blickte zu ihr auf.

»Löst sich das Blutgerinnsel schon auf?« fragte sie mit kindlichem Lächeln.

»Es ist nicht nur ein Blutgerinnsel, Mrs. Beaty. Es sind mehrere, aber sie fangen an, sich aufzulösen.«

»Kann man sehen, wie sie sich auflösen?«

»Wir können es vom Kardiogramm und an anderen Daten, die uns das Gerät liefert, ablesen.«

»Siehst du«, sagte meine Mutter. »Die Ärzte sagen dir gar nichts.«

»Die Ärzte sagen Ihnen alles, was Sie wissen wollen.«

»Ist das nicht reizend«, spottete meine Mutter. »Das ist der Grund, warum ich Ärzte so gerne habe.«

»Ich lasse Sie beide jetzt wohl besser allein, damit Sie sich ungestört unterhalten können.«

Sie ging, und Mutter fragte mich, ob ich für sie und Dad Karten für meine Show besorgen könne, wenn sie nach New York kämen. Lachend erklärte ich, das sei gar kein Problem. Gleichzeitig fragte ich mich, was ich sonst noch tun oder sagen könnte, damit die beiden einander besser verstehen könnten.

Wir saßen da und lächelten einander an.

»Findest du nicht auch, Mutter, daß furchtbar viele Leute eine Menge Probleme haben? Ist dir das schon aufgefallen?«

Mutter setzte sich im Bett auf. »Ja, Shirl, das stimmt. Alle Leute, die ich kenne, scheinen irgendwelche Schwierigkeiten zu haben.«

»Wir alle ziehen das auf uns, was wir erleben müssen, um wachsen zu können. Und alles, was wir durchmachen, ist ein Lernprozeß.«

»Da hast du recht. Nimm doch nur deinen Vater. Er weiß genau, daß er für jeden Drink die Verantwortung tragen muß.«

Ich überlegte, wie ich meine Gedanken in Worte fassen sollte.

»Wenn sich also jemand das, was er tut, aussucht, dann kann der andere im Grunde genommen nicht viel mehr tun als ihn mit Liebe und Verständnis das, was er tun will, tun lassen.«

»Ja«, antwortete Mutter, »du kannst einem anderen nur wirklich helfen, wenn du ständig um ihn herum bist. Schau dir deinen Vater an mit seiner Trinkerei. Ich weiß jede Minute, wo er ist. Manchmal wird er wütend auf mich, und ich verliere die Beherrschung. Aber das ist der einzige Weg, wie ich ihm helfen kann.«

»Na ja, Mutter, vielleicht ist seine Trinkerei gar nicht so schlimm. Ich meine, er betrinkt sich ja nicht völlig. Es ist doch eher so, daß *du* der Ansicht bist, er solle überhaupt keinen Schluck trinken, weil *du* glaubst, es tut ihm nicht gut.«

»Damit habe ich auch recht, Shirl. Er ist unglücklich, wenn er trinkt.«

»Er sagt aber, er ist glücklich dabei. Und in seinem Alter. Warum läßt du ihn nicht einfach? So sehr kann es ihm doch gar nicht schaden.«

Störrisch schüttelte sie den Kopf. »Nein, es tut ihm nicht gut. Und im ganzen Haus versteckt er heimlich Flaschen, unterm Bett, in den Schränken.«

»Kein Wunder, Mutter. Wenn du ihm das Trinken verbietest.«
»Genau, das tue ich.«
»Wie du meinst.«

Ich ließ das Problem im Augenblick auf sich beruhen. Es wurde so auf belustigende Weise klar, daß es gar nicht so sehr um das Trinken meines Vaters ging, sondern um Beherrschung und zwischenmenschliche Beziehungen. Würde Dad nicht trinken, worüber würde sie dann sprechen?

»Ißt du wenigstens tüchtig, Mutter?« fragte ich.

»Ach, sie haben mich auf strenge Diät gesetzt. Kein Zucker, kein Natrium, kein Salz. Ja, ich muß sehr vorsichtig sein. Bald kommt mein Mittagessen, dann wirst du es ja sehen.«

»Hast du dich gut mit Sachi unterhalten?«

»Na und ob. Sie ist wirklich sehr reizend. Sie erzählte mir alles über ihre Schauspielerei und über den Partner, mit dem sie im Augenblick arbeitet. Hat sie dir von ihm erzählt? Er steckt ihr bei den Liebesszenen immer die Zunge in den Mund.«

Sowohl meine streng erzogene Mutter als auch meine liberal

erzogene Tochter Sachi hatten die Gabe, die blanke ungeschminkte Wahrheit auszusprechen, ohne ein Blatt vor den Mund zu nehmen.

»Also, dieser Junge läßt ihr keine Ruhe«, fuhr Mutter fort, »er verfolgt sie regelrecht, und ständig will er mit ihr ausgehen. Aber sie will nichts von ihm wissen. Ach, sie ist ein richtiger Schatz.«

Ich lachte bei dem Gedanken, ob sie in den Augen meiner Mutter deshalb ein Schatz war, weil sie den aufdringlichen Jungen abwies.

Wenn meine Mutter plauderte, schien sie ihre alten gebrechlichen Knochen zu vergessen, ihren ausgetrockneten Mund, ihre gebrochene Schulter, den Monitor, der an ihrem Herz angeschlossen war. Ich bewunderte ihre Klarheit, ihre Konzentration, die Willenskraft, mit der sie ihre Schmerzen ertrug.

»Shirl? Glaubst du wirklich, daß wir alle schon einmal gelebt haben?« Unvermittelt wechselte sie das Thema, wie das alte Menschen gern tun.

»Ja, Mutter. Darüber habe ich doch geschrieben.«

»Schon. Aber ich war nicht ganz sicher, ob du auch fest davon überzeugt bist.«

»Ja, das bin ich. Ich habe viel darüber nachgedacht, meine Zweifel gehabt, alle Bücher, deren ich habhaft werden konnte, gelesen, und ich bin zu dem Schluß gekommen, daß es so sein muß.«

»Dann glaubst du auch, daß wir uns früher schon gekannt haben?«

»Ja, gewiß.«

»Wenn ich dich früher schon einmal kannte, dann auch Sachi, nicht wahr?«

»Ich denke schon. Aber bei anderen Menschen kann ich nicht sicher sein. Ich kann nur dafür eintreten, was ich für mich selbst glaube.«

»Hm. Ich fühle mich Sachi so nah. So vertraut. Ich weiß nicht, wie es anderen Großmüttern mit ihren Enkelkindern ergeht. Ich habe nie mit anderen darüber gesprochen. Aber mir ist, als kenne ich Sachi seit Jahrmillionen. Besonders wenn sie meine Hand berührt. Ich weiß nicht, was das bedeuten soll. Es geht über mein Begriffsvermögen. Und an einem Punkt angelangt, höre ich einfach auf, mir weitere Gedanken zu machen. Aber ich weiß, immer wenn sie meine Hand berührt, erinnert mich das an etwas.«

Ich schaute in ihre entrückten Augen. Sie wollte noch mehr sagen.

»Ich glaube«, fuhr sie fort, »Warren hatte ähnliche Empfindungen mit meiner Mutter. Als kleiner Junge zog er sich immer zum Essen um, weil meine Mutter das auch tat. Sie setzte sich nie zu Tisch, ohne sich zurechtgemacht und parfümiert zu haben. Und sie verabscheute Papierservietten. Sie bestand auf Leinenservietten. Und immer wenn Warren und meine Mutter sich setzten, kuschelte er sich an sie und sagte: ›Hmhm, Großmama, wie du wieder duftest.‹ Er wich nicht von ihrer Seite. Es war etwas sehr Vertrautes zwischen den beiden.«

Ich hörte ihr zu und dachte an unsere häufigen Reisen nach Kanada, um ihre Mutter zu besuchen. Die Jagden nach Muscheln an der sturmgepeitschten Küste von Nova Scotia hatten mir dabei am meisten Spaß gemacht. Wir gruben unsere Beute aus dem feuchten Sand, dünsteten sie in Blechnäpfen über offenem Feuer und erzählten uns Geschichten, wenn wir sie in heiße Butter tauchten und schlürften, während es schon anfing dunkel zu werden.

»Und du«, fuhr meine Mutter fort, »kamst immer zerzaust und abgehetzt vom Ballettunterricht heim und hast noch im Stehen dein Essen hinuntergeschlungen vor Ruhelosigkeit. Und dann hast du deine Großmutter angesehen und gesagt: ›Hallo Großmutter, schön siehst du aus.‹ Und meine Mutter sagte dann stets: ›Sie ist eine richtige kleine Lady.‹«

Ich sah Großmutter McLean mit ihrem schlohweißen Haar vor mir. Es war wie Fäden feiner, elfenbeinfarbener Seide. Sie hatte die würdevolle Ausstrahlung eines Hochschulprofessors (sie hatte früher tatsächlich eine Dozentenstelle inne an der Acadia-Universität in Wolfille, Nova Scotia), und sie schien sich jeder ihrer Bewegungen und ihrer Wirkung bewußt. Wenn sie ging, schwebte sie, als trage sie einen unsichtbaren Krug auf dem Kopf.

»Worüber haben wir uns bei Tisch unterhalten, als wir noch klein waren?« fragte ich meine Mutter.

»Unsere Mahlzeiten waren eigentlich mehr Diskussionsrunden«, antwortete sie. »Dein Vater blühte richtig auf dabei. Du weißt ja, wie gern er sich reden hört. Er schnitt ein Thema an, und Warren und du, ihr habt euch förmlich darauf gestürzt. Manchmal dauerte das stundenlang. Euer Vater hatte ja reichlich Zeit, ich hatte immer zu tun.«

»Wie meinst du das, du hattest immer zu tun? Hast du denn ständig gekocht?«

»Ach, ich weiß nicht. Irgendwie war ich immer auf den Beinen. Dein Vater hätte ja nie im Leben auch nur eine einzige Windel angerührt. Davon wurde ihm übel. Und wenn ihr eure Sachen rumliegen ließt, mußte ich euch immer hinterherräumen. Ich war ständig am Arbeiten.«

»Wir müssen schrecklich schlampige Kinder gewesen sein.«

Darauf ging Mutter nicht ein. »Dein Vater ist heute noch so. Wenn ich krank bin, bricht alles zusammen. Also muß ich mich um alles selbst kümmern. Ich habe heute noch wahnsinnig viel zu tun.«

»Aber worüber haben wir denn damals gesprochen?« hakte ich nach.

»Ach, über die Oper. Meine Mutter liebte die Oper. Ich haßte sie. Da kriegte sie mich nie rein. Aber Religion war etwas, worüber wir viel sprachen. Du wärst gern zu den Anglikanern übergetreten, doch dein Vater und ich wollten, daß du baptistisch bleibst wie wir. Das war dumm, denn jeder sollte die Glaubensgemeinschaft wählen, die er möchte. Wenn ich es mir recht überlege, hast du von beiden nicht viel gehalten. Nie konntest du begreifen, daß *das* etwas mit Gott zu tun hat. Deshalb bist du auch nicht oft zur Kirche gegangen. Du fandest, es genügt, wenn man betet. Und außerdem hattest du nie Zeit. Entweder warst du im Tanzunterricht oder bei Proben.«

Mutter rückte sich im Bett zurecht und betastete ihre Ohrläppchen. »Ich möchte mir die Ohren mal wieder durchstechen lassen«, sagte sie, den Blick wie in weite Ferne gerichtet. »Ich war so lange krank und habe gar nicht mehr auf mein Aussehen geachtet. Jetzt möchte ich zu gern die hübschen Diamantstecker tragen, die du mir vor Jahren geschenkt hast.«

Draußen im Flur entstand Lärm. Stimmengewirr. Ira O. Beaty bereitete seinen Auftritt vor. In einer Hand sein Stöckchen schwingend, einen Blumenstrauß und eine braune Tüte in der anderen, betrat er das Zimmer.

»Der Meister persönlich«, sagte ich amüsiert über sein energiegeladenes, selbstbewußtes Auftreten. Selbst seinen schlurfenden Gang verstand er noch wirkungsvoll in Szene zu setzen.

»Hallo Äffchen«, begrüßte er mich, ging ans Bett meiner Mutter, beugte sich über sie und bot ihr die Wange zum Kuß.

»Du bringst mir Blumen, Ira?« rief Mutter ungläubig aus.

»Ja, Scotch«, antwortete er. »Blumen aus deinem eigenen Garten.«

»O Ira, hast du sie etwa selbst gepflückt?«

»Mit meinen eigenen lilienweißen Händen.«

Dabei steckte er ihr heimlich die braune Papiertüte unter der Bettdecke zu. Sie strahlte ihn verstohlen mit dankbaren Augen an.

Als müsse die heimliche Übergabe unbedingt vor mir verborgen bleiben, machte Dad sich umständlich an einem Stuhl zu schaffen, auf den er sich setzen wollte. Ich sagte: »Komm Dad, nimm meinen. Der ist bequemer.« – »Nein, nein, mach bitte keine Umstände«, wehrte er ab. Und bevor ich begriff, was vor sich ging, und während ich bemüht war, ihm meinen Stuhl unterzuschieben, fummelte meine Mutter unter der Bettdecke herum, Papier knisterte geräuschvoll, und dann sah ich, wie sie sich einen Brocken Schokoladentorte in den Mund schob. Dad setzte sein Ablenkungsmanöver des Stühlerückens fort, und meine Mutter schmatzte genußvoll. Sie machte nicht etwa den ernsthaften Versuch, die gewiß köstliche, doch streng verbotene Torte vor mir zu verbergen.

»Daddy«, sagte ich mit gespieltem Vorwurf, »hast du etwa Schokoladentorte eingeschmuggelt?«

»Ja, Äffchen«, meinte er mit Unschuldsmiene. »Aus der besten Konditorei weit und breit.«

»Die tun kaum Natrium rein«, sagte meine Mutter beherzt. »In

meine Schokoladenplätzchen gebe ich immer einen Teelöffel Salz.«
Dies schien sie für eine plausible Entschuldigung zu halten.

»Sie schmeckt wirklich köstlich«, sagte Daddy. »Sachi hat zwei Stücke davon gegessen, und Spatzenhirn vertilgte den Rest.«

»Wer ist denn Spatzenhirn?« fragte ich und wußte genau, daß er vom Stühlerücken nun auf verbale Ablenkungstaktik übergewechselt war.

»Die neue Person, die sich um uns kümmert, Mrs. Randolf.«

»Weshalb nennst du sie Spatzenhirn?«

»Weil diese Frau«, warf Mutter schmatzend ein, »sich überhaupt nichts merken kann.«

»›Hab's vergessen‹, ist ihre ständige Rede«, erklärte Daddy. Die beiden lachten, meine Mutter schob sich hastig ein weiteres Stück Schokoladentorte in den Mund, bevor die Schwester unerwartet eintreten würde. »Eines Tages vergißt sie noch ihren Kopf«, sagte sie und verschluckte sich beinahe beim Lachen. »Aber sie ist sehr nett. Spatzenhirn ist ein Kosename.«

»Ich finde sie unterhaltsamer als Fernsehen«, erzählte Dad. »Sie kommt aus der Küche mit einem Messer. Dann fällt ihr ein, daß sie die Gabel vergessen hat. Also geht sie an die Schublade, holt die Gabel. Und schon stellt sie fest, daß sie auch noch zwei Sets braucht, kommt aber nur mit einem wieder. Sie rennt täglich ein paar Meilen zwischen Küche und Eßzimmer hin und her. Aber das Training bekommt ihr gut. Auch eine Art, sich in Schwung zu halten.«

Mutter zog die Schublade des Nachttisches neben ihrem Bett auf. »Glaubst du, sie kommen mir auf die Schliche, wenn ich den Rest in der Schublade verstecke?«

Ich konnte ihr nicht widerstehen, schüttelte den Kopf und half ihr, die Tüte ganz hinten im Fach zu verstauen.

»Das bißchen Kuchen bringt mich schon nicht um«, sagte sie voller Zuversicht. »Ich habe noch keine Lust zu sterben.«

Daddy zog ein Blatt Papier aus seiner Jackentasche. »Aber *daran* hat Spatzenhirn gedacht«, verkündete er.

Es waren Mutters Gymnastikübungen für ihre kürzlich gebrochene Schulter. »Gott segne Spatzenhirns gutes Herz«, sagte Mutter. »Ständig lasse ich diesen verdammten Zettel irgendwo liegen, und sie weiß immer, wo er ist.«

»Wir werden neue Übungen bekommen, wenn du weißt, welchen Knochen du dir beim nächstenmal brechen möchtest.«

»Du magst das komisch finden, Ira, ich aber nicht.«

»Findest du vom Pißpott zu fallen etwa nicht komisch?« fragte Daddy vor Schadenfreude feixend.

»Hör mal, Ira«, schalt Mutter. »Ich erzähle gerade eine andere Geschichte.«

Mein ganzes Leben war ich Zeugin tragikomischer Szenen des Ehelebens meiner Eltern. Spatzenhirn war ein neues Kapitel, das mich interessierte.

»Sagt mal, wo schläft Spatzenhirn eigentlich?«

»Bei deiner Mutter«, antwortete Daddy. »Sie schläft mit ihr im Doppelbett, damit sie hört, wenn deine Mutter aus dem Bett fällt.«

»Ach Ira«, stöhnte meine Mutter. »Ich wüßte mir auch etwas Schöneres, als mit Spatzenhirn in einem Zimmer zu schlafen, aber sie ist nett und reinlich und offenbar wohlerzogen. [Spatzenhirn war, wie ich später erfuhr, siebenundsiebzig.] Nur beim Baden veranstaltet sie einen Höllenlärm.«

»Wie denn das?« fragte ich und versuchte mir Spatzenhirn, die ich nie gesehen hatte, vorzustellen, wie sie im hübschen rosa gekachelten Badezimmer meiner Mutter Seemannslieder grölte.

»Zum Beispiel kürzlich nachts, als ich dabei war einzuschlafen, kam Spatzenhirn die Idee, ein Glas Milch zu trinken. Sie blieb eine Ewigkeit weg, und ich ging in die Küche, um nach ihr zu sehen. Da stand sie im Dunkeln und stopfte Eiscreme und Kuchen mit Schokoladensauce in sich hinein.«

»Außerdem ißt Spatzenhirn zu allem Butter und Zucker«, ergänzte Daddy, »sogar zu Wurst.«

Mir drehte sich der Magen um.

»Ich ging wieder ins Bett«, fuhr Mutter fort, »aber sie kam und kam nicht. Also stand ich wieder auf, um noch mal nachzusehen. Im Flur bemerkte ich, daß die Tür zum Gästezimmer geschlossen war. Ich machte auf, und da lag Spatzenhirn schlafend auf *deinem* Bett mit einem Buch überm Gesicht. Ich schrie sie an: ›Wie kommen Sie dazu, hier auf der Tagesdecke zu schlafen? Wenn Sie dauernd darauf schlafen, muß ich sie doch waschen. Was fällt Ihnen ein!‹ Spatzenhirn erschrak zu Tode und sprang hastig aus dem Bett. Und ich schrie dann noch: ›In diesem Zimmer schlafen meine Kinder, wenn sie zu Besuch kommen, und sonst *niemand*. Weder in diesem Bett noch auf dieser Tagesdecke. Ist das klar?‹ Armes Spatzenhirn. Ich habe sie zu Tode erschreckt. Daraufhin verschwand sie im Badezimmer und machte einen fürchterlichen Lärm, als sie badete.«

Während Mutters Erzählung kam mir der Gedanke, daß man daraus eine hübsche Episode für eine TV-Seniorensendung schreiben könnte, wurde aber vom Eintreten einer Krankengymnastin abgelenkt. Mutter wachte mit Argusaugen über ihren Schatz in der Nachttischschublade. Daddy nickte ihr beruhigend zu, als bestünde keine Gefahr.

Die Krankengymnastin brachte meine Mutter behutsam in Sitzposition und erklärte ihr die Übungen, die sie mit ihr machen wollte.

»Wissen Sie, wenn ich nicht gefallen wäre und mir die Hüfte nicht gebrochen hätte, wäre ich an meinem Aneurysma gestorben.«

Die Krankengymnastin hob ihren Arm und meinte liebenswürdig: »Tatsächlich?«

»Ja. Beim Röntgen meiner Hüfte fanden sie die Stelle, wo die Arterie erweitert war. Es hat also alles sein Gutes. Es war Gottes Ratschluß, daß ich noch nicht sterben sollte.«

»Und was war mit deinem Handgelenk, Scotch?« fragte Daddy, dem es Spaß machte, sie vor der Krankengymnastin bloßzustellen und zu hänseln.

»Das hab' ich noch nicht herausgefunden. Und der Beckenbruch passierte, weil wir so in Eile waren. Steigen Sie nie zur Weihnachtszeit, wenn Sie es eilig haben, aus einem Auto, ohne sich davon überzeugt zu haben, daß Sie nichts im Wagen liegengelassen haben.

Es war wirklich dumm von mir, meinen Mantel in der Wagentür einzuklemmen. Das war mir eine Lehre. Das mache ich bestimmt nie wieder.«

Daddy lachte. »Heißt das, du hast es satt, dir die Knochen zu brechen?«

»Darauf kannst du dich verlassen«, erwiderte meine Mutter bestimmt. »Schon weil ich keine Lust mehr habe, andauernd im Restaurant zu essen. Ich möchte wieder Gäste zu Hause empfangen. Ich denke, ich werde neunzig Jahre alt. Und ich möchte, daß Freunde mich wieder besuchen kommen. Ich habe keine Lust, im Bett zu liegen und zu jammern, mit mir sei nichts mehr los.«

»Seit wann ist dir denn die Idee mit den neunzig Jahren gekommen?« fragte Dad skeptisch, als wisse er nicht genau, ob er dann noch hier sei.

»Seit ich in der Klinik liege, denke ich darüber nach.«

»Und warum ausgerechnet neunzig?« fragte ich.

»Das ist doch ein schönes, reifes Alter. Hundert möchte ich, glaube ich, nicht werden. Möglich, daß ich meine Meinung noch ändere, aber das bezweifle ich. Mit neunzig reichen dir die Leute den Arm, helfen dir in den Stuhl, aber mehr Pflege möchte ich niemandem zumuten. Meine Beine machen wohl als erstes nicht mehr mit. Ich habe doch so lange Beine.«

Ich wandte mich an Daddy. »Findest du neunzig auch ein schönes, reifes Alter?«

»Ich halte mich an das Zitat von Omar Khayyám. Du weißt schon, das mit dem Krug Wein, dem Laib Brot und dem Du. Mich interessiert eigentlich nur noch der Laib Brot.« Er blickte zu Mutter hinüber. »Aber ich streite mich nie mit dem Boß«, setzte er hinzu.

»Er wird nach wie vor im Bett liegen«, sagte meine Mutter, »und darauf warten, bis ich endlich gehe. Und dann kommt er hinter mir hergeschlichen. Ich werde diesen Mann einfach nicht los.«

Daddy zündete sich eine Zigarette an. »Sag mal, Äffchen, wo hast du eigentlich deinen Oscar?« Das Gespräch über den Tod machte keinerlei Eindruck auf ihn.

»Meinen Oscar? Der steht zur Zeit mit mir in New York auf der

Bühne. Auf dem Klavier, verdeckt unter einem schwarzen Tuch. Und manchmal erzähle ich dem Publikum, daß ich gern einen Bekannten vorstellen möchte, den ich sehr schätze und gern habe, der viel für mich bedeutet: Integrität, harte Arbeit, Erfahrung, Ausdauer, Qualität und Liebe. Und im übrigen gehe ich mit ihm ins Bett. Die Leute halten die Luft an, tuscheln, wen ich damit wohl meine, und dann lüfte ich das Tuch, und zum Vorschein kommt der Oscar.«

»Find' ich richtig komisch«, meinte Daddy.

»Das hab' ich aber nur ein paarmal gemacht. Manche Leute finden, ich beweihräuchere mich damit. Also lasse ich es wohl besser. Es gibt Menschen, die was dagegen haben, wenn man sich selbst feiert, denen ist so etwas peinlich. Sie halten das für eine heikle Sache, die danach rieche, daß man mit seinem Erfolg protze. Wie siehst du das?«

Er kicherte. »Ich halte es für weniger gefährlich, mit Oscar zu schlafen als mit ein paar von den Leuten, über die du geschrieben hast.«

Ich knuffte Daddy zum Spaß in die Seite. »Warren meint, wir sollen beide unsere Oscars zu euch nach Hause bringen, damit ihr Freude daran habt. Er sagt, seiner liegt in einer Schublade.« (Warren erhielt seinen Oscar für die Regie in *Reds*.)

»Wir haben schon soviel Krimskrams in unserem Haus«, sagte Daddy, »da kommt es auf eure Oscars auch nicht mehr an.«

»Nein, Ira«, widersprach Mutter matt, »eigentlich sollten wir Warren und Shirley die meisten Sachen, die wir besitzen, geben.«

»Das ist ja alles recht und schön«, sagte Daddy, »aber da das Zeug immer noch in unserem Haus ist, können wir ebensogut auch noch ihre Oscars bei uns aufstellen.«

Dad und Mom waren wie zwei Varietékünstler, von denen jeder versuchte, den anderen an Publikumswirksamkeit zu übertrumpfen. Souverän spielten sie ihre Rollen, keiner sagte je, die Show sei aus. Ihre gedanklichen Winkelzüge und ihre Bühnentaktik waren ausgefeilter, als ein für die Bühne verfaßtes Melodram es je sein kann. Meine Mutter verkörperte die Tyrannei der Zerbrechlichen und Daddy die Unsicherheit des Tyrannen. Warren und ich waren im Grunde genommen Außenseiter. Stichwortgeber für die beiden Stars.

Ihr erstaunlich umfangreiches Repertoire hatte unseren kindlichen, empfänglichen Geist verwirrt und zugleich entzückt. Aus diesen Gründen war es, wie gesagt, unvermeidlich, daß wir ins Showbusiness gingen. Einmal, um endlich auch im Vordergrund zu stehen, und zweitens, um durch den Versuch der dramaturgischen Analyse schwieriger Charaktere, die wir auf der Bühne darzustellen hatten, die tatsächlichen Vorgänge in unserem Elternhaus zu erfassen und auf diesem Wege zu verarbeiten. Die Samen, die meine Eltern in uns gelegt hatten, waren auf fruchtbaren Boden gefallen.

Daddy warf einen Blick auf die Armbanduhr. Seit sechs Stunden saß ich am Krankenbett meiner Mutter. Wir hatten zusammen Mittag gegessen (ohne Salz, ohne Zucker), und immer wieder hatten die Schwestern nach ihr gesehen.

»Möchtest du, daß ich dich zum Flugbahnhof bringe, Äffchen?«

Ich liebte die falschen Wortzusammensetzungen meines Vaters. »Nein danke, Daddy, ich nehme ein Taxi.«

»Dann solltest du dich bald auf den Weg machen, die Abendmaschine ist sicher voll besetzt, und du willst deine Show doch nicht verpassen.«

Er hätte selbst zu gern auf der Bühne gestanden, während seines Lebens als Lehrer und später als gutsituierter Immobilienmakler.

»Ich lass' dir am Empfang ein Taxi rufen«, sagte er und ließ Mom und mich allein.

Sie sah mich zuversichtlich an. »Ich werde wieder gesund. Ich bin noch nicht bereit zu sterben. Als ich in die Klinik kam, habe ich mir Sorgen gemacht, aber jetzt nicht mehr. In den Medikamenten, die sie mir geben, ist Schlangengift. Das Schlangengift soll die Blutgerinnsel auflösen.«

Ungewollt klang ihre Stimme schrill und disharmonisch. Dann wurde sie weich. »Shirl, ich möchte dir etwas sagen.«

»Ja, Mom?«

»Kurz vor dem Einschlafen höre ich manchmal Stimmen in meinem Kopf. Ich weiß, daß ich nicht träume. Ein Traum ist ganz anders.«

»Interessant. Erzähl mir mehr davon.«

»Also, ich unterhalte mich richtig mit diesen Stimmen. Sie bringen mich zum Lachen. Sie sind richtig komisch.«

»Worüber sprecht ihr denn?«

»Ach, über alles mögliche. Sie sind gute Freunde. Ich habe das bisher keinem Menschen erzählt. Manchmal sind sie so amüsant, daß ich mich im Bett aufsetze, um besser zuhören zu können. Aber nur, wenn niemand im Zimmer ist. Ich bin keineswegs verrückt. Ich weiß, die Stimmen gibt es wirklich. Könnten das meine spirituellen Lehrer sein, die mir helfen, mich im Jenseits besser zurechtzufinden?«

Ihre Augen waren unendlich tief und von einer sehnsüchtigen Ratlosigkeit erfüllt. »Glaubst du, sie bereiten mich auf den Tod vor?«

Ich wußte nicht, was ich antworten sollte, aber ich spürte die Ehrlichkeit in ihren Worten.

»Mom, du weißt, daß du nicht wirklich stirbst, auch wenn du das irdische Dasein verläßt. Wenn du das Gefühl hast, die Stimmen sind real, dann sind sie real. Ich denke schon, daß sie deine Freunde sind, und du verschließt dich nicht vor ihnen, weil du weißt, du wirst sie im Jenseits treffen.«

»Sie sind freundlich, und ich glaube, sie haben mich richtig gern.«

»Dann mach dir keine Sorgen darüber, sondern freu dich darauf, daß du sie eines Tages sozusagen wirklich kennenlernst.«

»Ja, gut. Ich bin froh, daß du mich verstehst. Ich geh' gern zu Bett, weil ich weiß, wir unterhalten uns richtig gut. Sag das aber bitte nicht deinem Vater. Sonst wird er am Ende noch eifersüchtig.«

»Nein, ich sag' ihm nichts«, versprach ich lachend. »Aber er hat vermutlich seine eigenen Freunde, mit denen er spricht. Vielleicht schläft er deshalb so viel.«

Meine Mutter lehnte sich in die Kissen zurück und sah mich

fragend an. »Shirl? Erzähl mir ein wenig mehr von deinen spirituellen Meistern, über die du in deinem Buch geschrieben hast. Wer ist dieser Tom McPherson?«

Ich räusperte mich und erzählte, wie gern ich mich über »Medien« mit der Seelenenergie von Wesen der Astralebene, die als Lehrer wirken, in Verbindung setze. Meine Mutter kannte zwar das Material in meinem Buch, wollte jedoch die Bestätigung von mir hören, daß das, was ich geschrieben hatte, meine reale Erfahrung war. Ich berichtete weiter, daß ein junger Mann namens Kevin Ryerson vor ein paar Jahren feststellte, daß er die Gabe besitzt, seine Körperfrequenzen auf die Frequenzen geistiger Wesen einzustellen, die zur Zeit keine Inkarnation auf Erden durchleben. Diese Wesen machen sich die elektromagnetischen Wellen von Kevins Körper als Übermittlungskanal zunutze, um mit den Menschen von ihrer Astralebene aus zu kommunizieren. Kevin versetzt sich in einen Trancezustand, während die Astralwesen über ihn als Medium sprechen.

Meine Mutter hörte aufmerksam zu. »Woher weißt du, daß es nicht dieser Kevin ist, der da spricht?« fragte sie.

»Die Seelenwesen sprechen zwar durch Kevins Stimme, aber sie sind nicht Kevin.«

»Woher weißt du das?« fragte sie mit großer Neugier.

Mir gefiel ihre Neugier, aber ich war nicht sicher, ob ich ihre Frage zufriedenstellend beantworten konnte. »Ich kann nur sagen, daß Tom McPherson, eines der Wesen, das durch Kevin spricht, intime Einzelheiten über mich und mein Leben wußte, die kein anderer Mensch weiß.«

»Ist das wahr, Shirl? Und hat er dir geholfen?«

»O ja«, antwortete ich. »Er half mir in vieler Hinsicht.«

»Macht dir das nicht Angst, daß er so viel über dich weiß?«

»Nein«, entgegnete ich und dachte an meine ersten Reaktionen auf das Phänomen der spirituellen Übermittlung. »Nein, eigentlich ist es angenehm, ein Wesen zu kennen, das offenbar Dinge ›sehen‹ kann, die mir verschlossen sind. Natürlich war ich anfangs skeptisch, doch ängstlich war ich nie. Ich hatte über Edgar Cayce und seine spirituellen Übermittlungen gelesen und konnte mir vorstellen, daß Kevin eine ähnlich paranormale Gabe besitzt.«

»Ja«, sagte Mutter und holte tief Luft, wie immer, wenn sie über etwas Neues nachdachte. »Ja, ich habe auch von Edgar Cayce gehört. Er war doch ein geistiger Heiler und hat vielen kranken Menschen geholfen, nicht wahr?«

»Ja. Er übermittelte eine Vielzahl medizinischer und wissenschaftlicher Informationen von spirituellen Meistern, verordnete sogar Therapien. Die Ärzte standen vor einem Rätsel, denn er hatte nie eine medizinische Ausbildung genossen. Aber seine Diagnosen stimmten immer.«

»Durch diesen jungen Mann Kevin sprechen also geistige Wesen, die dir bei Problemen helfen, über die du sie befragst?«

»Genau.«

Mutter nickte. »Dann sind meine ›Freunde‹ vielleicht auch geistige Wesen.«

»Könnte sein.«

»Haben sie schon mal hier auf Erden gelebt?«

»Die meisten ja. Aber nicht alle. Manchmal sprechen spirituelle Wesen zu uns, die noch nie inkarniert waren.«

»Willst du damit sagen, sie haben noch nie gelebt?«

»Ganz richtig.«

»Aber wenn sie nie gelebt haben, wie können sie dann trotzdem leben?«

»Mit leben meine ich, daß sie nie menschliche Gestalt angenommen haben. Doch in den meisten Fällen haben die spirituellen Wesen, die über ein Medium mit uns Kontakt aufnehmen, ein oder mehrere Leben durchlaufen.«

»Und wenn sie sterben, begeben sie sich an diesen astralen Ort und leben ohne Körper weiter?«

»Ja«, sagte ich und hoffte, daß uns diesmal keine Krankenschwester unterbrechen würde, bevor ich mit meinem Bericht zu Ende war. »Also, wenn unser Körper ›stirbt‹, heißt das in Wahrheit nur, daß die Behausung unserer Seele nicht mehr funktionsfähig ist. *Wir* sind *Seelen*, die nur vorübergehend eine körperliche Existenz annehmen. Nach dem Durchlaufen des irdischen Daseins begeben wir uns in die astrale Dimension, wo wir so lange bleiben, bis wir uns zu einer neuen Daseinsform entschließen. Unsere Seelen – das wirkliche *wir* – sterben nie. Sie sind unendlich.«

»Ja, daran glaube ich«, gestand Mutter.

»Erinnerst du dich daran, was Daddy erzählte, wie er seinen Körper nach seinem Unfall verlassen hat?«

»Ja.«

»Das ist dasselbe. Wäre er wirklich ›gestorben‹, wäre seine Seele nicht in seinen Körper zurückgekehrt. Dann würde er sich jetzt auf der Astralebene befinden, ebenso wie Tom McPherson.«

»Ja, ich verstehe.«

Ich hielt einen Augenblick nachdenklich inne, bevor ich weiterredete. »Sicher hast du schon davon gehört, daß Menschen von ihren ›verstorbenen‹ Verwandten besucht werden?«

»Ja.«

»Das sind meist wahre Geschichten. Weil diese Verwandten ihre Lieben nie wirklich verlassen haben. Sie leben nur in einer anderen Dimension, nachdem sie ihren Körper verlassen haben.«

»Aha, ich verstehe.« Mutter dachte einen Moment nach und sagte dann: »Erzähl mir doch ein Beispiel, wie dir dieser Tom McPherson geholfen hat.«

Ich überlegte kurz, warf einen Blick auf meine Armbanduhr und sagte: »Ich erzähle dir eine kurze Begebenheit, die wirklich unglaublich klingt. Aber sie ist genauso passiert, wie ich sie dir schildere.«

Meine Mutter legte die gefalteten Hände in den Schoß, und ihre Augen leuchteten auf.

»Zunächst einmal ist es wichtig zu wissen, daß Tom McPherson am liebsten von einer bestimmten Inkarnation spricht.«

»Und welche ist das?«

»Vor dreihundert Jahren lebte er als schottisch-irischer Taschendieb. Ich lebte damals auch, und wir kannten einander.«

»Du liebe Zeit«, entfuhr es Mutter. »Ein Taschendieb? Und du kanntest ihn? Das wird ja spannend. Erzähl weiter.«

Ich lächelte in der Erinnerung, wie schwer es mir gefallen war, einige der feinmaschigen Zusammenhänge der Reinkarnationstheorie zu begreifen.

»Die Begebenheit ereignete sich während der Thanksgiving-Feiertage vor ein paar Jahren. Ich hatte viel an *Zwischenleben* gearbeitet, um meine Termine einzuhalten. Am Nachmittag vor Thanksgiving ging ich am Rodeo Drive in Beverly Hills einkaufen. Ich trug eine große Tasche bei mir, in der ich nicht nur Geld, Kreditkarten, Paß und meinen Kassettenrecorder verstaut hatte, sondern auch die Kassetten, die ich während meiner Sitzungen mit Tom McPherson und anderen spirituellen Meistern aufgenommen hatte. Diese Kassetten waren mir sehr wichtig, ich war schon beinahe abhängig davon, da mir die Sprache meiner spirituellen Meister ausdrucksstärker erschien als meine eigene. McPherson hatte mich vor dieser Abhängigkeit gewarnt, forderte mehr Zutrauen zu mir selbst, doch ich hörte nicht auf ihn.

Im Schaufenster einer Modeboutique sah ich ein Kostüm zu einem herabgesetzten Preis, ging hinein und wollte es anprobieren. Ich stellte meine Tasche auf den Fußboden, zog mein Jackett aus und legte es über die Tasche. (In Beverly Hills einzukaufen zwingt dich zu solchen Vorsichtsmaßnahmen.) Ich drehte mich um und nahm die Kostümjacke vom Kleiderständer. Ich hatte meiner Tasche nicht länger als fünf Sekunden den Rücken gekehrt, und außer mir *war kein anderer Kunde im Laden.*«

Meine Mutter beugte sich mit großen Augen vor in Erwartung der dramatischen Wendung.

»Die Verkäuferin telefonierte hinter der Theke. Als ich aus den Augenwinkeln nach meiner Tasche hinüberschaute, sah ich, wie mein Jackett langsam auf dem Fußboden zusammensackte, als sei keine Tasche darunter! Ich hob das Jackett hoch, die Tasche war verschwunden! Ich flippte aus. Es war nicht zu fassen. Ich wandte mich an die Verkäuferin und sagte: ›Wer hat meine Tasche genommen? Meine Tasche ist verschwunden. Ich drehe mich fünf Sekunden um, und man klaut mir die Tasche!‹«

»O nein, Shirl«, hauchte Mutter. »Und dann? Was passierte?«

»Die Verkäuferin sagte, es sei niemand im Laden, das sehe ich ja selbst. Und sie habe gesehen, wie ich die Tasche mit der Jacke verdeckte, also müsse sie wohl noch dasein. Ich wedelte wie eine Verrückte mit meiner Jacke vor ihrer Nase herum und kreischte: ›Meine Tasche ist aber nicht mehr da. Sehen Sie das nicht?‹

Ich rannte aus der Boutique. Auf der Straße war kaum ein Mensch. Ich lief zurück in den Laden, in der Hoffnung, die Verkäuferin habe meine Tasche irgendwo gefunden. Statt dessen telefonierte sie mit dem Polizeirevier von Beverly Hills und bat die Herren rüberzukommen, in ihrem Laden spiele ein Filmstar verrückt.

›Hören Sie‹, sagte ich. ›Tut mir leid. Es geht mir nicht ums Geld, auch nicht um die Kreditkarten oder den Paß oder sonst etwas. Es geht mir lediglich um meine spirituellen Tonbänder, die in der Tasche sind.‹

Sie sah mich groß an. ›Ihre spirituellen Tonbänder?‹ fragte sie mit ausgesuchter Höflichkeit, die gar nicht nötig gewesen wäre.

›Ja!‹ antwortete ich. ›Meine Tonbänder von meinen Lehrern auf der Astralebene. Sie sind sehr wichtig für mich.‹

Ich konnte direkt hören, daß die Frau überlegte, ob es nicht besser gewesen wäre, die Irrenanstalt zu verständigen statt die Polizei.

›Nun‹, sagte sie mit Bedacht, ›vielleicht sollten Sie Ihre spirituellen Lehrer zu Rate ziehen, um zu erfahren, was mit Ihrer Tasche geschehen ist.‹«

Meine Mutter lachte. »Ja, es war wirklich zum Lachen«, fuhr ich fort. »Die Frau hatte im Grunde ganz recht. Ich wartete also auf die Polizei, unterschrieb das Protokoll und den ganzen Kram. Doch ich hatte das unbestimmte Gefühl, daß es kein Diebstahl war. Aber was sonst?«

»Und weiter?« drängte meine Mutter.

»Zwei Tage nach Thanksgiving war Kevin Ryerson in der Stadt. Ich rief ihn an und bat um eine Sitzung, da ich McPherson fragen wollte, was es mit der Sache auf sich hatte. Kevin gegenüber erwähnte ich den Vorfall mit keinem Wort. Er versetzte sich in Trance, und McPherson sprach durch ihn. Der erste Satz aus seinem

Mund lautete: ›Hast du meine feine Handschrift bei dem geschickten Taschendiebstahl vor kurzem erkannt?‹

Da fiel es mir wie Schuppen von den Augen. Es konnte nur McPherson gewesen sein.«

»McPherson? Du lieber Himmel. Aber wie konnte er denn so etwas zuwege bringen?« fragte Mutter ungläubig.

»Genau dieselbe Frage stellte ich ihm, und er meinte, er habe sich verkalkuliert: er wollte nicht die gesamte Tasche entmaterialisieren – sondern sie nur hinter die Verkaufstheke bewegen.«

»Gott, damit hätte er die Verkäuferin ganz schön in Verlegenheit gebracht«, meinte Mutter.

Ich lachte, denn das war mir noch gar nicht in den Sinn gekommen.

»Wie dem auch sei«, fuhr ich fort. »Ich geriet richtig in Streit mit ihm. Ich schrie ihn an: ›Was, zum Teufel, willst du damit sagen, du hast dich *verkalkuliert*?‹

›Na ja‹, sagte er, ›ich war mir nicht im klaren darüber, welch große Fortschritte du in deiner eigenen mediumistischen Lichtfrequenz bereits gemacht hast. Meine Lichtfrequenz vermischte sich mit deiner, und durch diese Verbindung entmaterialisierte sich die Tasche, anstatt sich lediglich zu bewegen.‹«

Meine Mutter schüttelte ungläubig den Kopf.

»Ich konnte es auch nicht glauben«, gestand ich. »Ich fragte ihn, ob er mir weismachen wolle, meine Tasche mitsamt Inhalt schwebe jetzt irgendwo im Astralraum.«

Meine Mutter machte ein verwirrtes Gesicht.

»Er erklärte mir, das sei gegen das kosmische Gesetz. Aber da er für die versehentliche Entmaterialisierung verantwortlich sei, liege es an ihm, jemanden zu finden, der karmischen Nutzen daraus ziehen könne. Er versprach, ich bekäme alles zurück, mit Ausnahme meiner Tonbänder.«

»Die Tonbänder?« fragte Mutter.

»Ja. Anscheinend hat Tom sie jemandem gegeben, der sie dringender brauchte als ich.«

»Und was ist aus den anderen Sachen geworden?« fragte Mutter.

»Ich habe alles zurückerhalten, wie Tom es versprochen hatte. Einschließlich des Rezeptes für meine neue Brille, das ich glaubte verloren zu haben.«

»Wie?«

»Eines Tages lag ein großer Umschlag vor meiner Tür. Kein Name, keine Adresse. Der springende Punkt an der ganzen Sache war letztlich, daß ich zu abhängig von den Tonbändern geworden war. Er wollte mir zeigen, daß ich sie nicht mehr brauchte.«

»Du liebe Güte, Shirl«, sagte Mutter. »Und das ist wirklich passiert?«

»Ja, das ist wirklich passiert. So wahr ich hier sitze.«

»Und wie erklärst du dir das?« fragte sie, begierig nach einer logischen Erklärung.

»Ich weiß es wirklich nicht«, antwortete ich, »aber solange es keine bessere Erklärung gibt, muß ich einfach glauben, was McPherson sagte.«

»Mein Gott. Ich weiß nicht, ob mich das nicht ängstigen würde.«

»Sieh mal, Mutter, solange mir nichts Böses geschieht, sehe ich keinen Grund, Angst zu haben. Du hast doch vor deinen ›Freunden‹ auch keine Angst, oder?«

»Nein, nein. Im Gegenteil. Sie machen mich glücklich, und ich lache gerne mit ihnen. Sie sind wirklich freundlich, und ich spüre, sie sind meine Freunde.«

»Na, siehst du.«

»Ja«, sagte sie lachend. »Aber ich weiß nicht, wie viele Freunde ich noch in meiner Nachbarschaft hätte, wenn ich ihnen von meinen ›anderen Freunden‹ erzählen würde.«

»Ja, das Gefühl kenne ich. Aber ich glaube, du wärst überrascht, wie viele andere Menschen ›Freunde‹ haben, über die sie nicht sprechen.«

Meine Mutter nickte, holte tief Luft und wandte die Augen zum Himmel.

In diesem Moment betrat Daddy wieder das Zimmer. Mutter legte einen Finger an die Lippen und machte »psst«, damit ich unser Geheimnis nicht verrate.

»Äffchen, das Taxi wartet«, verkündete Daddy. »Du solltest jetzt besser gehen.«

Ich nahm meine Sachen, küßte beide zum Abschied, zwinkerte Mutter zu, bat Vater, er solle noch ein wenig bleiben, und versprach, gleich aus New York anzurufen, damit sie beruhigt wären, daß ich meine Vorstellung nicht verpaßte.

Ich schloß die Tür hinter mir und blieb noch einen Augenblick im Flur stehen. Dann hörte ich die muntere Stimme meiner Mutter: »Ira, nimm doch die restliche Schokoladentorte mit nach Hause. Versteck sie aber, sonst ißt Spatzenhirn sie dir auf.«

»Hmmmm, gar keine schlechte Idee«, stimmte Dad zu.

Dann, bevor ich wegging, hörte ich meine Mutter noch: »Ich bin froh, daß Shirl ein Taxi nimmt und du noch etwas bleiben kannst.«

Fünftes Kapitel

In der überfüllten Maschine nach New York hatte ich Muße, darüber nachzudenken, wie die Eltern-Kind-Rollen im unvermeidlichen Lauf der Jahre vertauscht werden. Eltern werden zu Kindern und umgekehrt. Die Eltern erziehen uns liebevoll, erdulden unsere Stimmungen und Launen, im Alter schließt sich der Kreis, wenn wir zu ihren Beschützern werden. Ich liebe meine Eltern mehr, als ich ausdrücken kann, und begreife immer deutlicher, wie ihre Wertvorstellungen mich geformt haben.

Sie hatten zwar eine wesentliche Rolle in der Entwicklung meiner beruflichen Ideen gespielt. Es war mir selbstverständlich, daß sie immer für mich da waren, mich mit ihrer Liebe und Fürsorge unterstützten. Dafür war ich ihnen nicht eigentlich dankbar, nahm dies als natürlich gegeben hin. Rückblickend wird mir klar, daß meine Eltern diejenigen waren, die mich nicht so sehr in meiner Schauspielerkarriere gefördert, als vielmehr in das Verhaltensmuster gelenkt hatten, das dieser Karriere zwangsläufig voranging, nämlich in die Selbstdarstellung. Ich hatte stets gespürt, daß sie ein wichtiger Faktor in ihrem Leben war. Also ergriff ich diesen Beruf nicht nur für mich selbst, sondern auch für meine Eltern.

Ich wurde mit extrem schwachen Knöcheln geboren, wodurch ich schon als Kleinkind Haltungsfehler bekam. Im Alter von drei Jahren schickten meine Eltern mich in eine gute Ballettschule in Richmond, Virginia, in der Hoffnung, das Ballett wäre eine gute Therapie zur Kräftigung meiner Knöchel. Die Entscheidung erwies sich nicht nur als richtig, ich war von der ersten Sekunde an darauf versessen, mich durch Tanzen körperlich auszudrücken. Das Tanzen wurde für mich unentbehrlich.

Die Schule trug den Namen der Leiterin Julia Mildred Harper. Ich erinnere mich, wie sehr meine Mutter davon beeindruckt war, wie die Harper ihre Schülerinnen lehrte, das Spiel der Hände einzusetzen. Mutters Hände waren ihr immer ein starkes Ausdrucksmittel, und nun sah sie diese Ausdrucksmöglichkeit an mir bestätigt. Mit den Händen vermittelt man Gefühle, sagte Mom oft. Du kannst Freude, Sorge, Angst und Spaß mit ihnen ausdrükken. Ich nahm mir das zu Herzen, und heute kann ich den Charakter eines Menschen an seinen Händen ablesen.

Ich war weder in der Schule noch im Ballettunterricht besonders selbstbewußt. Meine Mutter drängte mich unentwegt zu größerer Selbstbehauptung – ich sollte mich in die erste Reihe stellen, eine Idee für ein neues Spiel oder einen neuen Schritt vorschlagen. Doch wenn ich keine innere Bereitschaft dazu verspürte, rührte ich mich nicht und blieb stumm. Meine Mutter war darüber ziemlich verzagt. Daddy machte sich wohl weniger Gedanken. Doch Mom wollte offenbar nicht, daß ich ihren Fehler, zu schüchtern zu sein, nachvollzog.

Ich besuchte täglich den Ballettunterricht. Obwohl ich die Ausdrucksform des Tanzes brauchte, hielt ich mich stets im Hintergrund, denn ich schämte mich, das Muttermal an meiner Achsel herzuzeigen, das ich furchtbar häßlich fand. Dieses Muttermal belastete mich jahrelang. Heute muß ich zweimal überlegen, welchen Arm es ›ziert‹.

Bei meinem ersten Auftritt sang und steppte ich eine Nummer mit dem Titel »Ein Apfel für die Lehrerin«. Ich trug ein vierblättriges Kleeblatt aus grüner Pappe auf dem Kopf, und der Apfel fiel mir herunter. Das war mein erster Lacherfolg. Danach ließ ich den Apfel bei jeder Vorstellung fallen.

Die Schule betrachtete ich als notwendiges Übel und lernte nur soviel, wie nötig war. Das Tanzen, zu dem meine Eltern mich angeregt hatten, wurde mein Lebensinhalt.

Für die Schule zu lernen langweilte mich. Die Bücher, die ich mir zum Lesen *aussuchte*, bedeuteten mir erregendes Abenteuer. Ich verschlang Biographien über Wissenschaftler, Forscher und

Philosophen. Die Schule schaffte es irgendwie, dieselben Menschen langweilig erscheinen zu lassen. Und ich liebte mein Fernrohr. Stundenlang starrte ich damit aus meinem Fenster oder bis in die tiefe Nacht hinein im feuchten Sommergras liegend in den Nachthimmel und hätte gern gewußt, was mir die funkelnden Sterne sagen wollten; ich war sicher, daß ich ihre Botschaft eines Tages entschlüsseln würde.

Oft wachte ich morgens auf in der Überzeugung, einen erkenntnisreichen Traum gehabt zu haben über Medizin oder eine verschollene Zivilisation, die einmal die Erde bevölkert hatte, doch nie konnte ich mich so genau an den Traum erinnern, daß ich ihn hätte aufschreiben können.

Tanz und Musik waren meine Ventile. Wenn ich im Ballettunterricht russische Musik hörte, kamen mir die Tränen, denn irgendwie verstand ich diese Musik mit dem Herzen, sie rief eine vertraute Empfindung in mir wach, die ich jedoch nicht definieren konnte. Über derlei Gefühle sprach ich mit niemandem, da ich sie nicht begriff.

Als ich zwölf Jahre alt war, zogen wir nach Arlington, Virginia, und meine Eltern schrieben mich in einer der besten Ballettschulen im Land ein, der Washington Ballett Schule in Washington, D. C., am jenseitigen Ufer des Potomac, an dem wir wohnten. Lisa Gardiner und Mary Day waren meine Lehrerinnen.

Jeden Tag nach der Schule nahm ich den Bus nach Georgetown, stieg in die Straßenbahn um und tanzte fünf bis sechs Stunden. Am Abend nahm ich den Bus zurück nach Arlington. Schularbeiten machte ich im schwach beleuchteten Bus. Ohne daß mir das damals bewußt geworden wäre, formte dieser extrem harte Tagesablauf in mir einen Arbeitsstil, an dem ich noch heute festhalte. Damals war meine kindliche Tanzbegeisterung die Triebfeder. Heute könnte ich ohne diese eiserne Arbeitsdisziplin nicht das tun oder sein, was ich bin.

Im Verlauf meines Ballettunterrichts machte ich große Fortschritte in Charakterstudien. Auch das war der russische Einfluß. Bei einer Mazurka nahm mein Körper automatisch die richtige

Haltung ein, als wäre ich in dieser Musik geboren. Auch wenn ich mit meinen roten Haaren und den Sommersprossen aussah wie die Landkarte von Irland, *fühlte* ich russisch. Immer wenn ich das kyrillische Alphabet sah, spürte ich, daß ich es eigentlich lesen können müßte, nur vergessen hatte, wie. Wenn meine russisch-jüdischen Freundinnen mich nach den Ballettstunden zu sich nach Hause baten, *kannte* ich das Essen, das sie mir anboten, auch wenn ich so etwas nie zuvor gegessen hatte.

Meine starken Reaktionen auf alles Russische irritierten mich. Ich wußte, daß ich nichts darüber wußte – und doch wußte ich so viel.

Mit glänzenden Augen hörte ich zu, wenn Lisa Gardiner aus den Tagen des *Ballet Russe* erzählte, als sie mit Anna Pawlowa getanzt hatte. Die Russen in ihrer wilden Leidenschaft ließen ihren Gefühlen freien Lauf und vertraten die Ansicht, Selbstbeherrschung ersticke das Leben.

Auch ich wollte von wilder Leidenschaft besessen sein, doch in meiner mittelständischen anglosächsisch-amerikanischen Welt herrschten andere Gesetze. Und trotzdem identifizierte ich mich mit der russischen Seele. Den Grund dafür begriff ich nicht. Ich fragte meine Mutter, und sie meinte, das liege an meiner Begabung. Eine dieser fabelhaften, diffusen Antworten, die Eltern gern geben, worauf ich Überlegungen anstellte, was Begabung eigentlich ist.

Da ich in der Kunst des Tanzens trainiert wurde, wuchs ich damit auf, etwas darüber zu wissen, wie dieser Prozeß sich entwickelt. Für mich hatte Begabung nie etwas mit intellektuellen Vorgängen zu tun. Sie wurzelt beinahe vollständig im Gefühl und wird durch Disziplin gefördert. Meine getanzte Interpretation mußte den Punkt treffen und für andere Menschen identifizierbar sein. Wenn niemand verstand, was ich mit meinen Tanzbewegungen zu vermitteln suchte, dann teilte sich mein Gefühl nicht mit.

Die Verbindung von Lisa Gardiner und Mary Day war für mich eine dynamische Quelle disziplinierter Inspiration. Miß Gardiner (irgendwie schien »Miß« ihr Vorname zu sein) war eine hochkultivierte, intellektuell europäisch orientierte Frau mit sanfter

Stimme. Man munkelte, sie sei eine Nacht lang verheiratet gewesen. Doch kein Mensch hat je herausgefunden, wer ihr Ehemann war. Miß Gardiner eine direkte diesbezügliche Frage zu stellen war völlig undenkbar. Niemand wußte auch genau, wie alt sie war. Dieser Punkt war gleichfalls tabu. Sie war ein Mensch von tiefer Güte und Weisheit. In untadelig aufrecht-stolzer Haltung saß sie in ihrem Stuhl mit der hohen Rückenlehne und rauchte aus einer langen Silber-Zigarettenspitze. Ihre langen Fingernägel waren glänzend rosa lackiert. Langsam zog der Rauch aus ihren Nasenflügeln und kringelte sich über ihrem Kopf.

Manchmal erzählte sie uns Schülerinnen nach dem Unterricht von ihren Tourneen und Abenteuern vergangener Zeiten in Rußland. Sie sprach davon, welche Bedeutung die menschliche Erfahrung auf die Bewegung habe. »Die Soundso ist noch keine vollendete Tänzerin; sie hat noch nicht genug erlebt. Sie muß leiden, um Weisheit zu erlangen. Diese Weisheit wird sie später in ihre Bewegungen umsetzen.« Mit wachen Sinnen hörte ich ihr zu. Das leuchtete mir ein. Ihr schenkte ich mehr Aufmerksamkeit als jedem anderen Menschen. Sie wollte ich nicht enttäuschen. Ich fühlte mich von ihr verstanden, mein Fortschritt lag ihr speziell am Herzen. Ich war etwas »Besonderes« für sie. Nicht, daß sie meine Freunde oder sonstigen Interessen mißbilligte, aber sie ließ mich deutlich spüren, daß ich Wichtigeres zu tun hatte, nämlich zu tanzen. Holte mich ein Junge nach dem Unterricht ab, war sie zwar höflich und zuvorkommend, doch beim Abschied zog sie heftiger als sonst an ihrer Zigarettenspitze, die Rauchkringel entwichen ihrer Nase vermehrt und bedächtiger, als wolle sie damit einen lästigen Geruch vertreiben. Mit subtiler Geringschätzung winkte sie mir nach, als wisse sie im stillen, am Ende meiner Jungmädchenjahre würde ich schon klüger werden. In diesen Momenten platzte ich beinahe vor Neugier, die Wahrheit über die Ehe, die eine einzige Nacht gedauert hatte, zu erfahren.

Mary Day war das genaue Gegenteil. Miß Day (auch sie wurde stets mit »Miß« angesprochen) war eine direkte, sachliche Person, ein hartes Arbeitstier. Ihre schwarzen, glänzenden Augen unter den fein geschwungenen Brauen verwandelten sich mit einem Wimpernzucken in ein dunkles Glühen. Sie war sehr groß und hatte Schuhgröße vierzig. Wenn sie uns eine »Kombination« vorführte, die wir nachtanzen sollten, bewegten sich ihre großen Füße in rasender Geschwindigkeit. Sie sprach in lautem Befehlston, und wenn ihr eine Darbietung nicht gefiel, so gab sie sich keine Mühe, ihr vernichtendes Urteil hinter Höflichkeiten zu verschleiern. Sie bewegte sich mit stolzen, ausholenden Schritten, wobei ihre Füße entengleich nach außen wiesen und ihre Arme energisch hin und her schlenkerten. Ihre Tanzschritte waren selbstbewußt und voller Tempo; sie vermittelte den Eindruck, jeder ihrer Schritte war vom Ehrgeiz beseelt, die beste Ballettschule östlich des Mississippi und südlich von New York auf die Beine zu stellen.

War sie unzufrieden mit der Leistung einer Schülerin, zögerte sie nicht, sie als »lächerlich« zu bezeichnen. Mir sagte sie einmal, die Rolle des Aschenputtels könne ich wohl nie tanzen, da ich zu »plump« sei, und die Vorstellung, das Aschenputtel »trample« in Quadratlatschen über die Bühne, wenn der Prinz sich vor Sehnsucht nach ihr verzehrt, sei ihr einfach unerträglich. Ich berichtete den Vorfall meiner Mutter, die sie umgehend anrief: »Bitte, dann eben nicht. Shirley möchte sowieso lieber Schauspielerin werden.« Das war mir völlig neu, aber ich mußte dem Tanzunterricht einige Wochen fernbleiben, bis Miß Day sich für ihre Taktlosigkeit entschuldigte und meinte, ich sei wie geschaffen für die Rolle der Guten Fee, denn diese Figur erfordere Größe und gebieterisches Auftreten. Meine Mutter ließ sich erweichen, und ich durfte in meinen geliebten Ballettunterricht zurückkehren. Meine Mutter war schüchtern und zurückhaltend, doch wehe dem, der es wagte, ihre Tochter unhöflich zu behandeln. Sie wollte den Erfolg für mich, und weder Miß Day noch sonstwer sollte es wagen, mich einzuschüchtern, solange sie ein Wort mitzureden hatte.

Miß Day wiederum bewunderte das couragierte Auftreten meiner Mutter, und somit erhöhte sich ihr Respekt für mich. Jahre später geriet die Schule in finanzielle Schwierigkeiten. Miß Day wandte sich an meine Mutter, die meinen Vater zu Rate zog. Dad half der Schule, ihre Finanzen zu regeln. Seitdem waren die drei dicke Freunde.

Bei Miß Day wußte ich stets, woran ich war. Gelang es mir, ihr ein zufriedenes Nicken oder gar ein Lob zu entlocken, dann wußte ich, daß ich wirklich gut war. Als ich nach einem Sommerkurs in Intensiv-Tanztraining aus New York zurückkam, musterte sie meine Beine und meinte: »Na endlich bekommst du Tänzermuskeln. Allmählich stehen deine Chancen gar nicht mehr so schlecht.« Dieses Kompliment machte mich ein halbes Jahr lang glücklich.

Miß Gardiner und Miß Day waren die Mentoren meiner Kindheit. Ihnen wollte ich gefallen, sie waren mein Leistungsmaßstab. Ich verbrachte mehr Zeit mit ihnen in der Ballettschule als mit sonst einem Menschen. Und neben meiner Mutter waren sie es, die in mich die Leidenschaft zur Schauspielerei pflanzten. Miß Gardiners Art, dieses Pflänzchen zu pflegen, waren Sätze wie: »Deine Bewegungen verraten mir, daß du eine gute Schauspielerin bist. Ich weiß immer, was du versuchst auszudrücken.« Miß Day sagte: »Weißt du, Shirley, für klassisches Ballett bewegst du dein Gesicht zu stark. Weshalb gehst du nicht zum Theater?«

Jedenfalls begriff ich, was sie meinten. Doch vorerst war mir wichtig, die Ausdrucksformen des Tanzes besser zu beherrschen.

Ich erinnere mich an einen Wettbewerb, wobei wir die Choreographie zu einem freien Thema erarbeiten sollten. Mir ging es nicht um besondere »Schrittkombinationen« oder dazu harmonierende Bewegungsabläufe. Ich wollte vielmehr ausdrücken, was ich fühlte. Ich besprach die Aufgabe mit meiner Mutter, und sie riet mir beziehungsreich: »Mach doch eine Choreographie über das Thema: Ein Mensch ist bereit, für seine Überzeugung und seine Kunst zu sterben.« Anfangs klang das recht melodramatisch, doch ihr *Gefühl* war so stark, daß ich es als »akzeptabel« aufgriff, da sie genau an diesem Punkt lebte.

Ich wählte russische symphonische Musik aus. Mit meinen Körperbewegungen versuchte ich die Qual der russischen Seele in ihrem Leiden nachzuvollziehen. Ich wand und schleppte mich kriechend auf der Erde dahin, wie von einer unsichtbaren Macht niedergedrückt, um mich im Finale zu einem triumphalen, explosiven Ausbruch zu erheben.

Nachdem ich meine Choreographie vorgetanzt hatte, forderte Miß Day mich auf, sie zu wiederholen. Beim zweitenmal veränderte ich spontan meine Endposition. Aus diesem Grund erhielt ich den zweiten Preis, denn ihrer Ansicht nach legte ich größeren Wert auf die Darbietung als auf die Choreographie. Meiner Ansicht nach war Spontaneität in der Choreographie wichtig.

Damit begann mein Konflikt mit den klassischen Formen des Tanzes und als Folge davon das Dilemma, ob ich nun Tänzerin werden wollte oder Schauspielerin. Nach Abschluß der High School ging ich sofort nach New York in die Tanzgruppe einer Broadway-Show und war somit Berufstänzerin geworden.

Tänzer oder *Gypsies*, wie wir uns untereinander nennen, sind Soldaten mit einer Sonderbegabung, Artisten, denen keine Freiheit gestattet ist, Exponenten des eigenen Körpers mit ständigen Schmerzen.

Niemand, der nicht selbst Tänzer ist, kann verstehen, was diese Widersprüche bedeuten. Tanz ist eine Kunst, die die Seele prägt. Er begleitet den Tänzer jede Sekunde seines Lebens, auch wenn er längst aufgehört hat, berufsmäßig zu tanzen. Tanz ist eine Kunst, die sich darin ausdrückt, wie du gehst, wie du ißt, wie du Liebe machst und wie du nichts tust. Er ist die Kunst des Körpers, und solange der Tänzer einen Körper besitzt, ist er von dem Drang besessen, sich tänzerisch auszudrücken. Tänzer sind sich stets ihres Aussehens bewußt. Das gehört zu den Spielregeln. Bewege ich mich als Tänzerin sonderbar, so bin ich mir dessen stets bewußt. Ruhe ich mich aus, so sagt mein Körper mir, wann die Zeit um ist. Freue ich mich über eine Kraft, so weiß ich doch immer, daß ich noch mehr davon haben müßte. Und ich weiß immer, wann ich schön aussehe, wann die Linie eines übergeschlagenen Beins makellos ist, wann meine Pose Selbstbewußtsein ausstrahlt und wann eine stolze Haltung Respekt einflößt. Ich, die Tänzerin, weiß auch, wann eine Depression beginnt, dann kapituliere ich plötzlich, werde schlampig in meinen Bewegungen und sehe mich nicht gern im Spiegel. Ich, die Tänzerin, haste zwar flink hinter einem Taxi her, bin mir dabei jedoch jeder Unebenheit der Straße bewußt, weil ich Angst habe, mich zu verletzen. Ich kann mich für ein bestimmtes Kleid begeistern, würde es jedoch nie tragen, wenn es nicht meine Körperkonturen betont. Ich wähle meine Garderobe nicht nach Stil, Farbe oder Modetrend aus, sondern nach fließenden Linien ... eine Manie der Tänzer.

Wenn du jahrelang deine tänzerischen Fortschritte im großen Spiegel des Ballettsaals überprüft hast, kennst du jeden Zentimeter, jede Wölbung deines Körpers. Du weißt, wie Schweißperlen aussehen, die glitzernd aus deinen Haarsträhnen tropfen, weil du hart trainiert hast.

Du weißt, daß du jedes Stück Schokoladentorte, das du dir am Abend vorher gegönnt hast, am nächsten Tag mühsam wieder abtrainieren mußt.

Du lernst, dein tänzerisches Können bei der Hausarbeit einzusetzen, wie du einen Topf Milch wärmst und gleichzeitig den Tisch deckst. Daß du beim Telefonieren deine Achillessehnen streckst, um jede Minute zu nutzen. Du könntest dich unbemerkt im Flugzeugsitz von Kopf bis Fuß umziehen, weil du die vollkommene Beherrschung über deinen Körper besitzt und alles mit ihm machen kannst.

Dein Verhältnis zum Schmerz ist mehrschichtig. Es gibt guten und schlechten Schmerz. Guter Schmerz ist ein Gefühl, das du brauchst, von dem du abhängig wirst. Schlechter Schmerz wird zum Gefühl der Gefahr. Mit zunehmendem Alter lernst du, dein Tempo einzuteilen. Du lernst, daß die Atmung ebenso wichtig ist für die Bewegung wie die körperliche Technik selbst. Du lernst, niemals *einzuatmen*. Du begreifst, daß die Natur sich automatisch darum kümmert, so wie sie für ausreichenden Schlaf sorgt. Du lernst, nur *auszuatmen*. Dabei verlassen die Giftstoffe deinen Körper. Jedesmal, wenn du bei einem High Kick die Beine hochwirfst, atmest du beim Kick aus. Wenn du das richtig machst, bekommst du das Gefühl, du könntest die Beine eine Ewigkeit hochwerfen.

Die Persönlichkeit eines Gypsies ist impulsiv und sprunghaft.

Von einem Solisten erwartet man Temperamentsausbrüche; beim Gypsy werden sie mißverstanden.

Gypsy und Solist haben genauso lange trainiert, haben sich durch ihre Selbstzweifel gerungen und sich in ebenso quälender Weise bemüht, zur Seele ihres Seins vorzudringen. Tanz ist die Auseinandersetzung mit der eigenen Person, ist die Kunst der Ehrlichkeit. Beim Tanzen legst du dich völlig bloß. Deine körperliche Kondition, dein Selbstbild, deine psychische Kondition, dein Sinn für Humor und deine Balance werden aufgedeckt. Ganz zu schweigen, in welcher Beziehung zu Zeit, Raum und Zuschauer du stehst. Tanz ohne totalen Einsatz ist nicht möglich. Beim Tanzen sagst du die Wahrheit. Wenn du lügst, tust du dir selbst weh. Wenn du »kalkulierst« und dich nicht total verausgabst, deinen Körper nicht bis zum letzten auspumpst, fügst du dir selbst Leid zu. Und wenn du nicht zur Probe erscheinst, ist es dir eigentlich unmöglich, mit diesem Schuldgefühl weiterzuleben. Deshalb wirken Tänzer oft masochistisch. Dieser Masochismus ist keine Effekthascherei. Tänzer haben zwar Angst, sich zu verletzen, aber sie brauchen die Herausforderung, um über sich selbst hinauszuwachsen. Darum geht es im Grunde bei der Tanzkunst: die Grenzen des Körpers zu sprengen.

Tänzer wissen, daß Verstand, Körper und Geist unlösbar miteinander verbunden sind.

Das erkennst du, wenn du zum erstenmal vor Publikum tanzt. Da unten sitzt dieser »große, schwarze Gigant« (wie Oscar Hammerstein einmal sagte), und deine Aufgabe ist es, diesem Riesen mit deinem Körper Gefühle zu vermitteln. Du weißt, du mußt es ehrlich meinen. Du weißt, du mußt an dein Gleichgewicht, deine Flexibilität, deine Kraft glauben. Du weißt auch, daß die Zuschauer sich mit deinen körperlichen Leistungen identifizieren, denn auch sie haben Körper. Und du weißt, wenn du stolperst und hinfällst, beleidigst du *sie*, weil sie selbst davor Angst haben. Und du weißt, je leichter dein Tanz wirkt, desto größere Hoffnung gibst du den Menschen für sich selbst. Und du weißt, daß sie dich anfeuern, dir die Daumen drücken, sonst wären sie nicht gekommen. Du repräsentierst das, was sie selbst gern tun würden, denn jeder einzelne von ihnen hat seine eigenen Probleme mit seinem Körper.

Deshalb bemühst du dich Tag für Tag aufs neue, dich in Form zu halten, strengst jeden Muskel noch ein wenig mehr an, um Vorbild zu sein für das, was man mit seinem Körper erreichen kann.

Und das habe ich beinahe fünfzig Jahre lang gemacht.

Ich weiß nicht, warum mich das Tanzen von der ersten Sekunde an so sehr begeistert hat. Ich glaube, es hat etwas damit zu tun, daß ich in einer früheren Inkarnation bereits getanzt habe. Sonst wäre es mir nicht auf so »natürliche« Weise zugefallen.

Applaus ist für mich der wunderbar melodische Lohn, der dem Schweiß der Anstrengung und der harten Arbeit folgt.

Vielleicht sind wir Gypsies durch die Schmerzen kameradschaftlich miteinander verbunden. Im Gespräch mit Olympiateilnehmern und anderen Leistungssportlern stellte ich gemeinsame Eigenschaften und Widersprüche fest. Auch sie lieben Junk-food, Zigaretten, Zucker. Auch sie klagen gern und verraten einander geheime technische Tricks, um ihre Leistungen zu steigern. Sind wir aus tiefen Selbstzweifeln heraus leistungsorientierte Menschen? Das mag teilweise durchaus zutreffen. Doch niemand ist stolzer auf seine Leistungen als jemand, der weiß, er kann so ziemlich alles mit seinem Körper machen.

Möglicherweise verbirgt sich in der Tanzkunst und in den Leistungen der Spitzensportler die Erkenntnis, daß der Körper der Tempel der Seele ist, das Haus, in dem wir wohnen, das Instrument des Ausdrucks unserer Seele, mit dem wir bestimmen, ob wir Teil Gottes sind oder nicht.

Es gibt immer Zeiten, in denen dein Körper nicht mitmacht, nicht in Einklang mit deinem Willen steht, ihm nicht gehorcht. In solchen Zeiten müssen wir nach den unsichtbaren Gründen suchen. Ich habe im Lauf der Jahre viele solche Perioden durchgemacht. Sicherlich spielen dabei Ernährung, Ruhe und Stimmung eine gewisse Rolle. Doch bald stellte ich fest, daß zwischen Zeiten körperlicher Harmonie und Zeiten geistiger Harmonie ein direkter Zusammenhang besteht.

Meine Mutter hatte mir einmal das Gesetz umgekehrter Wirkung erklärt. Ihr war die Erkenntnis bei einem Wettbewerb im Rückenschwimmen gekommen. Sonst hatte sie immer gegen die Uhr »angekämpft«, um zu gewinnen. Doch an diesem Tag glitt sie in Rückenlage im Wasser dahin und fühlte sich in völligem Einklang mit der Sonne über ihr und dem Wasser unter ihr. Sie sagte, sie verausgabte sich dabei zwar total, aber sie hatte nicht das Gefühl, in einem Wettbewerb zu kämpfen, sondern mehr das Gefühl, mit den Elementen in Einklang zu stehen. Es war ihr völlig unwichtig, ob sie siegte oder nicht. Sie wollte nur so schnell wie möglich schwimmen. Sie *entspannte* sich und wurde »eins« mit allem, was sie umgab. Die Disziplin des durchtrainierten Körpers funktionierte automatisch, und zu ihrem Erstaunen siegte sie mit großem Vorsprung.

Ich gewöhnte mir an, nach diesem Prinzip zu arbeiten, und stellte fest, daß mein Körper weniger schmerzte und mehr leistete.

Später studierte ich östliche Formen der Körperbeherrschung, Karate, Judo und Aikido. Meditation war mir dabei eine wichtige Stütze, um zur Einheit von Verstand, Körper und Geist zu finden. Je mehr ich lernte, negative Gefühle von mir zu weisen, desto positiver fühlte sich mein Körper. Ich vermied die Intellektualisierung der Bewegung und überließ es meinem Körper, eigenständig zu handeln. Ich stellte fest, daß meine *Muskeln ein Gedächtnis hatten*, wenn ich meinen Verstand ausschaltete. Hatte ich zu meinem Muskelgedächtnis Vertrauen, konnte ich mich an Choreographien von Tanznummern und Schrittkombinationen erinnern, die ich als Zwölfjährige getanzt hatte. Der Körper *weiß* immer, was er tut, wenn man ihn gewähren läßt. Der Körper ist ein spiritueller Tempel mit Kontrollen und Ausgewogenheiten. Wird die spirituelle Harmonie nicht genährt, so verkümmert der Körper. Strahlt die Seele Glück aus, so funktioniert der Körper auf wundersame Weise wie von selbst.

Oft denke ich an die langen Jahre körperlichen Trainings zurück. Ich erinnere mich an beinahe jeden Probenraum, in den meine Schweißperlen tropften, weiß, wo das Wasserbecken stand, habe den Schweißgeruch jedes Umkleideraumes im Sommer in der Nase, spüre die glatte Oberfläche jeder Übungsstange. Ich erinnere mich an die ekelhafte Feuchtigkeit der wollenen Strumpfhosen, wenn die kalte Nachtluft im Winter an meinen Beinen hochkroch und meine überstrapazierten Muskeln in steife Knoten verwandelte, bis ich endlich zu Hause in warmes Badewasser eintauchte. Ich spüre noch das Prickeln der Kopfhaut, kurz bevor der Schweiß ausbrach, und daß das, was ich vorher gegessen hatte, darüber entschied, wann das eintrat. Ich erinnere mich an die Blutblasen an meinen Zehen, wenn ich die Füße gnadenlos in die mit Schafwolle wattierten Ballettschuhe zwängte. Ich erinnere mich, wie ich jeden Monat mit angehaltenem Atem meine Größe maß, bebend vor Angst, ich könnte zu groß werden.

Ich spüre wieder den stechenden Schmerz im unteren Bereich meiner Wirbelsäule, wenn ich auf den Betonböden der Fernsehstudios tanzen mußte, beständig darauf bedacht, nach einem Sprung mit den Fersen zuerst aufzukommen, um unvorteilhafte Muskelwölbungen der Waden und brennende Schienbeinschmerzen zu vermeiden.

Ich erinnere mich an den Drehschwindel bei den Pirouetten, an das wunderbare Gefühl bei einem getragenen Adagio, an den Jubel, im Grand jeté der Schwerkraft zu trotzen, an das Unbehagen bei Linksdrehungen und das angestrengte Beben des auf der Spitze stehenden Fußes am Ende einer Extension, die brennenden Schenkel im langsamen Grand plié, die Gewißheit, mein Rücken bestehe aus Beton, in einer tiefen Rückenbeuge.

Der Spiegel ist dein Gewissen. Wochenlang hast du mit deinem Spiegelbild als Maßstab geprobt. Dann dreht der Choreograph dich um, weg vom Spiegel. Du bist allein, hast die Orientierung verloren. Dein Bild, das dir deine Existenz bestätigte, hat man dir weggenommen. Dein Verhältnis zum Raum hat sich völlig verändert. Jetzt wird dir die Bedeutung der Bewegung klar und die Notwendigkeit, dich dem Publikum mitzuteilen, da du dich deinem eigenen Bild nicht mehr mitteilen kannst. Die Musik klingt anders. Du hast kein Raumgefühl mehr. Du kannst deine Haltung nicht mehr überprüfen, weder in Beziehung zu dir selbst noch zum Partner.

Und dann beginnst du zu schweben, wirst zu dem, was du sein willst. Du findest zum verborgenen Inhalt deiner Bewegung, du biegst und wiegst dich, fließt und springst mit der Musik, läßt dich von ihr tragen und beginnst mit deiner Körpersprache jeden Raum zu erfüllen: keine Bewegung ist unnötig. Du lernst vorauszudenken, du weißt, welche Schrittkombination die größte Vorausschau braucht; du lernst, welche Schritte dir am leichtesten fallen und welche herausfordernd gefährlich sind. Du wendest Tricks an, erfindest Patentlösungen, um Schmerzen zu verringern, du lernst deine Atmung für dein Tempo einzuteilen.

Deine Schuhe werden zum Fels, auf den du baust. Stimmt die Schuhgröße nur um ein paar Millimeter nicht, ist deine Balance beim Teufel. Entdeckst du ein winziges Stäubchen auf dem Parkett, versuchst du es ständig im Auge zu behalten, bis du davon wegtanzen kannst, denn die geringste Unebenheit kann dir den Halt unter den Füßen wegreißen.

Du prüfst die Schnelligkeit des Bodens unter den Gummisohlen deiner Schuhe. Ist er zu langsam, mußt du um so mehr Kraft aufwenden, ist er jedoch zu schnell, verlierst du leicht den Halt.

Und dann fängst du an, das Licht, das Kostüm, das Bühnenbild und das Publikum zu brauchen.

Du läßt alles, was du im Übungsraum und auf der Probe gelernt hast, hinter dir. Das war alles nur Vorbereitung, der Rohbau für die Ausdrucksform.

Du fügst der Choreographie zusätzlichen Zauber hinzu. Dein Kostüm ist dir anfangs Fremdkörper, bis du gelernt hast, mit ihm zu arbeiten, zu spielen, es zu beleben, es in deinen Bewegungsablauf einzubeziehen. Anfangs klagst du, daß es deine Bewegungsfreiheit einengt, doch du weißt aus Erfahrung, das ist jedesmal so. Du raffst die Röcke, läßt ein Tuch flattern und fügst der ursprünglichen Bewegung eine neue Bedeutung hinzu.

Dann kommt die Probe mit Kostüm, Licht und dem gesamten Orchester. Bisher hast du bei nüchternem Arbeitslicht und einem

Klavier getanzt. Erst jetzt spürst du die musikalische Poesie des Komponisten. Du entdeckst plötzlich Feinheiten in der Musik, die du nie erwartet hättest. Die Musik klingt reich und ehrfurchtgebietend. Das verwirrt anfangs, denn du hattest ja lediglich zur Melodie eines einsamen Klaviers getanzt. Und nun sind da plötzlich vierzig Musiker, die ebenso ein integrierter Teil der gesamten Illusion sind wie du, der Performer. Allmählich wird dir die Vollkommenheit des Klangkörpers vertraut, und du stellst fest, daß die Musik deine Schritte noch einmal verbessert, und nun hast du die Gewißheit, daß du alles erreichen kannst.

Dazu kommt das Licht, liebevoll gemalt. Du weißt, jede Nuance deines Gesichts und deines Körpers wird zu sehen sein. Die pinkfarbenen Scheinwerfer verleihen deinem Teint einen seidigen Schimmer, das Spotlight, das jeden deiner Schritte begleitet, sticht dir brennend in die Augen, Scheinwerfer von links und rechts der Bühne modellieren Arme und Beine verschiedenfarbig. Du selbst siehst absolut nichts und niemanden im Zuschauerraum. Feindliches Schwarz starrt dir entgegen. Und dann begreifst du, daß alles an dir liegt. Du bist der Mittelpunkt. Du vergißt alles, was du je gelernt hast. Du vergißt die komplizierten technischen Vorgänge. Du vergißt deine Ängste und deine Schmerzen. Du vergißt sogar, wer du bist. Du wirst eins mit der Musik, dem Licht und dem Gemeinschaftsgeist im Publikum. Du weißt, du stehst auf der Bühne, um die Leute in Stimmung zu versetzen, sie wollen sich amüsieren, wollen sich mit sich selbst und anderen wohl fühlen.

Dann reagieren sie. Ihr gemeinsamer Applaus sagt dir, sie haben dich gern – ja sie lieben dich sogar. Sie senden dir Energie, und du sendest sie ihnen zurück. Ihr habt aneinander teil, und dieser Kreis setzt sich fort. Du springst, schwebst und wirfst die Beine. Sie klatschen, johlen, pfeifen, trampeln und lachen. Du erwiderst ihre Dankbarkeit, indem du ihnen mehr gibst. Ja, so ist das.

Die vielen Jahre haben sich gelohnt. Die wunderbare Magie der Ausdruckskraft übersteigt alles. Bedeutet alles. Und wieder einmal begreifst du, daß du all das bist, was dir bewußt ist. Du bist Teil der Zuschauer, sie sind Teil von dir. Du und sie, ihr seid eine Einheit ausdrucksstarker Schöpferkraft von Geben und Nehmen, die sich durch den Körper auf einen höheren Geist einschwingt. Die Schöpferkraft von Seelen, die einander erkennen, im übertragenen Sinn gemeinsames Leben erschaffen. Die Schöpferkraft der Erkenntnis der allmächtigen Vollkommenheit, die das Wesen der Gemeinschaft ist. Du tanzt mit Gott. Du tanzt mit dir selbst. Du tanzt im Licht.

Und meine Eltern haben mir die Kunstform nahegebracht, die es mir ermöglichte, mit dem Leben zu tanzen.

Sechstes Kapitel

Die Jahre 1983/84 waren so ereignisreich, daß manche Leute sich fragten, wozu ich das Gastspiel am Gershwin-Theater überhaupt nötig hatte. Wie bei allem, was ich machte, spielten persönliche Gründe eine große Rolle. Sah ich in einem Projekt keine Möglichkeit, mich menschlich weiterzuentwickeln, ließ ich die Finger davon. Ich war endlich soweit, auf zielorientierte Prioritäten zu verzichten, auf kalkulierte, der Karriere dienliche Schritte. Meine persönlichen Ziele waren mir wichtiger geworden.

Ich genoß meinen Erfolg mit *Zeit der Zärtlichkeit* und hätte mich ein, zwei Jahre auf meinen Lorbeeren ausruhen können, doch mein Bruder Warren meinte, es sei vermutlich besser, mich wieder ins Getümmel zu stürzen. Außerdem wollte ich versuchen, mein neues spirituelles Bewußtsein in meine Berufsarbeit einzubringen. Ich hatte dadurch so großen inneren Frieden in privater Hinsicht erlangt. Würde das auch beruflich so sein?

Doch zuvor ein paar Worte über die Schauspielerei und was sie mir bedeutet. Zu Beginn meiner Karriere als Schauspielerin sah ich mich immer noch als Tänzerin. Ich hatte nicht die geringste Ahnung von Techniken, mich mit der Stimme auszudrücken, oder davon, wie ich mich über geschriebene Dialoge in eine fremde Person versetzen sollte. Ich habe in meinem Leben vielleicht insgesamt vier Stunden Schauspielunterricht gehabt und halte es ohnehin für fragwürdig, ob man jemanden in der Kunst des Schauspiels unterrichten kann. Die Techniken von Gesang und Tanz sind erlernbar, da diese Ausdrucksformen ein geschultes, beinahe mathematisches Verständnis von Rhythmus, Musik, Intonierung, Körperbeherrschung sowie Einsatz von Stimme und Körper erfordern.

Schauspielerei hingegen ist flüchtiger, abstrakter, dabei geht es um individualisiertes Verhalten. Natürlich sind Verhaltensformen auch beim Singen und Tanzen wichtig, doch vorher muß man tanzen und singen lernen. Bei der Schauspielerei geht es um Interpretationen von Verhaltensweisen, wie man sie sich zu eigen macht und verdeutlicht. Wir alle spielen unsere Rollen im täglichen Leben. Also lernte ich am meisten durch Beobachtung. Und meine Eltern waren meine ersten Studienobjekte. Ich beobachtete ihre Stimmungen und das Zusammenspiel ihrer Persönlichkeiten. Sie waren sehr ausgeprägt in der Manipulation ihrer Figuren, auch wenn ich das manchmal als sehr frustrierend empfand.

Später, wenn Dad uns manchmal im Wagen zu seinen »Geschäftsbesprechungen« mitnahm, konnte ich stundenlang Passanten auf der Straße beobachten. Warren und ich mußten im Auto auf ihn warten, und manchmal vergingen Stunden, in denen wir nichts anderes tun konnten, als die vorübergehenden Leute zu beobachten, die alle ihre persönlichen Rollen spielten, denen wir mit großer Aufmerksamkeit zusahen. Diese Stunden gehören zu meinen wichtigsten Erkenntnissen über menschliches Verhalten. Noch heute wäre ich gern die Fliege an der Wand, um andere Menschen zu beobachten, statt selbst beobachtet zu werden.

Ich hatte also keinen Schauspiellehrer. Das Leben war mein Lehrer. Die Aufmerksamkeit ist mein Lehrer. Die in der Kindheit erlernte Fähigkeit, einen anderen Menschen so genau zu beobachten, daß ich in seine Haut schlüpfen und ebenso fühlen konnte wie er, wurde mein Lehrer. Mit anderen Worten, ich brachte mir die Schauspielerei selbst bei, indem ich das Leben beobachtete. Und ich empfand sie von Anfang an als »natürlich«. Fehlte mir in einer beliebigen Szene dieses »natürliche« Gefühl, dann spielte ich meist auch nicht besonders gut. War ich von dem, was ich sagte und darstellte, *überzeugt*, stimmte es. Wenn ich mich jedoch dabei beobachtete, stimmte es nicht.

Ich hatte nie wirkliche Schauspieler-Idole. Das mag daran liegen, daß ich an die *Rollen* glaubte, die sie spielten. Ich glaube nicht an die *Darstellung*. Bei einem schlechten Schauspieler gefiel mir einfach die Figur nicht, die er darstellte. Meine Einstellung zur Schauspielerei war die eines Kindes, sei es im Urteil über einen Schauspieler-Kollegen, sei es, wenn ich selbst spielte. Das ist auch heute noch so. Ich stelle keine hochgeschraubten Ansprüche. Ich bin ein naiver Kinobesucher, weil ich für gewöhnlich alles, was ich sehe, glaube – es sei denn, Geschichte und Darstellung sind völlig unrealistisch. Ein Theaterstück auf der Bühne hat die Aufgabe, das Publikum der Wirklichkeit zu entführen. Auf der Bühne versucht man echt zu wirken. Auf der Leinwand versucht man echt zu *sein*.

Die Schauspielerei war also für mich eine recht einfache Angelegenheit. Ich besaß eben noch ein ausreichendes Maß an kindlich naivem Staunen, und deshalb war ich gut. Wenn *ich* an das glaube, was ich tue, dann glaubt das Publikum dies auch. Glaube ich nicht daran, können die Zuschauer auch nicht daran glauben. Es ging eigentlich nur darum, Geschichten zu erfinden, die deine Freunde und deine Eltern dir abnehmen. Das war mir nie schwergefallen. Gleichzeitig muß ich gestehen, die Schauspielerei nicht genügend ernst genommen zu haben. Sie fiel mir so leicht, daß ich sie meist nur als eine Art Hobby betrachtete, eine Freizeitbeschäftigung, die mir großen Spaß machte, jedoch keineswegs dazu angetan war, mir den Schlaf zu rauben – was auch später nie der Fall war. Darin liegt selbstverständlich auch der Grund, warum ich so viele weniger gute Filme gemacht habe. Normalerweise sah ich mir lediglich meine Rolle an, und wenn die mir gefiel, unterschrieb ich den Vertrag. Ich konnte nie begreifen, warum so viele Leute in der Filmbranche einen Film behandeln, als sei er ihr letzter Wille und ihr Vermächtnis für die Nachwelt.

Ich las das Drehbuch einmal. Entschloß ich mich, die Rolle zu spielen, warf ich keinen Blick mehr hinein, erst wieder kurz bevor die Szene gedreht wurde. Ich habe nie am Abend vor meinem Drehtag Text gelernt, hatte aber nie Textprobleme. Ich *fühlte* die Figur wie durch Osmose. Es erschien mir falsch, was ich tat, zu intellektualisieren. Ich machte es so, wie Humphrey Bogart es einmal ausdrückte: »Ich stellte mich hin und spielte und versuchte, dabei nicht über die Möbel oder die anderen Leute zu stolpern.«

Mir war völlig egal, wie viele Großaufnahmen ich hatte oder welche Szenenausschnitte auf dem Fußboden des Schneideraums endeten. Es war mir nicht besonders wichtig, wie ich aussah; nur gelegentlich lehnte ich eine Rolle ab, in der ich mich in enge Korsetts oder unbequeme Kleider hätte zwängen müssen. Und die meisten meiner Filme sind im Studio gedreht, weil ich in grellem Sonnenlicht große Schwierigkeiten habe, meine blauen Augen offenzuhalten. Western und Filme, die hauptsächlich im Freien spielen, lehnte ich aus diesem Grunde meist ab.

Die Anzahl meiner freien Tage interessierte mich sehr, und am schönsten fand ich Produktionen mit französischer Arbeitszeit, was bedeutete Arbeitsbeginn um elf Uhr vormittags und Drehschluß gegen sieben Uhr abends, ohne Mittagspause – ich war ein Nachtmensch und haßte es, früh aufzustehen.

Erst mit Ende Dreißig fing ich an, die Filmerei ernst zu nehmen. Bis dahin galt mein Interesse vorwiegend meinen Reisen, meinen Liebesaffären, meinen politischen Aktivitäten, meinen Freunden, dem Schreiben und dem Leben an sich.

Ich weiß nicht, was meine Einstellung veränderte. Vielleicht das Alter. Oder die Erfahrung des Versagens (ich hatte Jahre hintereinander schlechte Filme gedreht). Aber im Grunde genommen glaube ich, daß ich einfach mehr an seichteren Dingen meines Lebens interessiert war, bis ich eines Tages feststellte, daß meine Begabung ein interessanter Aspekt meines Lebens ist, mit dem ich nicht länger Schindluder treiben sollte. Dem möchte ich hinzufügen, daß ich eine der letzten Schauspielerinnen bin, die das alte Hollywood-Starsystem kennenlernte. Ich kam nach Hollywood mit einem Vertrag, der mir drei Filme im Jahr garantierte; und Hollywood produzierte damals dreimal so viele Filme wie heute. Das Wort Zuschauerschwund kannte man in dieser Zeit nicht. Filmen war in Amerika, Europa und Japan eine florierende Unterhaltungsindustrie. Man ging ins Kino, ohne genau zu wissen, welchen Film man sich eigentlich ansah. Das hat sich grundlegend geändert.

Vielleicht fing auch ich an, meine Filmarbeit ernst zu nehmen, als ich erkannte, daß die Zuschauer das Kino ernst nahmen. Als das Publikum seine Gleichgültigkeit aufgab, verlor ich sie ebenfalls.

Und dann sah ich Marlon Brando in einem Fernsehinterview. Er wollte über die Probleme der amerikanischen Indianer sprechen. Der Interviewer wollte über seine Arbeit als Schauspieler sprechen. Ich ergriff Partei für den Interviewer. Was mich jedoch am meisten störte, war die Tatsache, daß einer unserer wirklich großen Schauspieler seinem Beruf und seiner Begabung Verachtung entgegenbrachte. So wollte ich nicht sein. Diese Einstellung spielte wohl auch mit hinein.

Während der Dreharbeiten zu *Am Wendepunkt*, *Willkommen*, *Mr. Chance* und *Zeit der Zärtlichkeit* stellte ich jedenfalls fest, daß ich meine Arbeit ernster nahm und trotzdem viel Spaß dabei hatte.

Zur selben Zeit hatte ich auch meine Suche nach Erkenntnis eines höheren Bewußtseins begonnen. Mein Leben und meine Arbeit als Schauspielerin trafen damals aufeinander. Meine Identität zu entdecken war für mich eine ernste Aufgabe. Vorher hatte ich sie über die Entwicklung meines sozialpolitischen Bewußtseins gesucht und über meine Aktivitäten als Feministin. Ich war davon überzeugt, die Menschheit sei durch Bemühungen in dieser Richtung zu retten. Ich glaubte, meinen Mitmenschen durch meinen sozialen und politischen Einsatz am besten helfen zu können. Und doch wußte ich die ganze Zeit über, daß dabei irgend etwas fehlte. Wie konnte ich anderen wirklich helfen, wenn ich nicht wußte, wer *ich* war? Allen Organisationen fehlte individuelles Verständnis. Sie wirkten als Gruppe, als Bewegung. Mich aber interessierte die Identität des einzelnen. Und obwohl ich in vielen Punkten mit Organisationen übereinstimmte und mich stark zum sozialpolitischen Aktivismus jener Tage hingezogen fühlte, begriff ich tief im Inneren, daß die einzige Veränderung, die ich wirklich erreichen konnte, die Veränderung in mir selbst war. *Darin* konnte ich wachsen und zu größerem Verständnis gelangen. Also zog ich mich allmählich von politischen und sozialen Gruppierungen zurück, deren Strukturen sich ohnehin veränderten, sobald jeder einzelne sein oder ihr gesuchtes persönliches Verständnis gefunden hatte.

Die Entwicklung meines spirituellen Bewußtseins war folglich nur eine natürliche Erweiterung all der Bereiche, die ich zuvor erkundet hatte. Ich hatte die Welt bereits in vielen fremden Kulturkreisen erlebt, mich aktiv politisch betätigt, war aber trotz des Dranges nach Vollkommenheit ein glücklicher Mensch geblieben, den nichts wirklich tief belastete. Ich war psychologisch geschult, da ich mich auf der Suche nach meinem Inneren vielen Therapien unterzogen hatte. Doch das, wonach ich fragte, lag tiefer, viel tiefer, war profunder. Ich brauchte eine Antwort – eine höhere Antwort auf das, was ich intuitiv als Ursprung der Identität erkannte. Dies wurde zur spirituellen Frage, der ich nur auf dem Wege fortgesetzter Selbstsuche nachgehen konnte.

Ich erwähne dies alles, weil es meine Arbeit vor der Kamera und auf der Bühne tief beeinflußte.

Ich begann mir Prinzipien und Techniken anzueignen, die davon ausgehen, daß Verstand, Körper und Geist eine untrennbare Einheit sind. Und bald war ich davon überzeugt, daß der gesunde Zustand meines Geistes meinen Verstand und meinen Körper lenkte. Ich kam zu der Einsicht, daß ich im Grunde genommen in erster Linie ein *geistiges* Wesen bin, kein Verstand-Körper-Wesen. Mein Körper und mein Verstand nährten sich von dem Bewußtsein meiner geistig-seelischen Kapazität.

Negative Einstellungen, Angst und Unsicherheiten waren Zustände meines Verstandes, die aus einer negativen Geisteshaltung geboren wurden. Wenn ich mich bei einer Sache nicht wohl fühlte, dann war nichts im Fluß. Ich war blockiert.

Ich erinnere mich an Tage, an denen ich häufig launisch reagierte, weil ich unglücklich mit mir selbst war. Viele negative Temperamentsausbrüche entsprangen meinem Mangel an Selbstvertrauen und Glauben in mich selbst – Angst und Unsicherheit, daß Publikum oder Mitarbeiter nicht begreifen könnten, was ich mich bemühte auszudrücken und mitzuteilen. Bedingt durch diesen Mangel an Selbstvertrauen, mißtraute ich häufig anderen. Kreativität ist ein Prozeß, der meist in Einsamkeit und Isolation entsteht. Mitunter konnte ich ein Gedankenkonzept nicht umsetzen, weil mir das Selbstvertrauen fehlte. Andere spürten meine Unschlüssigkeit, wurden beklommen, was wiederum in mir die Angst auslöste, daß ich nicht fähig sei, meine Absichten mitzuteilen; der negative Kreislauf war in Bewegung gesetzt.

All dies begann sich zu verändern, als ich feststellte, daß das Vertrauen in mein spirituelles Sein einen positiven Kreativfluß in Bewegung setzte.

Das funktionierte auf bemerkenswert einfache Weise. Ich vertraute dem, was ich nur als mein höheres, unbegrenztes Selbst beschreiben kann ... oder mein »Überbewußtsein«, wie Freud sich ausgedrückt hätte. Unterbewußtsein und Bewußtsein waren mir bereits bekannt. Nun lernte ich das Überbewußtsein kennen.

Das höhere, unbegrenzte Überbewußtsein läßt sich auch mit dem Begriff der unbegrenzten, ewigen Seele definieren – die Seele ist das wirkliche »Ich«. Die Seele, die durch stete Wiederkehr viele Inkarnationen durchlebt hat und alles über den Menschen, in dem sie wiedergeboren ist, weiß, weil sie dieser Mensch *ist*. Die Seele ist der Informationsspeicher jeglicher Erfahrungen und Einsichten, sie ist das gesamte Reservoir des Seelengedächtnisses. Und sie ist die Energie, die mit der Energie, die wir Gott nennen, verbunden ist. Sie kennt Gott, ist erfüllt von Gott, weil sie Teil von Gott ist. Ebenso wie es im Bewußtsein des Menschen unzählige Gedanken gibt, gibt es im Bewußtsein Gottes unzählige Seelen.

Unser höheres, unbegrenztes Selbst, seit Anbeginn der Zeit ein Kind Gottes, ist jeden Augenblick bei uns und leitet uns stumm (zuweilen auch weniger stumm) durch Ereignisse und Einsichten, die wir uns selbst erwählen, um in umfassenderem Maße zu erkennen, wer wir sind *und* was die Gottesenergie ist. Diese Energie ist erfüllt vom *vollkommenen* Bewußtsein, und je mehr wir uns dieser Energie öffnen, desto größeres Bewußtsein kann jeder von uns erreichen.

Große spirituelle Meister, wie Christus und Buddha, standen in völligem Einklang mit ihrem höheren, unbegrenzten Selbst und besaßen deshalb die Fähigkeit, alle Taten zu vollbringen, die sie sich vornahmen. Sie waren vollkommen erleuchtete menschliche

Wesen, die sich der Gesamtheit ihrer Inkarnationserfahrungen bewußt waren und dazu ausersehen, ihre Erkenntnisse in den Dienst der Menschheit zu stellen. Das Ziel der Selbsterkenntnis und Selbstverwirklichung ist im Grunde simpel zu erfassen und zugleich ehrfurchtgebietend, denn es heißt, zu begreifen und zu erkennen, daß wir Teil von Gott sind ... Teil der vollkommenen Liebe und des Lichts.

Meine persönlichen Ziele waren weniger ehrfurchtgebietend und hochgesteckt. Ich strebte nach Selbsterkenntnis im Bereich meiner Möglichkeiten als Mensch ebenso wie in meinen kreativen Ausdrucksformen.

Ich begann also die Techniken, auf die ich entweder beim Lesen metaphysischer Literatur (meta bedeutet »über«) gestoßen war oder auf meinen Reisen in Gesprächen mit in ihrer eigenen Selbsterkenntnis befaßten Menschen erfahren hatte, ebenso wie eigene Gedanken, die mich beschäftigten, wenn ich allein war (Meditation), in die Praxis umzusetzen.

Diese Prinzipien und Techniken begann ich in einer sehr irdischen Umgebung anzuwenden – im schweißtreibenden Probensaal.

Ein neues Show-Programm zusammenzustellen kann ebenso beängstigend wie berauschend sein. Du weißt nie wirklich, ob es klappt oder nicht. Du selbst magst davon begeistert sein, aber wie werden die Ideen beim Publikum ankommen?

Alan Johnson war damals mein Choreograph. Ich habe jahrelang ausschließlich mit ihm gearbeitet, bis er mir einmal vorhielt, ich wisse gar nicht mehr, daß außer ihm noch andere Choreographen existierten. Er ist ein drahtiges, angespannt-ruhiges Arbeitstier. In der *Westside Story* war er Solotänzer und stieg später in die Fußstapfen von Michael Bennet und Bob Fosse. Er besitzt einen unfehlbar sicheren Geschmack, sein Musikempfinden, seine Urteilskraft und sein Gefühl für Tempo sind einzigartig. Weil er nie nervös wird, eine engelsgleiche Geduld und diese gelassene Würde ausstrahlt, will jeder gern mit ihm arbeiten. Er raucht Larks, ist beinahe einen Meter neunzig groß, trägt einen kleinen Steckohrring im linken Ohrläppchen und zieht sich zur Probe nie um. Meist kommt er in

Jeans und Hemd oder Safari-Hosen und passendem T-Shirt. Wenn er etwas Komisch-Absurdes sagen will, kraust er die Nase. Er ist nie gereizt oder launisch wie viele andere Choreographen, wenn sie nicht mehr weiter wissen. Alan kennt die Qualen der Gruppentänzer, der Gypsies, aus eigener Erfahrung und will den Tänzern, mit denen er heute als Choreograph arbeitet, das Leben nicht zur Hölle machen.

Auch er beschäftigt sich mit Bewußtseinserweiterung. Er behauptet, seine Arbeit mit Mel Brooks (Alan machte die Choreographie für *Sein oder Nichtsein*) habe ihn in dieser Entwicklung einen riesigen Schritt vorangebracht; sonst wäre er in der Gummizelle gelandet. Alan hatte Einblicke in einige seiner früheren Inkarnationen; und wir vergeudeten manche Probestunde damit (aber im Grunde genommen ist nichts je vergeudet), über unsere spirituellen Mutmaßungen zu debattieren. Wir tauschten metaphysische Bücher aus und stellten Überlegungen an, ob es je möglich sei, einen Film über Reinkarnation zu drehen, ohne daß daraus ein billiger B-Film würde.

Alan stimmt mit mir darin überein, daß wir beide unsere frei fließende Kreativität durch den Einsatz des *Intellekts* blockierten. Hin und wieder beobachtete ich ihn, wie er mit diesen Konflikten kämpfte, wenn er, eine seiner Larks rauchend, auf den Fußboden starrte und über mögliche Tanzschritte nachgrübelte. Ich sah, wie er die Schritte verwarf oder verbesserte, ehe er sie ausprobierte, aus Angst, das Publikum würde sie bereits kennen oder nicht verstehen, was er damit ausdrücken wollte. Er war kein Mann leichter, oberflächlicher Symmetrie, doch tänzerische Bewegung, die sich verselbständigte, war für ein Publikum nicht gleich erkennbar, das erst in den letzten zehn Jahren anfing, die Bedeutung des Tanzes zu begreifen. Im Grunde genommen war Alan ein Intellektueller, und wir beide wußten, welche Folgen dies für Kreativität hatte. Es bedeutete *Blockade*.

Ich kannte dieses Problem nur zu gut. Der Verstand mit all seinem Für und Wider war uns ein echter Hemmschuh. In unserer Zusammenarbeit versuchten wir die vom Verstand diktierten

Schranken niederzureißen und uns gehenzulassen. Jedesmal, wenn ein Bewunderer Alan Komplimente über seine »intelligente Choreographie« machte, zuckte er schmerzlich zusammen. Er sehnte sich danach, etwas zu tun, in das wir »uns richtig reinschaffen« konnten.

Wenn er manchmal nicht mehr weiter wußte und ich und meine Gypsies ungeduldig herumstanden, baten wir den Probenpianisten, einfach weiterzuspielen, und wir tanzten irgend etwas, reizten uns in gegenseitigem Übermut und Verrücktheit, verrenkten die Glieder und wanden uns, hüpften und warfen die Beine, kreiselten und drehten uns und schufteten uns zu einem wilden, euphorischen, kindlichen Finale, denn *wir* hatten nichts zu verlieren mit unserem Unfug. Da blühte er jedesmal auf und sagte: »So was machen wir« und fing an, unsere Ausgelassenheit in Form zu bringen und daraus ein paar komische Einlagen zu schaffen, die er anfangs durchaus nicht beabsichtigt hatte. In solchen Momenten wurde uns erneut klar, daß Spontaneität für den kreativen Prozeß unerläßlich ist. Zuviel zu denken war einfach ein Handicap.

Alan und ich waren so sehr aufeinander abgestimmt, daß wir selbst am Telefon Choreographien erarbeiteten. Sein klassisches Ballett »Tribute to Choreographers«, wofür er einige Auszeichnungen erhielt, war auf diese Weise entstanden. Hatten wir unser gemeinsames Konzept gefunden, so mußten die entsprechenden Bewegungen dazu nur noch ausgeführt werden.

Und nun hatten wir beide vor, uns dem Broadway und den New Yorker Kritikern zu stellen. Wir hatten meine Shows für Las Vegas gemeinsam erarbeitet und waren damit auf Tournee um die ganze Welt gegangen. Doch New York war eine Bestie – nicht so sehr das Publikum, denn das ist in etwa überall gleich, selbst in Europa oder Asien. Es war die satanische Clique wortgewaltiger kritischer Zyniker, die sich stolz ihrer selbsternannten Rollen als *die* Schrittmacher rühmen und die es schaffen, einen vor Angst zu lähmen.

Ich hatte die Absicht, in New York am Broadway als Varietékünstlerin aufzutreten, meine Gesangs- und Tanznummern und Komödiensketche zu bringen, und wollte nicht als Las-Vegas-Entertainerin abgestempelt werden. Ich war jahrelang in Las Vegas aufgetreten, was mir im übrigen großen Spaß machte, doch meine Show sollte etwas Besonderes im grünen Samtdschungel der New Yorker Theaterwelt werden. Das war auch Alans Wunsch ... das bedeutete, wir mußten alle unsere todsicheren Nummern überarbeiten, aus einem Grund, der nichts mit Publikumserfolg zu tun hat. Weshalb jedoch Applaus etwas ist, was unter der Würde der Kritiker liegt, habe ich nie begriffen. Offenbar war »Händchenklatschen« in den Augen der New Yorker Kritiker eine zu ehrlich gemeinte Sympathiekundgebung. Sie wollten sich ihr Urteil nicht von Applaus beeinflussen lassen, das wäre für sie Manipulation. Zuschauer *kommen* ins Theater, um manipuliert zu werden, doch Kritiker sind sich für so etwas zu schade. Erkläre mir einer die komplizierten, verschlungenen Wege menschlichen Denkens. Wie ernst sollte man die Aufgabe nehmen, schlicht und einfach ein Publikum gut zu unterhalten?

Die kreativen Leute, die eine Show zusammenstellen, arbeiten immer im Team. Ist unter ihnen eine Primadonna, die gern querschießt, sollte man meiner Ansicht nach sorgfältig abwägen, ob sein oder ihr Talent den emotionalen Preis lohnt. Gewöhnlich lohnt er sich nicht. Das trifft auch auf Tänzer zu. Mir sind gute, ausgeglichene und beständige Tänzer lieber als ein brillanter Tänzer mit wenig Ausstrahlung.

Ich lege in meinem Ensemble großen Wert auf eine entspannte Atmosphäre und Flexibilität. Unter anderen Bedingungen könnte ich nicht arbeiten. Und da viele Menschen in meiner Umgebung nach ihrer eigenen spirituellen Erleuchtung suchten, gingen wir mit den Werten, auf die wir gelernt hatten zu bauen, behutsam um, um sie weder in uns selbst noch in anderen zu zerstören.

Außenstehenden, die durch vorübergehende Beziehungen mit meiner Gruppe Einblick in das Leben hinter der Bühne erhielten, fielen die angenehme Arbeitsatmosphäre und die Konzentriertheit jedes einzelnen Mitglieds auf. Das machte mich stolz. Wir trugen unsere spirituelle Entwicklung in die Praxis hinein, und das färbte unsere Arbeitsweise. Meinungsverschiedenheiten wurden im Gespräch bereinigt; dabei kamen wir meist zu dem Schuß, daß jeder aus seiner Sicht eine karmische Lehre daraus zog.

Der Star jeder Truppe bestimmt die Wertbegriffe des Teams. Kommt der Star zu spät zur Probe, denken die übrigen bald, Zeit spiele keine Rolle. Ist der Star streitsüchtig, gibt es ständig Querelen. Benimmt der Star sich unprofessionell, macht sich in der inneren Struktur der gesamten Arbeit ein rüder Ton breit. Der Star ist letztlich verantwortlich für das, was geschieht.

Während des Prozesses der Probenarbeit steuert der Choreograph das Boot. Der Star ordnet sich seinem kreativen Geist unter, sucht bei ihm Anregung und Unterstützung. Geht dann der Vorhang zur Premiere hoch, übernimmt der Star das Ruder.

Während der Proben sind Kostümbildner und Lichtgestalter ebenso wichtig wie die Darsteller, denn jeder weiß, daß es erst gar keinen Sinn macht, sich die Füße wund zu arbeiten, wenn man nicht auch gut aussieht.

Wir tasteten uns durch die Proben, tanzten unsere Nummern vor einer weißen Wand und konnten uns die endgültige Wirkung nur vorstellen. Christopher Adler half mir bei der Auswahl der Themen und dabei, den Text zu schreiben. Ich sage »half«, weil jeder gute Schreiber weiß, daß die Worte dem Performer aus dem Herzen fließen müssen, besonders jemandem wie mir, die nicht nur selbst schreibt, sondern von dem, was sie sagt, auch überzeugt sein muß. Ich sehe mich außerstande, auf der Bühne etwas auszudrücken, von dem ich nicht überzeugt bin. Selbst wenn es sich dabei nur um einen banalen Witz handelt. Die Worte müssen meiner eigenen Wahrheit entspringen. Sonst lacht das Publikum ohnehin nicht. Ich hatte das durch bittere Erfahrungen gelernt – das bringt mich zu einem wichtigen Punkt meiner Live-Auftritte.

Jeder Schauspieler, der »live« arbeitet, steht Qualen durch, wie er mit dem Publikum kommunizieren soll. Wir mögen uns in unseren Gesangs- und Tanznummern noch so sicher fühlen, zwischen den Nummern müssen wir »wir selbst« sein, und dazu brauchen wir »Sprüche«. Unsere Agenten engagieren zwar Textschreiber, deren Ergüsse gut gemeint sind, aber damit klappt es nicht wirklich, denn sie treffen nie so richtig den Kern. Im Grunde genommen müssen wir auf der Bühne improvisieren. Doch vor dem großen schwarzen Riesen – dem Publikum – zu improvisieren kann einen erfahrenen, selbstbewußten Performer zu einem hilflosen Anfänger degradieren. Dieser Gefahr müssen wir begegnen. Also tasten wir uns an die Reaktionen des Publikums heran und erzählen Witze, die von anderen stammen, und finden *darin* zu unserem wahren, spontanen Selbst. Zu wissen, wer du auf der Bühne bist, ist also das höchste Ziel. Auf »Künstlichkeit« reagieren die Zuschauer sofort negativ. Sie durchschauen Heuchelei im Nu, reagieren jedoch ebenso rasch positiv auf etwas, was aus deinem eigenen Bauch stammt. Sie wollen, daß *du* echt bist. Deshalb sind sie gekommen. Nach der Vorstellung wollen sie sagen können, sie kennen dich. Und das bedeutet, daß du dich ihnen öffnest. Niemand kann wirklich für einen anderen schreiben. *Du selbst* bist der Konstrukteur, der Macher deiner persönlichen Erfahrungen. Wenn du dich also für diesen Beruf entscheidest, mußt du bereit sein, persönliche Risiken einzugehen.

Dies alles gilt natürlich nicht für das Repertoire-Theater, denn in einem Bühnenstück schlüpft der Schauspieler in eine andere Figur, deren traditionelle Grenze die Bühnenrampe ist. Bei Live-Darstellung ist es hingegen unbedingt *erforderlich*, den trennenden Orchestergraben zu überschreiten und dem Publikum Einblick in deine wahre Persönlichkeit zu gewähren, auch wenn du das nicht perfekt vollbringst. Diese Form der Darstellung hat nichts mit Perfektion zu tun. Sie ist das genaue Gegenteil. Wenn du die Grenze des Orchestergrabens überwindest, gibst du zu erkennen, daß du ein Mensch wie jeder andere bist, einer von *ihnen*. Ein gelassener Performer liebt spontane Kundgebungen aus dem Publikum. Denn *wir* wissen, das Publikum weiß, das ist echt. Das, was zwischen den »großen« Nummern passiert, wird im allgemeinen nicht geprobt; der Ablauf einer Show bleibt zwar immer der gleiche, doch die persönlichen Zwischentexte wiederholen sich nie zweimal hintereinander in der gleichen Weise. Um deine Bühnenpersönlichkeit zu entwickeln, brauchst du Zeit und die Bereitschaft, dich in spontaner, unvollkommener Improvisation wohl zu fühlen.

Deshalb schreiben gute Schreiber *mit* dir und nicht *für* dich. Sie versuchen das, worin du dich wohl fühlst, aus dir herauszulocken und es mit Witzen und Wortspielen anzureichern. Ein guter Schreiber zwingt dir nie etwas auf, weil er meint, sich damit beweisen zu müssen. Er regt dich vielmehr dazu an, du selbst zu sein.

Das zeichnete Christopher aus und auch Alan. Kreative Künstler hinter der Bühne wissen, daß sie für den Performer, der auf der Bühne steht, da sind, denn schließlich kommen die Zuschauer, um ihn oder sie auf der Bühne zu sehen. Sie wollen nicht das Gefühl haben, dem Performer wurden ausgefeilte Wortspiele in den Mund gelegt, die er auswendig lernt und abspult, oder seinem Körper wurden Bewegungsabläufe antrainiert, die er mechanisch ausführt.

Auch die Songtexte müssen das ausdrücken, was der Sänger fühlt, zumindest das, was die Zuschauer glauben, daß er empfindet. Wenn die Zuschauer dir nicht abnehmen, was du da oben von dir gibst, bleiben sie ganz einfach weg.

Doch wenn sie kommen, ist das wie ein Feiertag.

Broadway, die große One-Woman-Show, kam rapide näher.

Ich freute mich auf das Abenteuer, spirituelle Techniken in meine Berufswelt zu übertragen, und war gespannt darauf, ob dies überhaupt möglich war. Yoga gehört seit langem zu meinen täglichen Übungen. Es hilft mir beim Tanzen ebenso, wie es mein körperliches Allgemeinbefinden positiv beeinflußt. Doch ich wollte mit tiefer gehenden spirituellen Verstandestechniken experimentieren.

Während der Probenzeit begann ich mit einer Methode zu arbeiten, die man »Affirmationen« nennt, und erzielte bemerkenswerte Erfolge damit.

Affirmationen sind laut ausgesprochene Anrufungen beziehungsweise Feststellungen, die, werden sie richtig angewendet, die körperlichen, geistigen und spirituellen Energien miteinander harmonisieren.

Den alten Hindu-Vedas zufolge rufen die laut ausgesprochenen

Worte *Ich bin* – oder *Aum* in Hindi – Schwingungen in Körper und Geist hervor, die ihn mit seinem höheren Selbst und somit mit der Gottesquelle in Einklang bringen. Das Wort Gott besitzt in jeder Sprache die höchste Schwingungsfrequenz. Spricht man also die Worte *Ich bin Gott* laut aus, so versetzen die Tonschwingungen die Nervenzentren und Energien des Körpers in größere Harmonie.

Man kann sagen: *Ich bin Gott* oder, wie Christus sagte: *Ich bin, der ich bin*. Man kann diese Affirmationen aber auch nach seinen jeweiligen Bedürfnissen selbst gestalten.

Meine Affirmationen sollten mir helfen, körperliche Schmerzen zu mildern. Also bestätigte ich mir (manchmal leise, manchmal laut, je nachdem, ob ich jemanden dadurch störte) Sätze wie: Ich bin Gott in Aktion. Oder: Ich bin Gott in der Gesundheit. Oder: Ich bin Gott in der Entspannung. Die Affirmationen richteten sich nach meinen jeweiligen kreativen Bedürfnissen. Wenn ich an manchen Tagen weniger Freude an der Arbeit verspürte, sagte ich: Ich bin Gott in der Freude, oder auch: Ich bin Gott im Humor.

Dies hatte bemerkenswerte Folgen. Ich hätte es nicht geglaubt, wenn ich den Erfolg nicht selbst gespürt hätte. Nennen Sie es Konzentration, oder nennen Sie es *Glaube*, es ist gleichgültig, *ich spürte keine Schmerzen*. Meine Wahrnehmung und folglich meine Wahrheit veränderten sich, wenn ich sagte: *Ich bin Gott im Glücklichsein*. Das Ergebnis war ein Gefühl der Wirklichkeit. Ich sprach jede Affirmation dreimal aus. In den Vedas heißt es, die dreimaligen Anrufungen richten sich an Verstand, Körper und Geist. In einer mörderischen Tanznummer, wenn ich nach zwei aufeinanderfolgenden Tagen bei täglich zwei Vorstellungen nicht mehr wußte, ob ich heil über die Runden kommen würde, sang ich mir im stillen mit der Musik: *Ich bin Gott im Durchhalten*, und der Schmerz löste sich auf. Man muß diese Techniken einmal ausprobieren, um die Wirkung zu verspüren.

Während der Trainingsstunden, wenn die Muskelschmerzen beinahe unerträglich waren, sang ich leise dreimal: *Ich bin Gott in der Entspannung*. Die Muskelschmerzen ließen nach. Und dann sang ich leise *Ich bin Gott in der Kraft* oder *Ich bin Gott im Licht*. Die Wirkung war verblüffend.

An Tagen, an denen ich entweder die Nacht zuvor zuwenig geschlafen hatte oder irgend etwas meine Stimmung negativ beeinflußte oder der Druck der Vorstellung so sehr auf mir lastete, daß ich mich nicht zentriert fühlte, sprach ich morgens beim Aufwachen meine Affirmationen, und fünf Minuten später fühlte ich mich besser.

Vor jeder Vorstellung sprach ich sie während der Ouvertüre bis zu meinem Auftritt. Ich spürte jedesmal, wie die Harmonie mich durchdrang, und ich spielte die Vorstellung mit der Gottesquelle als meiner Stütze.

Ich bediente mich dieser Technik auch in anderen Bereichen.

Im Laufe meines Lebens mußte ich häufig öffentliche Reden halten. Sei es anläßlich einer Preisverleihung oder auf einer politischen Versammlung. Öffentliche Reden waren mir von jeher ein Greuel. Ich mußte immer einen vorbereiteten Text bei mir haben, auf den ich zurückgreifen konnte. Entweder schrieb ich den Text selbst, oder ich ließ mir die Rede von einem Profischreiber verfassen. Ich hatte Angst, frei zu sprechen. Auch diese Angst fiel bald von mir ab. Ich begann, lediglich mit skizzierten Gedanken im Kopf zu sprechen. Und wenn ich mir Notizen aufgeschrieben hatte, so zog ich sie immer seltener zu Rate. Ich stellte fest, daß meine Gefühle den Zuhörern ohnehin mehr sagten und daß mich die geschriebenen Worte eher einengten, solange ich mich mit meinen Gefühlen in Einklang befand. Eine Gedankenpause war unendlich viel wirkungsvoller als einstudierte, intellektuelle, abgelesene Sätze. Auch in dieser Hinsicht lernte ich durch meine Affirmationen, dem Augenblick zu vertrauen. Ich wurde von meinem höheren Selbst geleitet.

Diese Prozesse waren so durchgreifend, daß ich oft das starke Bedürfnis fühlte, sie mitzuteilen; ich wollte anderen gewissermaßen eine Kerze anzünden, anstatt hinzunehmen, wie sie die Dunkelheit verfluchten.

Ich begriff aber auch schnell, daß es sich dabei um Karma handelt. Im Bestreben nach meinem eigenen Erwachen war mir stets klar, daß jeder Mensch bewußt oder unbewußt seinen eigenen Weg geht. Jeder hat seine eigenen Wahrnehmungen, seine eigene Wahrheit und kommt auf seine Art, in seinem eigenen Tempo der Erleuchtung näher. Es ist unmöglich, die Wahrheit eines anderen Menschen zu erkennen. Ich mußte meinen eigenen Weg gehen und mir dabei ständig die Bedeutung des Satzes »Richtet nicht, auf daß ihr nicht gerichtet werdet« vor Augen halten.

Der Prozeß der Selbstverwirklichung (ebenso wie die Prinzipien von Karma und Wiedergeburt) führt nicht zu Bekehrung. Der Vorgang ist sehr persönlich und letztlich eigenverantwortlich. Alles, was ich darüber sagen kann, ist im Grunde genommen: Es ist mir geschehen. So fühle ich. Jeder, der an diesen Theorien interessiert ist, muß lernen, selbst lesen, sich auf seine eigene Suche begeben.

Ich kann also nur wiederholen, das Gefühl eines höheren Bewußtseins ist sehr persönlich und ausschließlich eine Frage eigener Denkprozesse. Privat und in meiner Arbeit erkannte ich, daß ich bei anderen erkannte, was ich in mir sehen oder nicht sehen wollte. Ich fand in meiner Wahrnehmung meiner Person vor allem die Wahrnehmung, die ich von Menschen in meiner Umwelt hatte. Ich lebte in meiner Realität, wie jeder Mensch in seiner Realität lebt. Andere herabzusetzen hieße, mich selbst herabzusetzen; andere zu verunglimpfen, mich selbst zu verunglimpfen; andere zu verurteilen, mich selbst zu verurteilen. Und darum allein handelt es sich: um das SELBST. Wenn ich mit mir selbst glücklich war, konnte ich auch mit anderen glücklich sein. Wenn ich mich selbst liebte, vermochte ich andere zu lieben. Wenn ich mich selbst tolerierte, war ich zu anderen tolerant. War ich freundlich zu mir, so konnte ich freundlich zu anderen sein und so weiter. Die persönliche Einstellung zu meinem Selbst führte mich zu dieser Erkenntnis; nicht der Richterspruch über andere. Wenn ich mir vorstellte, wie die Menschen die »Sünden« anderer im Namen Gottes verdammten, so fragte ich mich, welches Karma sie für sich selbst verarbeiteten. Was du säst, das wirst du ernten. Füge keinem anderen zu, was du nicht willst, daß man dir tu'. Dieses einfache karmische Gesetz von Ursache und Wirkung kehrt in den Religions- und Geisteslehren eigentlich aller Kulturen wieder. Doch viele Menschen hatten dieses Gesetz um ihrer eigenen Interessen willen falsch ausgelegt. Ich »respektierte« diese Interessen, welche Beweggründe sich auch dahinter verbergen mochten, doch in einer Welt, die einer möglichen *Selbst*zerstörung zusteuert, konnte ich nur sagen, wir sind nicht Opfer der Welt, die wir sehen, sondern wir sind Opfer der Welt, *wie* wir sie sehen. In Wahrheit gibt es keine Opfer. Es gibt nur Selbst-Wahrnehmung und Selbst-Verwirklichung. Das war der Stern, dem ich entgegenstrebte. Die etymologische Bedeutung des Wortes Desaster besagt: Des – wegreißen von; astrado – den Sternen. Ein Desaster zu erleben heißt also, von den Sternen und folgerichtig von der höheren Wahrheit »gerissen« zu sein.

Einige persönliche Begebenheiten während meines Gastspiels in New York machten mir bewußter, wie die Harmonie der höheren Dimension arbeitet.

Ich erhielt einen Anruf meiner Freundin J. Z., ein parapsychologisches Hypnosemedium, die mich auf etwas aufmerksam machen wollte, ohne mich unnötig zu beunruhigen. Sie fragte: »Kennst du jemanden mit Namen Mark?«

Mir fiel nur einer meiner vier Tänzer ein, Mark Reiner.

»Also, ich weiß nicht genau, was es bedeutet«, sagte J. Z., »aber ein gewisser Mark wird für Aufregung sorgen. Es ist zwar nichts Ernstes, sei aber trotzdem vorsichtig.«

Vor jeder Vorstellung, wenn wir uns während der Ouvertüre tanzend aufwärmten, beobachtete ich Mark und hätte gerne gewußt, ob J. Z. auf etwas eingestimmt war, was ihn betraf, schwieg aber, um Mark nicht zu verunsichern.

Ein paar Tage später wurden die New Yorker Uhren auf Sommerzeit umgestellt. Es war ein Sonntag, wir hatten eine Matinee, und ich saß zwischen den Vorstellungen mit Freunden beim Dinner. Ich hatte vergessen, meine Uhr um eine Stunde vorzustellen. Es fielen einige Bemerkungen darüber, daß ich ungewöhnlich lange beim Essen sitze. Mit einem Blick auf meine Armbanduhr sagte ich: »Keine Sorge, ich hab' noch eine Stunde Zeit.«

Der Kellner fragte ganz nebenbei, ob ich heute frei habe. Ich antwortete, nein, natürlich nicht. Er deutete auf seine Uhr und meinte: »Dann stehen Sie in fünf Minuten auf der Bühne.«

Ich geriet in Panik, stürmte aus dem Lokal, Dominick, mein Chauffeur, saß bereits nervös mit den Fingern auf das Lenkrad trommelnd im Wagen. Anfangszeiten sind mir heilig.

Er fuhr den »Fluchtwagen« in einer Weise, die selbst Al Capone bewundert hätte. Im Theater fand ich Mike Flowers aschfahl und verärgert vor. Ich nahm es ihm nicht übel.

»Du weißt nicht, worum es geht«, eröffnete mir Mike. »Mark Reiner hat sich den Knöchel verstaucht und kann nicht auftreten. In drei Minuten brauchen wir eine geänderte Choreographie.«

Wir hatten nur vier Tänzer, nun waren es nur noch drei. Einer der Jungs mußte zwei Parts tanzen!

Ich stürzte auf die Hinterbühne, wo drei Tänzer verzweifelt schwitzend versuchten, einen vierten einzuweisen. Ich wußte nicht, wo ich den Mann schon mal gesehen hatte. Er drehte sich zu mir um, und ich erkannte in ihm einen meiner ehemaligen Tänzer. Er saß »zufällig« im Publikum, hörte, was geschehen war, und eilte hinter die Bühne. Er kannte die »Choreographen«-Nummer! Marks Kostüm paßte wie angegossen – sogar seine *Tanzschuhe*!

»Wenn du willst, springe ich ein«, meinte Gary. »Aber lieber würde ich mir die Show vorher einmal ansehen. Bis morgen könnte ich soweit sein. Mark wird für ein paar Wochen nicht auftreten können.«

J. Z.'s Warnung fiel mir ein, und gleichzeitig begriff ich, daß ich beschützt worden war, nicht nur durch Garys »zufällige« Anwesenheit, sondern auch durch die Tatsache, daß ich die Zeitverschiebung vergessen hatte. Mir war keine Zeit geblieben, mir Gedanken darüber zu machen.

Die Vorstellung fand ohne Gary und ohne Mark statt. Während der Show veränderten wir die Choreographie. Ich klärte die Zuschauer über den bedauerlichen Vorfall auf. Sie freuten sich, eine Sondervorstellung zu erleben. Larry, der Tänzer, der an diesem Abend zwei Rollen tanzte, übertraf sich selbst. Das Publikum spendete ihm begeisterten Applaus. Nachdem alles überstanden war, rief ich J. Z. an und berichtete ihr, was geschehen war.

»Aha, das war es also.«

»Aber wie konntest du das vorhersehen?« fragte ich.

»Das ist nur eine Frage von Schwingungsenergien«, erklärte sie. »Ein Medium kann sich lediglich etwas mehr in die Erkenntnisse seines höheren Selbst einschwingen als andere Menschen. Deshalb nennt man uns paranormale Medien. Aber diese Erkenntnisse sind allen Menschen möglich. Wir sind alle übersinnliche Wesen. Wir wissen es nur nicht. Wenn jeder Mensch seinem Wissen vertrauen würde, dann hätten wir alle das vollkommene Bewußtsein. Wir sind das, wessen wir uns bewußt sind. Und das sollte unser höchstes Lebensziel sein.«

Ich dankte ihr und legte den Hörer auf. Lange saß ich da und dachte über die Grenzen linearer Zeitbegriffe nach.

Mir war nur gegeben, das wahrzunehmen, was entweder schon geschehen war oder unmittelbar bevorstand. Es deprimierte mich, keinen Einblick in Geschehnisse eines früheren Lebens zu haben oder in Dinge, die in der Zukunft liegen.

Ich stellte mir ein Boot vor, das einen Fluß hinuntertreibt. Aus der Perspektive des Boots sieht man nur das, was direkt hinter oder vor einem liegt. Aus einer Perspektive *über* dem Boot weitet sich das Blickfeld in die Ferne, nach hinten und nach vorne.

Angenommen, der Fluß wäre die Zeitströmung und wir wollten in Vergangenheit und Zukunft blicken, so müßten wir diese höhere Perspektive erlangen. Auch in dieser Hinsicht gibt es keine Realität, nur Wahrnehmung. Sich auf diese höhere Perspektive zu begeben erfordert jedoch tiefere Einblicke in das höhere Selbst – unser höheres Selbst existiert in der Astraldimension, nicht in der irdischen, materiellen, physischen Dimension.

Die Astraldimension ist real, auch wenn wir sie in linearen Begriffen weder sehen noch messen können. Es gibt eine höhere

Realität als unsere »wahrgenommene« bewußte Realität. Dies ist das Neue Zeitalter des Denkens. Ein Neues Zeitalter des Bewußtseins. Ein Bewußtsein in der Erkenntnis, daß es eine Dimension gibt, die in Harmonie und Vollkommenheit wirkt und uns begreiflich machen will, daß unser irdisches Dasein nur ein begrenzter Teilaspekt dessen ist, was wir wirklich sind.

Das Gefühl zu wissen, daß das unergründliche Mysterium gar kein so großes Geheimnis ist, verlieh mir starken, praktischen, erdverbundenen Rückhalt. Es war nicht irgendwo da draußen, sondern in mir und wartete darauf, erkannt zu werden. Die höhere Dimension und die irdische Dimension waren einander Spiegel. Ich lebte in der begrenzten irdischen Dimension, doch wenn ich darauf vertraute, daß ich in Wahrheit unbegrenzt war, dann würde *ich* auch fähig sein, mich in eine Dimension einzuschwingen, in der ich voraussehen konnte, daß Mark Reiner sich den Knöchel verstauchen würde.

Während der Jahre meiner Suche nach spiritueller Erkenntnis in mir selbst und in anderen hat mein Weg mich durch einige schier unglaubliche Ereignisse und Beziehungen geführt; Beziehungen mit »normalen« Menschen, aber auch mit solchen, die nicht von »dieser Welt« waren. Wie bereits erwähnt, suchte ich namhafte Medien auf, die spirituelle Meister der Astralebene übermittelten. Ich entwickelte Beziehungen zu diesen »Wesenheiten«. Einige von ihnen waren humorvoll, andere wirkten nur als Lehrer. Doch eine Beziehung war tiefer als alle anderen. Die Wesenheit nannte sich Ramtha. Er stellte sich mir als Ramtha der Erleuchtete vor. Ramtha schien aus einer anderen Zeit und einem anderen Ort zu stammen. Er berichtete, er habe eine Inkarnation in Atlantis gehabt und in diesem Lebensabschnitt vollkommene Verwirklichung erlangt. Als ich zum erstenmal von Ramtha erfuhr, bemächtigte sich meiner eine sonderbare Seelenerinnerung, die so stark war, daß ich anfing zu weinen, als ich seinen Namen hörte. Ich begriff nicht, was in mir vorging, wußte nur, daß die Erwähnung seines Namens unkontrollierbare Gefühle in mir weckte, die mich so tief ergriffen, daß ich beinahe Angst davor bekam.

Während unserer ersten Sitzung geschah das gleiche. Er nahm über J. Z. Knight (die Frau, die mich wegen Mark angerufen hatte) Kontakt mit mir auf. J. Z. war ein zartes, schönes blondes Mädchen von scheuer Liebenswürdigkeit; Ramtha dagegen eine ausgesprochen kraftvolle, männliche Energie. Als J. Z. sich in Trance versetzte und Ramtha erschien, veränderte sie sich total. Ramthas Seelenenergie ergriff von ihr Besitz. J. Z. ist eher zierlich und zart gebaut, doch als Ramtha durchkam, nahm er mich durch J. Z. in die Arme und trug mich durchs Zimmer, dabei hob er mich beinahe über seinen Kopf hoch. Ich spürte *seine* männliche Energie durch *ihre* Arme. Ich bin eine schwere, muskulöse Frau und wiege etwa 65 Kilo. Seine Energie gab J. Z.'s Armen die Kraft, mich ohne Schwierigkeiten hochzuheben. (Später wurde ich Zeuge, wie er einen 90 Kilo schweren Mann hochlüpfte). Sobald Ramtha mich in seinen Armen hielt, fing ich wieder an zu weinen. In meinem Herzen schwoll ein Gefühl an, das ich nicht deuten konnte. Ramtha stellte mich wieder auf die Füße, nahm meine Hände, küßte sie, streichelte mein Gesicht und blickte mir tief in die Augen. Ich spürte seinen Blick durch J. Z.'s Augen. Ich *spürte* seine Gedanken. Es war unglaublich real. Und ebenso verwirrend. Ich hatte bereits viel Erfahrung mit Wesenheiten der Astralebene gewonnen, die sich durch Kevin und andere Medien vermittelten. Doch dies war ein neues Erlebnis. Kein anderes hatte mich so tief bewegt wie Ramtha. Ich beugte mich vor, um seine Energie dichter zu spüren. Ich konnte meine Tränen nicht zurückhalten. Ramtha lächelte. Dann fing *er* an zu weinen! Ich spürte, ich befand mich in einer anderen Welt. Mein Verstand schaltete ab. Ich dachte nicht mehr, ich fühlte nur noch. Wer war dieses Wesen? Warum reagierte ich so? Dann breitete sich etwas Vertrautes in meinem Herzen aus. Anfangs nur eine abstrakte Intuition. Ich ließ entspannt das Gefühl zu, versuchte es nicht mit dem Verstand zu erklären. Ich ließ es geschehen. Das Gefühl weitete sich, bis es die Form eines intuitiven Gedankens annahm. Während ich in Ramthas Augen blickte, hörte ich mich sagen: »Warst du in deiner Atlantis-Inkarnation mein Bruder?«

Wieder standen Tränen in seinen Augen. »Ja«, antwortete er, »*du* warst mein geliebter Bruder.«

Ich kann es nicht anders beschreiben, ich *empfand* seine Worte als wunderbar. Ich *wußte*, er sprach die Wahrheit. Aus diesem Grund war ich so gerührt.

Ramtha und ich verbrachten viel Zeit miteinander. Er klärte mich über die Wirkung von Lichtfrequenzen auf den Körper auf. In heiterer Folge sagte er persönliche Ereignisse in meinem Leben voraus – die *stets* eintrafen. Er wies mich in liebevoller Strenge zurecht, wenn meine intellektuelle Skepsis meine wachsende »Erkenntnis« blockierte. Er erzählte viele Geschichten aus unserem gemeinsamen Leben und von anderen Menschen, die wir damals kannten und die ich auch in meinem jetzigen Leben kenne. Er prüfte, welche karmischen Probleme ich mit diesen Menschen zu erarbeiten hatte, sprach ruhig und gelassen davon, warum ich mir Konflikte mit bestimmten Menschen erwählt hatte, um mich und sie besser zu verstehen. Er legte mir die Bereiche meines Wachstums dar, denen ich mehr Aufmerksamkeit widmen mußte, warnte mich vor meiner Blindheit in meiner Beziehung zu einigen meiner Freunde und offenbarte mir weitere frühere Inkarnationen, die wir gemeinsam erlebt hatten. Er beriet mich, welche Vitamine ich brauchte, welches körperliche Training und welche Nahrung ich meiden sollte. Er tat mir sogar seine Meinung zu den Drehbüchern kund, die mir vorgelegt wurden.

Ich stellte ihm Fragen aus vielen Bereichen, zum Beispiel über das Leben von Jesus Christus, aber auch die, ob ich noch in dieser Inkarnation den Gefährten meiner Seele treffen würde. Ramthas Antworten würden ein weiteres Buch füllen. Ich lernte und erfuhr viel von ihm, er erinnerte mich ständig daran, daß *ich* bereits alle Antworten wisse, ich dürfe mich weder auf ihn noch einen anderen spirituellen Lehrer verlassen, um Wissen zu erlangen. Ich müsse mein eigener Lehrer sein, müsse lernen, meiner eigenen Befähigung zu höherem Bewußtsein zu vertrauen, davon sollte ich mich abhängig machen. Einen Guru zu haben sei zwar schön und gut, verzögere jedoch nur die eigene Selbstfindung.

Ramtha war amüsant, lustig und wollte auch seinen Spaß haben, während seine Energie sich im Körper von J. Z. aufhielt. Oft bat er um Wein, der ihm sehr geschmeckt hatte in Zeiten, in denen *er* in einem Körper lebte. Manches Mal betrank er sich regelrecht, und J. Z. mußte sich hinterher mit dem Kater abplagen.

Seine Energie war aktivierend. Er versetzte sich so sehr in mein persönliches Leben, daß ich manchmal das Gefühl hatte, er verletze meine Intimsphäre. Es gab nichts, was er nicht von mir wußte. Er brachte Ereignisse meiner Kindheit zur Sprache, die ich längst vergessen hatte. Er befragte mich über meine tiefsten inneren Ängste, von denen niemand etwas wissen konnte. Das geschah keineswegs, um seine Glaubwürdigkeit zu unterstreichen, sondern um mir zu helfen, meine Konflikte im Gespräch zu lösen. Es war nicht möglich, vor ihm etwas zu verbergen. Er wußte einfach alles. Die Astraldimension kennt keine Geheimnisse, keine Tricks, keine heimlichen Manipulationen. Der Zweck seiner spirituellen Lehren lag darin, mir die Wahrheit bewußtzumachen, daß wir Gott sind. Wir sind ebenso fähig zu höheren Erkenntnissen wie *Er*. Es gibt keine Hierarchie. Kein Mensch ist fortgeschrittener oder weiter entwickelt als ein anderer. Bei manchen ist nur mehr Erkenntnis *aufgedeckt*.

Ramtha wurde mein spiritueller Freund. Doch er bemühte sich, mir bei jedem Zusammensein begreiflich zu machen, daß mein eigenes höheres Selbst mein bester spiritueller Freund ist. Er sei nur hier, um mir beizustehen, wann immer ich ihn brauche, solange ich mich nicht abhängig von ihm mache. (Diese Warnung vor der Abhängigkeit war allen spirituellen Wesenheiten gemeinsam, mit denen ich sprach.)

In New York, einige Jahre später, stand Ramtha mir bei, als ich wirklich in Schwierigkeiten steckte. Er arbeitete mit anderen Wesenheiten auf der Astralebene zusammen, denen ich ebenfalls Vertrauen schenkte. In dem Fall, über den ich berichten möchte, hatte er sich mit Tom McPherson zusammengetan.

Ich trat seit drei Wochen im Gershwin-Theater auf. In diesem Jahr wurde das Wetter in der dritten Maiwoche richtig sommerlich heiß. Wie immer in New York in der Sommerhitze wurden die Klimaanlagen auf Wintertemperaturen gestellt. Das Theater bildete da keine Ausnahme.

Mitten während der Vorstellung wurde die Klimaanlage auf »Nordpol« geschaltet; der Temperaturwechsel bewirkte bei mir nicht nur Muskelkrämpfe, ich spürte auch, wie meine Kehle austrocknete, rauh wurde und sich schließlich entzündete. Eine Sommererkältung ausgerechnet während meines Gastspiels, das hatte mir gerade noch gefehlt. Ich ließ mir einen Schal aus den Kulissen reichen und spielte die Vorstellung zu Ende. Doch ich spürte, die Würfel waren gefallen, wenn ich nicht sofort Gegenmaßnahmen ergriff. Mitten in der Nacht holte ich einen Arzt aus dem Bett, der mir ein Antibiotikum verschrieb, das ich mir sofort aus der Nachtapotheke holen ließ. Seit Jahren hatte ich keine Medikamente mehr eingenommen. Warum ich diesmal den Fehler beging, wußte ich nicht. Am nächsten Nachmittag war ich durch das Medikament so matt, daß ich mich kaum auf den Beinen halten konnte. Meine Halsentzündung hatte sich zwar gebessert, dafür spürte ich meine Beine nicht mehr. Wie sollte ich in diesem Zustand die Vorstellung durchstehen?

Dominick holte mich in meiner Wohnung ab. Er mußte mich halb ins Auto tragen, weil ich kaum gehen konnte.

»Wie wollen Sie in diesem Zustand auf der Bühne stehen?« fragte er.

Ich seufzte niedergeschlagen. »Keine Ahnung. Vielleicht wird es besser, wenn wir dort sind. Sagen Sie bitte niemandem etwas davon, ja?«

»In Ordnung.«

Ich schleppte mich in meine Garderobe. Vielleicht wurde es beim Aufwärmen besser, doch mein Zustand verschlimmerte sich. Bei jeder Streckübung, jeder Kniebeuge fühlte ich mich schwächer. Durch den angeregten Blutkreislauf verteilte sich das Antibiotikum nur vollständig in meinem Organismus.

Das Orchester stimmte die Instrumente, und ich zog mein Kostüm an. Auf dem Weg zur Bühne versuchte ich einen Plié und brach in der Kulisse hinter dem Vorhang zusammen, wo mich niemand sehen konnte. Da lag ich bei vollem Bewußtsein und konnte mich nicht bewegen. Es war entsetzlich. Ich konnte nicht einmal sprechen. Michael Flowers rief nach mir. Ich konnte nicht antworten, hörte, wie die Kollegen an meiner Garderobentür aufgeregt meldeten, ich sei verschwunden.

Ich lag da und wußte, ohne Hilfe war ich nicht fähig aufzutreten. Aber wer sollte mir helfen? Ich verdrängte all meine Besorgnis und rief Tom McPherson und Ramtha an.

»Kommt und helft mir«, flehte ich verzweifelt. »Ihr habt mein Einverständnis, eure Energien mit meiner zu verbinden. Bitte kommt über mich und helft mir hoch.«

Ich wartete ... bemüht, nicht zu verzweifeln. Sie würden dasein, wenn ich damit *einverstanden* war. Langsam spürte ich Energie in meinen Armen, ein Glühen lief durch sie hindurch. Ich konnte sie bewegen. Dann spürte ich einen Strom in den Beinen, eine sanfte, aktivierende Energie. Ich bewegte mein rechtes Bein, es war nicht mehr so bleischwer. Ich hob es behutsam über meinen Kopf. Es ließ sich mühelos strecken. Dann das linke Bein – dieselbe Leichtigkeit.

Vorsichtig kam ich auf die Beine. Ein Schwindelgefühl befiel mich. Ich schaute nach oben, versuchte das, was ich spürte, zu *sehen*. Ich visualisierte die Lichtaura von Ramtha und McPherson, die sich mit meiner mischte. Das Schwindelgefühl wich. Ich schüttelte mich und spürte, wie meine Energie sich harmonisierte. Ich ging zur Hinterbühne, wo alle aufgeregt hin und her rannten und nach mir suchten. Michael sah mich als erster und eilte auf mich zu.

»Bist du in Ordnung?« fragte er. »Du siehst irgendwie verändert aus. Wo hast du gesteckt?«

»Ich bin wegen dieses ungewohnten Antibiotikums zusammengeklappt«, erklärte ich, verschwommen wie im Traum. Er legte seinen Arm um mich.

»Glaubst du, du schaffst es?«

»Soll das ein Witz sein?« Meine Stimme klang beinahe so, als gehöre sie mir nicht. »Ich habe in meinem ganzen Leben noch keine Vorstellung sausen lassen und werde so was auch in Zukunft nicht tun.«

»Na schön.« Mike sah mich prüfend an.

»Vielleicht tanze ich aber nicht allein.«

»Was meinst du damit?« fragte er verständnislos.

»Na ja«, sagte ich, »ich bat Ramtha und Tom McPherson um Hilfe. Sie sind jetzt direkt über mir. Ich kann sie deutlich spüren. In dem Augenblick, als sie über mich kamen, konnte ich mich wieder bewegen. Sonst würde ich noch immer wie ein Häufchen Elend da drüben in der Kulisse liegen.«

Michael wußte über Ramtha und McPherson Bescheid.

»Na schön«, sagte er aufmunternd wie ein Fußballtrainer vor einem Spiel. »Wir bekommen also ein wenig spirituelle Unterstützung, wie? Kann Ramtha überhaupt tanzen?« fragte er vergnügt.

»Das weiß ich allerdings nicht. Aber McPherson ist ein ziemlicher Spaßvogel. Ramtha wird mich wohl auf den Beinen halten, und McPherson vollführt die Bewegungen.«

Michael küßte mich auf die Wange, als das Orchester zur Ouvertüre ansetzte. Ich wärmte mich mit Pliés und Streckübungen auf. Meine Energie war wieder zurückgekehrt. Am Ende der Ouvertüre stellte ich mich auf meine Position hinter den kreisenden Flügel und wartete. Mein Stichwort erfolgte, der Flügel gab mich frei, und ich stand da, eingetaucht in das Spotlight ›Surprise Pink Nummer III‹. Einen Augenblick verharrte ich reglos. Das Licht der Scheinwerfer war anders, ich hörte auch nichts. Konnte den Abstand von mir bis zum Bühnenrand nicht abschätzen. Ich fühlte mich wie eine Fremde in einer fremden Umgebung. Ich blickte nach oben, um mich irgendwie zu vergewissern, daß meine Freunde bei mir waren. Ich spürte, wie sie sagten: »Alles in Ordnung. Entspanne dich. Wir schaffen das schon. *Wisse*, daß wir bei dir sind.«

Mir blieb keine andere Wahl.

Ich fing an zu singen. Meine Stimme klang in meinen Ohren, als gehörte sie mir nicht. Die Bühne unter meinen Füßen war weiter entfernt als sonst. Meine vertraute Bühnenrealität, die ich so gut kannte, war mit der Realität von zwei anderen Seelenenergien vermischt, die ich ebenso gut kannte. Es war ein seltsam neues und doch »bekanntes« Erlebnis.

Unsere Vorstellung muß gut gewesen sein, doch ich kann mich an nichts erinnern. Manche meinten sogar, die Vorstellung sei besser gewesen als sonst, muß ich zu meiner Beschämung gestehen. Ich habe es immer vorgezogen, alles allein durchzustehen, ganz gleich, wieviel Anstrengung es kostete. Nun lernte ich, daß die Inanspruchnahme meiner spirituellen Freunde keine Herabsetzung meiner Fähigkeiten war. Im Gegenteil, je schneller ich meine Einstellung »ich wachse mit den Problemen« aufgab, um so besser.

Michael erzählte mir später, nach meiner letzten Verbeugung, als der Vorhang sich gesenkt hatte, sei ich wieder zusammengebrochen. Ramthas und McPhersons Energien wichen von mir. Michael eilte herbei und hob mich hoch in seine Arme.

»Die beiden haben wohl schnell noch einen anderen Job zu erledigen«, meinte er spottend, wußte aber, daß es mir gutging.

»Haben wir drei unsere Sache gut gemacht?« fragte ich.

»Ja«, antwortete er. »Trotzdem bin ich froh, daß sie nicht wollen, daß du dich von ihnen abhängig machst.«

Dominick hatte das Geschehen aus der Kulisse beobachtet. Er war ein religiöser Mann (Katholik) und hatte mein Buch gelesen. Hin und wieder stellte er mir Fragen über Wiedergeburt oder spirituelle Lehren. Er war der Meinung, die Kirche beantworte seine Fragen nicht zufriedenstellend, und so sprachen wir häufig nach der Vorstellung darüber. Michael brachte mich zum Wagen, und Dominick fuhr mich nach Hause. Ich lag ausgestreckt auf der Rückbank.

»Wie haben Sie das bloß geschafft, in diesem Zustand aufzutreten?« fragte er zögernd, beinahe so, als wolle er die Anwort nicht hören. »Das ist mir ein Rätsel.«

»Ich hatte Hilfe«, antwortete ich.

»Hilfe? Woher?«

Ich setzte mich auf und erzählte ihm alles über Ramtha und McPherson. Er lauschte gebannt.

»Sie behaupten also, dieser Ramtha und dieser McPherson sind immer bei Ihnen, wenn Sie sie brauchen?« Seine Stimme klang keineswegs sarkastisch.

»Ja, so ist es.«

»Und diese Wesen hatten einmal Körper und lebten hier auf der Erde.« Das war eine Feststellung, keine Frage.

»Ja.«

»Und vielleicht entscheiden sie sich eines Tages zur Reinkarnation und besitzen dann wieder Körper wie wir.«

»Ja.«

Er schwieg. Wir fuhren an meinem Apartmenthaus vor. Dann fragte er: »Wissen Sie, warum ich das, was Sie sagen, glaube?«

»Nein.«

»Weil mein Bruder, einen Monat nachdem er gestorben war, eines Nachts zu mir kam. Ich *weiß*, er stand neben meinem Bett, sagte mir, daß es ihm gutgeht und ich meinem Vater sagen soll, er dürfe nicht traurig sein. Ich fragte ihn, warum er das Dad nicht selbst sage. Und er antwortete: ›Weil Dad das nicht versteht. Du verstehst es.‹«

Dominick schüttelte den Kopf in der Erinnerung. »Und das Seltsame daran ist, daß ich an diesem Tag die Pracht der Blumen in unserem Vorgarten bewundert habe, und dabei kam mir der Gedanke, wenn die Blumen jedesmal, wenn sie sterben, wiederkommen, warum dann nicht auch die Menschen? In der Natur geschieht das doch ständig. Als dann mein Bruder in der Nacht zu mir kam, hatte ich vermutlich die Bereitschaft, das zu verstehen. Vielleicht wird er mir auch einmal helfen, so wie Ihre Freunde Ihnen heute abend geholfen haben. Darum geht es doch, nicht wahr?«

Dominicks einfache Worte trafen den Kern der Dinge besser als alle metaphysischen Bücher, die ich gelesen hatte.

»Wo kann ich mehr darüber lesen, Shirley?« fragte er.

»Das brauchen Sie nicht, Dominick. Es ist alles schon in Ihnen. Hören Sie auf Ihre Gefühle und haben Sie Vertrauen zu ihnen. *Sie* sind unbegrenzt. Sie *erkennen* es nur nicht.«

Wieder schüttelte er den Kopf. »Ach, wissen Sie, vielleicht war es gar kein Zufall, daß ich Ihr Chauffeur wurde. Ich glaube, ich mußte Sie einfach kennenlernen, um zu erfahren, wie Sie mit diesen Dingen umgehen.«

Dominick begleitete mich noch in die Wohnung und riet mir, Vitamin C gegen meine Erkältung zu nehmen anstatt Antibiotika. »Und versuchen Sie nicht alles um jeden Preis selbst zu machen«, brummte er. »Lassen Sie sich mal von anderen helfen. So wie heute abend.«

Diese Lehre wurde mir von verschiedenen Seiten beigebracht.

Ich möchte noch von zwei weiteren Vorfällen berichten, die mit McPherson und Ramtha zu tun haben. Erst zu McPherson.

Bis zu den Dreharbeiten zu *Zeit der Zärtlichkeit* hatte ich beinahe drei Jahre keinen Film gedreht. Sollte es in der Zeit gute Drehbücher gegeben haben, so wurden sie mir nicht vorgelegt.

Dann schrieb Steven Spielberg *Poltergeist* und fragte mich, ob ich die Rolle der Mutter übernehmen würde. Ich hatte immer davon geträumt, einmal mit Spielberg zu arbeiten, wegen seiner metaphysischen Tendenzen, doch *Poltergeist* war mir zu gewalttätig. Darin wurden die negativen Seiten dieser Mächte ausgeschlachtet, und ich wollte nicht zur Verbreitung von Gewalt beitragen. Nach vielen Treffen und Diskussionen erklärte ich Steven, ich könne die Rolle nicht spielen, auch wenn es für meine Karriere eine schlechte Entscheidung sei. Er akzeptierte meinen Standpunkt und kündigte an, er plane einen Film, der die positiven Seiten dieser Mächte beleuchten werde, er handle von der Zuneigung eines kleinen Jungen zu einem außerirdischen Wesen. Nur sei in diesem Projekt leider keine gute Rolle für mich. Als er mir die Geschichte skizzierte, sagte ich ihm, meiner Meinung nach würde *E. T.* erfolgreicher sein, weil die Geschichte bezaubernd sei und er damit den Menschen außerdem Hoffnung schenke. Er dankte mir und versicherte, eines Tages würden wir zusammenarbeiten und die positiven Aspekte spiritueller Erkenntnisse hervorheben.

Viele meiner Bekannten und Freunde hielten mich für verrückt, *Poltergeist* abzulehnen, besonders wenn man den Verlauf meiner Karriere zum damaligen Zeitpunkt in Erwägung zog. Es fiel mir schwer, zu erklären, daß die Rolle meinen spirituellen Überzeugungen zuwiderlief, denn *Zwischenleben* war noch nicht erschienen.

Wie dem auch sei, bei meiner nächsten Sitzung mit McPherson sprach ich mit ihm darüber, ob eine Hoffnung bestehe, in naher Zukunft eine gute Rolle zu bekommen.

»Zunächst einmal hast du dir bei uns hier ein paar Pluspunkte verdient«, sagte er, »weil du *Poltergeist* abgelehnt hast. Andere sollen meinetwegen solche Filme machen, aber du nicht.«

»Na Spitze«, antwortete ich, »aber wie sieht es mit meiner Zukunft aus? Ich meine, wann krieg' ich denn mal eine gute Rolle?«

Er lachte und fragte: »Ist dir in zwei Wochen früh genug?«

Ich hatte natürlich keine Ahnung, wovon er sprach. Es gab kein Projekt, von dem ich etwas gewußt hätte, nicht der leiseste Schimmer am Horizont.

»Du wirst ein ausgezeichnetes Drehbuch in die Hände bekommen über eine Mutter-Tochter-Beziehung. In der ersten Filmszene tritt übrigens ein kindlicher Clown auf.«

»Mutter und Tochter?« fragte ich.

»Genau«, sagte er mit Bestimmtheit. »Es wird ein großer Erfolg, und du wirst für deine Darstellung eine von diesen goldenen Figuren verliehen bekommen.«

Ich nahm das, was er sagte, mit weniger als einem Funken Hoffnung an. Zwei Wochen später erhielt ich den Anruf einer Agentin, eines wahren Energiebündels namens Sue Mengers. Sie erzählte mir, sie habe ein Drehbuch von James L. Brooks gelesen, einem Fernsehmann, der eine Mutter-Tochter-Geschichte verfaßt habe. Die meisten Studios würden darin zwar einen risikoreichen Kunstfilm sehen, aber sie halte das Buch für brillant, und die Rolle sei mir wie auf den Leib geschrieben. Ob ich Lust habe, es zu lesen.

Blitzartig schoß mir Tom McPhersons Vorhersage durch den Kopf. Ich las das Buch am nächsten Tag, verabredete mich mit Jim eine Woche später – der Rest ist Geschichte.

Sie hat jedoch einen zusätzlichen Haken. Als ich ein paar Wochen später *Zeit der Zärtlichkeit* mit Ramtha diskutierte, sagte er: »Du wirst diesen Film erst in eineinhalb Jahren drehen. Die Zeit ist noch nicht reif. Die Finanzierung steht nicht, und du selbst bist auch noch nicht soweit. Aber du wirst den Film machen, und er wird ein großer Erfolg werden. Habe Geduld. Habe keine Angst.«

Es traf genau ein, was Ramtha prophezeit hatte. Ein Studio nach dem anderen distanzierte sich von dem Stoff. Alle meinten, er sei nicht kommerziell genug, keiner wollte die kalkulierte Produktionssumme zur Verfügung stellen, die Jim brauchte, um an Originalschauplätzen in Texas zu drehen.

Ich wartete. Ich lehnte alles andere ab, was mir in der Folgezeit angeboten wurde, um verfügbar zu sein, denn ich war ganz sicher, daß Ramthas und McPhersons Vorhersagen eintreffen würden. Schließlich erklärte sich Paramount eineinhalb Jahre später bereit, den Film zu produzieren.

Und als wir dann endlich mit den Dreharbeiten begannen, waren Ramtha und McPherson bei mir und halfen mir, Aurora Greenway zu »werden«.

Mit Ramtha verbrachte ich auch viel Zeit, um über *Zwischenleben* zu diskutieren. Er war absolut gegen meine Projektionen des Negativen im ursprünglichen Manuskript. Auch wenn sie logisch erschienen im Licht dessen, was auf der Weltbühne geschah. Ich bin Pragmatikerin, und wir führten ziemlich hitzige Streitgespräche über dieses Thema. Sein eigenes positives Denken zu verfolgen ist eine Sache; die Vorhersagen dessen, was um uns herum geschieht, verstandesgemäß nicht wahrhaben zu wollen ist eine andere Sache. Aber Ramtha war der Meinung, daß Prophezeiungen nur zu oft selbsterfüllend sind; Unglück vorauszusehen trägt dazu bei, es zu verwirklichen.

Ich gelangte schließlich ebenfalls zu dieser Einsicht. Dies war eine meiner tiefsten Erkenntnisse seit Beginn meiner metaphysischen Suche. Angst und Defätismus sind *nicht* Teil der Zukunft. Die *Befreiung* von Angst und Defätismus ist die Zukunft. Und was immer ich dazu beitragen kann, um negative Denkprozesse auszuschließen, das werde ich tun. Das gilt nicht nur für globale Konflikte, sondern auch für mein tägliches Leben. Ich hatte mich selbst von großer Angst zu befreien, bevor ich mich zur Veröffentlichung von *Zwischenleben* entschließen konnte. Und mit jedem Tag meines Lebens wird mir eines deutlicher: Je besser es mir gelingt, Angst auszuschalten, um so glücklicher bin ich. Angst ist für mich zur Un-Wirklichkeit geworden. Sie ist eine Wahrnehmung, keine Tatsache. Angst ist lediglich das, was ich mir einbilde. Zugegeben, manchmal überkommt sie mich noch, aber in »Wirklichkeit« weiß ich, sie ist nur da, weil ich es zulasse.

Siebtes Kapitel

Der Gesundheitszustand meiner Mutter besserte sich allmählich. Sie war fest entschlossen, meine letzte Vorstellung in New York zu besuchen.

Sie hielt ihr Versprechen, und am letzten Tag erschienen meine Eltern zur vorletzten Vorstellung, einer Matinee. Sachi reiste aus Kalifornien an, und Dominick hatte alle drei vom Flughafen abgeholt.

Während ich auf der Bühne agierte, warf ich einen Blick seitlich in die Kulissen und sah die drei liebsten Menschen in meinem Leben auf Klappstühlen sitzen. Ein Bild, das ich nie vergessen werde. Dad und Mom aufrecht sitzend, auf ihre Spazierstöcke gestützt, Sachi hinter ihnen, die Arme um ihre Großeltern gelegt.

In den strahlenden Gesichtern standen die Gedanken deutlich zu lesen. Die Großeltern waren voller Stolz auf das Produkt ihrer Erziehung, aus den Augen der Enkelin leuchtete der sehnliche Wunsch, selbst einmal auf der Bühne zu stehen.

Zwischen den Vorstellungen wurde eine Abschiedsparty für das Ensemble gegeben. Die Tische waren mit Schalen voller Kirschen geschmückt; es gab wieder Möhrenkuchen, der mit den Worten »Liebe und Licht« in Zucker-Lettern verziert war. Viele Ensemblemitglieder und Platzanweiser baten um ein signiertes Exemplar meines Buches, und Danny aus dem Vorverkaufsbüro übergab mir ein Protokoll zur Unterschrift, daß wir den Hausrekord gebrochen hatten.

Viele der Fans, die buchstäblich jeden Abend am Bühneneingang gewartet hatten, kamen ein letztes Mal und überreichten mir Geschenke und Briefe, die ihre Gefühle der Dankbarkeit für meine

Lebenshilfe-Ratschläge und meine positive Denkungsart ausdrückten.

Meine Eltern und Sachi begaben sich zur letzten Vorstellung in den Zuschauerraum. Mom und Dad waren mit den Hörgeräten ausgerüstet, die das Theater zur Verfügung stellt.

Bella und Martin Abzug waren auch anwesend.

Vor der Ouvertüre sprach ich ein letztes Mal meine Auftritts-Affirmationen. Natürlich war ich von dem sechswöchigen Gastspiel ziemlich ausgelaugt. Doch der Gedanke, daß ich vielleicht nie wieder eine eigene Show in New York haben würde, erfüllte mich mit einer tiefen Traurigkeit.

Zum letztenmal begab ich mich in meinem roten Paillettenanzug an meine Anfangsposition hinter dem Flügel. Als der Samtvorhang sich hob, blickte ich nach oben. Das Gestänge mit den Scheinwerfern war mir so vertraut geworden. Der dünne Gazeschleier schien darauf zu warten, in Bewegung gesetzt zu werden. Die Musiker lächelten mir zu (nicht einer hatte eine einzige Vorstellung versäumt). Die Musik ertönte (das Orchester war einstimmig der Meinung, es sei die komplizierteste Musik, die sie je in einem Haus am Broadway gespielt hatten), erfüllte die Bühne. Ich ließ meine Blicke schweifen. Wie viele Energien anderer Schauspieler und Entertainer hingen wohl für immer in diesem Raum. In ein paar Stunden würden unser Bühnenbild und unsere Requisiten zerlegt und auf Lastwagen verladen werden, um Platz für den nächsten Bühnenstar zu schaffen. Doch die Magie unserer Energie würde bleiben. Ich begriff die Redensart von »glücklichen« und »unglücklichen« Häusern. Und was ist Glück? Glück ist nichts anderes, als auf positive Energie eingestimmt zu sein. Jedes Theater, in dem ich auftrat, war erfüllt vom Widerhall dieser Energien. Ich konnte die Schwingungen früherer Künstler förmlich spüren, diese kollektive Erfahrung von Auftritten und Anerkennung, Scherzen und Lachen, Tränen und Identifikation, tiefgründigem Drama und spritziger Komödie, tosendem Beifall und stiller Aufmerksamkeit... das alles hing bebend, angefüllt mit den Erinnerungen in den unsichtbaren Äthern eines jeden Theaters. Kein Wunder, daß im

Theater Magie wohnt, die uns mit einem Gemisch aus Sensation und Ehrfurcht erfüllt. Im Theater wird Leben neu geschaffen, um die Phantasie von Träumern zu erfüllen. Und was wäre das Leben ohne Träume?

Da kam mein Stichwort. Das Spotlight tauchte mich in goldenen Glanz, meine letzte Vorstellung hatte begonnen.

In der vierten Reihe Mitte lächelten Mom, Daddy und Sachi erwartungsvoll zu mir herauf. Ich lächelte sie an. Niemand außer ihnen wußte, wem mein Lächeln galt.

Ich fühlte mich glücklich. Ich spielte die Show für meine Familie.

Am Ende der Vorstellung nahm ich das Mikrofon, ging hinunter in den Zuschauerraum und stellte sie dem Publikum vor. Und dann sang ich für meine drei Lieben drei Lieder. Die Tränen rannen ihnen über die Gesichter, sie hielten einander an den Händen. Das war Live-Performance im besten Sinne, aus dem Herzen kommend und spontan, für das Publikum ebenso wie für den Performer.

Ich ging zurück auf die Bühne, dankte allen für sechs der wundervollsten Wochen meines Lebens und bat um den Vorhang.

Hinter der Bühne applaudierten die Tänzer und ich einander, die Musiker kamen hinzu und umarmten uns. Bühnenarbeiter wischten sich die schmutzigen Hände an den Jeans ab, schlugen uns auf die Schultern und begannen mit dem Abbau.

In meiner Garderobe wartete meine Familie auf mich.

Daddy blickte mich an, seine Augen wurden feucht. »Äffchen, ich wünschte, ich hätte Worte, um zu beschreiben, wie schön du dort oben auf der Bühne ausgesehen hast.«

»Ach Liebling«, sagte meine Mutter, »daß jemand aus unserer Familie etwas so Schönes macht, das finde ich wahnsinnig aufregend.«

Ich hatte lange auf diese Worte warten müssen. Die beiden Menschen, die mir die entscheidende Ausbildung ermöglicht, mich als Kind ermutigt und mir im Kampf um den Glauben an mich selbst zur Seite gestanden hatten, saßen nun stolz vor mir und sagten, daß ihre Träume und Erwartungen, die sie in mich gesetzt hatten, sich erfüllt hatten.

Kurz darauf erschienen Bella und Martin. Ich stellte sie Mom und Dad vor.

»Nun, wie hat Ihnen denn Ihre Tochter gefallen, Mr. Beaty?« fragte Bella.

Daddy bekam wieder sein boshaftes Glitzern in die Augen. »Vor allem konnte ich alles verstehen, was sie sagte. Die Kopfhörer, die sie einem hier verpassen, sind wirklich fabelhaft.«

»Kopfhörer?« fragte Bella, die nicht begriff, daß sie in eine seiner Fallen stolperte.

»Na klar«, meinte Dad. »Meine Hörgeräte funktionieren alle nicht. Dieses hier schon. Wissen Sie, warum?«

»Nein. Warum?« fragte Bella.

»Weil es ein republikanisches Hörgerät ist.«

»Ein *republikanisches* Hörgerät?« wiederholte sie etwas spitz.

»Genau. Wenn der alte Cowboy im Weißen Haus eins von diesen Dingern hat, ist es kein Wunder, daß er immer die richtige Antwort parat hat.«

»Die *richtige* Antwort?« Bellas Stimme wurde lauter und spitzer.

»Aber sicher«, sagte Daddy zufrieden, daß sie am Haken zappelte.

Ich zwinkerte Mutter zu. Sie hob die Schulter in gespielter Verlegenheit. »Bella findet deine Witzchen weniger komisch, als du denken magst, Ira.«

»Wieso denn bloß?« Dad ließ nicht locker.

Bella wirkte verwirrt, was ich kaum an ihr kannte. Resigniert breitete ich die Arme aus und ging in die hintere Garderobe, um mich umzuziehen. Mom und Dad spielten überall die Hauptrollen, daran war nicht zu rütteln. Wir anderen mußten uns damit abfinden, Stichwortgeber zu sein.

Etwa drei Stunden nach dem letzten Vorhang verließen wir das Theater. Ich betrat noch einmal meine inzwischen abgebaute Bühne und grüßte die leeren Sitzreihen unter mir. Unsere Energie würde sich mit den Energien all meiner Vorgänger und Nachfolger mischen und hierbleiben. Und doch spürte ich, wie die meisten meiner Kollegen, eine große Leere in mir.

Meine Familie schaute zu, wie ich melancholisch aus dem Arbeitslicht zum letztenmal in den Schatten der Kulissen trat. Sie spürten, daß ich ein anderes Leben führte, wenn ich da draußen stand, ein Leben, aus dem die Träume gemacht sind. Träume auf einem Fundament harter Arbeit und des Kampfes gegen die Angst, beim Publikum nicht anzukommen. Erst später an diesem Abend sollte mir bewußt werden, wie tief diese Angst in mir saß. Besser gesagt, ich hatte nicht gewußt, wodurch und wie diese Angst entstanden war, bis ich dieselben Ängste bei meiner Mutter feststellte.

Live-Auftritte rufen bei manchen Menschen sofortige emotionale Reaktionen hervor. Aufgestaute, lange unterdrückte Gefühle brechen auf, wenn diese Menschen von den lebensnahen Vorgängen auf der Bühne angerührt werden, vor allem, wenn diese Vorgänge von jemandem vermittelt werden, den sie kennen und lieben. Ich hatte so etwas häufig erlebt und war nicht sonderlich erstaunt, daß diesmal meine Mutter hochempfindlich reagierte. Schließlich hatte sie, wie sie selbst eingestand, ihre Träume durch mich gelebt. Was mir dabei aber besonders naheging, war ihr Vertrauen, sich völlig gehenzulassen. Ich betrachte es als Kompliment, daß ich der Auslöser ihres Gefühlsausbruchs war.

Sachi, Dad, Mom und ich, wir versammelten uns nach der Vorstellung zu einem kleinen Imbiß mit Maispfannkuchen und Tee in meinem Wohnzimmer. Die drei waren noch ganz erfüllt von meiner Vorstellung. Sachi verfolgte mit wacher Aufmerksamkeit das nun folgende Wortgeplänkel zwischen meinen Eltern und mir. Als angehende Schauspielerin interessierten sie die tiefgehenden familiären Emotionen. Mich interessierten sie nicht weniger, denn dadurch wurden mir *meine* selbsterwählten karmischen Gründe deutlicher, warum ich am Leben meiner Eltern teilnahm.

»Die Pfannkuchen schmecken köstlich, Äffchen«, lobte Dad, um darauf hinzuweisen, daß es bei mir nichts anderes zu essen gab. »Ich bin schon für Kleinigkeiten dankbar. Im Vergleich zu Spatzenhirns Kocherei ist das geradezu ein Festmahl.«

Mutter lachte, und das Gespräch drehte sich eine Weile um Spatzenhirns mangelnde Kochkunst.

»Eigentlich ist sie ja ganz nett und unterhaltsam«, meinte Dad. »Da wir nicht oft ausgehen, bekomme ich nur die Freundinnen deiner Mutter zu Gesicht, diese Finanzgenies.«

Mutter warf ihm ihren gewissen »Blick« zu. »Ira«, tadelte sie streng, »ich dulde nicht, daß du so über meine Freundinnen sprichst.«

Ihre scharfe Reaktion wunderte mich, doch Dad schien zu wissen, daß er einen wunden Punkt traf, hatte das möglicherweise absichtlich getan. Ich begann mich zu fragen, worum es eigentlich ging.

»Meine Freundinnen sind mir wichtig«, erklärte Mutter. »Du verstehst sie nicht, weil du dir gar nicht erst die Mühe machst hinzuhören. Dir geht es nur darum, mich in ihrer Gegenwart bloßzustellen.«

Sachi und ich waren überrascht, wie tief gekränkt und viel zu heftig sie auf seine witzig gemeinte Bemerkung reagierte.

Dad hatte anscheinend die Bemerkung fallenlassen, weil er genau wußte, sie beide brauchten die Familie als Zuhörerschaft, um einige ihrer unterdrückten Gefühle freizusetzen. Doch ich wollte nicht ausgerechnet an diesem Abend mit einer Familienszene konfrontiert werden. Also legte ich meine Hand auf Mutters Arm, um sie zu beruhigen. Sie schob ihn heftig zur Seite.

»Nein«, fuhr sie trotzig fort, »dein Vater bringt meine Freundinnen mit seinen gemeinen Witzen in Verlegenheit. Und das paßt mir nicht, nein, es paßt mir überhaupt nicht.«

Dad kaute feixend an seinem Pfannkuchen und holte zum Gegenschlag aus.

»Aber Scotch, diese alten Schnepfen interessieren sich doch für nichts außer für ihr Geld. Da mache ich hin und wieder ein Witzchen, um die Stimmung ein wenig aufzulockern.«

Er lächelte gewinnend und wartete ihre Reaktion ab. Ich fühlte mich in meine Kindheit zurückversetzt, in der ich ständig ähnliche Szenen beim Abendessen erlebt hatte.

Meine Mutter straffte die Schultern.

»Na, zum Glück interessiere *ich* mich für Geld. Schließlich muß *ich* mich um alles kümmern, sonst taucht eines Tages noch die Steuerfahndung auf und steckt uns ins Gefängnis.«

Das sollte kein Scherz sein, es war todernst gemeint. Ich ahnte, daß es hier um sehr viel mehr ging als um Geld.

Daddy wandte sich an mich. »Der Boß gibt mir zwölf Dollar und fünfzig Cent Taschengeld in der Woche. Soviel Schnaps könnte ich an einem halben Tag trinken. Dazu brauch' ich keine Woche. Und bei der Blondine, die ich mir dafür leisten könnte, würde mir wohl der Spaß vergehen.«

Die Sache fing an, heikel zu werden.

Mutters Augen schossen Blitze. Ich sah, wie sie schluckte, um nicht auf die Bemerkung über die »Blondine« einzugehen. In einer Minute hatten sie es geschafft, sieben wichtige Themen auf den Tisch zu bringen – Ehebruch, Bloßstellung, Freundschaft, Geld, Alkohol, die Steuerfahndung und das Gefängnis.

Sachi schob ihren Pfannkuchen beiseite, sie hörte gebannt zu. Das war spannender als jeder Mitternachtskrimi im Fernsehen.

Mutter erhob die Stimme. »Du machst dir eben keine Gedanken um andere, Ira, sonst würdest du aufschreiben, wofür du die Schecks ausschreibst. Du hast doch Kreditkarten, eine von *Visa* zum Beispiel. Warum bezahlst du nicht damit? Nein, mir wird das Problem aufgehalst. Die Bank und das Finanzamt werden uns eines Tages am Wickel haben.«

»So?« Daddy lächelte noch immer.

»Jawohl. Und es macht mich rasend, denn ich muß zur Bank und mit den Mädchen dort alles wieder ausbügeln.«

»Aber Scotch«, sagte Daddy betont, um zu unterstreichen, daß er ihr den Kosenamen zu Recht gegeben hatte. »Die Mädchen in der Bank sind doch deine Freundinnen. Sie *wissen*, daß du keine Ahnung hast, wie man mit Geld umgeht.«

»Und ob ich weiß, wie man mit Geld umgeht«, schrie meine Mutter jetzt erzürnt, »das mußte ich schon deshalb lernen, weil du alles zum Fenster hinauswirfst.«

Ich hielt den Zeitpunkt für gekommen, mich einzuschalten.

»Aber Mutter, warum nimmst du dir nicht eine Buchhalterin für eure Geldangelegenheiten, dann bist du die Sorge los.«

»Eine Buchhalterin?!« Sie wurde noch wütender. »Kommt gar nicht in Frage. Ich kümmere mich darum. Das erhält mich jung. Warum soll ich nicht etwas tun, woran ich Spaß habe? Ich möchte lediglich, daß dein Vater besser darauf achtet, wofür er seine Schecks ausstellt. Ich wünsche, daß er darüber Buch führt.«

»Scotch, wenn ich einmal im Monat einen Scheck ausschreibe, dann ist das oft. Ich weiß, du hättest gern, daß ich mit zwölf Dollar fünfzig Cent in der Woche auskomme. Ja, das verlangst du sogar von mir. Und ich tue, was der Boß mir befiehlt.«

Mutter war jetzt so wutentbrannt, daß ihr jeder Vorwurf recht kam. »Dein Zimmer ist völlig verdreckt. Du schläfst den ganzen Tag, damit ich nicht rein kann, um sauberzumachen, und der Staub verteilt sich im ganzen Haus.« Sie wandte sich an mich. »Und nie findet er seine Schlüssel. Ich weiß genau, daß er seine zwölf Dollar fünfzig für Whisky ausgibt. Deshalb bekommt er nicht mehr von mir.«

Ich schaute zu Sachi hinüber. Sie wußte, daß der Streit zwischen ihren Großeltern todernst gemeint war. Doch die lächerlichen Aufhänger und Emotionsladungen machten es ihr schwer, den Streit ebenfalls ernst zu nehmen.

Jetzt war Daddy an der Reihe. »Ich schlafe den ganzen Tag, nur um das nicht hören zu müssen. Außerdem bin ich müde zur Welt gekommen und habe jeden Morgen meinen Rückfall.«

»Du schläfst den ganzen Tag, weil du faul bist und mir die ganze Arbeit überläßt«, konterte Mutter.

»Stimmt«, sagte Daddy. »Ich habe im Lauf meines Lebens viel über Ehrgeiz nachgedacht und wie weit man es damit bringen kann. Jetzt im Alter habe ich gerade so viel Ehrgeiz, um mir die Schuhe zuzubinden. Wenn ich aus meinem Zimmer gehe, dann höre ich entweder deine Meinung über mich, oder ich höre, wie du dich mit diesen alten Schnepfen über Wertpapiere und Staatsanleihen unterhältst. Ich bin mit meinen zwölf Dollar fünfzig Cent in der Woche ganz zufrieden.«

Ich hätte gerne gewußt, ob Warren derartige Gespräche kannte. Bedachte man, wieviel Geld wir beide verdienten und unseren Eltern zukommen ließen, so war dieses Gespräch der glatte Hohn. Ich mußte mich einschalten, um die Tatsachen etwas zurechtzurücken.

»Mutter«, fing ich mit ruhiger Stimme an, »warum machst du dir über Geld so große Sorgen? Du weißt, du hast mehr als genug, und dort, wo es herkommt, ist noch einiges mehr.«

Sie beugte sich vor und sagte allen Ernstes: »Shirley, ich bin eben vorsichtig. Was ist, wenn Warren oder dir etwas zustößt? Ich will nur keine Geldsorgen haben, wenn wir einmal alt sind.«

Die Bemerkung war so verblüffend, daß mir nichts als Antwort darauf einfiel.

»Aber Mom«, ich versuchte an ihre Vernunft zu appellieren, »du bist jetzt einundachtzig. Wann, meinst du, daß du alt bist?«

Sie zuckte mit den Schultern. »Ich fühle mich nicht alt. Ich will mich nicht alt fühlen. Und der Umgang mit Geld erhält mich jung.«

Aha, dachte ich, nun kommen wir der Sache schon näher.

»Deine Mutter spielt gern mit Geld«, erklärte Dad. »Sie rechnet sich gern die Zinsen aus, die es bei der Bank bringt.«

Ich wandte mich wieder an meine Mutter. »Du bist also an Geld interessiert?«

»Es ist nicht das Geld«, widersprach sie, »sondern das, was ich damit unternehmen kann, wenn ich lerne, wie man es am günstigsten anlegt. Und wenn ich darin Bescheid weiß, kann ich besser mit deinem Vater streiten.«

Daddy lachte. »Deshalb trifft sie sich mit den alten Schnepfen, ihren Finanzberaterinnen, und sie reden nur übers Geld, und wenn sie gegangen sind, streitet sie mit mir.«

»Ja«, sagte Mutter, »und du läßt dich nur blicken, damit du mich vor meinen Freundinnen bloßstellen kannst, indem du behauptest, ich verstünde nichts von Geld. Er redet nur mit mir, wenn er mich demütigen kann. Stundenlang sitzen wir da und schweigen uns an, bis meine Freundinnen kommen, und dann bringt er mich in Verlegenheit.«

Ich sah Daddy an und wußte genau, daß das, was Mom sagte, der Wahrheit entsprach.

»Ich versuche lediglich, sie aufzuklären, aber deine Mutter behauptet, ich würde mich über sie lustig machen.«

Ich wandte mich wieder an sie. »Vielleicht könntest du etwas von ihm lernen.«

»Nein« – eigensinnig schüttelte sie den Kopf – »er redet mit ihnen über komplizierte Dinge, von denen ich nichts verstehe, wie Kapitaltrusts und Aktien. Und ich sitze dabei. Dieser Kram interessiert mich nicht. Darüber möchte ich nichts hören, weil ich nicht so viel Geld habe.«

»Aber Mutter, natürlich *hast* du so viel Geld. Und es macht dir doch Spaß, damit umzugehen.«

Sie lächelte. »Ja, es macht mir Spaß.«

»Warum sitzt du dann stumm daneben? Beteilige dich an den Gesprächen, daraus kannst du doch etwas lernen.« Meine Worte waren zu logisch, um von ihr verstanden zu werden.

»Nein«, sagte sie. »Ich mische mich nicht ein. Nur damit dein Vater sagen kann, ich hätte keine Ahnung, wovon ich rede. Ich denke nicht daran.«

Es war ein ziemlich verzwicktes Gespräch.

Sachi mischte sich ein. »Aber Großmama, warum willst du nicht lernen?«

»Nein, ich will nicht lernen.«

»Warum denn nicht?« fragte Sachi noch einmal.

»Weil ich auch meine Rechte habe«, war Mutters knappe Antwort.

Sachi blieb der Mund offenstehen. Also ergriff ich wieder das Wort. »Du meinst also, du hast das Recht, *nicht* zu lernen?«

»Stimmt genau. Lieber gehe ich zur Bank und lasse mir dort von den Mädchen alles erklären. Auf diese Weise komme ich wenigstens mal unter Leute.«

»Aha«, sagte ich nur und fing an zu begreifen, daß wir nicht wirklich über Geld sprachen.

Meine Mutter redete weiter. »Ich will nichts von deinem Vater lernen, denn je mehr ich weiß, desto mehr streitet er mit mir. Und ich mag keinen Streit.«

Aha, verstehe, dachte ich. Es geht also um Konkurrenzdenken.

»Ich fürchte, Mutter, du hast dich da in eine Sackgasse verrannt. Du interessierst dich für Geld, willst dich aber nur bei den Vermögensberaterinnen deiner Bank informieren. Du sagst, Daddy spricht nicht mit dir, willst dich aber zu Hause nicht an Gesprächen über Geld beteiligen, obwohl das ein Thema wäre, worüber ihr euch unterhalten könntet.«

Ich verlor mich in Erklärungen, die für sie keinen Sinn ergaben.

Mutter lehnte sich in ihrem Stuhl zurück. Ihr ging es nur darum, Punkte zu sammeln. Sie mußte über ihren nächsten Schachzug nachdenken. Daddy lächelte. Er war seiner Sache ganz sicher und wartete ab.

»Dein Vater will nichts von Geldanlagen hören, aber manchmal geht er heimlich zur Bank, um sich darüber zu informieren. Denn er weiß genau, wenn ich zuerst sterbe, steht er da und hat von nichts eine Ahnung. Deshalb hab' ich ihm doch die Schlüssel zu unserem Banksafe gegeben. Was habe ich denn bloß falsch gemacht?«

Es war zum Verrücktwerden. Nun hatte sie es auch noch geschafft, das Thema Tod mit einzuflechten – und Daddy hatte genau gewußt, daß es so kommen würde. Wieder so ein Spiel. Kindheitserinnerungen. Mutter fuhr fort.

»Ich will auch wieder Auto fahren, doch dein Vater versucht mir Angst davor einzujagen. Doch das lasse ich nicht zu.«

»Autofahren?« entfuhr es mir entsetzt. »O nein! Mutter!« Ich wollte zwar kein Unheil heraufbeschwören. »Findest du nicht, du bist nun in einem Alter, in dem man *aufhören* sollte, Auto zu fahren? Warum nimmst du nicht den Wagenservice, den ich euch angeboten habe?«

»Nein«, antwortete sie voller Stolz. »Ich möchte meinen eigenen Wagen fahren und meine Freunde besuchen, wann ich will, um den Demütigungen deines Vaters zu entfliehen.«

»Hör mal, Scotch«, warf Daddy ein, »ich schlafe doch sowieso den ganzen Tag. Also, wem willst du eigentlich entfliehen?«

Sie starrte ihn mit funkelnden Augen an. »Du willst mir ja auch Angst vor der Küchenmaschine einjagen, die Shirley uns geschenkt hat. Ständig sagst du, ich schneide mir damit noch mal einen Finger ab. Dabei könnte ich mir viel Arbeit beim Gemüseschneiden ersparen. Aber er jagt mir schreckliche Angst ein. Diesmal höre ich nicht mehr auf dich. Ich kümmere mich um gar nichts mehr. Weder um dein Zimmer oder deine Schlüssel noch um deine Schecks. Ich gebe es auf.«

Ich war nahe daran zu verzweifeln. Ich wollte wirklich, daß sie damit aufhörten.

Sachi meldete sich wieder zu Wort. »Großmama, du weißt genau, daß diese Küchenmaschinen ganz einfach zu bedienen sind.«

Mutter achtete nicht auf ihren Einwand und redete weiter.

»Den Mikrowellenherd benützen wir auch nicht. Dein Vater hat eine Todesangst davor und schafft es, daß auch ich mich davor fürchte.«

»Aber Mutter, du läßt es zu, daß er dir Angst macht, weil er Angst davor hat. Begreifst du denn nicht? Angst ist ansteckend, auch wenn es sich nur um einen Mikrowellenherd oder eine Küchenmaschine handelt.«

»Ja, das stimmt«, sagte Mom triumphierend. »Wenn seine Mutter ihm auch sonst nichts beigebracht hat: Angst zu haben, das hat sie ihm sehr wohl beigebracht. Ich werde mich also nach einem Mann umsehen müssen, der ins Haus kommt und mir beim Gemüseschneiden hilft und den Mikrowellenherd bedient.«

»Und derselbe Mann soll dich wohl auch im Wagen spazierenfahren?« fragte Daddy.

Nun waren wir bei Eifersucht angelangt.

»Wie recht du hast«, entgegnete Mutter.

»Ihr beide seid echt komisch«, warf Sachi ein.

»So!« meinte Mutter bloß.

Ich stand auf, um frischen heißen Tee und Diätlimonade zu holen. Solange ich nicht im Zimmer war, schwiegen sie. Zu reden hätte auch keinen Sinn ergeben, denn ich war zum Publikum und

Schiedsrichter ernannt. Daddy schien es an diesem Abend allerdings vorzuziehen, sich in amüsiertes Schweigen zu hüllen. Das war ungewöhnlich. Er hatte wohl bemerkt, daß Mutter emotionsgeladener war als sonst, und das geriet ihm zum Vorteil.

Als ich zurückkam, saß Sachi in gespannter Erwartung auf die nächste Runde da. Ich hingegen hoffte, Daddy sei bereit, das Handtuch zu werfen. Ich reichte ihm ein Glas Diät-Pepsi.

»Ist da Brandy drin?« wollte er mit einem Augenzwinkern wissen. Ich runzelte in gespieltem Ernst die Stirn. »Nein, natürlich nicht«, sagte er seufzend. »Ich bin ja noch nicht alt genug, um zu trinken.« Er nahm einen Schluck, räusperte sich, womit er meist eine Rede ankündigte.

»Weißt du eigentlich, warum ich hin und wieder aufhöre zu trinken?« fragte er.

»Nein.«

»Der Gedanke, daß Seagrams den Whisky schneller in Flaschen abfüllt, als ich sie austrinken kann, macht mich mutlos. Ich halte das für einen unfairen Wettbewerb.«

Alle lachten.

»Wißt ihr eigentlich, daß ich meinen ersten Schluck Alkohol auf einem Heuwagen getrunken habe?« Er stürzte wieder einen Schluck Pepsi hinunter und fügte kehlig hinzu: »Es gab da natürlich noch ein paar Dinge, die ich zum erstenmal auf einem Heuwagen gemacht habe . . .«

»Ach Ira«, seufzte Mutter.

Ich wollte endlich etwas Positives sagen, wie harmonisch ihr gemeinsames Alter sein könnte, wenn sie toleranter miteinander umgingen. »Ich weiß, ihr beide zankt euch gern. Aber haltet ihr es nicht für besser, aufzuhören, euch gegenseitig zu kritisieren, und das Leben einfach zu genießen?«

»Aufhören?« fragte Mutter.

»Warum nicht?« sagte ich heiter. »Hört einfach auf damit und freut euch des Lebens.«

»Sein verdrecktes Zimmer soll mir also egal sein? Und ebenso seine Schecks?«

»Vielleicht genügt es nicht, daß dir das alles egal ist. Vielleicht könntest du aufhören, an ihm herumzunörgeln. Wenn er in einem unaufgeräumten Zimmer schlafen will, laß ihn doch. Das ist doch das Schöne am Alter, daß man sich gehenlassen und alle viere von sich strecken kann.«

»Na, soweit bin ich noch nicht. Aber möglicherweise entschließe ich mich ohnehin, bald in ein Altersheim zu gehen. Ich habe zwar noch nie etwas Gutes über Altersheime gehört. Aber vielleicht brauche ich das.«

Sachi sah mich erschrocken an. Ich war zu aufgebracht, um ihre Befürchtungen zu zerstreuen.

»Mutter« – meine Stimme war ziemlich laut – »gehst du jetzt nicht etwas zu weit? Deine Fähigkeit zur Selbstzerfleischung kennt anscheinend keine Grenzen. Ich wünschte, du könntest sehen, wie du dir selbst den Teppich unter den Füßen wegziehst. Es ist ja gräßlich, das mit ansehen zu müssen.«

Mutter wußte, daß wir uns jetzt auf gefährlich dünnem Eis bewegten.

»Da bin ich anderer Ansicht«, entgegnete sie gebieterisch. »Ich finde es an der Zeit, daß ich mich endlich mal um mich selbst kümmere, um meine Operationen und Knochenbrüche auszuheilen.«

Sie begriff nicht, worauf ich hinauswollte.

»Aber *warum* brichst du dir ständig die Knochen? Du trägst für das, was geschieht, die Verantwortung. Das ist kein Zufall.«

»Natürlich ist das kein Zufall«, sagte sie mit einer unnachahmlichen Mischung aus Stolz und Selbstmitleid. »Meine Knochen sind zu spröde. Ich habe den Arzt ja gefragt, ob er etwas gegen den überhöhten Kalziumgehalt tun kann, aber er meinte, nein, das könne er nicht. Also werde ich mir weiter die Knochen brechen.«

»Mein Gott«, stöhnte ich, »hör dir das an. Du fällst im Badezimmer hin und –«

»Sie fiel vom Pißpott«, unterbrach Daddy.

»Ich hasse deine ordinäre Art«, warf Mutter ein, »und nicht nur ich.«

Ich mußte mich zusammennehmen. »Nicht jeder haßt sie«, sagte ich etwas ruhiger. »Aber lassen wir das. Du bist vom Klo gefallen und hast dir die Hüfte gebrochen. Dann bist du wieder gestürzt und hast dir die Schulter gebrochen. Beim drittenmal war's das Handgelenk. Und jetzt sprichst du davon, in ein Altersheim zu gehen, wo man dir deinen Geist und deine Seele zerbrechen wird. Begreifst du denn nicht, was du dir selbst antust?«

»Na ja«, lenkte sie ein, »wenn ich im Altersheim ein völlig hilfloser Pflegefall wäre, dann möchte ich, daß man diese lebenserhaltenden Apparaturen abschaltet. Ira muß für sich selbst die Entscheidung treffen, wenn er in eine solche Lage kommt.«

»Danke schön, Scotch«, sagte Dad.

»Ich jedenfalls wünsche, daß meine abgeschaltet werden«, schloß Mutter mit Bestimmtheit.

O Gott. Sachi starrte mich an. Natürlich entsetzte sie das Schreckensbild, das meine Mutter so flüchtig hinwarf, auch wenn es noch so lächerlich war. Daddy schien sich davon keineswegs aus der Ruhe bringen zu lassen. Mutter schlug eine weitere Gefühlssaite an, als sie fortfuhr: »Dr. Stone meint, ich müsse für den Rest meines Lebens am Stock gehen. Aber ich schwöre euch, das werde ich nicht. Niemals. Ich lasse mich nicht unterkriegen.«

Ihr Selbsterhaltungstrieb war ungebrochen. Besorgniserregend war jedoch, daß sie Schreckensbilder entwarf, um an ihnen herumzufeilen.

Dad sah seinen Zeitpunkt gekommen, um sich wieder ins Gespräch zu bringen. »Sag mir einfach, Scotch, welchen Knochen du dir beim nächsten Mal brechen willst, und ich bin bei dir. Um den Pißpott legen wir einen hübschen weichen Teppich, dann müssen wir uns darüber schon mal keine Sorgen mehr machen.«

»Ich hasse deine Geschmacklosigkeit«, zischte meine Mutter ihn an, »und die anderen auch.«

Daddy blinzelte mir zu, so, daß sie es bemerken mußte. Seine Grausamkeit überstieg alle Grenzen.

»Du machst dich vor anderen lächerlich«, sagte meine Mutter plötzlich mit samtweicher Stimme. »Ich mag das nicht.«

»Warum nicht?« fragte ich.

»Weil ich ihn liebe, deshalb. Ich möchte nicht, daß ein Mensch, den ich liebe, sich lächerlich macht.«

»Liebe würde ich das eigentlich nicht nennen«, sagte ich. »Das hat mehr was mit Äußerlichkeiten zu tun.«

Sie machte eine wegwerfende Handbewegung. »Was weißt denn du schon von Liebe!«

Diesen Satz warf sie ohne nachzudenken hin.

»*Ich* weiß, was Liebe heißt«, behauptete sie mit großer Überzeugung.

Ich konnte nur den Kopf schütteln.

Dann zählte sie eine endlos lange Liste auf von Dads Gefühlen und ihren eigenen Leiden.

Alle Geschichten, die sie aus ihrer Erinnerung hervorkramte, zeichneten das Bild ihrer tragikomischen, wunderlichen und doch tiefen Zuneigung zu ihm. So empört sie oft über ihn war, so unfähig war sie, in Erwägung zu ziehen, ihn zu verlassen. Zwei Menschen, die eingestanden, nicht in Frieden miteinander auskommen zu können, konnten ebensowenig in Frieden ohne einander leben.

Als Mutters Klagelied zu Ende war, erklärte ich: »Du hast mir immer gesagt, du liebst ihn.« Sie starrte mich an.

»Dafür kann ich doch nichts«, war ihre Antwort.

Mir verschlug es die Sprache. Sachi ebenfalls. Nach einer Erholungspause bemerkte Sachi im Plauderton: »Für mich ist das alles wirklich sehr interessant.«

»Tatsächlich, Liebes?« fragte Mutter unschuldsvoll, als käme ihr gar nicht in den Sinn, daß sie ihre Enkelin zumindest ziemlich verwirrt haben könnte.

»Ja, Großmama, ich habe noch nie erlebt, daß zwei Menschen sich auf diese Weise streiten. Normalerweise kann ich besser folgen.«

»Aha.«

»Nun sag mal, Sachi«, mischte sich Dad ein, »warum zanken wir uns deiner Meinung nach so viel?«

Sachi schaute ihn unverwandt an. »Ich denke, ihr braucht den Streit, weil ihr glaubt, das Streiten erhält euch am Leben.«

»Ich streite, um zu überleben«, bestätigte Mutter. »Würde ich es nicht tun, wäre ich längst am Ende.«

»Aber du gehst auf seine Sticheleien ein, Großmama. Du *willst* doch, daß er dich wütend macht.«

Sachis neutrale, objektive Meinung schien meine Mutter zu interessieren.

»Tu' ich das?« fragte sie.

»Ja«, nickte Sachi. »Wenn ihr eure Probleme nicht bald verarbeitet, müßt ihr so oft wiederkommen, bis ihr das endlich geschafft habt.«

Beide dachten eine Weile nach. Daddy ergriff als erster das Wort.

»Ich dachte, wenn man das nächstemal wiederkommt, ist alles verändert.«

Sachi ließ sich nicht beirren. »Nichts verändert sich zum Besseren im nächsten Leben, wenn ihr es in diesem Leben nicht verarbeitet. Fortschritt ist nicht gratis.«

Sachis Worte erstaunten mich. Und meine Eltern hörten ihr gebannt zu. Sie redete weiter.

»Ich sehe die Sache so, Großmama. Durch Großvater erhältst du die Chance, deine Probleme, die du mit Intoleranz und Vorurteilen hast, zu bewältigen. Er tut all diese Dinge, die dich aufregen, weil du willst, daß er sie tut.«

»Ich will, daß er mich bloßstellt und in seinem unordentlichen Zimmer lebt?«

»Ja. Du führst das an, weil du weißt, *du* mußt dich in dieser Richtung entwickeln. Es ist so offensichtlich, daß ihr einander liebt und euch ausgesucht habt zusammenzuleben, um diese Probleme in euch selbst auszuarbeiten.«

»Aber warum hört er nicht einfach auf, mich zum Wahnsinn zu treiben?« fragte Mutter.

»Vielleicht hört er damit auf, wenn du aufhörst, dich davon verrückt machen zu lassen.«

Sachi erteilte *mir* eine Lehre in objektiv klarem Denkvermögen!

»Dadurch, daß er dich das alles durchleben läßt, gibt er dir etwas. Und du gibst ihm etwas, wenn du ihm hilfst zu verstehen, daß er dich verletzt. Ihr beide müßt euch selbst ändern, nicht einer den anderen.«

Mom und Dad saßen in der Falle. Ich hatte nie versucht, so mit ihnen zu sprechen.

Im Wohnzimmer war es für ein paar Minuten angenehm still. Mutter wandte sich an mich. »Schämst du dich meinetwegen, Shirl?« fragte sie.

»Mich schämen?« fragte ich erstaunt. »Weshalb sollte ich mich schämen?«

»Findest du, ich habe schlecht über deinen Daddy gesprochen?«

»Natürlich hast du das«, antwortete ich. »Ich erinnere mich, wie du mich früher oft beiseite genommen und mir gesagt hast, wie schwer es dir fällt, mit Daddy zusammenzuleben, und wenn Warren und ich nicht wären, würdest du ihn verlassen.«

Sachi seufzte. »Ihr beide müßt ein paar sehr komplizierte vergangene Leben hinter euch haben.«

»Ich kann mich nun nicht mehr ändern. Ich habe ihm jetzt länger als fünfzig Jahre zugehört und habe einfach keine Lust mehr dazu«, war Mutters Antwort.

Plötzlich fing sie an zu weinen. »Ich muß wirklich eine schreckliche Person sein«, schluchzte sie. O Gott, wo kam *das* nun wieder her?

Ich stand auf und legte meinen Arm um sie. »Aber Mom, wie kannst du nur so etwas sagen?«

»Weil ihr mir das Gefühl gebt.«

Ich umarmte sie zärtlich. »*Du* versuchst doch zu beweisen, daß du eine schreckliche Person bist.«

»Es ist wohl besser, wenn ich gar nichts mehr sage. Dein Vater kann mich ohnehin nicht hören.«

Sachi ging zu ihr und streichelte sie. Ich schaute zu Daddy hinüber, der meine Mutter kühl betrachtete, als habe er so etwas schon tausendmal erlebt.

»Daddy, warum sagst du Mutter nicht, warum du sie liebst?«

Er knuffte sich ein Kissen zurecht und begann zu reden. Während meiner Mutter die Tränen über das Gesicht rannen, erzählte er, wie stolz er sei, wenn er im Wagen warte, bis sie aus dem Supermarkt komme. Die anderen »alten Schachteln« kamen mit ungepflegten Haaren, die ihnen strähnig ins Gesicht hingen. Ihre Schuhe waren abgetreten, und sie gingen gebückt mit kleinen, schlurfenden Schritten. Doch Mutter schritt stolz wie eine Königin, aufrecht, schlank und gut frisiert. Die anderen Frauen »rochen« schlecht. Mutter duftete immer nach Emeraude, ihrem Lieblingsparfüm. Er sagte, wie froh er sei, daß sie ihn umsorge und das Haus tadellos in Ordnung halte, das übrigens nicht zu vergleichen sei mit der Unordnung in meiner Wohnung. Und er lobte ihre Kochkunst; er hasse es, in diesen Selbstbedienungs-Cafeterias zu essen, wo die Leute einen ständig anrempelten und einem den Kaffee über die Hose schütteten. Er sagte, er lasse sie dutzendmal am Tag wissen, daß er sie liebe. Als ich fragte, wie, meinte er, er berühre jedesmal ihre Schulter, wenn sie an ihm vorbeigehe, und sie wisse genau, was das bedeute.

Dann fuhr er fort, vielleicht fühle sie sich vernachlässigt und zurückgesetzt, weil jeder von uns im Leben etwas Außergewöhnliches erreicht habe und sie die einzige sei, die das nicht geschafft habe. Daß sie doch endlich begreifen solle, daß sie der ausschlaggebende Faktor für unseren Erfolg gewesen sei.

Und dann, als Mutter es nicht hören konnte, weil sie ins Badezimmer verschwunden war, sagte er: »Ich glaube, sie bedauert sehr, daß sie in ihrer Zeit keine große Schauspielerin geworden ist. Aber, zum Teufel, vielleicht wäre aus mir ein berühmter Psychologe geworden, wenn ich nicht Frau und Kinder zu ernähren gehabt hätte. Mit der großen Karriere war's eben vorbei, als wir heirateten. Ich habe ihr nie sonderlich nachgetrauert. Ohne dich und Warren und deine Mutter hätte ich nicht halb soviel Freude im Leben gehabt, auch wenn ich ein namhafter Psychologe oder ein berühmter Sologeiger, der in der Carnegie Hall auftritt, geworden wäre. In mancher Hinsicht denkt deine Mutter philosophisch und dann wieder gar nicht.«

Mutter kam ins Zimmer zurück. Als er sah, daß sie wieder da war, schaute er ihr direkt ins Gesicht. »Und was das Geld angeht, das sind doch alles nur Mätzchen. Eine Schuhnummer zu groß für sie. Ich weiß nicht, weshalb sie sich darüber so aufregt.«

Mir drehte sich der Magen um. Mit mir hatte er in der Kindheit ähnliche Spiele getrieben. Ich erinnerte mich, mit welcher Schadenfreude er mir einmal erzählte, wie er einem Hund und einer Katze die Schwänze zusammengebunden und zugesehen hatte, wie die verstörten Tiere aufeinander losgingen. Ich war entsetzt, aber er meinte, so sei das Leben nun mal. Und nun *wollte* er ganz offensichtlich, daß Mutter wieder auf ihn losging und den Kampf wiederaufnahm.

Doch Mutter schwieg.

Sorgfältig setzte sie sich in ihrem Stuhl zurecht. »Weißt du, Shirl«, begann sie nach einer Weile, »du hast ja keine Ahnung, welche Wirkung die Wirtschaftsdepression auf die Menschen hatte. Der Zusammenbruch war ein furchtbarer Schock. Ich kann das nicht vergessen. Bis heute bringe ich es nicht fertig, mir ein Kleid zu kaufen, das nicht im Preis herabgesetzt ist.«

»Und trotzdem sieht sie darin hübscher aus als alle ihre Freundinnen«, meinte Dad anerkennend.

»Aber Ira, nichts sitzt mehr richtig. Mein Rücken ist so krumm geworden.«

»Aber du hast keinen Bauch wie deine Finanzberaterinnen, und du hast schöne Beine.«

»Meine Beine brechen andauernd.«

Ich stand auf. Der dritte Akt näherte sich dem Ende, ich war müde, denn es war spät geworden. »Wenn du nur nicht immer das Negative sehen würdest, Mutter.«

»Hättest du Beine wie ich, würdest du dir auch Sorgen machen.«

Ich fing an, den Tisch abzuräumen. »Du bist süchtig danach, hinzufallen und dich zu verletzen.«

»Das nächstemal, wenn ich hinfalle, stehe ich nicht mehr auf.«

»Mutter« – ich blickte ihr direkt in die Augen – »*willst* du denn sterben?«

Sie dachte einen Augenblick nach. »Ich glaube, darüber bin ich mir noch nicht im klaren«, entgegnete sie.

Ich lächelte.

»Wenn du dich doch dazu entschließen solltest, ich weiß übrigens, wo die Schlüssel sind«, ließ Daddy wissen.

Sie sah zu ihm hoch. »Die Schlüssel, nach denen du mich in deinem verdreckten Zimmer suchen ließest?«

»Ja«, antwortete er schmunzelnd. »Ich will eben, daß du mich manchmal in meinem Zimmer besuchst.«

Mutter zuckte mit den Schultern. Unvermittelt lächelte sie. Dann, in einem ihrer Gedankensprünge, wandte sie sich nun wieder mit völlig ernstem Gesicht an mich und sagte nachdenklich: »Weißt du, Shirl, was deinen Vater und mich all die Jahre zusammengehalten hat? Meine Erinnerung an die erste Nacht, die wir zusammen verbrachten.« Sie hielt einen Augenblick inne. »Unsere Hochzeitsnacht.« Wieder eine Pause. »Ich war vorher noch mit keinem anderen Mann zusammen gewesen. Mir erschien diese Nacht wie ein Wunder.«

Ich wartete darauf, daß sie weitersprach, doch sie wiederholte nur: »Diese Nacht war ein Wunder.« Ihre Gedanken verloren sich irgendwo in der Erinnerung. Vielleicht versuchte sie, mir damit etwas anderes mitzuteilen. Also fragte ich vorsichtig: »Mutter, dieses Wunder hat doch hoffentlich etwas länger angehalten, nicht nur diese eine Nacht, oder?«

»Ja, natürlich«, sagte sie sofort und mit großer Bestimmtheit. »Aber als es neu für mich war, fand ich es wunderbar.«

Daddy betrachtete sie voller Entzücken, ein weicher Zug spielte um seine Lippen, und in seinen Augen blitzte der Schalk. Sachi machte große Augen. Sie hatte kaum erwartet, daß ihre Großmutter ein so delikates Thema anschneiden würde. Ich hielt den Augenblick für gekommen, etwas zu fragen, was ich immer schon wissen wollte, und wandte mich an meinen Vater.

»Daddy, hattest du vor Mom schon andere Frauen?«

Sein Lächeln wurde breiter, und er griff nach seiner Pfeife. »Ob ich vor deiner Mutter schon andere Frauen im Bett hatte?«

Ich nickte, und Sachi spitzte die Ohren.

»Nein«, sagte Daddy, mit großem Eifer seine Pfeife untersuchend, »aber wie viele Frauen ich vor ihr auf dem Fußboden hatte, binde ich euch nicht auf die Nase.«

Sachi und ich lachten schallend. Mutter hob die Augenbrauen, warf ihrem Mann lediglich einen hochmütigen Blick zu und redete ungerührt weiter. »Ich habe nur einen Mann in meinem Leben intim gekannt. Und darüber bin ich froh. Die Erinnerung an diese Nacht hat mich immer davon abgehalten, eine Dummheit zu begehen.«

Daddy klopfte seine Pfeife im Aschenbecher aus, eine wohlbekannte Finesse, um die Aufmerksamkeit auf seine nächsten Worte zu lenken. (Erinnerungen an nicht allzu subtile Schauspieltechniken ...)

»Äffchen«, sagte er in einer Weise, die durchblicken ließ, daß wir nun über mich sprechen würden – genauer gesagt, über mein Sexualleben. »Hast du eigentlich von diesem Engländer Gerry wieder mal gehört? Ich hätte zu gerne gewußt, wie er auf das, was du über seinen Penis in der Badewanne geschrieben hast, reagierte. Das ist immerhin eine ziemlich persönliche Sache, weißt du.« Dad bezog sich auf eine Szene in *Zwischenleben*, in der ich darüber schrieb, wie Gerry im Badewasser saß, wir uns unterhielten, und wie komisch ich es fand, daß sein Penis im Badeschaum trieb.

Sachis Wimpern flatterten. »Ja, Mom«, sagte sie interessiert, »eine Freundin hat es gelesen und meinte, sie habe zwar mit ziemlich vielen Männern in der Badewanne gesessen, aber die Penisse, die sie kennt, treiben nicht im Wasser.«

Mutters Hand flog an den Mund, sie lachte glucksend.

»Was hat Sachi gesagt?« fragte Daddy, der Sachi genau verstanden hatte.

Mit völlig ernster Miene und etwas lauter wiederholte Sachi ihre Bemerkung.

Mit ebensolchem Ernst betrachtete Ira Beaty seine Enkelin und erwiderte weise nickend: »Ja, das kann ich verstehen.«

Etwas außer Fassung meldete sich Mutter wieder zu Wort: »Meinst du, dieser Gerry war stolz darauf, daß du über ihn geschrieben hast? Viele Männer *würden* stolz darauf sein.«

»Großmama«, warf Sachi ein, »wie kann er stolz sein, wenn Mom schrieb, daß sein Penis nur im Wasser trieb?«

Mutter kreischte auf, faßte sich wieder und sagte: »Davon habe ich keine Ahnung. Ich kenne nur einen.« Sie hob die Schultern. »Wahrscheinlich war das dumm von mir.«

Daddy zog heftig an seiner Pfeife. »Hm, mag sein«, meinte er. »Aber wenn mich die Leute fragen, was ich am besten kann, sage ich immer: ›Seht euch meine Kinder an, dann habt ihr die Antwort. Offenbar leiste ich meine beste Arbeit im Bett.‹«

»Ira, du bist wirklich schrecklich.« Mutter straffte sich, als habe sie genug. »Wenn ich nicht sofort ins Bett komme, falle ich um.«

Sachi und ich stützten sie die Treppe hinauf ins Gästezimmer. Ich hoffte, meine Eltern würden im Doppelbett schlafen können, denn ihren häuslichen Waffenstillstand verdankten sie nicht nur getrennten Betten, sondern getrennten Schlafzimmern.

Wir halfen ihr in das rosafarbene, hauchdünne Nachthemd, das sie für ihre Reise nach New York im Ausverkauf erstanden hatte. Dabei fiel mir ein, daß sie mir, solange ich denken kann, jedes Jahr zu Weihnachten ein Nachthemd schenkte. Ich habe nie herausgefunden, warum.

Wir brachten sie ins Bett. Sachi wollte ihr einen Gutenachtkuß geben. Doch Mutter war noch nicht bereit. »Eins will ich noch sagen: Nach all dem, was ich für deinen Vater getan habe, Shirl, möchte ich, daß er vier Dinge für mich tut.«

»Und die wären?« fragte ich.

Sie fuhr mit der Zunge über ihre trockenen Lippen und wählte ihre Worte sorgfältig. »Ich möchte, daß er sein Zimmer sauberhält, aufhört, mich vor meinen Freundinnen mit seinen geschmacklosen Witzen zu blamieren, aufhört zu trinken und aufschreibt, wofür er seine Schecks ausstellt.«

»Ja, Mom«, sagte ich. »Gut. Das haben wir begriffen. Nun höre bitte auf mit dem Gezanke.«

Sie setzte sich auf und fing wieder an zu weinen.

Sie blickte zu Sachi und mir auf und brachte die ungeheuerlichen Worte hervor: »Laßt euch durch mich nicht stören. Laßt mich allein und in Ruhe weinen. Es wird schon wieder. Es ist nicht so schlimm. Geht ruhig schlafen.«

»Großmama«, sagte Sachi mit lauter Stimme, »das kannst du mit uns nicht machen. Wir sollen dich in diesem Zustand allein lassen? Das ist unfair. Du versuchst uns zu manipulieren. Ich gehe erst ins Bett, wenn ich weiß, daß es dir wieder gutgeht.«

Sachi erschreckte ihre Großmutter sowohl mit ihrer Logik wie durch ihre Strenge.

Sie hörte auf zu weinen. »Dann geh bitte und sage deinem Großvater, was ich von ihm will. Und er soll ja nicht heimlich trinken, wenn er allein im Wohnzimmer sitzt. Deshalb schickt er mich nämlich immer so früh ins Bett.«

»Schon gut, Großmama«, sagte Sachi. »Ich denke, wir alle brauchen jetzt etwas Frieden und Ruhe. Schlaf jetzt und denk daran, wie sehr wir dich lieben. Ich muß morgen sehr früh zum Flugplatz. Aber ich rufe dich aus Kalifornien an. Ich liebe dich, Großmama.«

»Ich liebe dich auch. Guten Flug, mein Kind.« Mutter wandte sich an mich. »Du warst so wunderbar auf der Bühne heute abend, Shirl. Es war atemberaubend.«

»Danke, Mutter. Fandest du das schön, als ich euch dem Publikum vorgestellt habe?«

»Oh, es war wundervoll«, strahlte sie. »In der Reihe vor uns saß ein Mann aus Kanada. Er drückte mir die Hand. Ich war so stolz darauf, deine Mutter zu sein. Aber jetzt geh schlafen. Laß dich von mir morgen nicht bei der Arbeit stören.«

Ich küßte sie, Sachi knipste die Nachttischlampe aus, und wir gingen.

Beim Einschlafen dachte ich daran, wie wunderbar es war, daß meine Mutter ihre Ängste, Frustrationen und Unsicherheiten aussprechen konnte, weil sie Vertrauen zu ihrer Familie hatte.

Natürlich hatten die Reaktionen meines Vaters einen ebenso starken Eindruck bei mir hinterlassen.

Der Versuch herauszufinden, was meine Eltern einander und mir bedeuteten, sollte die »Arbeit« werden, die mich für den Rest dieses Sommers vorwiegend beschäftigte; das konnten die beiden jedoch noch nicht wissen.

Beim Frühstück am nächsten Morgen entschied Dad, daß Mutters »Emotionsentladung« am Abend vorher dadurch entstanden sei, daß sie in der Garderobe Schokolade gegessen hatte.

»Schokolade ist für deine Mutter schlimmer als Strychnin«, sagte er, großzügig darüber hinwegsehend, daß er ihr selbst eine üppige Schokoladentorte ins Krankenhaus gebracht hatte.

Meine Mutter war tief beschämt. »Es tut mir so leid, Shirl«, meinte sie zerknirscht. So problematisch und alarmierend ihr Ausbruch auch war, ich sah darin viel Positives.

»Es war doch wichtig für dich, Mom, daß du dir das alles mal von der Seele geredet hast. Sachi und mir hast du damit außerdem gezeigt, daß du uns sehr liebst, weil du dich in unserer Gegenwart so offengelegt hast.«

»Ach, so habe ich das nie gesehen. War das wirklich in Ordnung?«

»Ja, Mama. Mehr als in Ordnung. Es war notwendig und gut für uns alle. Seinen Gefühlen freien Lauf zu lassen hat mehr positive als negative Aspekte.«

»Du lieber Himmel, Shirl. Mir hat man immer beigebracht, meine Gefühle zu beherrschen und niemanden damit zu belästigen.«

»Nun, das ist jetzt nicht mehr nötig.«

»Danke, Liebes«, sagte sie. »Danke für dein Verständnis. Es ist ein angenehmes Gefühl, ich selbst sein zu dürfen.«

Mit den letzten Worten warf sie Dad einen scharfen Blick zu.

»Und nun wollen wir das Ganze vergessen«, schlug ich vor und blickte von einem zum anderen.

Sie nickten beide wie verschmitzte gescholtene Kinder.

Das war also erledigt. Wir vergaßen das Gift vom vorangegangenen Abend und sprachen über die Probleme, die das Alter mit sich bringt. Daß sie sich manchmal wie Kinder vorkamen in ihrer

Hilflosigkeit. Jeder machte sich beim Autofahren um den anderen Sorgen. Andererseits brauchte jeder seine Privatsphäre, um der Enge, unter einem Dach zu leben, entfliehen zu können. Beide waren der Meinung, daß derjenige, der zuerst stirbt, das »bessere Geschäft macht«. Mit dem Geschäft meinten sie vermutlich ihre Ehe. Beide waren sich darin einig, daß ihre jeweiligen Familien in der Kindheit ihre Denkmuster geprägt hatten, und als wir näher auf die verschiedenartigsten Wertbegriffe eingingen, waren wir plötzlich beim Thema Politik angelangt. Beide hatten politische Werte entwickelt, die auf Widerstand und Vorherrschaft basierten. Bei Dad hatte diese Haltung sich in ein stark antikommunistisches Weltbild mit ungeheuerlichen Vorurteilen verhärtet.

»Die Russen sind Tyrannen«, sagte er. »Ich mag keine Tyrannen. Und ich glaube, andere mögen sie ebensowenig.«

»Viele Menschen in anderen Ländern halten die Vereinigten Staaten für nichts anderes als für einen mächtigen Tyrannen.«

»Wir haben wenigstens die Möglichkeit, unsere Tyrannen zu wählen«, sagte er schmunzelnd.

»Und wir haben das Recht, in unserem Land Kommunisten zu sein, wenn wir wollen. Das versteht man unter Freiheit.«

»Und diese Freiheit führt dazu, daß unser Kongreß, unser Steuersystem, ja sogar unser Oberster Gerichtshof uns russische Denkweisen diktieren.«

Ich lachte laut.

Was er da von sich gab, war himmelschreiend absurd und kaum geeignet für eine unserer sonstigen leidenschaftlichen politischen Diskussionen.

»Das kann nicht dein Ernst sein«, erklärte ich, »ein kommunistischer Kongreß und Oberster Gerichtshof unter *Ronald Reagan?*«

»Darin stimme ich mit dem Cowboy überein. Die russische Macht muß mit Macht bekämpft werden. Sonst sind wir eines Tages dazu verdammt, genauso zu leben wie sie.«

»Du meinst – von zwölf Dollar fünfzig Cent in der Woche?«

»Lieber lasse ich mich von deiner Mutter tyrannisieren als von irgendeinem machthungrigen Diktator. Überhaupt, deine Freunde bei den Nachrichtendiensten. Warum versuchen die Herren im Fernsehen uns ständig vorzumachen, es sei schrecklich, in diesem Land zu leben? Warum bringen sie denn nie gute Nachrichten? Ich würde mal gern gute Nachrichten hören und sehen.«

»Dann solltest du nach Rußland gehen. Dort bekommst du gute Nachrichten geliefert. Allerdings stimmen sie leider nicht.« Ich dachte einen Augenblick nach. »Würdest du eine sozialistische oder kommunistische Gesellschaftsordnung akzeptieren, wenn sie vom Volk gewählt wäre?«

»Gott bewahre«, entrüstete sich Dad. »Die Leute würden doch zu einer solchen Wahl gezwungen, ohne daß ihnen das bewußt wäre.«

Ich seufzte. Vermutlich vertraten viele Menschen in Amerika diesen Standpunkt. »Daddy?« fragte ich, »warum bist du so unverhältnismäßig reizbar, was die Sowjetunion betrifft?«

»Das sagte ich doch eben«, meinte er unerschüttert, »weil ich was gegen Tyrannei und Diktatur habe.«

»Und wer war in deinem Leben so tyrannisch, daß du dich so dagegen wehrst?«

»Meine Mutter.«

»Da hat er recht«, meldete sich Mom zu Wort. »Alles, was seine Mutter ihm beibrachte, war, Angst zu haben. Er hat vor den Kommunisten solche Angst, daß ich jahrelang nicht einmal meiner besten Freundin schreiben durfte, nur weil sie einen Kommunisten *kannte*.«

»Jawohl. Und der Kerl war noch dazu ein verdammter Trottel«, ereiferte sich Daddy. »Ein Trottel und Herausgeber eines Kommunistenblattes. Deine Freundin hat er sogar dazu gezwungen, nach Moskau zu reisen.«

»Was ist denn dabei, nach Moskau zu reisen?« fragte ich. »Ich war auch in Moskau. Viele Leute waren in Moskau, deshalb sind sie noch lange keine Kommunisten.«

»Ja, das weiß ich auch«, sagte Daddy. »Ich bin mal von der russischen Botschaft in Washington eingeladen worden, und seitdem hat das FBI mein Bild in den Akten, da bin ich mir ganz sicher.«

»Aber Daddy«, rief ich verzweifelt aus. »Wovor hast du nun mehr Angst, vor den Kommunisten oder vor dem FBI?«

»Das FBI lehnt wenigstens nicht Familie und Kirche ab und überläßt das Leben nicht irgendwelchen Regierungsexperten.«

»Im Kreml sitzen aber eine Menge Leute, die vor uns ebenso große Angst haben.«

»Hm«, meinte er nachdenklich. »Davon habe ich gehört.« In seinem Gesicht machte sich ein Lächeln breit. »Und da wir schon von Rußland reden und darüber, was die da drüben denken, dann solltest du auch nicht vergessen, daß du schließlich auch eine Weile unter dem Einfluß eines Russen gestanden hast.«

Ich starrte ihn maßlos erstaunt an. »Ich? Unter dem Einfluß eines Russen?« Ich wußte nicht, wovon er sprach. Mir fielen nur die russischen Ballett-Tänzer ein, die ich kannte. »Wen meinst du denn? Welchen Russen?«

»Das weißt du genau.«

»Nein, ich weiß es nicht. Ehrlich nicht.«

»Dieser Freund von dir – wie hieß er gleich? Vassy? Wir haben ihn doch mal kennengelernt, als er bei dir in Malibu wohnte.«

Ach nein, dachte ich. Damals hätte ich gerne gewußt, was Dad über den Russen, mit dem ich zusammenlebte, dachte und was er von ihm hielt. Aber wir hatten nie darüber geredet. Jetzt, vier Jahre später, kam er auf ihn zu sprechen.

»Daddy«, erwiderte ich betont ruhig. »Vassy stand unter *meinem* Einfluß. Er war derjenige, der nach Amerika kam, im offenen Wagen durch Hollywood brauste und seine Freiheit genoß. Nur weil einer Russe ist, muß er nicht gleich Kommunist sein.«

Daddy, der in seiner Argumentation ebenso sprunghaft war wie Mutter, entgegnete jetzt: »Du weißt, *alle* Russen lieben die Traurigkeit. Sie wollen leiden. Vielleicht haben sie deshalb die Regierung, die sie verdienen.«

In diesem Punkt hat er vielleicht sogar recht, dachte ich. Ich stand auf, ging ans Fenster und blickte hinunter auf die First Avenue. Vassy hatte New York geliebt. Er hatte gesagt, er würde nie wieder nach New York kommen können, ohne an mich zu denken. Erinnerungen an unsere gemeinsame Zeit stiegen in mir hoch. Leiden? Ja, in diesem Punkt hatte Dad wohl recht, was Vassy betraf. Aber mein Gott, welches Vergnügen konnte seine russische Seele andererseits sein. Welch schreckliches, glückliches, verzehrendes Erlebnis war unsere Beziehung. Aber das, was zwischen uns war, hatte nichts mit politisch-ideologischen Dingen zu tun. Wenn es einen Menschen gab, der lieber tot als rot war, dann Vassy. Nein, es war das *Russische* an ihm, das mich so fasziniert hatte.

»Daddy«, fing ich an, »weißt du eigentlich, daß ich irgendwie mein ganzes Leben von Rußland beeinflußt war?«

»Wie soll ich denn das verstehen, Äffchen?«

»Irgendwie war immer etwas Russisches an mir. Die Musik, die Sprache, der Humor – die Seele. Irgendwie verstand ich das alles, es kam mir immer vertraut vor. Es schien unvermeidlich, daß ich Vassy begegnen mußte. Und ich kann nicht erklären, warum. Und wenn du es wissen willst, ich denke, du hast ähnliche Gefühle für Rußland, sonst hättest du nicht so schreckliche Vorurteile über dieses Land.«

»Worauf willst du hinaus?« fragte er ehrlich interessiert.

»Ich könnte mir denken, daß wir alle einmal dort gelebt haben.«

»Du meinst, in einem vergangenen Leben?«

»Ja, ich meine, in einem vergangenen Leben.«

»Wer? Wir alle?«

»Unsere Familie.«

Mutters Augen weiteten sich, vielleicht dachte sie an ihren eigenen Konflikt mit Rußland in der Person ihrer Freundin.

»Sieh dir doch Warren an mit seiner fanatischen Besessenheit für John Reed und dessen Hoffnungen, die er in die Russische Revolution setzte. Das war eine so starke und kreative Besessenheit, daß er *Reds* produzierte. Woher könnte das alles kommen? Ich meine, kannst du dir nicht vorstellen, daß da mehr dahintersteckt, als man bei oberflächlichen Überlegungen wahrhaben will?«

»Nun, Äffchen, dem Weitblick der Phantasie sind natürlich keine Grenzen gesetzt.«

»Nach dem, was mein geistiger Weitblick in letzter Zeit erfahren hat, halte ich so etwas für möglich.«

»Ja«, meinte er und zündete seine Pfeife an, »möglich ist alles.«

»Seltsam«, ich lächelte – »das sagte Vassy auch immer.«

»Erzähle uns noch ein bißchen von ihm«, bat Daddy und bereitete sich schon darauf vor, mit einer meiner Liebesaffären unterhalten zu werden.

»Augenblick noch«, sagte Mutter, »ich hole noch etwas Tee.«

Ich wartete, bis meine Eltern es sich gemütlich gemacht hatten, und erzählte ihnen die Geschichte.

TEIL ZWEI

DER TANZ ZWISCHEN MANN UND FRAU

Achtes Kapitel

Vom ersten Augenblick an glaubten Vassy und ich daran, daß wir einander in wenigstens einem früheren Leben gekannt hatten. Aus diesem und anderen Gründen harmonierten wir in spiritueller Hinsicht. Meine Betrachtungen waren ihm nicht fremd, denn in Rußland stellen viele Menschen ähnliche Überlegungen an.

Und doch war unsere Beziehung ein wechselvoller, stürmischer Kampf. Dad hatte recht. Vassy liebte Leiden und kreativen Konflikt, während ich an Optimismus und positives Denken glaubte. Der Zusammenprall unserer gegensätzlichen Charaktere machte es uns unmöglich zu glauben, daß unsere intensive Beziehung etwas völlig Neues war. Wir wußten beide, daß wir damit eine karmische Erfahrung zu erfüllen hatten. Unsere Verbindung war deshalb so heftig, weil wir von den ungelösten Problembereichen, die jeder im anderen und in sich selbst spürte, magnetisch angezogen wurden.

Wir sprachen häufig darüber, wie eindringlich in der Literatur Liebe, Haß, Familienkonflikte und tiefe Gefühle von Einsamkeit, Eifersucht, Macht, Gier, Hilflosigkeit behandelt wurden. Beide waren wir der Ansicht, daß wahre Literatur sich deshalb in solch epischer Breite mit diesen Problemkreisen auseinandersetzte, weil es sich dabei um Karma handelt. Unserer Überzeugung nach bestand die Erfahrung des Lebens ausschließlich darin, diese Konflikte in uns selbst zu verarbeiten, wobei wir uns anderer menschlicher Seelen als Katalysatoren bedienten.

Wir glaubten beispielsweise auch, daß jede Liebesbeziehung, die wir erleben, ihre Sinnerfüllung hat – daß sie aus bestimmten Gründen geschieht. Und in unserer Seele *wissen* wir das. Der chemische Prozeß, der uns zum anderen hinzieht, ist in Wahrheit die Erinnerung, diesen Menschen aus einer Vergangenheit zu kennen, und das Begreifen, daß ungelöste Probleme aus dieser früheren Beziehung verarbeitet werden müssen.

Unsere Liebesbeziehung bestätigte die Wahrheit dieser Theorie sehr deutlich. Verstrickt in den Wirren des aufreizenden Kampfes der Geschlechter, vergaßen wir jedoch häufig die tiefe Mystik unserer anfänglichen gegenseitigen Anziehung. Andererseits mochte dieses Völlig-im-*Jetzt*-Leben der einzige Weg gewesen sein, unsere Konflikte gemeinsam zu verarbeiten. Letztlich hatten wir keine Probleme miteinander. Wir hatten Schwierigkeiten mit *uns selbst*. Darin sehe ich übrigens den Grund für Konflikte.

Was uns beide vor allem faszinierte, war die unleugbare Tatsache, daß unsere Beziehung analog zu den Konflikten verlief, die Rußland und Amerika auf globaler Ebene miteinander ausfechten. Unsere Beziehung war ein Mikrokosmos der Mißverständnisse und kulturellen Unterschiede beider Länder. Darüber hinaus machten uns die Gegensätze männlicher und weiblicher Energien zu schaffen, die in *jedem* von uns gleichermaßen vorhanden waren.

Zum Beispiel unsere erste Begegnung: Ich steckte bis über beide Ohren in Dreharbeiten, als eines Tages der Schauspieler Jon Voight mich anrief und mich bekniete, mir die Arbeit eines russischen Filmemachers anzusehen. Es handelte sich um einen Freund von Jon, den ich Wassili Ochlopchow-Medwedjatnikow nennen möchte (sein tatsächlicher Name war genauso unaussprechlich). Jon sagte, der Film habe zwar Überlänge, sei aber hervorragend.

Ich redete mich auf meine Überarbeitung hinaus und wehrte ab, ich sei nicht daran interessiert, einen schwerblütigen russischen Film zu sehen.

»Ich verstehe dich ja. Aber du wirst etwas tief Bewegendes sehen. Komm bitte. Ich möchte, daß du Vassy kennenlernst. Bitte, tu es für mich«, versuchte Jon mich zu überreden.

Also sagte ich zu.

Bereits auf dem Freeway in Richtung San Fernando Valley hätte ich wissen müssen, was geschehen würde. Während der Fahrt entspannte ich mich nach der Hektik eines anstrengenden Drehtages und versuchte mir auszumalen, wie dieser russische Filmemacher wohl aussah. In meiner Ballettzeit hatte ich einige Russen gekannt. Ihre vielschichtigen Gefühlsausbrüche, die ihr Leben bestimmten, erheiterten mich, ihre Leidenschaft und tief empfundene Sensitivität, die sie in ihre kreative Kunst umsetzten, beeindruckte mich tief.

In meinen Gedanken entstand das Bild eines Russen, das mich in seiner Deutlichkeit verblüffte. Wie ungewöhnlich, dachte ich. Ein großer, schlanker Mensch, braungebrannt, mit rehbraunen, mandelförmigen Augen über hohen mongolischen Wangenknochen lächelte mich an. Dabei präsentierte er eine stattliche Reihe »perfekt nichtperfekter« Zähne. Warum mir ein so prägnantes Dentalbild durch den Kopf ging, konnte ich mir nicht erklären. Das imposante männliche Wesen in meiner Vorstellung trug eine braune Lederjacke und schlechtsitzende Blue jeans über schmalen Hüften. Ich sah ihn vor meinem Wagen stehen, als ich nach der Vorführung I Ausschau nach ihm hielt. Braune Locken kringelten sich über seinen Lederkragen, und immer wieder strich er sich mit einer schwungvollen Handbewegung das Haar aus der Stirn. Dieses Bild stand deutlich vor mir, während ich meinen Wagen durch den dichten Abendverkehr auf dem Freeway steuerte.

Am Tor des Universal-Geländes hielt ich und erkundigte mich, in welcher Vorführung der russische Film gezeigt wurde. Den Namen des Russen hatte ich vergessen. Der Pförtner erklärte, Vorführung I! Welch ein Zufall, dachte ich.

Ich bog in eine Nebengasse ein und hielt nach dem Schild Ausschau. Da tauchte vor meinem Wagen eine Gestalt auf: groß, schlank, braune Lederjacke und schlechtsitzende Jeans. Der Mann wartete anscheinend auf jemanden. Er sah genauso aus wie der Mann, den ich mir »ausgemalt« hatte. Sein Gesicht hatte hohe Wangenknochen, nur die Augen waren hinter einer Pilotenbrille verborgen. Mit fahrigem Schwung strichen seine Finger durch die Haare. Ich fragte mich, wohin, zum Teufel, das führen mochte, und stieg lässig aus dem Wagen.

Er stürmte auf mich zu, half mir beim Aussteigen und nahm die Brille von den Augen, als könne er mich dadurch besser sehen. Ich bedankte mich und schaute ihm in die Augen. Ich hatte das deutliche Gefühl, ihn zu kennen.

»Mrs. MacLaine?« fragte er, wie Fremde das tun, die nicht wirklich wissen, wie sie mich ansprechen sollen.

»Hallo«, antwortete ich. »Hoffentlich komme ich nicht zu spät. Wir haben länger gedreht.«

»Das macht nichts. Vielen Dank, daß Sie gekommen sind. Die Leute drin warten. Ich bin der Regisseur des Films.«

»Ja, ich weiß«, antwortete ich. Sogar die Art, wie er redete, klang vertraut. »Ich habe Hunger. Kann ich irgend etwas zu essen bekommen?«

»Selbstverständlich.« Und mit der herrischen Gebärde eines Generals winkte er einem in der Nähe stehenden Mann und befahl: »Bringen Sie Mrs. MacLaine etwas zu essen!«

Jon hatte mir gesagt, der Mann sei typisch russisch, was immer das bedeuten mochte.

Wie hatte er wohl die Genehmigung erhalten, in den USA zu arbeiten?

Er geleitete mich zur Vorführung, als sei ich die Königin von England und er der Prinzgemahl. Ich versuchte mich an seinen Namen zu erinnern, kam aber nicht drauf. Doch ich mußte ihn ja nicht vorstellen, *ich* war ja Gast. Und er gefiel mir auf Anhieb. Sein Befehlston amüsierte mich.

Im Vorführraum begab er sich an das Reglerpult und bat mich, irgendwo Platz zu nehmen. Ohne zu zögern, folgte ich ihm nach hinten und sagte: »Ich möchte neben Ihnen sitzen.« Darüber war er sichtlich beglückt. Dann stand er auf, begrüßte alle in charmant holprigem Russisch-Englisch, erzählte ein wenig über die Entstehung des Films (die Herstellung hatte zweieinhalb Jahre gedauert, der Film war dreieinhalb Stunden lang), setzte sich und gab dem Vorführer Zeichen, den Film abzufahren.

Die Lichter erloschen. Ich kramte nach meinen Zigaretten, und ohne zu fragen, nahm er eine. Er rauchte hektisch, wie jemand, der selten raucht. Hin und wieder während des Films rauchte er, hustete, räusperte sich, als sei alles ein Fehler.

Auf dem Titelvorspann las ich noch einmal seinen Namen. Medwedjatnikow. Ich wiederholte den Zungenbrecher ein paarmal, um ihn mir einzuprägen. Der Film gab Jon recht. Er war wirklich ausgezeichnet. Großartig, persönlich, unglaublich bewegend, dramatisch und in manchen Sequenzen komisch und seltsam mystisch.

Aber das wirklich Seltsame daran war – und bis heute kann ich meine Reaktion darauf nicht genau beschreiben –, daß die Hauptdarstellerin, deren Name mir nicht mehr einfällt, genau aussah wie ich. Es war mehr als unheimlich. Geradezu beängstigend. Sie war nicht nur eine Spiegelung des Bildes, das ich von mir selber hatte, sie bewegte sich genauso, wie ich mich zu bewegen glaube! Ihr Mienenspiel und die Art, wie sie den Kopf schräg hielt, wenn sie unsicher war, gaben mir das Gefühl beim Zusehen, daß ich in meine eigene Intimsphäre eindrang. Es war mehr, als nur mein eigenes Abbild zu sehen.

Als die Lichter wieder aufleuchteten, wandte ich mich Medwedjatnikow zu. Er hatte meine letzte Zigarette geraucht. Ich suchte nach passenden Worten, um ihn auf mein Ebenbild auf der Leinwand anzusprechen, doch er wartete meine Frage nicht ab.

»Sehen Sie, Scheerlee«, begann er und zog meinen Namen dabei mit bezauberndem Charme in die Länge, »seit zwölf Jahren versuche ich, mit Ihnen Kontakt aufzunehmen. Verzeihen Sie, aber Sie waren für mich eine Art Obsession. Ich weiß nicht, warum. Deshalb sehen alle meine Hauptdarstellerinnen aus wie Sie. *Alle.*«

Sein Gesicht verzog sich zu einem breiten Lächeln. Ich war sprachlos und geschmeichelt zugleich. Komplimente waren mir nicht gerade unbekannt, doch diese Worte erstaunten mich sehr.

»Zwölf Jahre?« wiederholte ich. Etwas zu wiederholen empfiehlt sich stets, wenn man nicht weiß, was man sagen soll, und Zeit gewinnen will, um Ordnung in seinen Gedanken zu schaffen.

»So ist es«, versicherte Medwedjatnikow. »Fragen Sie irgendeinen meiner Freunde, den Sie vielleicht kennenlernen.«

Himmel, der hatte es aber eilig.

»Tja, hm«, murmelte ich. »Ihr Film ist ausgezeichnet. Was haben Sie damit vor?«

»Ich suche amerikanischen Verleih. Ist schwierig. Wer will schon russischen Film sehen? Aber man sagt mir, er ist wie russisches *Roots*. Stimmt das?«

Ja, das stimmte. Der Film beschrieb die Geschichte eines sibirischen Dorfes seit Beginn dieses Jahrhunderts durch die beiden Weltkriege bis in die 70er Jahre. Vom Leben und den Gefühlen der Dorfbewohner, die unvorbereitet in die technologische Zukunft des revolutionären Rußlands geworfen wurden, erzählte er, ohne propagandistisch zu sein. Im Gegenteil, er berichtete in schlichter menschlicher Anteilnahme von den Schicksalen der Dorfbewohner, die unversehens von der Revolution in ihrem Land gebeutelt wurden und plötzlich Anteil am Lauf der Geschichte hatten.

Während ich mit Medwedjatnikow über den Film sprach, wurde mir klar, daß er mir ein Bild von Rußland schilderte, das mir völlig neu war.

»Und Sie haben Rußland verlassen und Ihren Film mitgenommen?«

»Rußland verlassen?« fragte er erstaunt. »Niemals. Rußland ist mein Vaterland. Ich bin Russe. Ich bin doch kein Abtrünniger. Nicht einmal Dissident. Ich bin Filmemacher und möchte im Westen arbeiten.«

Ich sah ihn mißtrauisch an. Wie wollte er das zustande bringen?

»Nächste Woche habe ich Termin bei Einwanderungsbehörde zur Verlängerung meines Visums – H1-Visum –, und bald, so Gott will, wird alles in Ordnung kommen.«

Ich hatte ganz deutlich den Eindruck, was immer er für Winkelzüge plante, sie würden ihm gelingen, allein wegen seines selbstbewußt vitalen Auftretens.

»Weshalb können Sie ungehindert in die Sowjetunion ein- und ausreisen? Ist das nicht recht ungewöhnlich?«

»Ungewöhnlich schon, aber nicht ungesetzlich. Außerdem habe ich französische Ehefrau und Tochter. Behörden dürfen mir nicht verweigern, meine Familie in Frankreich zu besuchen. Und als

Rechtsanwalt habe ich russische Verfassung studiert und kann Kleingedrucktes lesen, wie Sie es nennen, und richte mich danach. Vielleicht nicht so ungewöhnlich. Viele Leute, die Ausländer heiraten, können Rußland verlassen. Für mich ist natürlich schwieriger, weil ich in meinem Land sehr berühmt bin, aber ich bin hartnäckig, und mit Gottes Hilfe werde ich Erfolg haben. Ich möchte mit Ihnen arbeiten als Regisseur.«

Er ertappte mich, als ich gähnte, obwohl ich es zu verbergen suchte. Ich war sehr neugierig, aber auch sehr müde.

Er lächelte.

»Haben Sie Zeit zum Abendessen?« fragte er. »Natürlich sind Dreharbeiten sehr anstrengend. Können Sie trotzdem etwas Zeit für mich opfern? Hat lange gedauert, bis ich Sie endlich kennenlernte.«

»Tut mir leid«, antwortete ich, »ich muß morgen sehr früh raus. Ich habe eine schwierige Szene zu drehen. Dieser Film ist nicht einfach. Vielleicht ein anderes Mal.«

»Leider fliege ich am Wochenende nach Paris. Morgen abend?«

Er strahlte wieder sein charmantes Lächeln.

»Morgen abend?« Ich überlegte.

»Wenn Sie wollen, ja. Bitte.«

Sein kindlich-männlicher Charme und sein Übermaß an Selbstvertrauen erheiterten mich.

»Okay«, sagte ich, und mir war klar, daß ich bereits bis zu den Knöcheln in einer ungewöhnlichen Sache steckte. Und wie ich mich kannte, würde ich bald bis zum Hals drinstecken. Warum auch nicht, dachte ich. Und laut fragte ich: »Wo?«

»Ich wohne im Château Marmont. Ich warte um acht Uhr in der Halle auf Sie?«

»Gut.«

Medwedjatnikow lachte und klatschte in die Hände vor kindlicher Freude. Dann eröffnete er mir mit kehliger Stimme: »Ich heiße Vassy. Bitte nennen Sie mich Vassy. Viel einfacher. Sie machen mich glücklich.« Er sah aus, als würde er gleich einen Luftsprung machen.

Du lieber Himmel, dachte ich. Ich hatte ja einige Erfahrung in Liebesdingen, doch ich erkannte sofort, wenn ich dies hier weiterlaufen ließ, so mußte ich mich auf völlig neue Energieströme gefaßt machen.

Ich setzte meine Brille auf, die ich zum Autofahren trage, um zwischen seinen Augen und meinen einen Schutzschild aufzubauen, als er mich zum Wagen brachte.

»Sheerlee«, sagte er mit breitem Lächeln, »Sie sind eine wunderbare Frau. Ich bin glücklich. Sehr glücklich, daß Ihnen mein Film gefällt.«

Seine Worte klangen ehrlich.

Am nächsten Abend holte ich Vassy in der Halle des Château Marmont ab. Er trug dieselben Jeans, die Lederjacke hatte er mit einem hellblauen Jackett vertauscht.

Bei meinem Eintreten lächelte er und stand artig auf, sein Oberkörper neigte sich dabei leicht nach vorn.

»Danke, Sheerlee«, sagte er mit seinem jungenhaften Charme, den er meiner Meinung nach ebenso echt wie berechnet einsetzte. »Furchtbar nett von Ihnen. Ich weiß, wie anstrengend Ihre Dreharbeiten sein müssen.«

»Ja, man kennt das ja. Heute kann ich Ihnen eher sagen, was ich von Ihrem Film halte. Vielleicht kann ich Ihnen sogar helfen, einen Verleih zu finden.«

Sein strahlendes Lächeln machte sofort geschäftsmäßigem Ernst Platz.

»Gut. Können wir darüber diskutieren?«

Ich nickte.

»Und wo würden Sie gerne essen?«

»Keine Ahnung, das überlasse ich Ihnen.«

»Ich habe einen Tisch reservieren lassen in einem kleinen französischen Lokal. Wir nehmen Wagen und gehen nur ein kurzes Stück zu Fuß.«

Wir stiegen in meinen Leihwagen, den er prüfend musterte.

»Sie mögen Datsun?«

»Im Vertrauen gesagt, die Marke ist mir völlig einerlei, solange das Ding vier Räder hat und mich dahin bringt, wohin ich will. Ich besitze seit Jahren keinen eigenen Wagen. Ich bin so viel unterwegs. Und die Kisten sind ständig ›im Eimer‹.«

»Im Eimer?« wollte er wissen. »Verzeihen Sie. Wie bitte?«

»Das ist nur so eine Redensart. Wohin fahren wir?«

Er wies mich an, in der Nähe eines Restaurants am Sunset Boulevard zu parken, dessen Schild von der Straße her kaum zu sehen war. Und auf der Speisekarte standen keine Preise. Er schien sich in Hollywood auszukennen.

»Wie lange sind Sie eigentlich schon hier?« fragte ich ihn beim Betreten des Lokals, in dem sich Palmen über einem kleinen Springbrunnen wiegten.

»Ich war hier seit drei Monaten«, antwortete er mit großem Selbstvertrauen, nickte einem Kellner zu, der mich erkannte und sich sofort um uns bemühte.

»Ich arbeite bei großem Studiobetrieb – Universal. Ich habe Leute von Universal sehr gern. Sehr nett und glauben an mich.«

»Prima.« Ich freute mich für ihn, fragte mich aber zugleich, auf welche Weise die Universal-Leute ihren Glauben in diesen erstaunlichen Russen beweisen wollten.

Wir nahmen Platz und wandten uns dem wartenden Kellner zu. Vassy sprach jetzt Französisch mit russischem Akzent. Ich mußte im stillen lachen, er bestellte einen doppelten Wodka und ich ein Glas Rotwein.

Ich holte meine Zigaretten heraus, er nahm eine. Eigene schien er nicht zu besitzen. »Ich rauchte zuviel gestern abend. Erste Zigarette in diesem Jahr. Nicht gut.«

»Warum rauchen Sie dann?«

»Bin nervös, weil ich Sie endlich kennenlerne, und mache mir Gedanken über Ihre Meinung zu meinem Film. Wußten Sie, daß ich Sie seit zwölf Jahren anrufe über Telefon?«

»Nun hören Sie aber auf, Vassy!« Ich nannte ihn zum erstenmal bei seinem Vornamen.

»Nein, es ist wahr. Sie haben Sekretärin in New York, die sehr auf Sie aufpaßt. Sie weiß nicht, wer dieser verrückt klingende Russe ist, und sagt immer, Sie sind im Ausland. Sie waren zwölf Jahre im Ausland?«

Ich lachte laut.

»Ich lasse das allen Leuten ausrichten. Es sei denn, es handelt sich um eine Person, mit der ich sprechen will! Für die meisten Leute bin ich ohnehin verschollen, oder ich befinde mich irgendwo, in Bukarest zur Weinprobe oder so.«

»Aha. Ich habe Sie oft aus Rußland angerufen. Sie waren vielleicht in meinem Land, als ich Sie in New York anrief.«

»Möglich.«

»Sie waren in meinem Land. Ich weiß. Sie machten Skandal. Waren mit Studenten aus Leningrad zusammen, ja?«

»Du lieber Himmel, ja«, entgegnete ich überrascht. »Woher wissen Sie das?«

»Ich weiß eben. Und Sie mißachteten amtliche Bestimmungen und haben Zug versäumt und Skandal gemacht.«

»He, Moment mal!« Ich hörte, wie meine Stimme anschwoll. »Es ist mein gutes Recht, mit Studenten zusammenzusein, wenn sie mich einladen. Und wenn ich mich dazu entschloß, einen späteren Zug zu nehmen, geht das doch niemanden was an.«

»O doch«, sagte er in einer Art, die mich später zur Raserei treiben sollte. »Doch, doch. In bürokratischem System nicht möglich, Zeitplan zu ändern.«

»Na, so was hab' ich gern!« Ich reagierte damals nicht anders als jeder aufgeblasene Amerikaner im Ausland.

»Aber war sehr komisch und amüsant«, meinte er beschwichtigend und nahm einen Schluck Wodka, der jeden Matrosen nichtrussischer Herkunft vom Stuhl gehauen hätte.

»Ich wollte Film drehen über Ihren Skandal. Sie kamen als einfache Touristin, spielten sich aber auf wie elitärer amerikanischer Star und machten Skandal. Russische Bürokratie damit überfordert. Sehr lustige Komödie. Großer Klatsch in Moskau, großer Skandal.«

Vassy lächelte in sich hinein und nahm wieder einen kräftigen

Schluck Wodka, so daß nur das Eis im Glas übrigblieb. Umgehend bestellte er einen zweiten Drink. Chruschtschow hatte einmal die Geschichte zum besten gegeben, daß die Russen Öl in sich hineinschütten, um die Magenwände mit einem Fettfilm auszukleiden, bevor sie sich gegenseitig unter den Tisch trinken.

Vassy bestellte eine kompliziert klingende französische Vorspeise, gekochter Kopfsalat mit Austern oder so etwas Ähnliches. Ich bestellte *rognons* (Nieren).

»Ich bin Vegetarier«, gestand er und beäugte mißbilligend mein Fleischgericht. »Fleisch nicht gut für Muskulatur«, verkündete er. »Als Tänzerin müssen Sie darauf achten. Sie sind nicht mehr einundzwanzig.«

Ich prustete los, hätte ihm aber eigentlich gern eine geknallt. Er war so unfreiwillig komisch in seinen todernst vorgebrachten selbstsicheren Äußerungen, mit denen er, wie ich im Laufe der Zeit noch herausfinden sollte, meist auch noch recht hatte!

»Ich sah Sie im Palace Theater in New York«, fuhr er übergangslos fort. »Ihre One-Woman-Show. Exzellent, brillant. Haben Sie meinen Kaviar erhalten?«

Seinen Kaviar? Damals wußte ich nicht einmal von der Existenz dieses Herrn.

»Ihren Kaviar? Wie soll ich das verstehen?«

»Ich schickte Ihnen fünf Pfund Kaviar in Ihre Garderobe. Sie waren so gut. Ich wollte Sie kennenlernen.«

Das war einfach zuviel.

»Ich erinnere mich nicht, jemals ein solch extravagantes Geschenk bekommen zu haben. Nein, bedauere.«

Er machte ein enttäuschtes Gesicht. Doch seine Augen funkelten.

»Ich glaube, ich mache GROSSEN Eindruck. Na schön. Illusion kann auch glücklich machen.«

Ich wußte wirklich nicht, ob er sich über mich lustig machen wollte oder ob überhaupt irgend etwas von dem, was er sagte, stimmte. Doch er war in allem so entwaffnend, so enthusiastisch, so total, daß es mir irgendwie unwichtig war. Die Gefühle und Irritationen, die er an diesem Abend in mir hervorrief, waren die ersten einer Vielzahl von Berg-und-Tal-Fahrten in meiner Beziehung zu diesem Mann, diesem russischen Mann, sollte ich wohl besser sagen, der jeden Gedanken, der in seinem Kopf vorging, alle Wahrnehmungen so direkt aussprach, wie er sie empfand. Seine Wahrnehmungen waren meinen so durchaus fremd, daß ich ständig zwischen Entzücken, Empörung und Heiterkeit hin und her gerissen wurde.

Wassili Ochlopchow-Medwedjatnikow verschlang seinen delikaten französischen Salat, als seien die Russen in Bakersfield eingefallen. Tief über seinen Teller gebeugt, spülte er die köstlichen Austern mit großen Schlucken Wodka hinunter und lachte darüber, wie verschieden wir waren.

Es dauerte nicht lange, und er war sturzbetrunken. Ich trank etwas weniger, da ich mir nichts entgehen lassen wollte. Zum Dessert bestellte er Zuppa Inglese, was ich für eine süße Suppe hielt. Es war aber Rumkuchen. In drei Bissen schlang er ihn hinunter und bestellte einen zweiten.

»Ich esse nur Vor- und Nachspeisen«, erklärte er, »das ist gesünder.«

»Und Wodka statt Wasser?«

Artig winkte er den Kellner herbei. »Bringen Sie mir bitte einen Double Stinger.«

Er fragte nicht, ob ich noch etwas trinken wollte.

Ich räusperte mich. »Vassy, ich denke, ich nehme nach dem Essen auch einen Drink, wenn Sie nichts dagegen haben.«

»Oh.« Er setzte ein schuldbewußtes Gesicht auf. »Natürlich. Verzeihung. Sie hätten bestellen müssen.«

Wie sich dieses kleine Mißverständnis übertragen auf ernstere Probleme wohl auswirken würde?

Ich war mir keineswegs sicher, ob sich bei dem Mann ein tieferes Engagement lohnen würde. Unbedeutende – möglicherweise auch weniger unbedeutende – kulturelle Unterschiede machten sich bereits jetzt bemerkbar. Bevor ich diesen Gedanken weiter nachhängen konnte, lenkte er mich ab mit etwas, was auf einen mystischen Zug in seinem Wesen schließen ließ.

»Wissen Sie, Sheerlee«, begann er mit schwerer Zunge, »ich habe Sie, glaube ich, mein bisheriges Leben lang gesucht. Ich glaube es. Ich weiß es. Ich hatte Ihr Gesicht hier in meinem Kopf« – er tippte sich leicht an die Stirn –, »bevor ich Sie jemals auf der Leinwand sah. Ich kannte Ihr Gesicht, bevor ich wußte, daß es Sie gibt.«

Ich verschluckte mich beinahe an meinem Cocktail. Er war zu betrunken, um mich mit einem Schmachtfetzen russischer Art einseifen zu wollen. Nein, so klang das nicht. Außerdem hatte ich *sein* Gesicht gesehen – und das konnte er noch nicht wissen.

»Alle meine Schauspielerinnen sind Kopien von Ihnen. In meinem Kopf liebte ich immer eine Frau mit roten Haaren, einer Stupsnase, langen Beinen, blauen Augen und mit kleinen Flecken im Gesicht.«

»Kleinen Flecken? Was soll das heißen?«

Er tippte auf die Sommersprossen auf meinem Arm.

»Kleine Flecken. Wie sagt man?«

»Sommersprossen«, antwortete ich. »Ich hasse meine Sommersprossen und habe immer versucht, sie zu verbergen.«

»Nein, nein. Schöne kleine Flecken. Sind liebenswert.«

»Liebenswert? Für einen Mann, der nicht gerade fließend Englisch spricht, verfügen Sie über ein paar sehr gewählte Vokabeln in Ihrem Wortschatz.«

»Ich lerne ›liebenswert‹ in dieser Woche. Ist richtiges Wort für das, was ich sagen will über kleine Flecken Sommersprossen.«

Es war so ähnlich, wie mit einem Franzosen zusammenzusein, der es versteht, sich eine Amerikanerin auf die romantische Tour geneigt zu machen. Amerikanische Männer halten nichts von Romantik. Amerikaner sind unvergleichlich realistisch, sachlich, weniger phantasiebegabt. Sie bringen es nicht über sich, kindlich zu sein. Sensitive, romantische Zeichen kindhafter Assoziationen sind ihnen eher peinlich. Nicht so europäischen Männern. Und anscheinend russischen Männern ebensowenig.

Vassy hatte etwas von einem tapsigen, zu groß geratenen, tyrannischen jungen Hund. Seine Füße waren beim Gehen einwärts gerichtet, sein braunes Haar hing ihm wild in die Stirn, je mehr er die Kontrolle über sich verlor. Seine Lebensfreude hatte etwas leichtsinnig Überschäumendes, als wolle er mitten in einen Blitz hineinspringen, um festzustellen, ob er davon tödlich getroffen würde.

Momentan hatte er Schwierigkeiten, geradeaus zu gehen. Er versuchte die Herrentoilette zu erreichen, doch dabei versperrten ihm zu viele Palmen den Weg. Er lächelte töricht, hob entschuldigend die Schultern, schlingerte durch das Lokal auf *hommes* zu und verschwand hinter der Tür.

Der Kellner brachte die Rechnung, die mehr als hundert Dollar ausmachte. Ich war versucht, sie zu bezahlen, denn ich konnte mir nicht vorstellen, daß er sich das ohne weiteres leisten konnte. Vorerst ließ ich sie jedoch liegen und wartete.

Er kam wieder, sah die Rechnung, und mit großer, betrunkener russischer Geste zückte er das Scheckbuch einer Bank in Beverly Hills und trug die Summe ein.

»Wie können Sie sich das leisten?« fragte ich diplomatisch, wie ich nun einmal bin.

»Ich habe Bankkonto von Arbeit bei Universal, aber es ist beinahe leer. Warum Geld nicht ausgeben und Spaß haben?«

Ich verspürte ein leises Schuldgefühl, sagte aber nichts. »Bezahlt man Ihnen das Hotel?« fragte ich.

»Selbstverständlich«, antwortete er. »Ist große Produktionsfirma, die alle Spesen übernehmen.«

Ich war sicher, daß er lediglich den großen Mann spielte, doch auch das erschien mir ›liebenswert‹. Er hatte es irgendwie verstanden, sich etwas Freiheit zu ergattern, ohne seinem Land den Rücken zu kehren, das hatte meines Erachtens noch kein anderer Russe vor ihm geschafft.

»Bald werde ich reisen können, so Gott will. Ich werde wunderbaren Film hier in den Staaten machen und meinem Minister beweisen, daß amerikanische Filmemacher mit sowjetischen Filmemachern zusammenarbeiten wollen.«

Ich nahm das als typisch großspuriges Wodka-Gerede hin. Und

doch war etwas an seiner unbefangenen Art, daß ich im stillen dachte, ihm könnte so etwas gelingen.

»Wollen Sie damit etwa sagen, Vassy, Sie glauben, Ihr Minister läßt Sie jederzeit zwischen Moskau und Hollywood hin und her pendeln und mal hier, mal in Rußland einen Film drehen?«

»Warum nicht? Wenn ich berühmter, internationaler Filmemacher bin, ist das gut für russische Filmindustrie. Das werde ich machen. Sie werden sehen. Es wird schwierig, aber ich werde meinen Traum erfüllen.«

»Können Sie denn jetzt Filme in Frankreich machen, wann immer Sie wollen?«

»Selbstverständlich. Ich habe französische Ehefrau. Wir leben getrennt, seit langem schon. Sie wäre lieber in Rußland.«

»Machen Sie Witze? Ihre Frau würde lieber in Rußland leben als in Paris?«

»In Moskau, ja. Ich und meine Familie sehr berühmt. Als eine Medwedjatnikow ist sie Mittelpunkt in Gesellschaft. In Paris ist sie niemand. Wollen Sie noch in anderem Lokal einen Schluck trinken?«

Wir standen auf, galant reichte er mir den Arm. Die Kellner und der Maître verneigten sich höflich lächelnd, froh, daß Vassy den Weg aus dem Restaurant fand.

Ich muß sagen, ich hatte nicht den Eindruck, der Bursche sei ein Säufer. Ich hatte eher das Gefühl, an diesem Abend *mußte* er sich betrinken, und dieses Bedürfnis hatte vordergründig mit mir zu tun. Wir schwankten zum Wagen.

Als ich mich ans Steuer setzte, legte er einen Arm um mich.

»Sie verzeihen, daß ich betrunken bin? Tut mir leid. Und danke, daß Sie mir helfen wollen. Können wir uns bitte wiedersehen, bevor ich nach Paris fliege? Ich möchte beweisen, daß ich nicht immer so bin.«

»Sie wiedersehen? Wann?«

»Ich komme morgen abend nach Malibu, und wir essen zusammen?«

»Wissen Sie denn, wie Sie nach Malibu kommen?«

»Selbstverständlich, ich spiele dort oft Tennis. Bitte, geben Sie mir Ihre Adresse, ich werde mich anständig benehmen.«

Ich gab sie ihm, und wir wünschten einander eine gute Nacht. Am nächsten Tag hatte ich drehfrei, saß in der Sonne und fragte mich, was mich am Abend erwarten würde.

Am Spätnachmittag rief er an, und gegen acht Uhr stand er vor meiner Tür mit einer Schallplatte unterm Arm und seinen Joggingschuhen über der Schulter. Natürlich war er sich seiner plumpen Absichtserklärung bewußt und lächelte verlegen, aber wer nicht wagt, der nicht gewinnt.

Ich kochte vegetarisch, was er mit vielen »Aahs« und »Oohs« verzehrte. Fachmännisch begutachtete er meine Hifi-Anlage und legte die mitgebrachte Platte auf. Ein berühmter russischer Pianist spielte (was wohl?) Rachmaninow. Vassy machte es sich auf einem Sofa gemütlich, schloß die Augen und streckte die Arme nach mir aus. Frecher Kerl, dachte ich, nahm seine Einladung jedoch erheitert an. Wir lagen einfach da und lauschten der Klaviermusik. Vassy konnte natürlich nicht ruhig zuhören. Immer hob er den Arm, um einem unsichtbaren Orchester den Einsatz zu geben, und wiegte sich enthusiastisch in den Kissen hin und her. Nach der ersten Seite stand er auf, um die Platte umzudrehen.

»Ich war Konzertpianist« erklärte er, »ich habe das Moskauer Konservatorium absolviert und stand in Moskau mit Van Cliburn im Wettbewerb. Dann hörte ich ihn spielen mit solcher« – er fuchtelte mit den Armen durch die Luft – »solcher Freiheit, daß mir klar wurde, ich arbeite zu hart mit Musik. Ich hörte sofort damit auf.«

»Sie haben aufgehört, Klavier zu spielen, obwohl Sie mit Van Cliburn in einer Klasse spielten?«

»Selbstverständlich.«

»Was heißt selbstverständlich? Wie konnten Sie so etwas tun?«

»Weil ich in diesem Wettbewerb etwas begriff. Für ihn war es leicht, war es Freiheit, und deshalb spielte er perfekt. Aber ich war von meinen Eltern gezwungen worden. Ich wollte es gar nicht selbst, aus mir heraus. Also hörte ich damit auf.«

»Hörten Sie mitten im Wettbewerb auf?«

»Selbstverständlich.«

»Was heißt selbstverständlich? (Dieser Mann zwang mich dazu, mich ständig zu wiederholen ...) Das ist doch unglaublich impulsiv, besonders wenn Sie Ihr ganzes Leben Musik studiert haben. Das stimmt doch, oder?«

»Ja, selbstverständlich. Wir Russen sind impulsiv. Oft tun wir dramatische Dinge, die wir hinterher vielleicht bedauern.«

Ein Stich durchfuhr mich.

»Haben Sie es hinterher bedauert?« fragte ich zögernd.

»Ich weiß nicht. Ich habe nicht darüber nachgedacht. Jetzt spiele ich nur, wenn ich betrunken bin.«

Diese Art von Impulsivität war sogar *mir* fremd. Sie schien mir so ungeheuer zerstörerisch und unbesonnen. Später sollte ich erfahren, wie recht er hatte. Aber ich erfuhr auch, daß die Dinge von *meinem* Gesichtspunkt aus so zu sein schienen.

Wir hörten noch etwas Musik, sprachen über Rachmaninow, auch darüber, daß Vassy einen Film über Rachmaninows Leben drehen wollte. Wir tranken Kaffee und saßen noch lange zusammen. Er war zärtlich und selbstbewußt, aber ich glaube, auch ein wenig erstaunt darüber, daß ich mich seinen weiteren Avancen nicht entzog.

Langer Rede kurzer Sinn, er verbrachte die Nacht bei mir und bewies damit, daß es kein abwegiger Gedanke war, seine Joggingschuhe mitzubringen. Mit ihm zusammenzusein bereitete mir großes Vergnügen, ich bedauerte keine Sekunde meine eigene Impulsivität.

Als er sich auszog, sah ich, daß er ein goldenes Kreuz an einer Kette um den Hals trug.

Am nächsten Tag, einem Freitag, hatte ich ebenfalls drehfrei, und dann kam das Wochenende. Vassy verbrachte vier Tage bei mir in Malibu (er »änderte seine Meinung« über sein Wochenende in Paris). Wir joggten am Strand entlang, unternahmen Spaziergänge in den Bergen und redeten und liebten uns und redeten und liebten uns.

Er sagte, er sei unendlich glücklich und dankbar, mich schließlich gefunden zu haben; ich sei, wie er sich ausdrückte, »einfach die Frau meines Lebens«.

Und ich? Ich war mir nicht sicher. Ich würde sehen. Es gab so viele offene Fragen, die ich für den Augenblick beiseite schob. Wir verbrachten eine herrliche Zeit zusammen, die wir beide wohl brauchten.

Vassy erzählte mir über die Arbeit des Filmemachens in Rußland, wie angenehm und kooperativ seine Mitarbeiter im Studio Mosfilm seien, wo er Chef einer Gruppe junger Filmemacher war. Von seinen Mitarbeitern sprach er in Liebe und Zuneigung und davon, wie sehr sie ihm seinen Erfolg im Westen wünschten. Er fragte mich, ob ich Lust hätte, mit ihm einen Film in Rußland zu drehen, und meinte, die russischen Menschen, ihre Leidenschaft und Lebensfreude würden mir gefallen. Er wollte, daß ich mir eines Tages alle seine Filme ansehe; sein größter Traum sei es, mit mir zu arbeiten. Manches nahm ich mit Skepsis auf, vieles schien mir ernst und echt zu sein.

Er erzählte mir von seinen drei Ehefrauen und welche Bedeutung die Institution Ehe in Rußland habe wegen der dort herrschenden Konventionen. Andererseits waren Scheidungen nichts Ungewöhnliches. Er liebte alle seine Ehefrauen, aber auch alle seine Geliebten, von denen es offenbar eine stattliche Anzahl gab. Warum auch nicht, dachte ich. Ich war auch kein Kind von Traurigkeit und hatte nicht jeden Liebhaber gleich geheiratet.

»Einmal habe ich eine berühmte Hellseherin in Bulgarien aufgesucht«, plauderte er, »sie wußte nichts über mich und gab mir trotzdem einen genauen Bericht über meine Herkunft. Und dann sagte sie: ›Warum Amerika?‹ Ich schwieg verblüfft. Niemand wußte, daß ich an Amerika dachte. Niemand. Und dann sagte sie: ›Du bist gemein zu Frauen.‹ Vielleicht verwende ich jetzt einen falschen Ausdruck. Aber sie sagte mir auf den Kopf zu, daß ich nicht fair mit Frauen umgehe.«

Ich blickte ihn erstaunt an. Vassy ging zu einer Hellseherin? Glaubte an das, was sie weissagte, und sprach obendrein noch völlig ungeniert darüber? Ein interessanter Mann – ein Mann, der mir vielleicht einen Charakterzug eingestand, den er zu ändern wünschte.

»*Bist* du denn gemein zu Frauen?« fragte ich in meiner ›zurückhaltenden‹ Art.

»Ja, ich denke schon. Ja. Aber ich hatte eben die Frau meines Lebens noch nicht gefunden. Jetzt habe ich sie gefunden.«

»Was hat die Hellseherin dir sonst noch prophezeit?« fragte ich. Er lachte.

»Sie sagte: ›Halte dich von Politik fern. Gefährlich für dich!‹«

»Man muß ja nicht unbedingt alles glauben, was ein Hellseher so von sich gibt, nicht wahr?«

»Nein, aber ich finde, man sollte sie ernst nehmen. Sie hatte recht, was meine Familie betraf, und wußte, Amerika spukte in meinem Kopf herum, obwohl ich mit keinem Menschen darüber gesprochen hatte. Hohe Offiziere lassen sich von dieser Bulgarin beraten. Sie steht unter Polizeischutz, weil sie ein Staatsschatz ist. Ich halte sie für seriös.«

Er sprang auf und streckte sich. »Jetzt zeige ich dir, wie man russischen Salat macht mit Karotten, Äpfeln, roten Beten und Knoblauch.«

Vassy war ein Meisterkoch. Fachmännisch und liebevoll schnipselte er Rüben und Karotten, mischte die saftigen Gemüse mit Äpfeln, die er vorher im Mixer pürierte, und klatschte die Rohkostmixtur lieblos auf Küchenbretter wie ein Holzfäller . . . besser gesagt, wie ein Bauer.

Dann fing er im Stehen an zu essen.

»Moment mal«, protestierte ich. »Laß dir doch Zeit! Warum hast du es so eilig? Setzen wir uns auf den Balkon und essen wie wohlerzogene Menschen.«

Vassy hielt mitten im Kauen inne, als hätte ich ihn auf etwas grundsätzlich Anstößiges aufmerksam gemacht, dessen er sich nicht bewußt war.

»Ja«, meinte er verlegen, »das wäre nett.«

Als wir auf dem Balkon saßen, wunderte ich mich im stillen

über den seltsamen Gegensatz von Kultiviertheit und Bäuerlichkeit. Er begann ein fundiertes Gespräch über Vollwertkost und ernährungswissenschaftliche Erkenntnisse und erklärte mir, auf welche Weise jedes Nahrungsmittel im Organismus wirke. Dabei schaufelte er ungeniert sein Essen in sich hinein, und der Widerspruch zwischen dem, was er sagte, und dem, was er tat, war ihm keineswegs bewußt. Und doch verschlang er sein Essen mit sinnlicher Lust. Vassy war kein Mann von halben Sachen. Essen schien ihm ein Symbol für Leben zu sein, und wenn das Leben oder das Essen oder die Liebe sich ihm darboten – dann griff er beherzt zu. Eine Art, die mir gefiel, denn ich war selbst so, auch wenn ich mir mehr Zurückhaltung auferlegte.

Als er seinen Salat hinuntergeschlungen hatte, starrte er in das Glas mit frisch gepreßtem Karottensaft und gestand, er habe ein kleines Problem.

»Wenn ich wieder in Paris bin, soll ich zu der Frau, mit der ich zusammen bin, in die Wohnung ziehen. Sie verläßt ihren Ehemann meinetwegen; aber hast du nicht vor, nach Paris zu kommen?«

Ich schluckte, denn ich hatte tatsächlich mit dem Gedanken gespielt, nach Beendigung der Dreharbeiten Vassy für ein paar Tage in Paris zu besuchen. Dann würden wir ja sehen, wie die Sache sich entwickelte. Man konnte ja improvisieren, dachte ich. Auf so viel Improvisation war ich allerdings nicht gefaßt.

»Jetzt habe ich in dir die Frau meines Lebens gefunden. Aber ich muß fair sein zu dieser anderen Frau.«

»Ich verstehe. Das ist ein persönliches Problem. Aber was hat das mit mir zu tun?«

Er schaute von seinem Glas auf. »Du willst doch nach Paris kommen, ja? Du hast vor, mich zu besuchen, ja?«

»Ja. Ich denke schon. Aber ich möchte nichts durcheinanderbringen, was dir wichtig ist.«

»Du bist mir wichtig. Das warst du schon immer. Auch wenn ich nie erwartet habe, daß du mir solche Gefühle entgegenbringst. Deshalb muß ich es ihr sagen und erklären, was geschehen ist.«

»Gut«, sagte ich, wieder einmal verstrickt in den Konflikt der Spielregeln aller Mann-Frau-Beziehungen. »Fahre nach Paris. Tu, was du für richtig hältst. Ich komme nach, wenn ich meinen Film abgedreht habe, das wird in etwa zehn Tagen sein.«

»Und du kommst wirklich nach Paris?«

»Ja«, versprach ich und dachte an meine vielen Paris-Reisen und wie anders es diesmal sein würde.

»Gut. Abgemacht. Es wird schwierig. Aber ich werde es ihr sagen.«

Er stand auf. »Ich liebe Malibu sehr.« Dann blickte er mir unverwandt in die Augen. »Und du bist meine wahre Liebe.«

Ich legte meine Arme um ihn, und wir hielten einander umschlungen.

»Jetzt muß ich aber zurück ins Hotel«, sagte er. »Jemand von Universal hilft mir beim Packen und fährt mich zum Flughafen. Ich rufe dich kurz vor meinem Abflug noch einmal an.«

Mit nüchterner Präzision bereitete er sich auf seine Abreise vor. Dann zog er aus seiner Paßhülle ein kleines blaues Medaillon mit einem religiösen Bild.

»Das möchte ich dir schenken. Hänge es an ein Kettchen. Meine Mama hat es mir gegeben, als ich Rußland verließ. Es ist vom Erzbischof geweiht.«

Er legte das blaue Medaillon in meine Handfläche, ein Goldmosaik der Jungfrau Maria mit dem Jesuskind, beide trugen einen Heiligenschein.

»Das willst du mir schenken?«

»Natürlich. Du bist meine Liebe. Es wird dich beschützen, solange wir getrennt sind. Und was hast du für mich, was du immer bei dir trägst?«

Ich nahm die goldene Kette von meinem Hals und legte sie ihm um. Sie hing knapp über seinem goldenen Kreuz.

»Das ist schön«, sagte er. »Die Kette hat deine Energie. Das spüre ich. Ich werde sie immer tragen. Du wirst sehen.«

Wir gingen zur Tür. Er blickte noch einmal aus dem Fenster über den Ozean und zog noch einmal den Geruch des Meeres tief ein. Ich begleitete ihn zum Wagen; die Joggingschuhe baumelten über seiner Schulter. Wie sicher er sich doch meiner war.

»Das Leben ist ein wunderbares Geheimnis, nicht wahr?« schwärmte er.

Ich nickte.

Winkend fuhr er die Malibu Road hinunter. Ich fragte mich, welche Bedeutung er in meinem Leben haben würde, denn ich konnte nicht ahnen, welch wunderbares, mich halb in den Wahnsinn treibendes Geheimnis er für mich sein sollte.

Neuntes Kapitel

Einige Tage später nahm ich die Nachtmaschine nach Paris. Am Zoll wartete ich auf mein Gepäck, etwas unsicher vor dem Wiedersehen mit Vassy. Ich blickte durch die offene Tür in die Halle. Da stand er, eine imponierende Gestalt im Alpaca-Mantel und mit einer russischen Wollmütze auf dem Kopf. Ich ging mit meinem Gepäck in die Halle. Sehr zögernd kam er auf mich zu und musterte skeptisch meinen einzigen, aber ziemlich großen Koffer.

»Meine Wohnung ist eine winzige Zelle«, sagte er bedauernd. »Du wirst sehen. Freunde von mir, Sascha und seine Frau, überlassen sie mir, denn jetzt habe ich kein Geld für Miete.«

Ich dachte an das teure französische Restaurant in Hollywood und wie er Geldfragen leichtfertig in den Wind schlug.

»Mir macht eine kleine Zelle nichts aus. Ich kann überall schlafen«, entgegnete ich.

Er erholte sich rasch von seinem Schrecken, nahm mir den Koffer ab und führte mich voll Stolz aus dem Flughafengebäude.

Ich beteuerte nochmals, daß mir Wohnverhältnisse völlig gleichgültig seien. Er blieb stehen und sah mir einen Moment lang tief in die Augen, als wolle er sichergehen, daß ich die Wahrheit sagte.

Ich überlegte, ob ich ihm in diesem Augenblick gestehen sollte, daß dies für mich ein aufregendes Abenteuer sei, das ich mir nicht entgehen lassen wollte, weil ich mich ihm in unerklärlicher Weise sehr vertraut fühlte. Ich verstand ihn nicht in allem, aber mir war, als kenne ich ihn, vielleicht besser, als er sich selbst kannte. Doch ich schwieg.

Er führte mich zu einem Mercedes, den er, wie er sagte, aus Moskau nach Frankreich mitgenommen hatte.

Paris im Frühling – und es regnete einen unangenehmen, kalten Nieselregen. »Das Wetter in ganzer Welt ändert sich«, sagte Vassy. »Etwas stimmt nicht. Etwas ist merkwürdig. Zuviel Herumexperimentieren mit der Natur, glaube ich. Natur gehört Gott. Die Menschen begreifen ihr Mysterium nicht. Die Natur rächt sich, wenn sie ausgebeutet wird.« Er öffnete das Wagenfenster und holte tief Luft. »Ich liebe die Gerüche der Natur. Sie sind rein und vertrauenswürdig.« Sein Englisch machte Fortschritte.

Er parkte in der Tiefgarage eines Apartmenthauses, sprang aus dem Wagen, nahm meinen Koffer und führte mich zum Lift und in das Apartment. Mit großen französischen Schlüsseln klappernd, öffnete er die Wohnungstür.

Vassy hatte recht. Die Wohnung war eine winzige Zelle. Ich trat hinter ihm ein. Er vermied es, mich anzusehen, bemühte sich lieber darum, Platz für meinen Koffer zu schaffen. Das Zimmer war gerade groß genug für eine Matratze auf dem Fußboden, einen Tisch und einen kleinen Kühlschrank in der Ecke, worauf sich eine Elektroplatte befand. Ein Küchenschränkchen enthielt ein paar Gewürzgläser und eine Knoblauchknolle. Ob er hier tatsächlich kochte? Vielleicht fiel mir diese Aufgabe jetzt zu. Wir konnten kaum in Lokalen essen gehen, wenn er nicht mal genug Geld für die Miete hatte. Sollte ich im Restaurant bezahlen? Es ging mir nicht ums Geld, sondern darum, ob ich ihn damit in Verlegenheit bringen würde.

Ich verdrängte derlei Überlegungen und sagte: »Vassy, es gefällt mir. Es ist gemütlich, und wozu brauchst du mehr Platz, wenn du ständig unterwegs bist.« Ich wollte ihm nicht nur etwas Nettes sagen, ich meinte es aufrichtig. In dem kleinen, unordentlichen Schrank machte er für mich Platz. Ich begann auszupacken, um ihn von seinen Besorgnissen zu erleichtern, holte ein paar Pullover und Hosen heraus und hängte sie auf zwei Kleiderbügel. Ich spürte seine Erleichterung, daß ich nicht wie eine Filmdiva reiste. Während meiner vielen Reisen hatte ich gelernt, mich mit wenig Platz zufriedenzugeben.

Er kochte Tee mit Zitrone. Ich entdeckte das Badezimmer hinter dem Schrank. Gott sei Dank. Ich hatte schon befürchtet, es gebe vielleicht nur eine Toilette im Zwischenstock, wie das mancherorts in Europa üblich ist.

Das Badezimmer war noch winziger als die »Zelle«, ausgestattet mit einem altmodischen Klo, dessen Wasserspülung durch Ziehen an einer Kette bedient wurde, Waschbecken und Spiegel darüber, daneben eine dieser Einrichtungen, die halb Badewanne, halb Duschkabine sind, mit deren Hilfe die Franzosen es schaffen, sich sauberzuhalten. Es gab eine Handbrause; mit diesen Dingern kann ich nie richtig umgehen und überflute damit jedes Badezimmer.

Ich machte die Tür zu, wusch mir das Gesicht und schaute mir seine Toilettensachen an, die auf dem Beckenrand standen. Er benutzte einen Elektrorasierer, der in der Steckdose steckte. Daneben stand eine riesige Flasche After-shave-Lotion ›Jaragan‹. Ob das französisch oder russisch war? Ich öffnete die Flasche und roch daran. Es roch wie er. Neben dem Jaragan stand eine weiße Plastikbox, an der ein Draht befestigt war, vier zahnstocherähnliche Dinger steckten in vier Öffnungen, ein elektrisches Kabel führte zur Steckdose. Ein Water-Pik? Ich hatte ein solches Gerät noch nie vorher gesehen. Ob er dem Ding die »perfekte Nicht-Perfektion« seiner Zähne verdankte?

Ich sah mich genauer im Badezimmer um. Zu meiner Verblüffung öffnete sich die Tür ohne warnendes Anklopfen oder »Kann ich reinkommen?«. Nichts dergleichen. Vassy öffnete einfach die Badezimmertür, sah mich auf der Kloschüssel sitzen und erkundigte sich munter: »Geht's dir gut?«

Ich nickte und versuchte mühsam, ungestört zu wirken. So unerwartet in eine Gesprächssituation gebracht, erkundigte ich mich höflich, ob diese weiße Plastikbox ein Water-Pik sei.

»Selbstverständlich«, sagte er und ließ umgehend eine seiner Erklärungen folgen. »Du mußt dir damit die Zähne putzen. Besonders nach einem so langen Flug.«

Ich nickte und bekam die Situation allmählich wieder in den Griff.

»Komm«, sagte er. »Jetzt zeige ich dir, wie das gemacht wird.«
Das reichte mir.

»Hinaus!« befahl ich, und mit soviel Würde, wie ich aufbringen konnte, fügte ich hinzu: »Ich rufe dich, wenn ich dich brauche.« Ich sollte noch lernen, daß Vassy absolut kein Gefühl für Intimsphäre hatte – weder was ihn noch einen anderen betraf. Er verfolgte Leute sogar im Flugzeug bis in den Waschraum, um sicherzugehen, daß sie dort nicht heimlich rauchten.

Augenblicklich machte er sich daran, mich über meine Zähne zu belehren. Wie immer, wenn es sich um Gesundheitsfragen handelte, dozierte er darüber mit todernster Miene. »Du mußt dir jeden Tag damit Zähne und Zahnfleisch massieren«, verkündete er. »Wasserdruck ist gut für Zahnfleisch. Zahnfleisch und Zähne sind wichtig für Großaufnahmen. Kamera kann grausam sein, Sheerlee, du weißt das. Du mußt besser aufpassen.«

Seine beharrliche Entschlossenheit, mit der er mich in der Benutzung der Munddusche unterwies, machte mir klar, daß ich lernen mußte, mich zu beherrschen, wenn er es zu weit trieb, oder ich mußte die Sache mit ihm von vornherein sausen lassen.

Vassy lächelte mich im Badezimmerspiegel an. Er sah, daß ich über seine Worte nachdachte.

»Meine kleine Zelle gefällt dir also, oder?« meinte er stolz.

Die Assoziation erschien mir seltsam. Hier begriff ich zum erstenmal, daß Vassy Medwedjatnikow immer und überall die absolute Vormachtstellung haben mußte, ob er sich auf vertrautem Boden befand oder nicht. Die Verbindung unserer beiden Wesensarten war in der Tat hochexplosiv.

Das Telefon neben der Matratze auf dem Fußboden schrillte. Er nahm den Hörer ab.

»Mamitschka«, rief er in den Apparat, und dann hastig zu mir gewandt, »das ist meine Mama aus Moskau.« Dem folgte ein russischer Wortschwall, der erregter und lebhafter und in dessen Verlauf seine heisere Stimme zunehmend lauter wurde. Ich begann mir ernsthafte Sorgen darüber zu machen, was ihn so aufregen mochte.

Am Ende des etwa zehn Minuten dauernden Telefongesprächs glaubte ich, der KGB habe seine Mutter bei Nacht und Nebel abgeholt und eingekerkert. Mit zufriedener Miene legte er den Hörer auf.

»Was war denn los? Ist etwas passiert?« fragte ich.

»Nein, nein. Mama wollte bloß wissen, ob ich heil aus Amerika wieder nach Paris gekommen bin. Im Garten ihrer Datscha auf dem Land fängt schon alles zu blühen an, und vielleicht kommt sie im Sommer nach Frankreich.«

»Und ich dachte, der dritte Weltkrieg sei ausgebrochen.«

»So reden wir Russen. Wir schreien immer. Du wirst sehen«, versicherte er mir.

Vassy ging an den kleinen Küchenschrank, nahm etwas weichen Knoblauchkäse und Cracker heraus, entkorkte eine Flasche Rotwein und fing im Stehen an, Käse und Cracker zu essen und Rotwein in sich hineinzuschütten.

»Hattest du einen guten Flug?« fragte er, doch das Essen interessierte ihn weit mehr als meine belanglose Antwort.

»Klar«, antwortete ich, fasziniert von seiner Beziehung zum Essen. Man hätte glauben mögen, er sei halbverhungert in einer armseligen Hütte in Sibirien aufgewachsen. Dabei stammte er aus einer kultivierten Familie von Künstlern und Schriftstellern. Er hatte mir erzählt, seine Mutter sei Dichterin und Sprachforscherin, die Tochter eines berühmten russischen Malers. Sein Vater schrieb Kinderbücher und war ein großer Funktionär im Schriftstellerverband in Moskau. Die Frage nach persönlicher künstlerischer Freiheit hatte ich mit Vassy noch nicht erörtert. Er schien jedoch nicht im geringsten darunter zu leiden.

»Ich erzählte Mama, daß ich dich endlich kennengelernt habe. Ich glaube, sie macht sich Sorgen, daß ich nach Hollywood gehe. Sie bewundert dich sehr.«

Wieder schrillte das Telefon. Diesmal war sein Freund Sascha am Apparat, dem die Wohnung gehörte. Bei ihm fand eine Party statt, und er wollte uns dazu einladen.

Vassy zuckte mit den Schultern und fragte mich in Russisch, ob ich Lust dazu hätte. Ich wußte ohnehin, was er meinte. Hol's der Teufel, antwortete ich ihm in meinem Pidgin-Japanisch. Vermutlich würde ich sowieso nicht schlafen können.

Also zog ich mich um, und wir schlenderten über das Kopfsteinpflaster von Paris. Ein paar Minuten später betraten wir ein Wohnzimmer, überfüllt mit einer verwirrenden Menge gestikulierender Russen und Franzosen. Die meisten von ihnen sprachen zum Glück auch Englisch.

Vassy stellte mich seinem Freund und dessen Frau Mouza vor. Ich bedankte mich, daß sie uns die Wohnung zur Verfügung stellten. Sascha meinte, ich sei verrückt, dort zu bleiben. Russen hatten eine bemerkenswert direkte Art und schienen es augenzwinkernd zu genießen, wenn sie andere damit aus der Fassung brachten.

Vassy schlenderte gutgelaunt herum, begrüßte Freunde und kümmerte sich nicht die Spur darum, wie ich mich zurechtfand. Glücklicherweise wußte jeder, wer ich war und was ich machte, und so war niemand um ein Gesprächsthema verlegen. Ich fühlte mich mit unverhohlener Neugier gemustert, und jeder schien sich zu fragen, was ich wohl mit Wassili Ochlopchow-Medwedjatnikow in Paris treibe.

Sascha und Mouza waren in Frankreich geboren und keiner staatlichen Bevormundung wie russische Bürger unterworfen. Doch ungeachtet, in welchem Land ein Russe lebt, er fühlt sich sein Leben lang als Russe. Als ich mich in der mit Ikonen überladenen Wohnung umsah, fiel mir eine Französin auf, die mich mit noch größerem Interesse als die übrigen Gäste musterte.

Bei nächster Gelegenheit fragte ich Vassy nach dieser Frau.

»Sie ist Schwester meiner französischen Freundin«, klärte er mich auf. »Sie weiß, daß ich wegen dir Schluß gemacht habe mit ihr.«

Mich durchfuhr ein Stich, den man in Situationen verspürt, wenn jeder Anwesende mehr über persönliche Belange zu wissen scheint als man selbst.

»Aha«, sagte ich ruhig. »Mir war, als habe *sie* etwas mit dir zu tun.«

»Das hatte sie auch«, gab er offen zu. Mir blieb der Mund offenstehen vor Verblüffung. »Als ich sehr eifersüchtig auf ihre Schwester war, habe ich aus Wut mit ihr geschlafen«, sagte er beiläufig.

Plötzlich gingen mir seine Frauengeschichten auf die Nerven – mein Herz hämmerte wild als Antwort auf seine unverblümte Direktheit.

»Du hast also mit beiden Schwestern geschlafen?«

»Ja. Ich war wütend und eifersüchtig, weil Monique mit ihrem Mann geschlafen hat.«

»Du meine Güte«, seufzte ich, und dann stach mich doch die Neugier. »Was hast du denn von ihr erwartet?«

»Daß sie nur mit mir schläft«, antwortete er treuherzig.

»Ich verstehe. Deshalb hast du mit ihrer Schwester geschlafen.«

»Selbstverständlich.«

Mouza ging mit einer Platte Piroschkis reihum, kleine russische Pastetchen mit Hackfleisch gefüllt. Vassy nahm eines und verschlang es mit einem Biß.

»Hör mal«, langsam erholte ich mich wieder. »Wußte deine Monique, was du getan hast?«

»Selbstverständlich. Ich bin immer ehrlich. Ich lüge nie.«

»Nein«, sagte ich, »das sehe ich.«

»Gefällt's dir hier?« fragte er, als hätten wir gerade vom Wetter geredet.

»O ja«, antwortete ich. »Wunder hören niemals auf. Alle möglichen Wunder.«

»Und ist das nicht wundervoll?«

»Sicher.«

Vassy schlenderte wie ein verspielter, übergroßer junger Hund ins Wohnzimmer, über der Schulter eine Kamera, die er von irgendwoher geholt hatte.

Mouza lehnte sich neben mich an den Türpfosten. »Haben Sie schon mal etwas mit einem Russen zu tun gehabt?« fragte sie.

»Nein, Mouza. Warum?«

»Nur so. Hätte mich nur interessiert.« Dann meinte sie hastig, sie habe den Wodka vergessen.

Ich ging ins Wohnzimmer, ein wenig benommen vom langen Flug und von meiner Naivität.

Vassy reichte mir ein Glas Wodka. »Ich bin sehr *fidèle*«, sagte er. »Wenn ich verliebt bin, bin ich *fidèle*.«

Die Berg-und-Tal-Bahn legte sich in die erste Kurve.

Ein paar Stunden später mußte ich ins Bett. Vassy führte mich zärtlich ab in die Zelle. Schon halb schlafend zog ich mich aus, bemerkte aber noch, wie er sein goldenes Kreuz abnahm und es neben zwei kleine Bilderrahmen legte. In einem war das Foto seiner Mutter, im anderen ein Bild von Maria mit dem Jesuskind. Wir fielen auf die Matratze und versanken in Liebe und Schlaf.

Als ich am nächsten Morgen die Augen öffnete, betrachtete Vassy mich sehr liebevoll. Er bewegte sich nicht. Er lächelte stumm. Dann seufzte er und berührte meine Nase.

»Du bist mein Nif-Nif«, sagte er verspielt.

»Bin ich das? Was ist ein Nif-Nif?«

»In Rußland erzählt man eine Kindergeschichte von kleinen Schweinen. Ich glaube, ihr habt so etwas ähnliches. Mein Lieblingsschweinchen hieß Nif-Nif. Du bist mein kleines Nif-Nif, weil du ein entzückendes Gesicht hast wie ein kleines Nif-Nif.«

Zärtlichkeit nahm mich gefangen.

»Nif-Nif, ich liebe dich. Ich werde immer ehrlich mit dir sein. Das weißt du.«

»Ja«, antwortete ich, »ein bißchen davon ist mir ja schon klargeworden.«

»Glaubst du, wir haben uns früher schon einmal gekannt?«

Ich stützte mich auf meinen Ellbogen. Von langatmigen Einleitungen hielt er nicht viel, er sprach alles, was ihn im Augenblick beschäftigte, direkt aus. Seine Frage tippte etwas in mir an, doch mir war unsere Beziehung als zu zart erschienen – oder vielleicht als zu bedeutsam, um diese Frage selbst zu stellen.

»Meinst du, in einem anderen Leben?«

»Ja.« Er erwartete eine klare Antwort, doch ich wich ihm aus.

»Möglich. Ich weiß nicht, was ich von solchen Mutmaßungen halten soll.«

»Ich habe das Gefühl«, fuhr er fort, »als würde ich dich mein ganzes Leben kennen. Woher kommt das?«

»Ich weiß nicht. Auch ich habe das Gefühl, dich zu kennen, obwohl ich überhaupt nicht weiß, wie du wirklich bist.«

»Wir sind sehr verschieden, nicht wahr?«

»Sehr.«

»Amerikanisch und russisch. Warum haben wir einander gefunden?«

»Du hast mich gefunden, Vassy. Du warst doch auf der Suche nach mir.«

»Früher habe ich rothaarige Frauen, die dir ähnlich sahen, auf der Straße angesprochen. Ich dachte wirklich, ich sehe dich überall. Es ist wahr. Du hast meinen Film gesehen. Ich habe mit dieser Schauspielerin drei Jahre zusammengelebt, weil sie dir ähnlich sieht. Weshalb?«

»Ich weiß es nicht.«

»Sie wußte es. Sie hatte deshalb Bilder von dir an die Wand gehängt. Sie hat dich sehr geschätzt. Sie will ein Autogramm von dir.«

»Okay. Klar.« Ich begriff allmählich das Ausmaß seiner Aufrichtigkeit.

»Kommst du mit mir in russische Kirche zur Ostermesse?«

Ich betrachtete das Kreuz auf dem Nachttisch neben der Ikone. »Gern«, antwortete ich. »Es bedeutet dir viel, nicht wahr?«

»Ich bin Christ. Jeder Russe ist religiös veranlagt, ob er nun Kommunist ist oder nicht. Möglicherweise tragen manche Männer im Kreml heimlich ein Kreuz auf der Brust.«

Vassy schob seinen Arm unter den Kopf. »Die Bevölkerung Rußlands ist sehr spirituell«, fuhr er fort. »Unser System macht das notwendig. Vielleicht vertieft kommunistisches System seelisches Empfinden.«

»Du fühlst so. Warum?«

»Das ist so ähnlich wie mit unseren Erdbeeren. Weil Erdbeeren sechs Monate tief unter russischer Schneedecke begraben sind, schmecken sie im Frühling so gut.«

»Heißt das, nur Erdbeeren, die leiden, schmecken süß?«

»Selbstverständlich. Dasselbe trifft zu für das Leben und die Menschen. Leiden ist notwendig für die Kunst und das Glück.«

Aus seinen Worten sprach tiefe Überzeugung. »Russische Liebe zu Gott und spirituelles Verständnis ist für alle Russen sehr wichtig. Verstehst du?«

»Willst du damit sagen, daß die Männer des marxistischen Regimes im Kreml keine Atheisten sind, sondern heimliche Christen?«

»Nicht christlich religiös. Sogar Atheisten sind Atheisten aus Überzeugung. Russisches Volk hat *Überzeugungen*. Zweifel kommt aus dem Westen.«

»Und du, Vassy?«

»Ich bin russisch-orthodoxer Christ«, bekannte er entschieden. Ich fragte mich, ob er je etwas mit Einschränkungen sagte oder tat. Er schien von *allem*, was er sagte, uneingeschränkt überzeugt zu sein.

»Wir müssen gegen satanische Mächte ankämpfen«, fuhr er fort. »Böse Mächte werden uns zerstören, wenn wir Gott nicht anerkennen.«

»Glaubst du denn an so etwas wie eine satanische Macht?«

»Selbstverständlich. Und jedesmal, wenn wir sie in uns selbst spüren, müssen wir Gott suchen.«

»Trägst du deshalb dieses Kreuz . . . zum Schutz?«

»Ja. Selbstverständlich. Aber du mußt auch verstehen, daß wir Russen auch Moslems sind, nicht in religiöser Hinsicht gesehen, sondern spirituell. Wir sind eine Mischung aus christlicher Seele und asiatisch-moslemischer Mentalität. Wir sind nicht fähig, uns selbst zu beherrschen und Gesetzen zu gehorchen, deshalb ist Regierung mit starker Faust für uns notwendig.«

Ich war nicht sicher, ob in seinen Worten ein Widerspruch lag oder nicht. Und dann fiel mir etwas ein, was Dostojewski geschrieben hat: ›Russen sind sentimental, gleichzeitig aber kalt und grausam. Ein Russe kann über ein Gedicht Tränen vergießen und fünf Minuten später an gleicher Stelle seinen Feind töten. Ein Russe ist halb Heiliger, halb Wilder.‹

»Mein Nif-Nif, wir Russen haben kein Gefühl von Respekt für Persönlichkeit. Wir sind emotionaler – von Liebe und Haß bestimmt. Das war in den Zeiten der Zaren nicht anders als heute. Russen respektieren nur Gewalt und Macht. Dieser Respekt ist gemischt mit Angst und manchmal mit Bewunderung. Deshalb bewundern Russen Stalin. Er war wirklich eiserne Faust. Und deshalb erwarten wir, nur dann von anderen respektiert zu werden, wenn wir Macht haben und Stärke zeigen.«

Seine Worte stimmten mich traurig. Wie war es möglich, persönliche Beziehungen auf internationaler Ebene einzugehen, wenn uns eine solche Kluft aus Mißtrauen und unterschiedlichen moralischen Wertbegriffen trennte? Welche Ergebnisse sollten die SALT-Gespräche bringen, die nukleare Abrüstung oder die Raumforschung, wenn das, was er sagte, der Wahrheit entsprach?

Er redete weiter von der Vielschichtigkeit des russischen Wesens – einer Art Dualismus von Temperament und Lebensanschauung –, das durch Klima, geographische Lage und die Geschichte bestimmt war.

»Kannst du dir vorstellen, was es bedeutet, in einem kleinen Dorf zu leben, sieben Monate unter einer fünf Meter hohen Schneedecke begraben, und der nächste Nachbar oder eine Bahnstation liegt fünf Tagereisen entfernt? So sah jahrhundertelang das Leben der Russen aus. Die Nachrichten, die sie erreichten, wenn überhaupt, waren meist ein Jahr alt.«

Ein Russe könne eine gewisse Zeit diszipliniert leben, um sich dann durch Maßlosigkeit zu zerstören; privat als Mensch bescheiden und in der Öffentlichkeit wichtigtuerisch und aufgeblasen; freundlich und mitfühlend und im nächsten Augenblick lieblos und brutal.

Ich erinnerte mich, daß Hedrick Smith dasselbe gesagt hatte in seinem Buch *The Russians*, für das er den Pulitzer-Preis erhalten hatte. Ein Russe – halb Wilder, halb Heiliger, wie Dostojewski sich ausgedrückt hatte.

Ich mußte gestehen, diese Charakterisierung traf genau auf meinen Vassy zu. O Gott, jetzt verstand ich, warum Mouza mich gefragt hatte, ob ich schon einmal näher mit einem Russen zu tun gehabt hätte. Und wieder spürte ich ein unbestimmbares Gefühl tief in mir, diesen Mann vor Hunderten von Jahren bereits gekannt zu haben.

Vassy nahm meine Hand. »Du bist mein Sonnenschein«, sagte er leise.

Ich spürte, wie mein Gesicht rot anlief.

»Du hast schöne Finger. So lang und elegant.« Er drückte zärtlich meine Fingerspitzen. »Ich liebe deine zarten Fingerballen. Sie sind wie kleine Kissen. Du mußt Nägel schneiden, damit ich sie besser sehen kann.«

Abrupt holte er mich mit einer seiner ›Bevormundungen‹ zurück in die Wirklichkeit. Ich ließ meine Nägel lang wachsen, um zu vermeiden, daß ich ständig an meiner Nagelhaut herumzupfte, oft bis sie blutete. Jemand hatte das einmal so gedeutet, ich tue das in dem Versuch, die äußeren Schichten meines Selbst abzukratzen, mit dem Wunsch, zum Kern meines Unterbewußtseins vorzudringen. Populärpsychologie, mag sein, vielleicht steckte aber auch ein Körnchen Wahrheit dahinter.

»Kommst du mit mir joggen, Nif-Nif«, fragte er wie ein kleiner Junge, der seine Mutter um einen großen Gefallen bittet. »Ich habe bisher noch keine Frau gekannt, die mit mir joggen ging.«

»Klar«, antwortete ich, zwischen seinem kindlichen Charme und seiner erwachsenen Rechthaberei hin und her gerissen.

»Aber zuerst kommt Water-Pik«, befahl er. »Gestern warst du zu müde. Jetzt mußt du ausgiebig Zahnfleischmassage betreiben.«

Murrend kroch ich aus dem Bett. Er hatte ja recht.

In Jogginganzügen liefen wir im Pariser Sonnenschein zum Jardin du Luxembourg. Während wir liefen, überlegten wir, wo wir anschließend frühstücken würden.

»Ich werde fünf Meilen laufen«, verkündete er.

»Klar«, sagte ich und wußte, es war ihm ernst damit. Mir reichten zwei oder drei Meilen. Während er sein restliches Pensum absolvierte, wollte ich Streckübungen machen.

Vassy belastete die Außenseiten seiner Fußsohlen zu stark und brachte so das Gewicht seines Körpers, ohne in den Sprunggelenken abzufedern, hart auf den Boden, dadurch strapazierte er seine Wirbelsäule viel zu sehr.

»Weißt du, Vassy«, fing ich vorsichtig an, »du hast eine falsche Lauftechnik. Dadurch belastest du deinen Rücken zu stark.«

Er warf mir einen verdrießlichen Seitenblick zu. »Ich fühle mich aber dabei ganz wohl«, war seine knappe Antwort. Keine weitere Diskussion.

Na bitte! Was ging es mich an? Es war ja nicht mein Rücken. Nach einer Weile setzte ich mich ab, blieb stehen, legte erst ein Bein auf die Rückenlehne einer Parkbank, dann das zweite und machte meine Streckübungen. Nach dem langen Flug hatte ich das dringend nötig. Vassy nahm nicht einmal zur Kenntnis, daß ich zurückgeblieben war. Die nächste Stunde machte ich Yoga- und Atemübungen. Vielleicht dachte Vassy, körperlicher Schmerz sei notwendig für die Gesundheit. Wenn es nicht weh tat, nützte es auch nichts. Ich kannte dieses Gefühl selbst und begann die Torheit dieser Überlegung zu begreifen.

Vassy umrundete den Park ein letztes Mal und winkte mir im Laufen zu, daß er nach Hause joggen würde. Gott, dachte ich, der Mann ist ja geradezu süchtig nach Disziplin. Beim Essen würde er dann wieder zulangen wie ein Holzfäller.

Genau das geschah. Wir duschten, zogen uns um und suchten ein kleines Bistro um die Ecke auf. Er bestellte verschiedene Vorspeisen, eine Flasche Rotwein, aß jede Menge Brot, dick mit Butter bestrichen, und hinterher mehrere Nachspeisen. Ich machte mich im stillen darauf gefaßt, zehn Pfund während meines Paris-Aufenthaltes zuzulegen.

Während des Essens sprach Vassy von einem Projekt, das ihn für uns beide interessierte – ein Buch mit dem Titel *The Doctor's Wife* von Brian Moore.

»Ist das nicht eigenartig?« fragte ich. »Ebendieses Buch wurde mir kürzlich von einem befreundeten Schriftsteller empfohlen.«

Wir sprachen lange darüber. Er zeichnete leidenschaftlich ein Bild von jeder Figur, versetzte sich in ihre Konflikte, ihre Nöte und

Zwänge. Vassy schien das volle Leben umfassen zu wollen, es berührte mich tief, wie er engagiert die Absichten, die er mit diesem Film verwirklichen wollte, darlegte.

Ich fragte mich, wie sich unsere Beziehung auf die Arbeit auswirken würde. Ich wußte, er beobachtete mich genau, überlegte, welche meiner Gewohnheiten und Eigenarten er annehmen, welche er ablehnen würde. Ich fühlte mich dadurch jedoch nicht eingeengt, denn ich analysierte ihn gleichermaßen.

Es war ein faszinierendes Spiel, einander zu beobachten. Zwei Menschen, die sich gewissermaßen des Lebens als Wasser für ihre kreativen Mühlen bedienten.

»Vassy, was würdest du dazu sagen, wenn ich dich in einem meiner Bücher beschreiben würde?«

Er lächelte stolz. »Über mich wurde schon in einigen Büchern geschrieben. Es gibt viele Gründe, warum wir in das Leben anderer treten. Kreativität ist alles. Und Kreativität kommt aus Erfahrung. Ich liebe alle meine Figuren. Und ich weiß, du wirst deine lieben.«

Zurück in der »Zelle«. Als ich aus dem Badezimmer kam, wo ich mich ausgiebig dem Water-Pik gewidmet hatte, saß Vassy auf der Matratze, eine Mohrrübe kauend, und lächelte mich an wie ein großer Bär.

Mir fiel ein, daß ich vergessen hatte, ihm mein Geschenk zu geben. Ich durchwühlte meinen Koffer, kramte zwei niedliche rosa Häschen hervor, die einander umarmt hielten, und ließ sie auf seinen Bauch plumpsen. Sofort setzte er die Häschen auf ein Kissen und redete mit ihnen, schimpfte sie in Hasensprache aus, legte sie übers Knie und gab ihnen einen Klaps. Dann deckte er sie zu und schnurrte ihnen ein Kinderlied vor. Er neckte sie, weil sie sich sogar im Schlaf umarmten, dann wiegte er sie tröstend an seiner Schulter. Dann warf er sie mir zu. Ich schubste sie ihm sanft wieder hin, halb überzeugt davon, daß sie lebten. Er streichelte ihre Köpfe, setzte sich mit ihnen auf den einzigen Küchenstuhl, mit dem unsere »Zelle« aufwarten konnte, wiegte sie in den Armen, und ich machte ein Polaroidfoto von den dreien.

Seine Gabe, kindliches Vergnügen zu empfinden, entzückte mich. Er wiederum gestand, ihm gefalle meine Art, aus allem ein Spiel zu machen. Durch mich habe er eine andere, neue Bedeutung des Wortes »Spaß« erfahren. Dann fielen wir aufs Bett und liebten uns, die rosaroten Häschen purzelten auf den Fußboden.

Das Liebesspiel mit Vassy war eines der angenehmsten Erlebnisse meines Lebens. Wir lachten, weinten, jauchzten und »knabberten« uns gegenseitig an. Gelegentlich, wenn die Heimatlosigkeit von ihm Besitz ergriff, überflutete ihn eine Woge russischer Leidenschaft. Er ging nie grob mit mir um, aber auch nicht gerade zärtlich. Er wußte genau, was er tat; und ich spürte eine tiefsitzende christliche Moral in ihm.

Ich wollte von ihm wissen, ob er während der Dreharbeiten mit seinen Darstellerinnen ein Verhältnis anfing. Er behauptete, während des Drehens sei Sex für ihn belanglos. Die Arbeit beherrsche dann sein Leben. Er habe keine Zeit, sich mit anderen Dingen zu beschäftigen. Aber selbstverständlich verliebten sich seine Hauptdarstellerinnen häufig in ihn. Bescheidenheit war kein stark ausgeprägter Zug an ihm.

Während unserer Tage in Paris war die »Zelle« der Mittelpunkt unseres Lebens – wir erzählten uns Geschichten aus unserem Leben, lachten, verwüsteten beim Kochen die winzige Kochnische, schliefen umgeben von Knoblauch- und Zwiebelresten und schmiedeten phantastische Pläne über eine gemeinsame Arbeit. Er erinnerte mich jeden Abend an die Massage mit dem Water-Pik, was meinem Zahnfleisch natürlich sehr zugute kam. Ich fragte ihn, wann er seine Zahnarztpraxis eröffne.

Er lachte nie, wenn ich über ihn witzelte. Er nahm sich selbst unglaublich ernst, was mich natürlich dazu reizte, ihn noch mehr aufzuziehen.

Manchmal, wenn er einsehen mußte, daß er mich nicht völlig dominieren konnte, wurde er übellaunig; unsere Kindereien und unsere Albernheit retteten uns jedesmal aus der brenzligen Situation. Ich hatte nie zuvor einen Mann gekannt, der sich mit solcher Freude wunderlichen und bezaubernden Spielen hingeben konnte.

Vielleicht, weil er Russe war oder einfach nur Vassy. Es war gleichgültig. Seine Fähigkeit, in eine Phantasiewelt einzutauchen, war ein Quell großer Zärtlichkeit.

Er erzählte mir eine Geschichte aus seiner Kindheit, wie er einen Bienenstock umstieß und sich dabei von oben bis unten mit Honig bekleckerte.

»Mein Honigbär«, sagte ich lachend. »Du bist mein russischer Honigbär.«

»Und du bist mein sonniges Nif-Nif.«

Wir fielen einander in die Arme. Ich konnte mich nicht erinnern, je zuvor glücklicher gewesen zu sein.

Alles war uns ein Spiel. Ich lebte voller Entzücken von einem Tag in den anderen, freute mich von Herzen am Lachen meines Honigbärs. Die alte Stadt war unser Spielplatz, und die rosa Häschen begleiteten uns überall, wohin wir auch gingen. Die Welt belächelte uns, und das war uns egal. Irgendwann entführte Honigbär mich auf eine kleine Insel in der Bretagne.

Wir kamen nachts an. Honigbär hatte ein Zimmer in einem kleinen Hotel bestellt, dessen Besitzer auf uns wartete. Jede neue Nacht, jeder neue Ort wurde für uns zu einem Abenteuer. Ein Abenteuer, das vielleicht wirklicher war als die Wirklichkeit, die wir später kennenlernen sollten.

Wir packten in dem kleinen Hotelzimmer unsere Koffer aus. Es gab einen winzigen Schrank und zwei einzeln stehende Betten, die wir umgehend zusammenschoben, und ein kleines mit Läden verschlossenes Fenster, durch die der Wind pfiff.

Das ungeheizte Badezimmer hatte kein Dusche, doch wir nahmen mit der Badewanne vorlieb, dann krochen wir unter die Bettdecke. Wir kuschelten uns aneinander, und mich überkam eine mütterliche Zuneigung. Die Worte, die ich ihm zuflüsterte, drückten meine Gefühle aus.

»Mein Honigbär, mein kleiner Honigbär. Du bist mein Baby, ja, mein Baby, das bist du, nicht wahr?«

Abrupt und unerwartet setzte Vassy sich im Bett auf, sein Gesicht war wie aus Stein gehauen.

»Ich bin nicht dein Sohn«, protestierte er zornig.

»Mein Sohn?« fragte ich verblüfft. »Natürlich bist du nicht mein Sohn. Mich überkamen nur mütterlich zärtliche Gefühle, und das wollte ich dir sagen. Was ist daran nicht in Ordnung?«

»Du bist manchmal wie ein Radio im Bett. Du redest zuviel.«

Ich starrte ihn fassungslos an. Seine Feindseligkeit war so total, so plötzlich, ich begriff das nicht.

»Ein Radio im Bett?« wiederholte ich.

»Ja.«

O mein Gott, dachte ich, niedergeschmettert von seiner Kränkung. Offenbar hatte ich etwas gesagt oder getan, wodurch er sich tief innerlich bedroht fühlte. Meine Hand flog an meinen Hals, wo ich das Medaillon trug, das von einem russischen Erzbischof geweiht war und das einmal seiner Mutter gehört hatte.

»Vassy, was empört dich denn so? Was ist denn dabei, mütterliche Gefühle zu haben? Das hat doch nichts mit Inzest oder so zu tun.«

Seine Augen sprühten Funken. Er stand auf und ging im Zimmer auf und ab.

»Das hast du nicht nötig«, herrschte er mich an.

»Nein«, antwortete ich verwirrt. »Nicht unbedingt. Natürlich nicht. Es kam einfach über mich, das ist alles. Und ich habe meine Gefühle laut ausgesprochen.«

Er setzte sich ans Bett. »Du sprichst zuviel. Reden ist nicht notwendig.«

Ich war tief verletzt. Mein Vertrauen, mich in meiner Phantasie frei ausdrücken zu dürfen, hatte einen schmerzhaften Knacks bekommen.

»Aber das sind doch nur Albernheiten, Vassy. Das ist weder notwendig noch wichtig. Du hast doch selbst Spaß an unseren Spielereien, nicht wahr?«

»Ja, weil du Spaß daran hast.«

»Weil *ich* Spaß daran habe? Was soll das heißen? Du doch auch.«

»Ich mache mit, weil du Spaß daran hast.« Ich fing an zu weinen.

Er hatte unsere verspielten, zerbrechlichen Phantasien zerstört, offenbar völlig gedankenlos und ohne daß es ihm etwas ausmachte.

»Du bist wirklich gemein«, hörte ich mich mit tränenerstickter Stimme sagen. »Du bist gemein, lieblos und unsensibel, Gefühle anderer so zu verletzen. Wie kannst du nur so gemein sein!«

Ich weinte schluchzend.

Vassy wurde blaß, aber ich sah seine Entschlossenheit, keinen Fußbreit seines Standpunktes aufzugeben.

»Ich bin nicht gemein«, sagte er schließlich. »Du bist vom Bösen beeinflußt.«

»Vom *Bösen*?« Das Wort blieb mir beinahe im Halse stecken. Das war so weit hergeholt, daß meine Tränen versiegten. »Was, *zum Teufel*, hat das mit böse zu tun?«

»Das war böser Gedanke, den du im Bett ausgesprochen hast. Ich bin damit nicht einverstanden.«

»Ach, scher dich zum Teufel damit«, schimpfte ich. »So ein Quatsch. Gott sei Dank bin ich nicht deine Mutter. Sie hat einen grausamen Menschen in die Welt gesetzt.«

Blitze schossen aus seinen Augen. In der Art, wie er seinen Arm hob, lag etwas von Gewalttätigkeit, doch er fuhr sich nur mit den Fingern durchs Haar.

»Du bist der Böse«, schrie ich unter Tränen. »Ich wollte dir nicht weh tun. Das war doch nur ein Spiel. Warum machst du so etwas?«

Sein Gesicht lief vor Wut rot an. Dann sagte er sehr leise: »Hör auf, Scheerlee. Du spürst satanische Mächte. Sie sind das Böse.«

Es gelang mir nicht, an ihn heranzukommen, und die Frustration löste etwas Ursprüngliches, Fundamentales in mir aus.

»Vassy!!« schrie ich. »Es gibt so etwas wie das Böse nicht. Das Böse ist Angst und Unsicherheit. Böse ist das, was du für böse *hältst*. Verdammt noch mal, *hör* mir doch zu!«

Er beugte sich über mich und hielt meine Schultern fest.

»Sheerlee, hör auf damit«, sagte er streng. »Hör mit dem Bösen auf.«

Meine Gedanken rasten in totaler Verwirrung. Wovon redete er eigentlich? Ich hatte mir lediglich in der Phantasie ausgemalt, seine Mutter zu sein, als ich ihn umarmte. Und für ihn verkörperte das etwas fundamental Böses? Ich weinte Tränen der Verzweiflung.

Vassy nahm mich in die Arme. Ich sträubte mich nicht dagegen, war nicht mehr wütend auf ihn, nicht einmal mehr verletzt. Die Sache mit dem »Bösen« und dem »Satan« war einfach zu lächerlich. Ich konnte nicht begreifen, wie meine alberne Phantasie solche Bilder in ihm entstehen lassen konnte. Doch seine Reaktion erschreckte mich und machte mich tief traurig.

Etwas in meinem Kopf schnappte zu. Ich dachte an meine Vermutung, daß er von kleinlichen, konventionellen christlichen Moralgrundsätzen bestimmt sein könnte. Hatte ich diesen Nerv in ihm angesprochen, hatte er sich tatsächlich dadurch zu mir hingezogen gefühlt? Hatten ihn solche Gedanken zwölf Jahre lang verfolgt? Oder war Vassy, der Kind-Mann, tiefer mit seiner »Mama« verbunden, als ihm bewußt war? So sehr, daß ihm mütterliche Gefühle seiner Geliebten unerträglich waren?

Während ich versuchte, Klarheit in meine Gedanken zu bringen, schoß mir noch eine Idee durch den Kopf. Sollten wir tatsächlich in einem vergangenen Leben zusammengelebt haben, könnte es als Mutter und Sohn gewesen sein?

Diesen Gedankengang würde ich ihm gegenüber nie zur Sprache bringen, das wußte ich genau.

Ich hörte auf zu weinen. »Tut mir leid, was ich über deine Mutter sagte«, entschuldigte ich mich.

Vassy schwieg. Er nahm meine Entschuldigung weder an, noch wies er sie ab. Er kroch lediglich ins Bett zurück und löschte das Licht. In die stille Dunkelheit sagte er: »Nif-Nif, das Böse ist in der Welt. Ich möchte nicht, daß es über dich kommt.«

In meinem Kopf entstand völlige Leere. Es gab nichts mehr für mich zu sagen. Wie konnte man über Gut und Böse streiten, wenn es um sexuelle Phantasien ging, die niemandem weh taten? Aber ich denke, in dieser Nacht begann ich etwas mehr über Vassys Beziehung zu seiner eigenen Sexualität zu begreifen. Und es beunruhigte mich, daß seine Komplexe mich so außer Fassung brachten.

Wann nur, dachte ich, werde ich so erwachsen sein, daß Probleme anderer mir nicht selbst zum noch größeren Problem wurden? Ich kuschelte mich an Vassy und fiel in erschöpften Schlaf. Ich wußte nicht genau, was eigentlich geschehen war, aber einer Sache war ich mir sicher: ein »Radio« im Bett würde ich in Zukunft nicht mehr sein.

Zehntes Kapitel

Für eine kleine und aufblühende Beziehung ist es vermutlich wichtig, sich auftürmende Hindernisse nicht zu beachten, sie auf kleiner Flamme schmoren zu lassen, bis man sie im klaren, nüchternen Licht eines späteren Tages betrachten kann. Vassy und ich hielten es jedenfalls so. Es sei denn, diese Hindernisse waren für ihn nicht notwendigerweise bedeutsam. Für mich wohl auch nicht, denn nach unserer »bösen Inzest«-Nacht kam dieses Thema nicht wieder auf den Tisch. Warum auch? Wir hatten genug andere Bereiche im anderen zu erforschen.

Vassy liebte seine wilde Insel. Er führte mich an die zerklüfteten Felsen über der tosenden Brandung. Überall nahm er seine Kamera mit und ich meine Polaroid. Er unterrichtete mich in Belichtungszeiten, Bildausschnitten und gab mir Anweisungen, welche Posen ich vor der Kamera einnehmen sollte. Entweder lieb und begeistert oder streng und unduldsam, das hing von seiner jeweiligen Stimmung ab.

Vassy joggte jeden Morgen. Er schien den Schmerz des angestrengten Laufens zu brauchen, um den Rest des Tages dafür dankbar zu sein. Manchmal begleitete ich ihn, und wir redeten über alles, was uns interessierte. Ich lief neben ihm her, solange ich Lust hatte, und verlangsamte mein Tempo zu einem schnellen Gehen. Vassy umkreiste mich, während er weiterlief, damit wir unser Gespräch fortsetzen konnten. Eine Weile dachte ich, vielleicht trainiert er heimlich für die Olympiade. Aber im Ernst, er brauchte eine gewisse Disziplin, um sich unbekümmert seinen spontanen Gefühlen hingeben zu können.

Wir liefen und redeten, während wir Weizen- und Gerstefelder und Blumenwiesen der Insel durchstreiften. Auch strömender Regen hielt Vassy nicht vom Laufen ab.

Vassy war immer mehr davon überzeugt, daß *Doctor's Wife* ein guter Stoff für einen Film sei. Ich hörte ihm gern zu, wenn er laut über Visualisierungen nachdachte. Seine Augen waren wie zwei Kameras. Sie registrierten multidimensionale Bilder im Nu. Ein einmal gesehenes Gesicht vergaß er *nie* wieder, und von dem, was um ihn herum geschah, entging ihm kaum etwas. Aber die Feinheiten und emotionalen Tiefen der Menschen, die ihn umgaben, nahm er nicht wirklich wahr, es sei denn, sie hatten Empfindungen, mit denen er sich identifizieren konnte. Oder er scheute sich, noch mehr gefühlsmäßige Vorspeisen auf seinen Teller zu häufen, der davon bereits überquoll.

Schließlich kehrten Vassy und ich nach Paris in unsere »Zelle« zurück. Er arrangierte Vorführungen seiner anderen Filme. Er versuchte, mir die französischen Untertitel zu übersetzen, und gab mir knappe Zusammenfassungen russischer Feinheiten, was mich jedoch in zunehmendem Maße anstrengte, da ich begriff, daß ein Großteil seiner künstlerischen Motivation auf komplexen Symbolismen beruhte. Die Drehbücher zu seinen Filmen hatte er selbst geschrieben, die angesichts der sowjetischen Auflagen tiefe spirituelle Aussagen machten. Ich konnte den Unterschied zwischen dem, was er als spirituell, und dem, was er als religiös bezeichnete, nicht erkennen und fragte mich, ob für ihn in diesen beiden Begriffen ein großer Unterschied lag.

Vassy zeigte mir seine Filme, die mich in der Reinheit ihrer Romantik stark beeindruckten. Die Beziehungen, die er auf die Leinwand malte, waren Erzählungen, die stark an klassische Vorbilder erinnerten. Seine Heldinnen waren kindlich verspielte Figuren, die sich wehmütig, aber duldsam in ihr Schicksal fügten. Seine Helden wurden von äußeren Ereignissen gerüttelt, versuchten jedoch tapfer, ihre eigene Persönlichkeit zu formen. Vassy schien allergisch auf Happy-Ends zu reagieren – als wolle er mit jedem seiner kunstvollen Lebensbilder den Zuschauer darauf aufmerksam machen, daß das Schicksal grausam ist.

Ich habe seine filmische Arbeit, während sie vor meinen Augen abrollte, nicht wirklich auf diese Weise analysiert. Aber über zwei Dinge war ich mir damals schon im klaren. Einmal, daß er von der klassischen Tragödie tief geprägt war; zweitens schien er zwanghaft einem Glauben Ausdruck geben zu wollen, wonach das Leben letztlich so romantisch-tragisch ist, daß ein Lächeln durch den Tränenschleier beim Publikum zwar ankommt, doch gerade *wegen* dieses Reizes eine positive Lösung, gleich welcher Probleme, nicht nur langweilig, sondern unmöglich zu erzielen war. Ich fragte mich, wieviel (und ob überhaupt) Vassy von seiner »russischen« Seele, die sich so deutlich in seiner Arbeit manifestierte, in seinem richtigen Leben preisgab. Diese Frage beschäftigte mich sehr, ich drängte sie jedoch in den Hintergrund, denn es gab so viele Dinge zu genießen.

Ostersonntag war ein strahlend schöner Tag, an dem ich ein typisch russisches Osterfest erlebte. Vassy nahm mich mit in die russisch-orthodoxe Kirche. Dort standen wir inmitten der Andächtigen, die Kerzen entzündeten und vor dem Altar der heiligen Maria und des Jesuskindes leise Gebete sprachen.

Viele Blicke richteten sich auf mich, schweiften hinüber zu Vassy. Was die Leute wohl im stillen dachten? Einige nickten ihm zu, manche lächelten, andere starrten ihn mit undurchdringlichen Mienen an.

Vassy beugte sich von Zeit zu Zeit zu mir herunter und flüsterte mir ins Ohr, die Soundso sei eine berühmte Zigeunersängerin, ein anderer der Vorsitzende eines Dissidenten-Schriftstellervereins. Alte Frauen, Freundinnen seiner Mutter, waren anwesend und Kollegen, mit denen er Drehbücher entwickelt hatte, die nie gedreht worden waren, was niemanden erstaunte. Anscheinend hatte sich die gesamte in Paris lebende russische Emigrantengemeinde zur Ostermesse versammelt, die weniger eine Messe und mehr eine Zusammenkunft mit religiösem Hintergrund war.

Ein Knabenchor, von Orgelmusik untermalt, sang während der gesamten Dauer der Feier. Niemand saß. Es gab keine Bänke. Wir standen, wurden geschoben, standen wieder und wurden wieder geschoben. Jeder von uns hielt eine brennende Kerze in der Hand. Alles blickte aufmerksam zum Hochaltar, vor dem Hunderte tropfender Kerzen flackerten. Es schien keinen vorgeschriebenen Ablauf des Gottesdienstes zu geben. Jeder war in das Gebet versunken, das ihm ein Anliegen war.

Ich stand fasziniert in der besinnlich wogenden, sich schiebenden Menge. Vassy hatte behauptet, das russische Volk brauche gesetzlich geregelte Ordnung, sonst würde alles in Chaos ausarten. Traf diese Ordnung nicht in der Kirche zu? War dies der einzige Ort, an dem alle die höhere Macht Gottes anerkannten und sich ihr unterwarfen?

Die Zeremonie schien kein Ende nehmen zu wollen. Vassy ergriff meine Hand, hielt sie zärtlich, sanft umschlangen seine Finger die meinen. Chor und Orgelmusik schwollen zu einem Crescendo an. Ich blickte zu Vassy auf. Seine feuchten Augen schlossen sich, als gebe er sich ein Versprechen. Dieses Gelöbnis schien mich einzuschließen in der Gegenwart dessen, was er Gott nannte. Eine lange Weile blieben seine Augen geschlossen. Als er sie öffnete, flüsterte er mir ins Ohr: »Ich habe noch nie vorher eine Frau mit in die Kirche genommen.«

Der Gottesdienst war zu Ende. Vassy nahm meinen Arm und führte mich aus der Kirche. Mit strahlendem Lächeln unterhielt er sich in Russisch mit einigen Kirchenbesuchern auf der Treppe. Beiläufig stellte er mich vor, als wisse alle Welt bereits, daß wir ein Paar waren. Groß und stattlich stand er da, die Hände in den Taschen, sonnte sich in der Aufmerksamkeit, die man ihm schenkte, und schließlich sagte er: »Komm, wir gehen russisch essen, in ein Lokal ganz in der Nähe.«

Beim Betreten des kleinen Restaurants empfing uns ein lärmendes, aufgeregtes russisches Stimmengewirr, wobei es sich um völlig normale Unterhaltungen handelte bei Piroschkis, Kaviar und Wodka. Ein säuerlicher Geruch von Essigfrüchten hing in der Luft. Kellner brüllten Bestellungen in Französisch und Russisch über die dichtbesetzten Tische, Kinder lachten und johlten.

Vassy bat um einen Tisch für zwei Personen. Der Kellner brüllte etwas auf russisch, vermutlich so etwas wie: Sie sehen doch selbst, daß alles besetzt ist! Dann erkannte er mich und führte uns mit einladender Geste zu einem kleinen Tisch, der überstürzt freigemacht wurde. Vassy straffte die Schultern.

Wir setzten uns, und Vassy blickte in die Runde. Zufrieden bestellte er die halbe Speisekarte. Sofort standen zwei Gläser Wodka auf Eis vor uns. Der Chef kam, um mich zu begrüßen.

Drei Kellner brachten mir Speisekarten zum Signieren. Belustigt tat ich es, fragte Vassy, wie bestimmte Worte auf kyrillisch geschrieben wurden. Das Lächeln in seinem Gesicht erschien mir etwas gequält. Er wurde ganz still in der Hektik und dem Lärm des Restaurants.

»Gefällt dir russisches Osterfest?« fragte er später, als das Essen serviert wurde, das er wie immer gierig in sich hineinschlang. Essen schien für Vassy ein Allheilmittel zu sein.

»Ja, mein Honigbär«, antwortete ich. »Es war sehr beeindruckend in der Kirche. Ich habe mich gewundert, wie alle zu wissen schienen, was sie während des Gottesdienstes zu tun hatten. Alle unterwarfen sich respektvoll einer bestimmten Ordnung.«

»Das ist echte Demokratie«, versicherte er mit besonderer Betonung, als wolle er sichergehen, daß ich auch zuhörte.

»Waren die Schriftsteller und die anderen Leute, die du kennst, Dissidenten oder Emigranten? Haben sie sich abgesetzt oder was?«

»Sie sind meine Freunde, die ihr Leben damit verbringen, zu diskutieren, wie das alles weitergehen soll. Kein Russe möchte als Emigrant oder als Dissident gelten. Aber manche sind eben dazu gezwungen worden.«

Ich nippte an meinem Wodka, und er goß seinen durstig hinunter.

»Und du? Wirst du eines Tages ein Dissident sein?«

»Ich? Niemals!« schwor er temperamentvoll. »Es wäre dumm von den Behörden, mich dazu zu zwingen. Aber ich glaube nicht, daß das geschieht. Ich versuche mein Bestes, so zu bleiben, wie ich bin. Ich werde im Westen arbeiten und beweisen, daß Russen überall in der Welt anerkannt werden. Du wirst sehen.«

»Ja, Honigbär.« Mein Herz krampfte sich zusammen bei dem Gedanken an die unmögliche Aufgabe, die Vassy sich vorgenommen hatte. Wußte er eigentlich, wie hart die Filmbranche im Westen war, ganz gleich, ob in Europa oder Amerika? Im Filmgeschäft wurde mit harten Bandagen gekämpft. War er bereit, diesen Kampf aufzunehmen?

Vassy war ein brillanter Filmemacher, das stand außer Zweifel. Aber es gab eine Menge brillanter *westlicher* Filmemacher, die keinen Auftrag bekamen, wieviel weniger dann erst ein unbekannter Russe? Ich bewunderte seinen unbeugsamen Mut, auch wenn ich mir über seinen verbissenen Ehrgeiz im klaren war.

An diesem Ostersonntag formte sich in mir die Idee, mit Vassy in Kalifornien zu leben und zu arbeiten. Ich sah eine Aufgabe darin, diesem Russen zu helfen, von dem ich wußte, er war ein großer Künstler, mit dem mir außerdem die Liebe Erfüllung schenkte und von dem ich lernen konnte. Wie so vieles in meinem Leben sollte dies ein weiteres Abenteuer werden und außerdem – da gab es immer noch die Frage nach unserem gemeinsamen früheren Leben.

Kurz nachdem wir unser gigantisches Festmahl verzehrt hatten, sagte ich: »Honigbär, in ein paar Tagen fliege ich nach Kalifornien zurück. Was hältst du davon, mit mir zu kommen und eine Weile in Malibu zu bleiben. Vielleicht stellen wir etwas mit *Doctor's Wife* auf die Beine. Dann könnten wir zusammen arbeiten.«

Er saß ganz steif in seinem Stuhl. »Soll das heißen, daß ich mit dir in Malibu leben soll?«

»Warum nicht? Mal sehen, vielleicht gefällt es dir. Du liebst doch das Meer.«

Ein breites Lächeln strahlte über sein Gesicht. »Nif-Nif, du bist mein Sonnenschein. Du bist verrückt, ich bin verrückt. Ich bin nach Paris zurückgekommen, um hier Arbeit zu finden. Und nun gehe ich in die Staaten zurück und suche mir dort Arbeit. Ich werde meinen Traum erfüllen, so Gott will, mit deiner Hilfe. Du wirst sehen.«

Vassy sprudelte eben alles aus sich heraus, so wie es ihm durch den Kopf ging, auch seine ehrgeizigen Pläne. Ich fing an, mich zu fragen, wo der Unterschied lag zwischen realistischem Ehrgeiz und schwärmerischer Träumerei. Waren wir nicht alle von Hoffnungen und Wünschen erfüllt und motiviert, um den richtigen Weg zu unserer Selbstverwirklichung zu finden? Wenn er sich meiner bediente, warum nicht? Bedienten wir uns nicht alle anderer Menschen, um durch Freundschaft unser persönliches Wachstum zu erlangen?

Vassy machte sich daran, sich furchtbar zu betrinken, weitaus mehr zu betrinken als an unserem ersten gemeinsamen Abend. Irgendwie gelang es mir, ihn später auf den Beifahrersitz des Mercedes zu bugsieren und durch die verwinkelten Pariser Straßen in unsere »Zelle« zu fahren, wo die Osterhasen warteten. Ich schlief ein mit dem Gedanken, ob die spirituelle Dimension, die uns gemeinsam war, uns zusammenhalten konnte, trotz unserer großen Verschiedenheiten.

Vassy erwachte mit Leibschmerzen, gräßlichen Kopfschmerzen, verrauchter Stimme und dem unerschütterlichen Entschluß, sein Laufpensum trotzdem zu erfüllen. Wenn die russische Armee aus Männern wie ihm bestand, so hielt ich es für besser, bei den SALT-II-Gesprächen zu einer Einigung zu kommen.

Ich joggte mit ihm, und er zählte mir auf, welche Formalitäten für sein US-Visum nötig waren und was er noch alles in Paris zu erledigen hatte. Er mußte mit seinem Anwalt sprechen und wollte, daß ich inzwischen seine jugoslawische Freundin Milanka besuche.

»Sie kennt mich genau«, sagte er wie zur Warnung. »Du wirst dich gut mit ihr verstehen. Verbringe du den Tag mit ihr, und ich erledige meine Geschäfte.«

Kein schlechter Gedanke. Ich konnte ihr eine Menge Fragen über ihn stellen.

Er absolvierte seine üblichen fünf Meilen. Ich setzte mich nach zwei Meilen ab und machte Streckübungen an einer Parkbank, bis seine Arme mich von hinten mit eisernem Griff umfingen und wir zurück zur »Zelle« joggten. Seine Leber, sein Kopf und seine Lungen waren entweder gereinigt oder hatten ihren Widerstand aufgegeben.

Wir verschlangen etwas Knoblauchkäse mit Crackern, spritzten mit dem Water-Pik im Bad herum, er schmuste mit den Hasen, und ich machte noch ein Polaroidfoto von ihm. Dann zogen wir uns an und verließen die »Zelle«, die aussah, als habe Napoleon eine Schlacht darin geschlagen.

Vassy lieferte mich in der Wohnung seiner Freundin Milanka ab. Das Glitzern in ihren Augen verriet mir, daß unser Verhältnis Anlaß zu lebhaftem Klatsch gegeben hatte, wie wohl seit langem nicht mehr.

»Mich wundert das gar nicht«, sagte sie mit tiefer, rauchiger Stimme, »ihr zwei seid eine explosive Verbindung. Viel Feuer, viel Unruhe. Bist du gut zu ihr?« fragte sie Vassy vorwurfsvoll, damit andeutend, daß ihr sein Benehmen Frauen gegenüber nicht unbekannt war.

Vassy streckte sich auf der Couch aus, blinzelte in die einfallenden Sonnenstrahlen. »Milanka«, verkündete er, »ich habe endlich die Frau meines Lebens gefunden. Etwas anderes kenne ich nicht mehr. Ich bin endlich ich selbst.«

»Und wie steht es mit Ihnen?« wandte Milanka sich an mich, ohne Zeit mit belangloser Konversation über einem Täßchen Tee zu verlieren; sie kam gleich zur Sache. »Lieben Sie diesen Mann, und wissen Sie, wie er ist?«

Du lieber Himmel, dachte ich. Seine bewegte Vergangenheit war wohl kein Geheimnis. »Ist er so schlimm, Milanka?« fragte ich.

»Er ist Russe«, antwortete sie.

Da war es wieder. Nicht weil er Vassy war, den seine Vergangenheit verfolgte wie die Erinnerung an einen schlechten Film, sondern weil er Russe war. Was versuchten diese Leute mir zu sagen?

»Hatten Sie früher schon mal mit einem Russen zu tun?« wollte sie wissen. »Ich meine, eine Liebesaffäre mit einem Russen?«

»Nein«, antwortete ich flau, als habe sie ein Recht, dies zu wissen. »Ich hatte eine kurze Affäre mit einem Landsmann von Ihnen, einem Jugoslawen. Er war nett, aber er war mir zu grob.«

Milanka warf lachend den Kopf in den Nacken. »Sie ist gut«, sagte sie zu Vassy. »Sie ist gut für dich. Im Ernst. Sie wird keine deiner Sklavinnen sein. Das wird dein Problem.« Sie wandte sich an mich. »Alle seine Frauen waren Sklavinnen. Darauf besteht er. Sie werden es ja erleben.«

Ich setzte mich zu Vassy. »Ist das wahr?« fragte ich verwirrt.

»Das ist richtig«, antwortete er, ohne zu zögern. »Frauen sind Sklaven, weil sie es sein wollen. Du bist mir ebenbürtig. Du wirst keine Sklavin sein.«

»Und du«, warf Milanka zu ihm gewandt ein, »du wirst diesmal große Probleme haben... große Probleme... Das freut mich richtig. Wollt ihr eine Tasse Kaffee?«

Wir nickten. Ein kleiner Junge von etwa zwei Jahren stolperte ins Zimmer, kam direkt auf mich zu und schaute mich an. Ohne Scheu oder Zögern kletterte er auf meinen Schoß, stellte sich auf meine Knie und legte seinen Kopf an meine Schulter. Milanka starrte ihn an.

»Das ist mein Sohn«, erklärte sie voller Erstaunen, »mein jüngster Sohn. Er mag keine Fremden. Er ist nie freundlich zu ihnen, ich begreife das nicht.« Sie schwieg eine Weile, sah ihn nachdenklich an.

»Dimitri, was machst du da?« fragte sie ihn zärtlich auf serbisch.

Ich spürte, wie Dimitri sein Köpfchen hob und seine Mutter ansah. Sie lächelte. Er legte seinen Kopf wieder an meine Schulter und schlang sein Ärmchen um meinen Hals.

»Ich begreife das nicht«, sagte Milanka erneut.

Vassy richtete sich auf. »Das ist vollkommen klar«, meinte er. »Dimitri kennt Sheerlee aus einem früheren Leben. Das ist alles.«

Ich sah zu Milanka hinüber.

»Ja, das stimmt. Das ist die einzige Erklärung. Er spricht zu Ihnen aus tiefer Erinnerung«, entgegnete sie.

Ich nahm sanft Dimitris Kopf in meine Hände, wandte sein Gesicht zu mir und schaute ihm tief in seine großen Augen. Sie waren blaugrün, voller Vertrauen und weise. Er sah aufmerksam zurück mit diesem unverwandten Blick, wie ihn nur kleine Kinder an sich haben. Dann lächelte er, als wisse er etwas, was ich nicht wußte, und mir war, als blicke ich in die Augen eines kleinen

Menschen, der tausend Jahre alt war und der mit jeder vergänglichen Minute seines Lebens vergaß, woher er kam, um so unwissend zu werden, wie ich selbst es war.

Dann blinzelte er, und seine Augenlider wischten den Moment des Wissens weg, um sich mit der Welt der Gegenwart zu befassen. Er legte seinen Kopf wieder an meine Schulter und wich nicht von der Stelle.

Milanka beobachtete das alles mit Erstaunen. Vassy lächelte still.

»Wir müssen die Kinder respektieren«, sagte er. »Sie erinnern sich an mehr als wir. Wir sind vom Alter verdorben. Sie sind die reine Wahrheit.«

Milanka blickte Vassy an, als sehe sie ihn zum erstenmal. Vassy erhob sich.

»Deshalb ist Sheerlee die Frau meines Lebens«, erklärte er. »Sie erkennt mich. Und ihr Gesicht und ihre Seele sind der Grund, warum ich in den Westen gekommen bin. Ich habe sie mein ganzes Leben gesucht. Nun habe ich sie gefunden, und nun werden wir weitersehen.«

Milanka schwieg. Sie hatte offenbar solche Äußerungen noch nie von Vassy gehört. Auch ich hatte es noch nicht erlebt, daß ein Mann, mit dem ich ein engeres Verhältnis eingegangen war, solche Gedanken preisgab. Er berührte Dimensionen, über die ich zwar nachgedacht hatte, die mir jedoch nie in der Liebe zu einem anderen Menschen begegnet waren: in der Freundschaft ja, in der Liebe bisher nicht.

Die Fragen, die Milanka uns betreffend stellen wollte, hatten offenbar an Bedeutung verloren. Statt dessen begann sie von sich selbst zu sprechen.

»Was mich angeht, ich habe drei Söhne von drei verschiedenen Männern. Ich halte nichts von der Ehe, aber ich liebe Kinder. Mein ältester Sohn ist einundzwanzig. Sie werden ihn kennenlernen. Er kann für meinen Elfjährigen und den kleinen Dimitri Vaterstelle vertreten. Ich finde es lästig, ständig Männer im Haus zu haben. Ich werde nie heiraten, es sei denn, ich lerne einen Millionär kennen, der mich versorgt. Kennen Sie einen netten Millionär?«

Sie meinte es ernst. Wenn ich glaubte, meine Lebenseinstellung sei unkonventionell, so hatte ich im Vergleich dazu vorsintflutliche Vorstellungen.

Vassy verabschiedete sich, lächelte Dimitri zu, der immer noch seinen Kopf an meiner Schulter barg, versprach, mich in ein paar Stunden wieder abzuholen, dann würden wir ins La Coupole zum Abendessen gehen.

Milanka kochte Kaffee, die Haushälterin kam, um Dimitri für einen Spaziergang anzuziehen. Ich erklärte dem Kind, ich würde noch dasein, wenn es zurückkäme. Dimitri schien meine englischen Worte zu verstehen und stapfte willig an der Hand der Haushälterin aus dem Zimmer.

Milanka schenkte Kaffee ein, zündete sich eine Zigarette an und vertiefte sich in die Lebensgeschichte des Wassili Ochlopchow-Medwedjatnikow. Sie erzählte von anderen Schauspielerinnen, mit denen er zusammen gewesen war, besonders von einer berühmten, die Probleme hatte, sich sexuell von Hemmungen freizumachen, es sei denn in betrunkenem Zustand. Milanka nahm kein Blatt vor den Mund und berichtete von den lautstarken Auseinandersetzungen zwischen den beiden, die sie auslaugten und unglücklich machten. Sie, Milanka, konnte nie verstehen, warum die zwei sich das Leben so schwer machten.

Die besagte Schauspielerin war eine intelligente Frau mit klarem Urteilsvermögen; sie war keine Russin und hatte Milankas Ansicht nach die gleichen Probleme mit Vassys »russischer Art«, wie ich sie bald kennenlernen würde. Ich wollte wissen, was sie damit meinte.

»Es ist schwer zu erklären. Russe zu sein ist eine Geisteshaltung. Sie sind anders als alle anderen slawischen Menschen.«

»Hat das etwas mit der herrschenden Unterdrückung in der Gesellschaft zu tun?« fragte ich.

»Nein, nicht, was Sie denken. Der einzelne Russe hat ein Freiheitsbedürfnis bis zur Anarchie, und deshalb muß das russische Volk als Ganzes vom Staat reglementiert werden. Russen sind verrückt, brutal, zartfühlend, wunderbar, leidenschaftlich und unmöglich. Wie soll ich es sagen? Sie werden selbst sehen. Sie lassen sich nicht unterdrücken. Sie werden aus dieser Beziehung keinen Schaden leiden. Deshalb verstehe ich nicht, warum er Sie haben will. Er bewundert Ihre Begabung. Das ist klar. Und er liebt Sie wirklich. Er hatte es nie zuvor mit einer ebenbürtigen Frau zu tun. Das wird spannend. Hat er Ihnen schon beigebracht, wie man ißt?«

Aha, ich war also nicht die einzige. »Ja«, antwortete ich und überlegte, welche Beispiele seiner Verhaltensmuster ich noch zu erwarten hatte.

»Und daß Sie rauchen?«

»Er ist dagegen.«

»Klar. Er will durchsetzen, was er sich in den Kopf setzt. Er nörgelt ständig herum, weil er sich Sorgen macht. Ich glaube, er tut das, weil er gerne Befehle erteilt. Haben Sie seine Mutter schon kennengelernt?«

Seine Mutter? Wie hätte ich seine Mutter kennenlernen können? Ich hatte bisher nur erlebt, wie er während eines Telefongesprächs mit ihr Unverständliches in den Apparat gebrüllt hatte.

»Nein. Lebt sie denn nicht in Moskau?«

»Ja. Sie werden sie bald kennenlernen. Seien Sie vor seiner Mutter auf der Hut. Sie will ihren Sohn ganz für sich. Kennen Sie seinen Bruder?«

»Nein. Wie ist er?«

»Die beiden sind sich sehr ähnlich. Unmöglich im Umgang mit Frauen, aber begabte Burschen.«

Ich wollte mehr wissen, ohne Vassys Intimsphäre zu verletzen, obwohl die Intimsphäre des einzelnen kein Tabu für Slawen zu sein schien. Im Gegenteil, jeder machte sich die Belange anderer zu eigen. Wir westlichen Menschen waren es, die von der Unverletzlichkeit der Intimsphäre geradezu besessen waren.

Es klingelte an der Tür.

»Das ist meine Freundin, eine Zigeunersängerin«, sagte Milanka. »Sie wird für uns spielen und singen. Sie singt aus dem Herzen. Sie fühlen momentan mit dem Herzen, meine Liebe. Vergessen Sie dabei aber nicht, auch mit dem Kopf zu handeln.«

Milanka ging zur Tür und kam in Begleitung einer Frau mit rabenschwarzem Haar zurück, die sich sofort ans Klavier setzte, als sei Musik wie frische Luft für sie in einer stickigen, vergifteten Welt. Sie nickte mir ein Begrüßungslächeln zu und fing an zu spielen und zu singen mit einer Stimme, die aus tiefstem Herzen zu kommen schien. Den Text ihrer Lieder verstand ich nicht, doch ihre dramatische, dichte, eindringliche Darstellung zeugte von solcher Spontaneität, daß sie mich völlig in ihren Bann zog.

Die Zigeunerin lächelte, wissend, daß sie mich verzaubert hatte. Ihre Stimme klang samtweich, und ihr slawisches Temperament floß aus der Musik und erfüllte Milankas Wohnzimmer.

Ich stand auf und begann mich unwillkürlich zu den sich steigernden Rhythmen zu bewegen. Meine Füße trommelten auf dem Parkett im herausfordernd wilden Flamenco-Takt der Musik. Und bevor ich wußte, was geschah, tanzte ich meine Gefühle aus mir heraus. Ich fühlte mich slawisch wie diese Musik. Vor fünfunddreißig Jahren hatte meine Mutter mir gesagt, die Herkunft eines Menschen halte ihn nicht davon ab, die Empfindungen einer fremden Kultur in sich zu spüren. Emotionen seien alles. Wenn du diese Emotionen begreifst, kannst du in die Haut eines jeden Menschen schlüpfen, der du sein willst. Aber wie war es möglich, mich in die emotionalen Tiefen eines leidenschaftlichen Russen zu versetzen, wenn ich als amerikanische Protestantin erzogen war?

Und dann durchfuhr mich wieder ein Gedanke ... etwas, was noch viele Male geschehen sollte in meiner Beziehung zu Vassy. Hatten wir *beide* ein vergangenes Leben in Rußland verbracht? War *ich* früher Russin gewesen, und war das der Grund, warum Vassy mir vom ersten Augenblick an so vertraut erschien? Meine Füße trommelten auf das Parkett, ich jauchzte Worte, die ich nicht verstand. Es mögen Laute ohne Bedeutung gewesen sein, ich weiß es nicht. Vielleicht sind Worte ohnehin bedeutungslos. Ich tanzte, wie es meinem Musikempfinden entsprach. Ich verschränkte meine Arme wie eine Bäuerin und tanzte Schritte, die ich mit jeder Faser meines Körpers fühlte. Mir war, als habe ich diese Schritte schon viele Male vorher getanzt. Vielleicht war jede Rolle, die ich einmal gespielt hatte, eine Rolle, die ich bereits gelebt hatte. Vielleicht war Schauspielerei die Kunstform erinnerter Identitäten.

Wir sangen, jubelten und tanzten den ganzen Nachmittag, bis Vassy erschien, um mich abzuholen. Er setzte sich und sah uns lächelnd zu.

»Mein Nif-Nif«, sagte er schließlich, »so wirst du in unserem Film tanzen, und Milanka bekommt auch eine Rolle darin. Du wirst dich in den Szenen deiner zweiten Flitterwochen einer russischen Gruppe in Paris anschließen. Mit deiner Rolle werden wir veranschaulichen, wie ein Mensch auf Kulturen anspricht, die in seiner Vergangenheit begraben sind. Ich denke, wir nennen unseren Film *Dancing in the Dark*, und Cole Porters Song nehmen wir als Titelmusik.«

Während Vassy seine Filmpläne skizzierte, beobachtete er mich, als blicke er durch die Linse einer Kamera, sachlich, unbeteiligt. Ich kam mir vor wie ein Klumpen Tonerde, den er nach seinen Vorstellungen modellieren wollte. Würde ich mich auflehnen, wenn meine emotionalen Regungen sich von seinen unterschieden, oder würde ich als Schauspielerin mich professionell den Ideen meines Regisseurs unterwerfen und seinen Regieanweisungen Folge leisten? Anders ausgedrückt, würde ich ohne Mißtrauen mit ihm arbeiten können, mit dem Bewußtsein, daß ich durch seine intime Kenntnis meiner Person manipuliert werde? Würde ich das Gefühl haben, er zwinge die Rolle, die ich zu spielen hätte, in eine Form, die eher ihm gerecht erschien als der Rolle?

Wir verabschiedeten uns. Milanka knuffte Vassy in die Rippen und drohte, ihn im Auge zu behalten, und er solle sich hüten, sich allzu russisch aufzuführen.

Wir zogen uns zum Dinner um, ich räumte die »Zelle« auf, und wir gingen zum Essen.

Bevor wir zu Bett gingen, packte Vassy seinen Koffer für die Reise nach Amerika. Sascha wollte die Wohnung jemand anderem überlassen, und Vassy verstaute seine Habe in Kartons, die Sascha für ihn aufbewahren wollte. Die Häschen legte er obenauf und meinte, sie würden auf alles aufpassen, bis er eines Tages zurückkäme. Dann trat er an den Tisch, auf dem eine große, alte russische Bibel lag.

»Nif-Nif, ich möchte dir diese Heilige Schrift schenken. Seit Hunderten von Jahren ist sie in unserem Familienbesitz. Jetzt gehört sie dir mit all meiner Liebe. Ich liebe dich und möchte, daß du sie in Ehren hältst. Wir nehmen sie mit nach Kalifornien.«

Ich nahm die Bibel zur Hand und schlug sie auf. In alten kyrillischen Lettern war die Geschichte der Menschheit aus russisch-orthodoxer Sicht aufgeschrieben, mit Farbstichen illustriert. Der Ledereinband war mürbe vom Alter. Es handelte sich zweifelsohne um ein wertvolles Stück, das Vassy gewiß sehr viel bedeutete.

»Danke, Honigbär. Ich werde sie in Ehren halten. Und außerdem ist sie ohnehin bei dir.«

Ich wollte nicht daran denken, was mit der Bibel geschehen würde, wenn unsere Beziehung nicht von Dauer sein sollte.

Vassy und ich flogen nach Kalifornien. Er verfügte über ein Mehrfach-Visum und steckte voller Ideen und Entwürfe, die er seinen Freunden in Hollywood vorschlagen wollte. Auf dem Flug über den Atlantik spielten wir Spiele miteinander, die nur Verliebte erfinden können, die ihr Zusammensein verzaubern. Im Bordkino sahen wir uns eine Komödie über CIA-Spione in Südamerika an und lachten so laut, daß die Stewardeß uns bat, leiser zu sein, weil andere Passagiere wegen uns nicht schlafen konnten. Wir aßen alles, was die Economy-Klasse zu bieten hatte, und es schmeckte köstlich, nur weil wir zusammen waren. Dann schliefen wir, und nachdem wir gelandet waren, war uns beiden klar, daß ein neuer und ungewöhnlicher Lebensabschnitt vor uns lag.

Elftes Kapitel

Ich war froh, daß Vassy mein Haus in Malibu akzeptierte. Er hatte bereits beschlossen, welches Badezimmer er benützen wollte, wohin das Water-Pik kam und auf welcher Seite des Bettes er zu schlafen beabsichtigte. Er wußte auch, welche Lebensmittel er im Bio-Laden kaufen würde, und er prüfte den Mixer, ob er richtig funktioniere. Seine Schallplatten stapelte er neben meine Hifi-Anlage, und seine russischen Bücher stellte er in das Regal dem Bett gegenüber. Er leerte zwei meiner Schubladen, um Platz zu schaffen für seine Utensilien. Seine Drehbücher und sein Schreibzeug legte er neben das Bett, und den Paß versteckte er in einer Schublade, die nicht aussah wie eine Schublade. Diese Vorsichtsmaßnahme erheiterte mich, denn das wertvolle Dokument hatte er im Bus zum Flughafen vor unserem Abflug liegengelassen. Ich hatte sein Fehlen bemerkt und ihn in letzter Sekunde gerettet. Als könne jederzeit in mein Haus eingebrochen werden, sorgte er nun für die Sicherheit des Papiers, das ihm die Freiheit bedeutete. Behutsam legte er die schwere russische Bibel auf meine indische Kommode im Schlafzimmer. Nachdem er sich in seinem neuen Zuhause eingerichtet hatte, zog er seine Turnschuhe an und ging joggen. Ich schlenderte durch mein Haus und mußte darüber lachen, worauf ich mich eingelassen hatte.

Während ich an meinem Buch schrieb (ich beendete gerade einen der vielen Entwürfe für *Zwischenleben*), begannen die Proben zu meinem neuen Fernseh-Special. Vassy hatte Besprechungen mit Produzenten. Unser gemeinsames Leben begann damit, daß wir ohne Murren akzeptierten, daß jeder von uns Termine einzuhalten hatte.

Nie zuvor hatte ich mit einem Mann in meinem Haus in Malibu gelebt. Es war immer ein Ort gewesen, an den ich mich zum Nachdenken und Schreiben zurückzog. Nun belebte sich das Haus zu meiner Freude durch die Gesellschaft eines anderen Menschen.

Wenn ich nicht am Schreibtisch saß und schrieb oder Proben hatte, unternahmen Vassy und ich lange Wanderungen in den Calabasas Mountains. Vor ihm hatte ich keinen Mann gekannt, der es mir in körperlichem Durchhaltevermögen gleichtat und dies jeden Tag erneut beweisen mußte. Es machte uns Spaß, unsere Kräfte aneinander zu messen. Vassy war bei Bergwanderungen ebenso begeistert bei der Sache wie beim Pläneschmieden für unsere gemeinsame Arbeit. Natürlich ließ er es sich nicht nehmen, mir Maßregeln zu erteilen hinsichtlich Haltung, Beinarbeit und Atmung. Hatte er mich am Abend vorher beim Rauchen einer Zigarette ertappt, machte er mir Vorwürfe deshalb und schrieb meine Atemlosigkeit dem Rauchen zu. Hatte ich die Nacht vorher nur zwei Stunden geschlafen und kletterte nur mit Mühe den Berg hinauf, schob er es auf die Zigarette, die ich ein paar Tage vorher geraucht hatte. Das Wandern mit Vassy war nicht nur ein Erlebnis der Gemeinsamkeit, sondern eine sportliche Leistung, die man zur Erhaltung der Gesundheit durchzustehen hatte. Andererseits hielt mich das fit und öffnete mir die Augen für die Natur. Wenn ich alleine wanderte, hatte ich den Kopf voller Gedanken und ungelöster Probleme. Beim Wandern mit Vassy wurde ich auf jede Bergblume und jeden blühenden Strauch aufmerksam gemacht. Er blieb stehen und atmete in tiefen Zügen die würzige Bergluft ein; er kannte jede Pflanze, jeden Grashalm, die er wie alte Freunde begrüßte. Er zerkrümelte Eukalyptusblätter und hielt sie mir unter die Nase wie Riechsalz und sah mich erwartungsvoll an. Reagierte ich nicht mit überschwenglicher Freude, zog er hastig seine Hand zurück, als habe er mir eine Chance gegeben und ich hätte sie verpaßt. »Die Natur ist ein Gotteshaus«, pflegte er zu sagen, »die Menschen haben keinen Sinn mehr für ihre Wunder.«

Wir unterhielten uns über Malerei und Musik oder die Biographien bestimmter Komponisten oder Maler aus dem Bekanntenkreis seiner Mutter. Für Vassy war die Beziehung des Individuums zur Natur von hoher Bedeutung. Er vertrat die Anschauung, das Anerkennen der Naturgesetze stehe in direktem Zusammenhang zum Lebensbild eines Menschen. Er besaß fundierte Kenntnisse über neue, wissenschaftlich erforschte Ernährungsmethoden und wußte über die Heilkräfte der Kräuter Bescheid. Er kannte die spirituelle Bewandtnis der sieben Chakra-Energiezentren im menschlichen Organismus und ihre Beziehung zur kosmischen Harmonie. Und bald bestellte ich meinen Yogalehrer nach Malibu, der uns Unterricht geben sollte.

Vassy war sofort damit einverstanden, mit einer Einschränkung. Hatha-Yoga ist anfangs mit körperlichen Schmerzen verbunden, man muß sich behutsam herantasten, nie mit Kraftaufwand. Vassy stellte sich vor den Spiegel, als wolle er sich für die chinesische Folterkammer vorbereiten, dabei setzte er eine unerschrockene Miene auf, die mich zum Lachen und aus dem Gleichgewicht einer Yoga-Position brachte. Mein Lachen amüsierte ihn keineswegs, er warf mir vor, ich hätte kein Verständnis für sein Bedürfnis nach Schmerz, was mich nur noch mehr zum Lachen reizte. Vassy legte sich auf den Teppich vor den Spiegel und brachte sich in die Kobra-Position, wobei er sich fast das Kreuz brach. Ich versuchte, ihm zu helfen, seine Wirbelsäule weniger verkrampft zu verrenken, was ihn lediglich in seiner Überzeugung bestärkte, Kraft sei die beste Einstellung.

Die Stunden mit meinem Yogalehrer waren weniger verkrampft, da Bikram diese entschlossene Selbstquälerei einfach nicht zuließ.

»Was Sie machen, ist unnötig, Vassy«, sagte er. »Yoga kann schmerzhaft sein, aber nur, weil Sie Ihren Körper nicht behutsam mit seiner Energie in Einklang bringen. Ihr Gesichtsausdruck ist der Spiegel Ihres Körpers. Entspannen Sie sich. Das wird die Einstellung zu Ihrem Körper entscheidend beeinflussen.«

Ihm hörte Vassy zu, weil Bikram ein Experte war. Doch ich spürte, wie er nach einem Ausweg suchte, um der Heilung von seinem Übel zu entgehen. Und es dauerte nicht lange, bis er ihn gefunden hatte. Im Gespräch nach den Yogastunden stellte er fest, daß Bikram sich für Rolls-Royces interessierte. Ich machte weiter mit meinen Yoga-Übungen, und Vassy redete über Autos.

Meine Proben für mein Fernseh-Special gingen gut voran. Manchmal holte Vassy mich im Studio ab, wenn er Besprechungen mit Produzenten innerhalb des Geländes hatte. Ich lernte etwas über die unsichtbare Strahlkraft eines Menschen – auch wenn die Leute keine Ahnung hatten, ob dieser Mensch eine bekannte Persönlichkeit war oder nicht.

Meinen Freunden und Bekannten erzählte ich nicht viel von meinem neuen russischen Freund, vermutlich klatschte man aber hinter meinem Rücken darüber. Vielleicht hatte ihre Reaktion auch etwas damit zu tun, daß er ein echter Russe war. Wie dem auch sei, jedesmal, wenn Vassy einen Raum betrat, erstarb augenblicklich jedes Gespräch; jeder schien zu spüren, sich in Gegenwart eines »Jemand« zu befinden. Ich kann dies nur schwer erklären. Man hörte nicht etwa auf zu sprechen, um etwas vor ihm zu verbergen. Es war eher so, daß seine Energie so beherrschend war, daß man ihr einfach Beachtung schenken mußte. Sein inneres Bedürfnis nach Aufmerksamkeit war derart ausgeprägt, daß er sein Ziel ohne viel Aufwand erreichte. Spiritualisten würden dies seiner Aura zuschreiben. Seine Aura hatte eine starke, unsichtbare Strahlkraft, die jeden wissen ließ »Bemerke mich«. Natürlich trug seine äußere Erscheinung zu solchen Reaktionen bei. Doch auch nachdem meine Kollegen sich längst an seine Erscheinung gewöhnt haben mußten, funktionierte dieses ungewöhnliche Phänomen noch immer – zumindest bei gesellschaftlichen Anlässen.

Vassys wesenhaftes Bedürfnis, der Mittelpunkt des Geschehens zu sein, war für seine Arbeit als Regisseur wichtig, weil der Regisseur der Steuermann am Drehort ist, zum anderen aber auch, weil Vassy Individualismus sehr schätzte und darauf bestand, daß dieser im kreativen Prozeß zu respektieren sei. Seine Achtung vor individueller »Präsenz« war so stark, daß sie mir zuweilen ungeheuer »russisch« erschien.

Eines Abends kam Vassy zu den Proben der Tanznummern meines Specials, die in einer großen Sporthalle in Hollywood stattfanden. Ich hatte ihn eingeladen, denn ich war grundsätzlich nicht dagegen, wenn er mir bei der Arbeit zusah.

Nachdem wir Tänzer uns völlig verausgabt hatten, beschlossen wir, Schluß für diesen Abend zu machen. Ich ging zu Vassy, begrüßte ihn und fragte, wie ihm die Probe gefallen habe. Er antwortete einsilbig. Ich überging seine Zurückhaltung, war müde und hungrig.

Beim Abendessen war er schlechter Stimmung.

»Du kümmerst dich nicht um mich, wenn ich zu deiner Probe komme«, sagte er mürrisch.

»Ich tue was nicht?« fragte ich völlig perplex.

»Wenn ich einen Raum betrete, arbeitest du einfach weiter. Du bemerkst mich gar nicht.«

O Mann, dachte ich, das gibt Ärger. In Amerika durfte nichts und niemand die Konzentration während einer Arbeit stören. Möglicherweise war das in Rußland anders, wenn ein Künstlerkollege einen Probenraum betrat.

»Ist das dein Ernst?« fragte ich.

»Selbstverständlich«, antwortete er. »Du arbeitest weiter. Dir ist es egal, ob ich da bin oder nicht.«

»Nein, Honigbär, das ist mir nicht egal. Ich freue mich, wenn du da bist und wenn dich das, was ich tue, interessiert. Ich würde mich auch über konstruktive Kritik von dir freuen, solange du nicht versuchst, die Choreographie umzukrempeln. Aber ich bin Berufstänzerin, und in Amerika hört nicht die ganze Gruppe auf zu arbeiten, nur damit einer einen Freund begrüßen kann.«

Er blieb verschlossen und ließ meinen Standpunkt nicht gelten. Das Abendessen verlief sehr einsilbig, denn uns war wohl beiden klar, daß wir etwas Grundsätzliches angerührt hatten.

Ein paar Wochen später begann der Vier-Tage-Marathon der Aufzeichnung meines Specials.

Fernsehaufzeichnungen sind nichts für Leute mit begrenzter Belastbarkeit. Sie sind grausam und aufreibend, denn die Kosten einer solchen Aufzeichnung sind astronomisch. Zeit ist Geld. So einfach ist das.

Ich hatte eine Gesangsnummer von etwa neun Minuten Dauer. Fernsehregisseure arbeiten mit ihren Schauspielern nicht so ausgefeilt wie Filmregisseure. Dafür ist die Zeit zu knapp. Vassy hatte miterlebt, wie ich meine Solonummer allein zu Hause probte, fragte, ob er den Text lesen könne, und ich war damit einverstanden.

»Das ist Seifenoper«, kritisierte er in seiner feinsinnigen Art.

»Na ja, Fernsehen eben. Ich finde das ganz in Ordnung.«

»Möglich. Aber ich hätte ein paar Vorschläge.«

Na schön, dachte ich. Ein kleiner Test und Vorgeschmack auf das, was mich bei einer Arbeit mit ihm erwarten würde.

»Prima. Schieß los. Ich bin gespannt.«

Wir setzten uns zusammen, und er zergliederte die Ebenen der Figur. Dann fingen wir an zu arbeiten.

Zu jeder Zeile, ob abgesprochener oder Liedertext, hatte er eine Idee, wie sie besser gebracht werden könnte, und erklärte mir, wie er sich das vorstellte. Seine Vorschläge waren phantasievoll, auch wenn sie entfernt an Darstellungen der Schauspielerinnen seiner Filme erinnerten – sie wiesen die gleiche verspielte, kindliche Naivität auf. Wir arbeiteten etwa eine Stunde, und mir machte jede Minute Spaß, ich freute mich besonders über sein Einfühlungsvermögen in die Probleme der Frauenfigur, über die ich sang.

»Ich bin halb weiblich, mußt du wissen«, erklärte er, »ich versetze mich häufig in weibliche Sensibilität, weil ich vor langer Zeit einige Lebensabschnitte als Frau gelebt habe.«

Seine Worte muteten mich keineswegs lächerlich an. Ich hatte selbst solche Überlegungen angestellt, ob ich einmal als Mann gelebt haben könnte, denn viele Menschen, mit denen ich es in diesem Leben zu tun hatte, fanden mich gleichermaßen männlich wie weiblich geprägt. Und ich hatte mich mit Theorien über männliche und weibliche Energien auseinandergesetzt. Die weibliche, die Yin-Energie, hat ihren Sitz in der rechten Gehirnhälfte. Yin regiert die empfänglichen, intuitiven, künstlerischen Eigenschaften des Menschen; die linke Gehirnhälfte, die Yang-Energie, beherrscht die logischen, aktiven und linearen Eigenschaften.

Vassy und ich schienen beispielhaft für diese Polaritäten. Beide wiesen wir weibliche und männliche Züge in unserer Persönlichkeit auf. Das Aufeinanderprallen unserer Charaktere geschah immer dann, wenn wir beide gleichzeitig entweder Yin- oder Yang-betonte Eigenschaften zum Ausdruck brachten.

»Ich weiß, wie Frauen empfinden«, fuhr Vassy fort, »deshalb bin ich ein guter Regisseur für Frauen.«

Ich hätte ihn gern gefragt, warum er sein Verständnis für Frauen nicht auf sein reales Leben übertrug. Statt dessen bedankte ich mich für seine Hilfe, sagte, mein Regisseur würde sicher mit dem gemeinsam Erarbeiteten am nächsten Tag im Studio zufrieden sein, und bat Vassy, seine Hilfe als unsere Privatsache anzusehen, weil ich dem Regisseur nicht das Gefühl geben wolle, wir hätten uns in seine Kompetenzen gemischt. Vassy nickte, sagte aber nichts.

Am nächsten Tag standen Bühnenbild und Licht für die Szene. Vassy begleitete mich ins Studio, um zu beobachten, wie ich seine Vorschläge umsetzen würde. Der Fernsehregisseur saß in der Bildregie, wir sprachen über das allgemeine Studiomikrofon miteinander.

Ein Take wurde aufgezeichnet. Ich konnte Vassy im Dunkel des Studiohintergrunds ahnen und freute mich über seine Zurückhaltung, sich nicht einzumischen, zumal er seit gestern ein persönliches Interesse an meiner Show entwickelt hatte. Seine Beherrschung hielt jedoch nicht lange vor.

Unmittelbar nach Aufzeichnung des gesamten Monologs stürmte Vassy aus dem Schatten direkt in die beleuchtete Szene, lobte lautstark meine Arbeit und erklärte zugleich, was ich falsch gemacht hatte.

Ich eilte in meine Garderobe und winkte Vassy, mir zu folgen. Alleine mit ihm bedankte ich mich, sagte ihm aber auch, es wäre mir lieber, wenn der Stab nichts von seiner Einmischung in die Regiearbeit erfahren würde, vor allem nicht der tatsächliche Regisseur.

»Selbstverständlich«, sagte er verständnisvoll; ihm hätte es ebensowenig gepaßt, wenn ein anderer Regisseur sich in seine Arbeit eingemischt hätte. Vassy konnte alles verstehen, solange er sich damit zu identifizieren vermochte.

Der dritte Tag unserer Aufzeichnungsarbeit fiel auf meinen Geburtstag. Ein paar meiner engsten Freunde wußten davon, ich wollte jedoch kein Aufhebens machen, einmal, weil jede Feier die ohnehin knapp bemessene Aufzeichnungszeit noch verkürzt hätte, und zweitens scheute ich, offen gestanden, jeglichen Rummel um meine Person.

Bella Abzug und ihr Mann Martin waren in der Stadt und wohnten bei Vassy und mir in Malibu. Sie fanden Vassy schillernd und typisch russisch, er interessierte sie nicht zuletzt wegen ihrer eigenen russischen Abstammung. Aber mit der Zeit begriffen auch sie, wie tiefgehend unsere Differenzen tatsächlich waren. Sie kamen zur Aufzeichnung ins Studio und trafen Vorbereitungen, daß während einer Pause Kuchen und Champagner aufgetragen wurde. Die Aufzeichnung eines Songs war im Kasten. Der Regieassistent winkte nach dem Geburtstagskuchen und dem Champagner, und die Mitglieder des Aufnahmestabs sangen »Happy Birthday«. Wir unterbrachen die Arbeit für ein paar Minuten. Ich sah Vassy nirgends und erkundigte mich nach ihm. Bella meinte, vor ein paar Minuten habe sie ihn in meiner Garderobe gesehen und ihn gebeten, er solle gleich ins Studio zu der kleinen Party kommen. Es blieb mir nicht viel Zeit, um Mutmaßungen über seinen Verbleib anzustellen. Der kleine Umtrunk war vorbei, die Arbeit ging weiter. Immer noch keine Spur von Vassy. Etwa eine Stunde später beendeten wir den dritten Studiotag, und ich schleppte mich erschöpft in meine Garderobe. Beim Eintreten sah ich Vassy auf der Couch sitzen und vor sich ins Leere starren.

»Da bist du ja«, sagte ich erleichtert darüber, daß er sich nicht im Labyrinth der CBS-Flure verirrt hatte. »Wo warst du bei meiner Geburtstagsfeier? Du hast uns gefehlt, Honigbär.«

Seine Stirn war in Falten gezogen, seine Miene eisig.

»Wo warst *du* denn?« fragte er todernst mit beleidigtem Unterton, den ich nicht verstand.

»Wo ich war? Im Studio natürlich. Wir haben für ein paar

Minuten unterbrochen, Kuchen gegessen und ein Glas Champagner getrunken.«

»*Du* hättest mich holen sollen«, sagte Vassy mit versteinertem Gesichtsausdruck.

»Ist das dein Ernst? Ich habe eine riesige Geburtstagstorte geschenkt bekommen. Ich fand es richtig peinlich, daß sie solche Umstände machten, aber wenn sie nichts arrangiert hätten, wäre es mir wahrscheinlich auch nicht recht gewesen.«

»Du hättest mich holen sollen«, wiederholte Vassy.

O Gott, das war tatsächlich kein Spaß.

Immer noch im Kostüm, mit den beiden Maskenbildnern im Schlepptau (die stets darüber wachen, daß der Darsteller weder Frisur noch Schminke durcheinanderbringt, denn das in Ordnung zu bringen kostet Zeit), ging ich um den niedrigen Tisch herum, die Pailletten meines Kostüms klimperten an die Holzplatte, setzte mich und legte meinen Arm um Vassy, der sich vernachlässigt fühlte, wie es schien.

»Was ist denn los, mein Honigbär? Ich wollte, du wärst zu meiner improvisierten Party gekommen. Ich habe mich gewundert, wo du bleibst. Ich konnte doch schlecht das Team allein lassen, um nach dir zu suchen. Bella hat dir gesagt, du sollst kommen, nicht wahr?«

Seine Miene wurde noch grimmiger. »Selbstverständlich«, antwortete er, was mich noch mehr erstaunte.

»Und warum bist du dann nicht ins Studio gekommen und hast mit uns gefeiert?«

Vassy sah mich an, es schien ihm gleichgültig zu sein, daß meine Kollegen Zeuge dieser Szene wurden. »Ich habe darauf gewartet, daß du mich einlädst.«

»Ich einladen? Ich muß dich doch nicht einladen, Honigbär.«

»Das war nicht korrekt.« Er blieb starrsinnig.

»*Was* war nicht korrekt?« fragte ich aufgebracht und kam mir gleichzeitig töricht vor, weil ich glaubte, etwas nicht zu begreifen. Vielleicht lag das eigentliche Problem nur an der Wahl seiner Worte. Die beiden Maskenbildner zogen sich diskret auf den Flur zurück.

»Bitte, Vassy, erkläre mir, was dich bedrückt.«

»Das solltest du wissen.«

»Ich weiß es aber nicht.« Meine Stimme klang nun unverkennbar ungeduldig. »Den ganzen Tag arbeite ich gegen die Uhr, und unser kleiner Geburtstagsumtrunk fand ganz nebenbei statt. Das mußt du doch begreifen.«

»Ich begreife nur«, fuhr er mit der Unerbittlichkeit einer Dampfwalze fort, »daß ich hier gewartet habe, um zu deiner Party eingeladen zu werden, und du mich nicht eingeladen hast. Du warst gefühllos, meine Empfindungen interessieren dich nicht – nicht im geringsten.«

Ich war fassungslos. Er meinte es todernst.

»Du hättest wenigstens jemanden schicken können, wenn du dir schon nicht die Mühe machen wolltest, selbst zu kommen.«

Mit großer Anstrengung unterdrückte ich die Wut, die in mir hochstieg. Wofür hielt er eigentlich eine Studioaufzeichnung – für einen Waldspaziergang oder was?

»Jetzt hör mir mal zu«, sagte ich, »ich ziehe jetzt diesen Paillettenfummel aus, lasse mich abschminken, und dann fahren wir nach Hause, okay?«

Vassy saß bewegungslos auf der Couch. Er sah nicht ein, daß er alles durcheinanderbrachte ... Es gab Menschen, die sich durch seine Gegenwart unbehaglich fühlten, weil er ihnen das unbestimmte Gefühl vermittelte, sich nicht so zu verhalten, wie er es von ihnen erwartete. Ich rief meine Mitarbeiter. Mit Routine und rührender Diskretion befreiten sie mich von der Perücke und wischten mir die dicke Schminke vom Gesicht. In knappen, präzisen Worten besprachen wir Einzelheiten für den morgigen Tag, dann gingen sie.

In der Zwischenzeit waren Bella und Martin in der Garderobe erschienen, damit wir gemeinsam nach Malibu fahren konnten. Bereits beim Eintreten spürten sie, daß sich etwas zusammenbraute. Ich konnte meine Wut und Frustration nicht länger beherrschen.

Vassy hatte keinen Zollbreit nachgegeben, sich statt dessen noch tiefer in seinen Trotz vergraben. Ich erkannte das an seiner stocksteifen Haltung. Vorfälle aus dem Probenraum und das Gebaren des »berühmten russischen Künstlers« schossen mir durch den Kopf. Ich überlegte, wie ich die Situation entschärfen könnte, wurde jedoch mit jeder Sekunde wütender. Es war eine Sache, mich zu beschuldigen, ich würde ihm nicht genug Beachtung schenken, aber eine andere, dies in einer »Zeit ist Geld«-Situation von mir zu verlangen. Wo, zum Teufel, blieb seine Branchenkenntnis oder einfach sein gesunder Menschenverstand? Und überhaupt, wer hatte denn hier Geburtstag, verdammt noch mal?!

Bella wollte freundlich einlenken und fragte: »Vassy, warum sind Sie nicht gekommen und haben ein Glas Champagner mit uns getrunken? Ich habe Ihnen doch gesagt, wir warten auf Sie.«

Quer durch den Raum schoß er ihr einen Blick zu, der ein ganzes russisches Dorf hätte in Brand stecken können. »Ich war nicht eingeladen«, bellte er.

»Aber wir waren doch alle eingeladen«, meinte sie verwundert.

»Das ist eine andere Sache. Sheerlee muß mich selbst holen. Ich saß allein und uneingeladen hier in der Garderobe – als Außenseiter. Sheerlee ist gefühllos und grausam.«

Das reichte, ich holte tief Luft, um ihn anzuschreien, doch Vassy hatte noch mehr zu sagen. »*Ihr* sind meine Gefühle völlig egal.« Bella machte ein völlig hilfloses Gesicht, was gar nicht zu ihr paßte. »Sheerlee benahm sich wie ein großer Star.«

Ich sprang auf die Füße und stürzte den Tisch um, mit allem, was darauf stand, mitten in den Raum.

Bella und Martin zogen sich zurück.

Vassys Miene blieb unverändert. Er zeigte weder Schreck noch Bestürzung, Erstaunen ... nichts. Er behielt seine Pose bei, was mich genauso überraschte wie das, was ich eben getan hatte.

»*Du* bist doch der elitäre Scheißkerl«, brüllte ich ihn an.

»Und du bist gewalttätig«, stellte er gelassen fest, als ginge ihn die ganze Sache gar nichts an.

»Du provozierst mich bis aufs Blut. Am liebsten würde ich das ganze Gebäude in die Luft jagen.«

»Siehst du?« sagte er. »Du hast vor nichts Achtung.«

Ich wandte ihm den Rücken zu; dann sammelte ich die verstreuten Sachen vom Fußboden auf. Bella und Martin kamen wieder zurück und halfen mir, meine Tanzschuhe, Strumpfhosen und Trikots aufzuräumen. Vassy behielt seine undurchdringliche Miene bei, bis wir Ordnung geschafft hatten. Schweigend fuhren wir nach Malibu. Die Abzugs folgten in ihrem Wagen.

Zu Hause angekommen, wünschte ich allen eine gute Nacht und ging sofort zu Bett, versuchte meine aufgestauten Gefühle zu verdrängen, um einschlafen zu können. Gottlob besitze ich die Fähigkeit abzuschalten, wenn es sein muß. Außer in Situationen, die mir wirklich Angst machen. (Meist kann ich mich auf meine linke Gehirnhälfte, das Yang, die männliche Sicht der Dinge, verlassen.)

Vassy blieb mit Bella und Martin noch eine Weile in der Küche. Beide ließen ihn ihre Meinung zu dem Vorfall wissen, er verlange zuviel und der Druck der Arbeit sei der wahre Grund für mein Verhalten gewesen. Er blieb dabei, er sei sich unerwünscht vorgekommen.

Am nächsten Morgen erwähnte keiner von uns den Vorfall. Doch Bella nahm mich beiseite und meinte: »Hatte das nun etwas mit männlichem Chauvinismus oder mit russischem Wesen zu tun?«

»Ich weiß nicht«, antwortete ich, »du bist russischer Abstammung. Erkläre du es mir. Ich stehe erst am Anfang, dieses Volk kennenzulernen.«

Vassy, Bella und Martin begleiteten mich in die CBS-Studios zum letzten Tag der Aufzeichnung. Vassy, in blendender Laune, zeigte sich fasziniert vom technologischen Stand des amerikanischen Fernsehens.

Unter anderem mußte noch eine zweiundzwanzig Minuten dauernde Tanznummer aufgezeichnet werden. Wie vorhersehbar, war es gegen zwei Uhr nachts, als es soweit war. Meinen Zustand mit Erschöpfung zu bezeichnen wäre schlicht untertrieben gewesen. Ich hatte kaum etwas gegessen, und wenn ich zuwenig aß, neigte ich zu Schwächeanfällen, deren medizinische Bezeichnung Hypoglykämie lautet. Als endlich die große Nummer dran war, befand ich mich nicht eben in bester Verfassung.

Die Tanznummer wurde in einzelnen Takes aufgenommen, mit langen Wartezeiten dazwischen, während die Männer von der Technik Dekoration und Licht umbauten. In einer dieser Pausen setzte ich mich zu Vassy, versuchte zu entspannen, um den Rest der Nacht durchzustehen. Bella und Martin waren längst gegangen.

»Du bist ein Pferd«, sagte Vassy, »ein gut trainiertes Pferd, das viele Rennen hinter sich hat und automatisch arbeitet. Ein wahres Monument an Kraft.«

Aus seinen Worten sprach Bewunderung, die mich stolz machte. Ich stand alles relativ gut durch, bis wir den letzten Take aufgezeichnet hatten. Zwischendurch nahm ich ein wenig Orangensaft und Hüttenkäse zu mir, das genügte mir normalerweise; nach einer kompletten Mahlzeit zu tanzen wäre eine Katastrophe. Die Aufzeichnung war endlich fertig, ich setzte mich wieder neben Vassy, um mich ein wenig auszuruhen. Regisseur und Techniker zeichneten noch einige Zwischenschritte auf, wobei ich nicht gebraucht wurde.

Vassy gratulierte mir noch einmal zu meinem Stehvermögen. Ich holte tief Luft. Mir wurde schwindlig. O nein, dachte ich, bekomme ich jetzt einen Unterzuckeranfall, jetzt, nachdem alles vorüber ist? Nun kostete es ja auch keine Zeit mehr, wenn ich zusammenbrach.

Meine Lippen und Hände verkrampften sich, Symptome, die ich kannte. So ein Unterzuckeranfall war nicht wirklich ernst, konnte jedoch jemanden, der so etwas noch nicht erlebt hatte, zutiefst erschrecken. Man mußte mir nur Orangensaft bringen – aber schnell. Vassy reagierte, als sei ein Großbrand ausgebrochen.

»Sheerlee stirbt! Sheerlee stirbt!« brüllte er heiser.

Alle im Studio liefen zusammen, als er um Hilfe rief, mich in seinen Armen haltend, als wolle der Tod mich ihm entreißen.

»Sheerlee, meine Sheerlee, nicht sterben!« schrie er wieder.

Jemand brachte mir Orangensaft. Ich wußte nicht, ob ich lachen oder weinen sollte. Der Stab ging leicht verwirrt wieder an die Arbeit, und ich versuchte, gleichzeitig Vassy zu trösten und Saft zu trinken.

Jedesmal, wenn ich die Aufzeichnung eines Fernseh-Specials beendet hatte, schwächte sich das Erlebnis im Rückblick zur Bedeutungslosigkeit einer Seifenblase ab. Die Intensität der mörderischen Arbeit trennte diese Marathontage vom wirklichen Leben. Die damit verbundene Arbeit war unmenschlich, und die Isolation und Konzentration dieser Tage ließ mich auch andere Ereignisse dieser Zeit weniger bedeutungsvoll sehen. So auch die Szene mit Vassy. Sowohl das Drama, das sich an meinem Geburtstag abgespielt hatte, als auch sein leidenschaftlicher Ausbruch bei meinem Schwächeanfall wurden aus meiner Erinnerung gedrängt, sobald das Alltagsleben wieder einzog.

Später entschuldigte Vassy sich für sein Benehmen an meinem Geburtstag und erklärte, nach einigem Nachdenken glaube er zu wissen, was er falsch gemacht habe. Ich entschuldigte mich dafür, den Tisch umgeworfen zu haben; ich verstünde, daß die Anforderungen, die mein »Star«-Dasein an ihn stelle, nicht einfach für ihn sein könnten; seine Enttäuschung, ein arbeitsloser Regisseur zu sein, habe wohl zu seinem Fehlverhalten beigetragen.

Was meinen Unterzucker betraf, so beschloß er, ich müsse eine strenge Diät einhalten – genauer gesagt, er wollte, daß ich faste. Ich weigerte mich, und daraus entstand ein neuer Konflikt. Er behauptete, Fasten heile alles, von Arthritis bis zu Hypoglykämie. Ich behauptete, Fasten bringe mich um.

Doch er gab nicht auf, zählte mir jeden Bissen in den Mund und ging so weit, mir buchstäblich das Essen aus der Hand zu reißen, um es in den Mülleimer zu werfen. Wenn wir in einem Lokal saßen, ließ er das von mir Bestellte einfach zurückgehen. Manchmal lachte ich darüber, manchmal wurde ich wütend. Die Berg-und-Tal-Fahrt war in vollem Gange.

Seine tief empfundene Besorgnis um meine Gesundheit rührte aus echter Sorge um mich. Im Prinzip hatte er häufig recht, doch benahm er sich in meinen Augen zu selbstherrlich, als wisse er auf jedem Gebiet Bescheid. Meine Reaktion darauf bestand aus ständigem, laut von mir gegebenem Protest. Es gab nichts, was die Situation entspannt hätte.

Schon während ich das alles erlebte, stand ich gleichsam neben meiner Person, beobachtete die Höhen und Tiefen der Leidenschaft und die hochwallenden Gefühle.

Einfach war es beileibe nicht. Verwirrend und verrückt allemal... für beide von uns, daran zweifle ich nicht. Vielleicht kämpften wir uns deshalb durch diesen Irrgarten der Gefühle, weil wir Berufe hatten, die Gefühlsaufruhr als Wasser für ihre Mühlen brauchten. Natürlich versuchten wir als Mann und Frau nebeneinander zu bestehen. Deshalb war alles, was in dieser Zeit geschah, für uns produktiv und wichtig. Möglicherweise verlief unser gemeinsames Leben tatsächlich nach einem Szenario, das wir uns, lange bevor wir in dieses Leben geboren wurden, zurechtgelegt hatten.

Mein Leben mit Vassy zwang mir derartige Überlegungen auf. Vielleicht hatten wir uns die Situationen wirklich ausgewählt, um uns zu Werten und Ansichten vorzuarbeiten, zu denen wir in einem früheren Zusammensein nicht gelangt waren. Karma – Ursache und Wirkung – wie immer man es bezeichnete, mir wurde immer stärker bewußt, daß alles, was geschieht, aus einem bestimmten Grund so geschieht. Daß Vassy und ich dazu bestimmt waren, eine gewisse Zeit miteinander zu verbringen, war Vorsehung, das fühlte ich immer deutlicher. Ob wir daraus Nutzen zogen, lag an uns... wie gut oder wie schlecht wir unsere Aufgaben lösten. Auch er erkannte die Bedeutung der Erfahrungen, die wir miteinander machten, von denen einige schwierig und schmerzvoll, andere wiederum das reine Glück waren. Eines Nachts, kurz vor dem Einschlafen, verspürte ich einen starken Drang, mich auf den Ellbogen zu stützen und ihm ins Gesicht zu sehen. Ich war nicht verwundert, Tränen in seinen Augen zu bemerken. Ich brauchte nicht zu fragen, was ihn so sehr beschäftigte. Ohne sich seiner Tränen zu schämen und ohne jedes Selbstmitleid sagte er: »Ich dachte eben daran, wie lange es gedauert hat, bis ich dich wiedergefunden habe.«

Mehr sagte er nicht. Es war so einfach, so schlicht, so aufschlußreich.

»Wie viele Male, glaubst du, haben wir zusammen gelebt?« fragte ich ihn zärtlich.

Vassy seufzte. »Ich habe keine Ahnung. Ich weiß nur, ich war die Frau und du der Mann. Da bin ich ganz sicher. Spürst du das nicht auch?«

»Ja. Das kann gut sein, weil du dich in diesem Leben wie ein Macho aufführst. Du hast wohl in dieser Hinsicht einen starken Nachholbedarf.«

»Ich bin kein Macho, ich bin Russe«, antwortete er und kitzelte mich an den Rippen. Ich zog ihn an den Haaren, was streng verboten war, das wußte ich genau.

Er setzte sich auf, ein breites Lächeln kündigte sein Vorhaben an.

»So«, sagte er wild entschlossen, »das wirst du mir büßen.«

Dann fing er an, mich gnadenlos zu kitzeln. Ich schrie, kreischte, lachte, kreischte und lachte. Endlich fiel ich völlig außer Atem aus dem Bett und flehte um Gnade. Triumphierend im Gefühl seiner Übermacht gewährte er mit gespielt strenger Miene Gnade und entließ mich aus seinen Bärenpranken. Wir krochen wieder unter die Decke, kuschelten uns aneinander und überließen uns dem Schlaf.

Am nächsten Tag entdeckte ich auf der Fahrt nach Beverly Hills in einem Schaufenster einen fast lebensgroßen Stoffbär. Ich bremste mit quietschenden Reifen, parkte den Wagen in der Nähe und sah mir das Stofftier näher an. Der Laden war ein Elektrogeschäft, dessen Besitzer große Spielzeugtiere sammelte. Der Bär war braun und weich, hatte ein weißes Gesicht und Bambiaugen so groß wie Untertassen, lange Wimpern und pelzig braune Ohren. Sein Gesichtsausdruck brachte mich zum Lachen. Er hatte ein rundes Bäuchlein und streckte seine Pelzarme nach mir aus. Am liebsten hätte ich ihn umarmt und abgeküßt.

Neben dem Bär saß ein komischer Löwe. Vassy war stolz auf sein Löwe-Sternzeichen, das ihn zum König der Wüste machte. Ich mußte beide Tiere unbedingt haben. Den Bär wollte ich ihm gleich schenken und den Löwen bis zu seinem Geburtstag verstekken. Der Ladenbesitzer ließ sich dazu überreden, mir die Tiere zu verkaufen.

Am Abend überreichte ich Vassy den Bär, den wir natürlich Honigbär junior nannten.

Honigbär jr. wurde eine Quelle der Freude, die uns über manche bösen, zerstörerischen Augenblicke hinweghalf. Immer wenn wir am Tiefpunkt einer Auseinandersetzung angelangt waren, benutzten entweder ich oder Vassy Honigbär jr. als Friedenszeichen.

Nach meinem Fernseh-Special begann ich an meiner Live-Show für meine Bühnenauftritte in Las Vegas und Tahoe zu arbeiten. Vassy befaßte sich mit einem Projekt für uns beide. Vielleicht haben alle Künstler das Bedürfnis, für ihre eigene Erfahrung und ihre eigenen kreativen Interessen zu arbeiten. Ich weiß es nicht. Aber wir taten es. Ich war zu dem Schluß gekommen, daß die Zusammenarbeit mit Vassy zwar schwierig, aber lohnend werden würde. Außerdem bewunderte ich seine Gesamtkonzeption, russische und amerikanische Künstler über das Medium Film einander näherzubringen und beide Länder als Drehorte zu verwenden. Wir sprachen über viele Stoffe, auch wieder über *The Doctor's Wife*. Das Thema, das uns jedoch am meisten beschäftigte, war Reinkarnation. Wir wollten eine Liebesgeschichte drehen, die auf der Erkenntnis der beiden Hauptfiguren basierte, zusammen in einem früheren Leben gelebt und geliebt zu haben. Wir durchstöberten altes Filmmaterial, fanden aber keine Hinweise darauf, daß diese Thematik schon einmal erfolgreich in einem Film abgehandelt worden war. Also befaßten wir uns mit dem Gedanken, selbst ein Drehbuch zu schreiben und einen Autor hinzuzuziehen, der mit diesen Bereichen vertraut war und mit Vassy zusammenarbeiten sollte. Vassy drängte es, einige seiner spirituellen Glaubensthesen auf die Leinwand zu bringen, und er hielt eine spirituelle Liebesgeschichte für glänzend geeignet. Ich stimmte ihm zu. Es gab einige amerikanische und englische Autoren, mit denen er gerne gearbeitet hätte. Er beauftragte seinen Agenten, herauszufinden, ob sie verfügbar seien. Ich tat das gleiche.

In der Zwischenzeit arbeitete Vassy mit einem englischen Autor an einem Drehbuch über Wale, worüber er mit mir bei unserem ersten gemeinsamen Abendessen gesprochen hatte. Es war eine faszinierende, romantische und metaphysische Abenteuergeschichte. Er hatte bereits Geldgeber in Aussicht, um das Projekt zu verwirklichen.

Während ich in Tahoe auftrat, begleitete uns sein Co-Autor Marc Peplow. Wir drei richteten uns im Gästehaus Tahoe ein, das den Entertainern zugedacht war, einem Haus in einer Landschaft wie aus einem alten Betty-Grable-Film.

Es dauerte nicht lange, bis Vassy und ich große Schwierigkeiten hatten wegen der Nachtstunden, die meine Bühnenauftritte mit sich brachten. Er war ein Mann, der gerne morgens mit den Hühnern aufstand, und fühlte sich von innen nach außen gekrempelt, »nicht im Einklang mit der Natur«, wenn er sich schlafen legte, wenn die meisten anderen Leute wieder aufstanden. Er versuchte ein wenig zu schlafen, bevor ich nach Hause kam, sagte aber, auch das sei ihm nicht möglich, denn er könne nicht wirklich entspannen, wenn ich nicht bei ihm war. Das verstand ich, denn mir wäre es nicht anders ergangen.

Vielleicht war die Umkehr von Tag und Nacht schuld an einigen Entwicklungen, aber vermutlich hatten sie mehr mit Vassys Arbeitsweise zu tun.

Was immer der Grund dafür sein mochte, seine Zusammenarbeit mit Marc entwickelte sich immer mehr zur Folter. Die beiden entschieden sich für eine Szene und lasen mir die Konzeption vor, in der glücklichen Gewißheit, auf dem richtigen Weg zu sein. Und dann fing Vassy an, sich unter Seelenqualen zu winden. Er litt in einem Maße an Unsicherheit und Selbstzweifeln, wie ich sie bisher noch an keinem meiner Bekannten festgestellt hatte. Er starrte leer gegen die Zimmerdecke, und statt den Aufbau einer Szene zu analysieren, jammerte er über seine Qualen... wie schwierig und schmerzhaft der kreative Prozeß sei. Natürlich kannte ich ähnliche Stimmungen von mir selbst, aber irgendwie akzeptierte ich sie als Teil des Prozesses. Vassy ließ sich umständlich darüber aus, wie furchtbar dieser Zustand sei. Wir versuchten, die Probleme kreativer Arbeit zu diskutieren, wenn es um den Ursprung von Ideen ging, doch er wollte nicht einsehen, daß Kreativität auch Freude bereiten konnte. Eine derartige Vorstellung *konnte* er nicht akzeptieren; er behauptete, man *müsse* leiden, um kreativ zu sein. Ich kannte diese Diskussionen zur Genüge von befreundeten Künstlern, ein Lieblingsthema schöpferischer Menschen. Einige vertreten die Ansicht kreativer Lust, andere die Meinung kreativer Folter. Brauchte man den inneren emotionalen Konflikt, den Druck, um ein großes Werk zu vollbringen, oder würde man ein noch bedeutenderes Werk schaffen, wenn Neurosen beiseite gelassen würden? Für Vassy bestand darüber kein Zweifel. Wie von selbst sprudelnder schöpferischer Kraft war zu mißtrauen; und wenn er diesen Zustand in sich verspürte, wußte er, daß sein Ergebnis schlecht war. Ich erlebte, wie er diese Theorie in die Praxis umsetzte. Auch Marc litt unter den Qualen kreativer Schmerzen. Doch bei ihm trat ein Zeitpunkt ein, an dem er sich fragte: Wozu all diese Qualen? Doch Vassy hatte seine Leiden institutionalisiert, und ohne diese Leiden fühlte er sich buchstäblich unfähig, schöpferisch zu arbeiten.

Ich dachte an meine Jahre beim Film, in denen ich in allen möglichen Gefühlszuständen gearbeitet hatte. Immer dann, wenn ich glücklich war, spielte ich besser. War ich unglücklich oder blockiert, dann klappte nichts. Und meinen Kollegen schien es nicht anders zu ergehen. Vielleicht lag es aber auch daran, daß ich mich normalerweise selbstauferlegten Leiden entzog, da ich mir eingestand, daß sie sich einfach nicht lohnten. Einem Künstler wie Vassy war es nicht möglich, sich zu entziehen, erstens weil er brillant war, und zweitens, weil er *brauchte*, daß alle, die sich mit ihm einließen, sich ebenfalls mit seiner *grande torture* auseinandersetzten, um in die Tiefen ihrer eigenen Potentiale vorzudringen.

Diese Beobachtungen machte ich in den langen mühseligen Wochen. Geschrei und nervtötende Erregung, gefolgt von eisigem Schweigen, drangen aus dem Zimmer, in dem Vassy und Marc arbeiteten. Tagsüber brachte ich ihnen Kaffee und bergeweise Käse- und Salatplatten, von dem Koch, der für das Ensemble zuständig war, zubereitet. Gegen sechs Uhr abends setzten wir uns zu einem Familienmahl zusammen, bestehend aus Reis und Gemüsen, hausgemachtem Brot und einem kernigen Stück Fleisch für Marc und mich. Vassy liebte es, am Kopfende des Tisches den Vorsitz zu führen und die Gläser mit eisgekühltem, mit Himbeerblättern gewürztem Wodka zu füllen. Die Blätter pflückte er von den Himbeersträuchern, die am Haus wuchsen. Er kannte jede Blume, jeden Busch, jeden Baum auf dem Anwesen und erklärte uns, in welchen Gegenden die entsprechende Flora in Rußland gedieh. Die Himbeerblätter füllte er in die Wodkaflasche und beließ sie darin so lange, bis der Alkohol von dem Aroma durchzogen war.

Vassy führte nicht nur den Vorsitz, er hielt uns auch Vorträge. Er hörte sich selbst gern reden. Dabei ging es ihm nicht so sehr um das, was er sagte, sondern darum, daß er etwas sagte. Er mußte die Rolle des gebieterischen Hausherrn spielen, mußte der Hauptredner und Gesprächsleiter sein. Diese Rolle spielte er mit viel Charme und liebte unsere Anwesenheit, denn es fehlten ihm seine große Familie und das russische Landhaus. Oft schaute er wehmütig in sein sich leerendes Wodkaglas, und dann stürzte er sich auf eines seiner Lieblingsthemen – Liebe contra Respekt. Vassy war der Überzeugung, daß man einen anderen Menschen nicht gleichzeitig lieben und respektieren konnte.

»Wenn man einander liebt«, pflegte er zu sagen, »ist man so sehr mit diesem Gefühl beschäftigt, daß es unmöglich ist, die Integrität des anderen zu respektieren.«

»Aber Honigbär«, entgegnete ich dann, »wahre Liebe ohne Respekt ist nicht möglich.«

»Bestimmt nicht in Rußland. Bei uns liebt man entweder, oder man respektiert. Beides ist nicht möglich.«

»Wie meinst du das?«

»Mit Liebe sind Eifersucht, Besitzanspruch und viele andere Emotionen verbunden, die Respekt ausschließen. Wir in Rußland sind uns darüber im klaren und akzeptieren das.«

Ich hatte einige Male erlebt, wie er diese Theorie verteidigt und damit jede Gesprächsrunde brüskiert hatte. So mochten die Amerikaner im 19. Jahrhundert vielleicht gedacht haben, doch seit der Anerkennung der Menschenrechte, Bürgerrechte, Frauenrechte und anderer Rechte – hatten wir allmählich begriffen, daß beides nicht nur möglich, sondern unumgänglich notwendig war, wenn das demokratische Prinzip funktionieren sollte. Andererseits wurde mir klar, daß Vassy in seiner »russischen Art« zwar seine eigene Freiheit anstrebte, aber nicht das demokratische Prinzip verstand, die Freiheit anderer zu respektieren und diese Menschen *gleichzeitig* zu lieben.

»Manchmal denke ich, Russen kennen keinen Respekt«, sagte er, »sie kennen nur Liebe. Deshalb ist ihr Verhalten von Gefühlen geleitet, wenn sie lieben. Wenn mein Nachbar in Rußland um drei Uhr morgens an meine Tür klopft, mich um fünf Rubel anpumpt oder verlangt, ich soll ihm eine Tasse Tee kochen, und ich ihm nicht helfe, wäre er sehr erstaunt. Und ich erwarte von ihm dasselbe. Hier respektiert man die Privatsphäre. Ihr Amerikaner kennt nur den Respekt, aber ihr versteht nichts von Liebe. Ihr könnt nicht mit Liebe umgehen, ihr könnt nur mit Respekt umgehen. Ihr glaubt, beides zu tun, aber das stimmt nicht.«

Seine Theorie war zwar einseitig, es lohnte jedoch, darüber nachzudenken. Oberflächlich betrachtet, schien sie unerhört abwertend. Aber je mehr ich darüber nachdachte, um so intensiver überlegte ich, ob er nicht vielleicht doch recht hatte.

»Ein Beispiel«, fuhr er fort, »bei euch gibt es Straßenraub und Kriminalität. Darüber beschweren sich die Leute bei der Polizei. Bei uns in Rußland existiert diese Art von Verbrechen nicht, weil die Leute bei uns einen Straßenräuber lynchen würden. Hier wollen sich die Menschen auf nichts Unangenehmes einlassen. Sie sehen zu, wie andere verletzt werden. Wir haben Gemeinschaftsliebe. Wir lassen so etwas nicht zu.«

»Nein«, widersprach ich, »dafür habt ihr Betrunkene.«

»Möglich. Aber bei uns erfriert kein Besoffener im Schnee. Jeder beschützt Betrunkene. Das ist Liebe. Ihr respektiert das Recht eines anderen zu sterben, wenn *er* nicht euer Problem ist. Verstehst du?«

Ich begriff, was er meinte. Aber seine Logik stimmte nicht ganz. Es hatte weder etwas mit Respekt noch mit Liebe zu tun, einen Betrunkenen erfrieren zu lassen. Weit mehr war das Gleichgültigkeit oder schlimmer . . .

Doch die Geschichten, die ich aus Rußland gehört hatte, wo man sich über Nacht von einem Mitmenschen abwandte, der bei der Staatsmacht in Ungnade gefallen war, waren doch gewiß entsetzliche Beispiele für »nichts mit der Sache zu tun haben wollen«. Auch wenn die Zuwendung große Gefahr bedeutet. Nein, man macht es sich viel zu leicht, solche Dinge zu vereinfachen.

Das Thema, das Vassy am meisten beschäftigte, war die Problematik von Gut und Böse, er sah sie schwarzweiß, ohne Zwischentöne. Und er sah beides, Gutes und Böses, als Mächte außerhalb des Menschen – als Gott und Satan. Manchmal, wenn wir uns stritten und seine Unnachgiebigkeit und meine Sturheit hitzig aufeinanderprallten, schrie ich ihn an, worauf er mit gespielter Ruhe reagierte, was mich noch rasender machte. In solchen Momenten nahm er mich an den Schultern und sagte: »Du darfst das nicht zulassen. Satan gewinnt die Oberhand über dich.« Aus seinen Worten sprach aufrichtiger Glaube und tiefe Überzeugung, er wirkte keineswegs frömmlerisch oder selbstgerecht. Der gequälte Ausdruck seiner Augen spiegelte seine Trauer über meine Unfähigkeit, mit meinem »Bösen« fertig zu werden, wider. Er schien tatsächlich zu befürchten, ich sei in den Momenten meiner frustrierten Wutausbrüche vom Teufel besessen.

Ich erinnerte mich, wie er, aus Paris kommend, in mein Haus in Malibu zog, und an eine seiner ersten Handlungen, der kostbaren Bibel einen Ehrenplatz auf der Kommode im Schlafzimmer zuzuweisen. »So können wir sie immer sehen«, hatte er gesagt.

Oft blätterte ich darin und wünschte, die kyrillische Schrift lesen zu können. Vielleicht lag irgendwo im Inhalt der Schlüssel zum

Verständnis für Vassys fundamentale Wertbegriffe, die mir zuweilen so fremd erschienen.

Oft sprach er darüber, wie sehr wir in spirituellem Einklang miteinander standen, daß ich immer das fühlte, was er fühlte, körperlich und geistig. Es sei ihm unmöglich, mich zu belügen, nicht nur weil ich ihm sofort auf die Schliche käme, sondern weil er sich damit selbst belügen würde. Ich erklärte ihm, ich fühlte ihn in einer Weise, wie man Farben sieht, klar, sehr sicher und immer richtig, was seine innersten Stimmungen und Ängste betraf.

Als sein Arbeitsprozeß ihn immer stärker quälte und belastete, versuchte ich ihm den emotionalen Konflikt zu erleichtern, indem ich mit ihm darüber redete. Das paßte ihm jedoch gar nicht. Er glaubte nicht daran, daß irgend etwas durch Gespräche gelöst werden könne – nur durch Gefühle. Würde denn offene Diskussion nicht Probleme erleichtern und dazu beitragen, neue Wege der Kommunikation zu finden? »Nein«, erklärte er. »Russen reden nicht. Sie fühlen ihre Leidenschaft. Ihr Amerikaner analysiert eure Leidenschaft, bis keine mehr da ist.«

»Aber wie wollt ihr denn eure Differenzen beilegen?« fragte ich.

»Das tun wir nicht. Wir nehmen sie hin, bis wir sie nicht mehr ertragen können.«

»Und dann?«

»Dann kommt eine Veränderung. Alle Dinge haben ihre Zeit. Nichts sollte ewig dauern, außer der Kampf mit der dunklen Seite in uns selbst.«

Da war es wieder. Die Vorstellung, daß Glück und Auflösung von Spannungszuständen nicht möglich sind, weil das Schicksal unser Leiden bestimmt, machte mich niedergeschlagen. Nicht daß eine allgegenwärtige emotionale Wolke unser Zusammensein überschattete, doch etwas lauerte unter der Oberfläche jedes Zukunftsgedankens, den Vassy und ich über eine gemeinsame Arbeit schmiedeten. Andererseits war er fähig, wirklich glücklich zu sein – nicht wie viele Leute meines Bekanntenkreises, die das Gefühl hatten, Glücklichsein nicht zu verdienen. Nein, er *liebte* es, glücklich zu sein. Er fügte der Freude, dem Sex, dem Lachen eine explosive Leidenschaft hinzu. Doch mir war jetzt immer bewußt, daß unsere Beziehung von einem Hauch Erwartung verdunkelt war, daß unser Glück nicht nur enden würde, sondern enden *mußte*, um einem vorbestimmten Kampf Platz zu machen.

Also befanden Vassy und ich uns in einem permanenten Streit über Gut und Böse. Keiner von uns stellte Reinkarnation in Frage, ebensowenig die Existenz von Gott oder die Tatsache, daß Gott die totale Liebe ist. Keiner von uns stellte den Kampf um die Gotteserkenntnis in Frage. Worin wir uns grundsätzlich unterschieden, war der *Prozeß*, der zur Gotteserkenntnis führte. Ich wünschte mir sehnlich, zu einer Lösung dieser Differenz zu gelangen, wenn dies überhaupt möglich war.

Als wir Tahoe verließen und nach Los Angeles zurückkehrten, telefonierte ich mit Kevin Ryerson, dem Medium, durch das ich meine erste Bekanntschaft mit spiritueller Übermittlung gemacht hatte. Vassy hatte bereits Erfahrung mit »Hellsehern«, also würde eine Sitzung sein Wissen bereichern. Er hatte großen Respekt vor spirituellen Wesenheiten, die sich durch menschliche Kanäle mitteilten.

Zwölftes Kapitel

Längst hatte ich Vassy meine Erlebnisse mit John und McPherson geschildert. Mehr noch, einer der Punkte, die mich mit Vassy verbanden, war das Wissen, daß ich offen mit ihm über mein neues Bewußtsein und meinen neuen Glauben sprechen konnte. Vassy hatte Erfahrung mit Trance-Medien in Rußland gesammelt. Viele Menschen, so glaubte er, suchten in letzter Zeit Hellseher und paranormale Medien auf, da die persönliche Information, die sie von diesen erhielten, sich in den meisten Fällen als richtig erweise.

So akzeptierte Vassy Kevin denn auch als einen Mann mit der Gabe, als Instrument zu wirken in der Kommunikation mit geistigen Wesenheiten, die sich von uns dadurch unterschieden, daß sie keinen physischen Körper besaßen. Daß geistige Wesenheiten im Astralbereich existieren, stand für Vassy außer Frage. Daß sie einmal ein irdisches Dasein geführt hatten, darüber gab es für ihn gleichfalls keinen Zweifel. Vassys Problem bestand in der Frage, ob einige von ihnen möglicherweise böse waren. Der Schwerpunkt von Vassys Interesse und Fragestellung an diesem Abend bezog sich auf den Dualismus von Gut und Böse: ein Thema, das ihn belastete und auf das er ernsthaft eine Antwort zu finden versuchte.

Bei Kevins Ankunft aßen Vassy und ich gerade russisches Kascha (eine Art gerösteter Buchweizen) mit Knoblauch und Zwiebeln. Kevin war wie immer von Kopf bis Fuß in makelloses Beige gekleidet. Er ließ sich begeistert zu unserem Mahl nieder.

Vassy wartete nicht ab, bis Kevin sich in Trance versetzt hatte, um John und McPherson durch sich sprechen zu lassen. Er verwickelte Kevin ohne Umschweife in ein Gespräch über sein Lieblingsthema – die Mächte des Bösen. Noch beim Essen fragte Vassy, der russische Christ, Kevin, den konfessionslosen, aber gottgläubigen Amerikaner, was er von der Thematik Gut und Böse halte, und ich als Zuhörerin war von Vassys fundierter, durchdachter Argumentation beeindruckt.

»Wenn wir davon ausgehen«, begann Vassy, »daß unser irdisches Dasein die Folge davon ist, daß wir Menschen die Gnade Gottes verloren haben, ist dann das Böse nicht Teil der theosophischen Macht? Ist das Böse folglich nicht Teil von Gott selbst?«

Kevin kaute gelassen an seinem Kascha. Es war offenbar nicht die erste Diskussion mit dem Schwerpunkt »Gut und Böse«, in die er verwickelt wurde.

»Ich glaube nicht daran«, erwiderte er, »daß es so etwas wie das Böse überhaupt gibt.«

»Aber das ist für mich außerordentlich wichtig«, fuhr Vassy fort. »Glauben Sie nicht, das Böse ist deshalb in der Welt, damit wir es überwinden?«

»Ich denke«, antwortete Kevin, »daß das, was Sie das Böse nennen, nur der Mangel an Gotteserkenntnis ist. Der Kern des Problems ist der Mangel an spirituellem Wissen, nicht die Frage, ob das Böse existiert oder nicht.«

»Das kann nicht sein«, entgegnete Vassy. »Wenn das Böse die Unwissenheit über Gott ist, wie erklären Sie sich dann die Menschen, die Gott bewußt verleugnen? Die bewußt Gott in sich zerstören mit klarer Erkenntnis? Diese Menschen können doch nicht als unwissend über Gott bezeichnet werden.«

»Niemand kann Gott in sich zerstören. Gott ist unsterblich«, antwortete Kevin. »Aus diesem Grund können primitive Völker, die noch nie eine Vorstellung von Gott hatten, nicht als böse verdammt werden.« Kevin schien Freude darüber zu empfinden, daß jemand seine persönliche Meinung hören wollte und ihn nicht nur als Medium benutzte.

»Aber«, fuhr Vassy fort, »es gibt doch hochintelligente Menschen, die die Existenz Gottes ablehnen.«

»Nein«, sagte Kevin, »diese Menschen kennen Gott nicht wirklich. Was immer ihre *Vorstellung* von Gott sein mag, sie ist das, was man am Ende selbst sein wird. Wenn ein intelligenter Mensch gegen Gott rebelliert, lehnt er sich lediglich gegen seine *Vorstellung* von Gott auf, folglich rebelliert er gegen sich selbst.«

Vassy kaute nachdenklich. Während die beiden weiterdiskutierten, ging ich in die Küche und bereitete Salat zu.

»Wir stehen doch alle *unter* dem Gesetz Gottes, das ist doch korrekt, oder?« fragte Vassy.

»Augenblick mal«, wandte Kevin ein. »Wir stehen nicht *unter* dem Gesetz Gottes. Wir sind dem Gesetz Gottes *gleich*. Wir *sind* Gott. Wir müssen uns selbst vollkommen akzeptieren – die Gesetze unseres Selbst akzeptieren, die göttlich sind. Dann werden wir Gott. Und Gott und das Selbst sind eins – deshalb sind wir grundsätzlich die totale Liebe. Stimmen Sie mit mir darin überein, daß Gott die totale Liebe ist?«

»Selbstverständlich. Aber wo steht das Böse in dieser Konzeption?«

»Es existiert nicht. Das ist der springende Punkt. Alles im Leben ist das Ergebnis entweder von Erleuchtung oder von Unwissenheit. Das sind die beiden Polaritäten, nicht Gut und Böse. Und hat ein Mensch die völlige Erleuchtung erreicht, wie Jesus Christus oder Buddha und einige andere, dann gibt es keinen Kampf mehr.«

Vassy stand auf und ging auf und ab. »Nein, wir sind dazu erschaffen, um auf dieser Erde zu kämpfen. Es gibt kein Leben ohne Konflikt.«

Kevin lächelte. »Ich kann mir ein Leben ohne Kampf gut vorstellen. Sehr gut sogar.«

»Aber nein«, protestierte Vassy. »Schon der Körper an sich ist ein Kampf. Beispielsweise erfordert Essen Kampf. Diese Diskussion ist Kampf.«

»Richtig«, stimmte Kevin zu, »aber *dafür* sind wir nicht erschaffen worden.«

»Aber Kampf *ist* ein Konflikt zwischen zwei Polaritäten. Ich glaube zum Beispiel, daß die Natur dazu erschaffen worden ist, in Ruhe gelassen zu werden. Ich glaube, daß ein Apfel eine Art

Schmerzempfinden hat, wenn er gegessen wird, und daß Blumen eine Art Schmerz empfinden, wenn wir sie pflücken.«

Kevin legte die Gabel beiseite. »Wenn Sie das glauben, dann können Sie ebensogut glauben, daß der Apfel sich freut, gegessen zu werden, weil er weiß, daß er als Nahrung für andere, bewußtere Lebewesen erschaffen wurde. Der Apfel befindet sich in vollendeter Harmonie mit Gott und begreift folglich, daß seine Sinnerfüllung darin besteht, andere zu nähren. Essen bedeutet daher nicht notwendigerweise Kampf, weil jeder daraus Nutzen zieht – der Mensch, der den Apfel ißt, und der Apfel, der seinen Sinn erfüllt.«

Von der Küche aus lauschte ich gefesselt dem Gespräch, einer Art hausgemachter Version von *Mein Essen mit André*. Ich war wie hin- und hergerissen und wollte jeweils demjenigen recht geben, der gerade sprach.

»Ich gebe mich nicht geschlagen«, sagte Vassy. »Was Sie da sagen, leuchtet mir zwar ein. Doch nehmen wir einmal an, drei Menschen befinden sich auf einer einsamen Insel und haben nur einen einzigen Apfel. Jetzt kommt der Kampf ins Spiel, der Konflikt, wer wird überleben.«

»Das kommt ganz darauf an, wer diese Menschen sind«, entgegnete Kevin. »Wenn es zum Beispiel buddhistische Mönche wären, dann würden sie vermutlich meditieren, den Apfel nicht essen, schließlich in Bewußtlosigkeit sinken und sterben und das irdische Dasein verlassen. Aufgrund ihrer spirituellen Erkenntnis wüßten sie, daß sie durch den Tod lediglich ihren Körper, nicht jedoch ihre Seele verlieren. Ihr höheres Wissen würde sie der Notwendigkeit entbinden, sich in eine Konfliktsituation zu begeben. Drei Piraten, die demselben Konflikt ausgesetzt wären, würden sich vermutlich gegenseitig töten, was wiederum nur ihre Unkenntnis von der Unsterblichkeit der Seele bewiese. Ich will darauf hinaus, daß dies ein Beispiel für Mangel an höherem Wissen ist, nicht für das Böse an sich. Kampf und Konflikt stehen in direktem Verhältnis zum Wissen von Gott. Je mehr Wissen ein Mensch von Gott hat und von seiner eigenen Unsterblichkeit, desto weniger muß er kämpfen. Daher gibt es nicht das Böse – nur den Mangel an Wissen.«

Vassy dachte nach. »Ich für meinen Teil bin aber nur interessiert an diesem Leben, an diesem befristeten Kampf, mit seinen Fehlern und seiner Unwissenheit. Ich versuche weder den Kosmos zu verändern noch ihn zu verstehen. Ich versuche nur, meine Unwissenheit in meinem *jetzigen* Kampf zu überwinden – nicht in künftigen Lebenszeiten, sondern *jetzt*. Für mich ist somit die kurze Frist meines jetzigen Lebens wichtiger.«

»Ich kann mir aber nicht vorstellen, wie Sie sich der tieferen Wahrheit in einem befristeten Zeitraum nähern wollen, ohne Ihr Wesen auf langfristiger Basis zu verstehen.«

»Selbstverständlich bezieht sich das Wissen um Gott auf lange Frist, aber die tatsächliche Praxis des Lebens ereignet sich *jetzt* – kurzfristig. Meine karmische Investition bezieht sich auf mein *gegenwärtiges* Leben.«

»Gut. Aber wenn Sie denken, Gott sei gleichermaßen gut und böse, dann läuft das darauf hinaus, daß Sie Ihr Leben auf diese beiden Polaritäten ausrichten, weil Sie dies für die Wahrheit halten. Sie sind das Ergebnis Ihrer eigenen Gedanken. Wir alle sind das. Was wir denken, das sind wir. Wenn Sie glauben, Sie seien gut und Gott sei die totale Liebe und er sei in Ihnen, dann wird dieser Glaube Ihre persönlichen Verhaltensmuster prägen.«

Beide Männer setzten sich auf die Couch, ich brachte ihnen Kaffee. Nach einiger Zeit des Schweigens stellte Kevin eine Frage, die mir nie in den Sinn gekommen wäre.

»Hatten Sie jemals eine außerkörperliche Erfahrung?«

Vassy wirkte plötzlich erschrocken. »Sie meinen eine Astralprojektion?«

»Ja.«

»Ja. Einmal. In einem Zustand völligen Friedens. In einer Art Nirwana, während einer Zeit, in der ich Yoga machte und fastete. Ich spürte plötzlich, wie ich meinen Körper verließ. Ich sah mich selbst auf dem Boden sitzen, in Meditation versunken. Das war ein extrem beängstigender Zustand.«

»Wieso?« fragte Kevin.

Vassy lehnte sich in die Kissen zurück und versuchte seine

Erinnerung in geeignete Worte zu fassen. »Ich hatte die Kontrolle verloren«, sagte er. »Ich wußte nicht, wohin es gehen würde. Ich hatte keinen Boden unter meinen Füßen. Keine Erde. Keine Begrenzung. Es war sehr beängstigend. Ein sehr starkes Erlebnis. Seit dieser Zeit lasse ich etwas mehr Vorsicht bei meiner spirituellen Suche walten.«

Vassy nahm einen großen Schluck Kaffee und schien das, was er eben geschildert hatte, wieder vergessen zu wollen. Ich fand sein Bedürfnis nach Begrenzung interessant. Kevin sprach weiter.

»Glauben Sie, Sie hätten weniger Angst, wenn Sie diese Erfahrung gemeinsam mit einem anderen Menschen machen würden?«

Vassy blickte mich mit unausgesprochener Sehnsucht in den Augen an. »Ich glaube, mit Sheerlee könnte ich das machen. Sie spürt jeden meiner Gedanken. Ich kann sie nicht einmal belügen. Sie fühlt alles, was ich fühle.«

Ich berührte sanft seine Hand. Es stimmte, was er sagte.

»Ich fühle auch die Verbindung mit meiner Mutter«, fuhr er fort. »Ich spüre ihre Gebete. Ich weiß immer, wann sie betet, vor allem, wann sie für mich betet. Und immer, wenn ich das nachprüfe, stimmt es. Manchmal betet sie für mich, wenn es in Rußland Nacht ist. Das spüre ich zu den seltsamsten Tageszeiten hier.«

Kevin schwieg.

Vassy stand auf. »Also hören Sie, wir russischen Christen sind sicher, daß jeder, der kein russisch-orthodoxer Christ ist, in irgendeiner Form vom Bösen besessen ist.«

Kevin gab Zucker in seinen Kaffee. »Ich versuche Menschen weiterzubilden, ich versuche nicht, sie zu verändern. Die Menschen, denen höheres geistiges Wissen zu schwer verständlich ist, weil sie ihre Begriffe von Gut und Böse nicht revidieren wollen, wenden sich gewöhnlich der Kirche zu. Die Kirche bestätigt ihnen, daß es Gut und Böse gibt, und sie bekommen gleichzeitig einen vagen Begriff von Gott. Aber ich finde es schade, daß Sie das Böse mit dem Guten gleichstellen. Irgendwann stößt jeder auf Aspekte höheren Wissens und ändert seine Meinung aus freien Stücken.«

Vassy legte seine Hände flach auf den Tisch. »Wollen Sie behaupten, der Verzicht auf Kampf bringe uns Gott näher?«

»Ja«, antwortete Kevin, »weil wir bereits Gott *sind*. Die Schwierigkeit besteht darin, daß viele Menschen dies nicht glauben. Sie sind überzeugt, ein Teil ihres Wesens sei schlecht – also handeln sie danach. Wir sind das Produkt dessen, was wir glauben, was wir denken.«

»Damit habe ich echte Schwierigkeiten«, gestand Vassy verzweifelt. »Echte Schwierigkeiten. Das hat nichts mit christlichem Gottesverständnis zu tun. Es fällt mir schwer, Teil dieser Welt zu sein, in der ich *weiß*, daß der Kampf mit dem Bösen notwendig ist, und andererseits zu glauben, ich käme der Gotteserkenntnis näher, wenn ich diesen Kampf aufgäbe.«

»Das *ist* der Kampf«, sagte Kevin. »Der Kampf ist der Kampf. Ich bin der Ansicht, wir sind auf dieser Erde, um zu lernen, daß wir nicht kämpfen müssen. Das ist die wirkliche Erleuchtung. Der Lernprozeß, daß es keinen Kampf gibt, bedeutet Kampf, doch das Leben an sich ist *nicht* der Kampf.«

Vassy schlug sich gegen die Stirn. »Aber ich versuche, ein Drehbuch zu schreiben, und es ist ein Kampf. Oder: wenn ich einen Film mache, so ist das ein ständiger Kampf.«

»Sicher, aber wenn Sie sich mehr entspannen würden und Ihrer Kreativität freien Lauf ließen, würden Sie feststellen, daß Ihr Bedürfnis nach Kampf nachläßt. Wenn Sie aber glauben, daß kreativer Kampf notwendig ist, um ein gutes Drehbuch zu schreiben, dann werden Sie *Kampf* erzeugen anstelle eines guten Drehbuches. Möglicherweise erzeugen Sie auch Kampf *und* ein gutes Drehbuch – aber Sie werden nie wissen, was entstanden wäre, wenn Sie nicht gekämpft hätten ...«

Ich lachte laut.

»Sheerlee mag es nicht, wenn ich meine Philosophie über Gut und Böse darlege.«

»O doch«, sagte ich. »Und außerdem habe ich aus diesem Gespräch eine Menge gelernt.«

»Was hast du denn gelernt?« fragte Vassy.

»Ich habe gelernt, daß es für mich ein Kampf war, den Kampf zu verfolgen, durch den ihr beide euch gekämpft habt, um zu beweisen, daß das Verständnis von Kampf nur weiteren Kampf erzeugt und daß dies der kämpferischste Kampf aller Kämpfe ist.«
»Mein Liebling«, bat Vassy, »kann ich ein Glas Wodka haben?«

Vassy und Kevin halfen mir, den Tisch abzuräumen. Dann bereitete Kevin sich auf seinen Trancezustand vor.

»Kevin«, fragte Vassy, »macht man sich eigentlich über Sie und Ihre Trance-Übermittlungen lustig?«

Kevin lächelte geduldig. »Manchmal, aber normalerweise sind die Leute, die zu mir kommen, an höherem geistigem Wissen interessiert, sonst kämen sie ja nicht.«

»Aber glauben die Leute«, warf ich ein, »du spielst ihnen Theater vor, wenn die spirituellen Wesenheiten durchkommen?«

»Meine liebe Sheerlee«, verkündete Vassy, »ich kann dir versichern, daß spirituelle Wesenheiten existieren. Wir in Rußland kennen sie auch. Und als Regisseur würde ich erkennen, wenn ein Medium Theater macht. Nein, Sie machen uns nichts vor.«

»Schön und gut«, sagte ich, »ich habe viel über dieses Phänomen gelesen. Vielleicht dringt der Übermittler in das ein, was Carl Gustav Jung das kollektive Unbewußte nennt. Vielleicht sind es nicht wirkliche spirituelle Wesenheiten, die du übermittelst, sondern eher das, was dein Unterbewußtsein wahrnimmt.«

»Mag sein«, entgegnete Vassy, »aber die Information besagt, wo immer die Übermittlung stattfindet, gewöhnlich das gleiche. Reinkarnation ist zum Beispiel eine Grundwahrheit, der alles andere entspringt.«

Kevin hörte schweigend zu, wie Vassy und ich über die Glaubwürdigkeit dessen diskutierten, dem er sein Leben gewidmet hatte. Er nickte bei jeder Meinungsäußerung, hatte jedoch nicht das Bedürfnis, sich zu verteidigen. Er war lediglich daran interessiert, was jeder von uns zu diesem Phänomen zu sagen hatte.

Vassy beugte sich vor. »Kann ich Ihre spirituellen Meister heute abend über das Böse befragen?«

»Sicher«, antwortete Kevin, »fragen Sie, was Sie wollen. Deshalb bin ich ja gekommen. Wollen wir anfangen?«

Vassy überzeugte sich, daß Kevin bequem saß, und legte ihm noch ein Kissen in den Rücken. Ich holte einen Glaskrug mit Wasser aus der Küche, denn ich wußte, McPherson hatte gern etwas Pub-Atmosphäre um sich.

Kevin legte seine Ellbogen auf die Armlehne des Stuhls und begann ruhig und tief zu atmen. Ich schaltete das Telefon ab und den Kassettenrecorder an.

Im folgenden gebe ich eine leicht redigierte Fassung der Übermittlungen wieder, die durchkamen.

Kevins Kopf sank nach vorn, als er den Hypnosezustand erreichte, seine Atmung veränderte sich. Nach etwa fünf Minuten zuckte ein plötzlicher Schauder durch seinen Körper. Sein Kopf flog hoch. Seine Augen blieben geschlossen. Sein Mund öffnete sich, und seine Lippen formten folgende Worte:

»Heil. Nenne den Zweck der Zusammenkunft.«

Es war die Wesenheit John, die sich meldete.

»Wir sind hier zwei Personen«, sagte ich. »Wir möchten ein paar Fragen stellen. Wir haben kein genaues Konzept. Ist das in Ordnung?«

»Ja«, sagte die Stimme. »Beginnt mit der Befragung.«

Ich gab Vassy ein Zeichen. Er bedeutete mir, ich solle anfangen.

»John?« fragte ich. »Bist du es?«

»Ja«, kam die einsilbige Antwort. Keine weitere Begrüßung.

»Ich freue mich, wieder einmal mit dir zu sprechen. Neben mir sitzt ein Freund, den ich, nachdem wir beim letztenmal miteinander gesprochen haben, kennengelernt habe. Er interessiert sich für die gleichen Themen wie ich.«

»Sehr gut«, sagte John.

»Nun zu meiner ersten Frage: Besteht hier auf unserer Erde tatsächlich Bedarf nach spiritueller Erleuchtung? Ich meine, gäbe es weniger menschliches Leid und Elend, wenn mehr Menschen die spirituellen Dimensionen in sich selbst besser erkennen würden?«

»Das ist richtig«, antwortete John. »Das kollektive Bewußtsein der gesamten Menschheit manifestiert sich in der Realität eures Erdendaseins. Der Einfluß des menschlichen Geistes erzeugt Unruhen in der Natur und folglich auch in euren menschlichen Handlungsweisen.«

»Willst du damit sagen, der menschliche Geist könne die Natur beeinflussen, könne Erdbeben, Flutkatastrophen und anderes auslösen?«

»Das ist richtig. Gravitationsauswirkungen und planetarische Harmonie werden vom Geist der Wesen jedes Planeten beeinflußt. Ihr erlebt Unruhen in der Natur auf eurem Planeten, weil das Bewußtsein der Menschheit erweitert werden muß.«

»Ist deshalb geistige Erleuchtung erforderlich?«

»Ja. Der menschliche Geist ist stärker als die Natur. Ihr leidet unter eurer Geisteshaltung, welche die Naturgesetze auf eurem Planeten beeinflußt.«

Vassy saß gespannt da und beobachtete. Ich bedeutete ihm mit einer Geste, die nächste Frage zu stellen. Er schüttelte den Kopf, wollte also noch warten.

»Würdest du sagen, daß bei all den entsetzlichen Dingen, die heute in der Welt geschehen, eine negative Macht am Werk ist, die der Gottesmacht gleichgestellt ist? Ich meine, ist das Böse auch Teil von Gott?«

»Sprichst du von satanischen Einflüssen?« fragte John.

»Ja.«

»Die Vorstellungen von Satan, wie sie in eurer Bibel ausgelegt werden, haben folgenden Ursprung: Adam und Eva stehen symbolisch für die Erschaffung der Seelen. Uranfänglich waren sie als reine spirituelle Seelenenergien erschaffen wie alle anderen Lebewesen auch. Als sie von der materiellen Ebene angezogen wurden beziehungsweise vom irdischen Dasein, wie ihr es nennt, fanden sie sich in Körper niederer Primaten inkarniert, verführt von den Reizen körperlicher Existenz. Weil sie in Ungnade gefallen waren, aktivierten sie das Gesetz des Karma. An ihre spirituellen und göttlichen Uranfänge erinnerten sie sich nur verschwommen, wegen der Grenzen ihrer physischen Körper. Der Kampf, zurück zur uranfänglichen Göttlichkeit zu finden, ist das, was eure Bibel als Satan bezeichnet. Im Hebräischen bedeutet das Wort »Satan« Kampf oder das, was nicht *gut* für euch ist. Was ihr als Satan bezeichnet, ist lediglich die Ohnmacht eures niederen Bewußtseins in eurem Kampf, zu Gott zurückzukehren und zu erkennen, daß Gott euer Ursprung ist. Das, was ihr das Böse nennt, ist der Kampf mit dem Selbst.«

John schwieg, um uns Gelegenheit zu geben, weitere Fragen zu stellen. Vassy sagte immer noch nichts.

»Wie konnten wir so fehlgeleitet werden?« fragte ich.

»Der Kampf um Selbsterkenntnis wäre kein Kampf, wenn man Gott von ganzem Herzen und ganzer Seele lieben würde und seinen Nachbarn wie sich selbst. Denn der Nachbar ist das eigene Selbst. Doch die Menschheit schuf den Dualismus von Gut und Böse, um andere zu verurteilen, statt sich selbst zu erforschen. Aus dieser Haltung entstehen Kriege. Aus Mangel an Gotteserkenntnis entwickelte sich der Begriff des Bösen. Doch wenn die Menschheit begreift, daß sie ein kollektives Wesen ist, das die Gotteskraft repräsentiert, ist es unmöglich, Kriege gegen das Selbst zu führen. Dient das zu eurem Verständnis?«

»Ja«, antwortete ich. »Darf ich dir eine etwas ungewöhnliche Frage stellen?«

»Gewiß.«

»Ist sich die Sowjetunion der Notwendigkeit spiritueller Erleuchtung bewußt?«

»Weniger in Regierungskreisen, jedoch sehr stark ausgeprägt in parapsychologischen Forschungsgruppen. Diese Menschen haben den Intellekt spiritualisiert. Sie haben begriffen, daß es möglicherweise einen Universalgeist gibt.«

Vassy hob die Hand.

»Möchtest du jetzt eine Frage stellen, Liebster?« fragte ich ihn.

»Ja«, sagte er. »Soll ich mich vorstellen?«

»Wenn du dies wünschst«, antwortete John.

Vassy räusperte sich. »Ich bin Wassili Ochlopchow-Medwedjatnikow. Ich komme aus der Sowjetunion, bin zu Besuch in den Vereinigten Staaten und möchte gerne hier arbeiten. Meine erste Frage ist: Wie kann ich die bösen oder satanischen Mächte in meinem Leben wirkungsvoll bekämpfen?«

Es folgt ein kurzes Schweigen. »Betrachtest du dich selbst als Seele?« fragte John dann.

»Ja.«

»Betrachtest du dich selbst als von Gott erschaffen?«

»Ja.«

»Und daß ihr alle Söhne und Töchter Gottes seid?«

»Ja.«

»Du siehst dich also in deinem persönlichen Leben und Erleben als Sohn Gottes und als Seele. Durch deine eigene, persönliche Erkenntnis wirst du dich in diesem Sinne anderen mitteilen.«

»Ja, das werde ich.«

»Du darfst dem, was du das Böse nennst, nicht widerstehen. Wenn du gegen das Böse ankämpfst, wirst du feststellen, daß es dich gefangennimmt. Du wirst dich in diesem Kampf verlieren. Lasse es zu, daß du erleuchtet wirst. Trachte danach, Liebe und Erkenntnis mitzuteilen, auf daß sich Menschen in deiner Umgebung entwickeln können. Wenn Unwissen durch das Beispiel deines Lebens getilgt wird, dann wird auch die satanische Kraft, wie du sie nennst, getilgt und zerstört. Denn das Licht ist allgegenwärtig; die Dunkelheit, das heißt die Unwissenheit, sieht das Licht, ohne es zu erkennen. Es ist besser, eine einzige Kerze anzuzünden, als die Finsternis zu verfluchen. Finsternis ist das, was du als satanische Macht bezeichnest. Entdecke die Liebe und das Licht in dir selbst, ebenso wie die Liebe und das Licht in anderen. Nähre diese Erkenntnis. Habe Geduld. Durch langes Leiden wirst du anderen dienen. Dient das zu deinem Verständnis?«

Vassy beugte sich vor. »Du meinst also, Leiden sei in diesem Kampf unerläßlich?«

»Im Hebräischen versteht man unter Erfahrung das Wissen um das Leiden. Leiden ist also nur Erfahrung. Leiden ist das, was ihr als langfristige Erfahrung bezeichnen würdet. Denn es gibt weder

Zeit noch Raum. Es gibt nur Erfahrung. Ich gebe dir ein Beispiel: Wenn ein Mensch auf dich zugeht und dich schlägt, dir also unrecht tut, wie würdest du reagieren? Würdest du zurückschlagen, oder würdest du seine Handlungsweise hinnehmen, ihm also Verzeihung und Geduld entgegenbringen? Ich hoffe, du würdest friedlich mit diesem Menschen sprechen, um ihm zu größerer Erleuchtung zu verhelfen. Sein Schreck, sein Erstaunen darüber wären sehr groß. Denn von seinem eigenen Verhalten ausgehend, würde er erwarten, daß du zurückschlägst. Die Erfahrung, daß seinem Gewaltakt mit Sanftmut begegnet wird, gibt ihm viel Stoff zum Nachdenken. Dadurch wird er einen Schritt vorankommen, um seine persönliche Unwissenheit zu überwinden. Durch deine Leidenserfahrung wird er lernen, wie er sein eigenes Unwissen ändern kann. Auf diese Weise findet er vielleicht heim zu Gott. Das verstehen wir unter Leiden. Dient das zu deinem Verständnis?«

Vassy dachte über Johns Worte nach. Er stellte keine weiteren Fragen mehr über das Böse. Statt dessen sagte er: »Ich möchte eine persönliche Frage stellen.«

»Bitte.«

»Haben Sheerlee und ich uns zufällig kennengelernt, oder war dies irgendwie vorherbestimmt oder geplant?«

Es entstand ein Augenblick der Stille. Dann bat John: »Eine Pause, bitte. Eine andere Wesenheit wünscht zu sprechen.«

Wieder eine Pause. Dann meldete sich Tom McPherson.

»Hallo. Ich ziehe meinen Hut vor euch. Wie geht es euch dort draußen?« Er sprach in seinem gewohnten schottisch-irischen Dialekt. Vassy und ich lachten. Keiner von uns sagte etwas.

»Seid ihr auch da?« fragte McPherson.

»Ja, wir sind da«, sagte ich. »Du bist nur so komisch.«

»Ganz recht«, stimmte er zu. »Also, wie ich höre, wurde ich gerufen, um eine Frage über vergangenes Leben zu beantworten?«

»Ja«, sagte Vassy.

»Einen Augenblick. Ich muß mich ein wenig sammeln.«

Wieder entstand eine Pause. »Entschuldigt«, meldete er sich wieder, »ich war nicht ganz bei der Sache. Es handelt sich um eine

Frage über zwei Menschen. Könnt ihr mir die Frage noch einmal wiederholen?«

»Vassy möchte gerne wissen, ob er und ich uns zufällig getroffen haben oder ob es nach einem höheren Plan geschah.«

»Einen Augenblick bitte. Ich werde das überprüfen.«

Vassy und ich warteten und schauten einander an.

McPherson meldete sich wieder.

»Hallo. Ich habe mich soeben mit einer anderen Wesenheit beraten, die sich mit Informationen aus vergangenem Leben befaßt. Ihren Aufzeichnungen zufolge *war* euer Zusammentreffen in gewisser Weise geplant. Ihr beide hattet eine gemeinsame Inkarnation im alten Griechenland. Damals habt ihr euch für seherische Dinge interessiert und paranormale Fähigkeiten entwickelt. Gleichzeitig hattet ihr Begabungen für das Theater und das Drama. Ihr habt viel studiert. Das Theater wurde zu jener Zeit als heilig angesehen. In jenen Tagen sah man in Schauspielern Halbgötter. Heute ist das nicht mehr so. Ihr wolltet damals eure Kunstform noch mehr vergeistigen, studiertet esoterische Formen der Theaterkunst und fingt an, sie in die Praxis umzusetzen. Ihr habt gelernt, euch in einen veränderten Bewußtseinszustand zu begeben und große Schauspieler der Vergangenheit durch euch sprechen zu lassen. In jener Lebenszeit wart ihr eng befreundet und habt euch während eures ganzen Lebens sehr nahegestanden. Doch damals war euer Geschlecht umgekehrt. Mit anderen Worten, das gegenwärtige weibliche Wesen war ein Mann und der gegenwärtige Mann eine Frau. Dieser Umstand kann sich in eurem heutigen Verhältnis zueinander auswirken.«

Vassy und ich lachten. »Siehst du?« meinte er. »Ich habe dir doch gesagt, wie gut ich mich in Frauen einfühlen kann, stimmt's?«

Ich nickte.

»Und warum regst du dich dann über meinen Eigensinn auf?« wollte ich wissen.

»Ihr beide seid augenblicklich damit befaßt«, unterbrach Tom unser Geplänkel, »euer Yin und Yang, die passiven und aktiven Tendenzen, zu verstehen. Ihr lernt männliche und weibliche Energien im anderen kennen wie viele Menschen auch, die zur Zeit auf der Erde leben. Um eure Frage nach der gegenwärtigen Lebensspanne zu beantworten: Nein, eure Begegnung fand nicht zufällig statt, sie war deutlich vorher festgelegt.«

»Von wem wurde sie festgelegt?« fragte ich.

»Von euch selbst, von euren Seelen, lange vor dieser Inkarnation. Wir alle planen unsere eigenen Lebenszeiten, bevor wir inkarnieren, damit wir uns Konflikte und Erfahrungen erarbeiten können.«

Vassy und ich nickten einander zu.

»Was werden wir also gemeinsam tun?« fragte ich.

»Augenblicklich erlebt ihr viel Freude miteinander. Auf sehr intime Weise, würde ich sagen.«

Ich lachte, Vassy errötete verlegen und lächelte.

»Aber ihr seid beide kreativ in euren Kunstformen. Und wir glauben, daß ihr eine gute Polarität füreinander seid. Der eine Pol ist etwas rauhbeinig, der andere behutsam, zaghafter und beginnt Abstufungen von Sensibilität zu entwickeln. Deshalb glauben wir, die Kombination eurer beiden Intellekte wird ähnliche Formen der Kreativität hervorbringen, das heißt, ihr bringt spirituelles Verständnis in die Kunstformen des Dramas, des Films und Theaters, wie sich das bereits in euren Technologien abzeichnet. Versteht ihr das alles?«

Ich lachte und sagte: »Ja, du auch?«

McPherson schwieg und stimmte dann in mein Lachen ein. »Nicht genau, denn diese Information stammt aus anderen Quellen.«

Vassy meldete sich wieder zu Wort. »Darf ich noch eine persönliche Frage stellen?«

»Bitte sehr. Nur noch eins: Ihr habt viele Inkarnationen zusammen gehabt. Ich habe mich nur auf eine spezielle bezogen. Im Laufe der Zeit werdet ihr selbst weitere wiederentdecken.«

»Ich möchte eine medizinische Frage stellen«, sagte Vassy.

»Bitte.«

»Sheerlee leidet unter Hypoglykämie. Wie können wir das behandeln?«

»Um den Zustand völlig unter Kontrolle zu bringen?«

»Ja, bitte«, sagte Vassy. Vermutlich erschien es ihm leichter, meinen Blutzucker zu kurieren, als sich mit seinen kreativen Problemen herumzuschlagen.

»Gut«, willigte McPherson ein, »sage mir, wie du dich augenblicklich ernährst.«

Ich überlegte einen Moment und berichtete dann, daß ich vorwiegend rohes Gemüse, Obst, Getreide, etwas Protein, aber kein rotes Fleisch zu mir nahm.

»Was hältst du von konzentrierter Protein-Kost?«

»Konzentriertes Protein?«

»Ja.«

»Also, ich mag Nüsse und solche Sachen.«

»Hast du es schon einmal mit Heilfasten versucht?«

»Genau«, warf Vassy ein. »Sie muß fasten.«

»Aber Tom, ich kann nicht fasten. Dann würde ich zusammenbrechen.«

»Das macht nichts«, sagte Vassy.

»Schon gut«, unterbrach Tom unsere Auseinandersetzung. »Es gibt eine Heilfastendiät, mit der du vielleicht Erfolg hast.«

»Wirklich?«

»Ganz recht. Mal sehen. Einen Augenblick. Ich möchte mich kurz mit einer anderen Wesenheit beraten, die auf diesem Gebiet bewandert ist.«

Es verging eine Weile. »Ja. Jetzt weiß ich Rat auf diese Frage.«

Tom gab mir einen umfassenden Bericht über eine Apfelkur, gefolgt von einer proteinhaltigen Diät (in Form von Tofu) und rohem Gemüse, um, wie er es nannte, »ein völliges Ausscheiden der Giftstoffe aus deinem Organismus« zu bewirken.

Danach befragte Vassy ihn seine eigene Gesundheit betreffend. Er beschrieb, wie er sich ernährte, verschwieg aber die Süßspeisen, vor allem seine Vorliebe für Schokolade. Tom sprach ihn darauf an. Vassy wurde verlegen. Tom beriet ihn ausführlich und klärte ihn auch auf, welche Vitamine und Mineralien seinem Körper fehlten. Vassy notierte alles.

Beide wollten wir etwas über Arthritis wissen, Tom riet uns zu Erdnußöl- und Olivenölmassagen, zusätzlich mehr Kalzium und Kupfer ... Die Gesundheitsberatung dauerte etwa eine Stunde, bis Tom und Kevin ermüdeten.

»Gibt es noch weitere Fragen? Wir müssen darauf bedacht sein, den Körper des jungen Mannes nicht zu überanstrengen.«

»O ja. Tut uns leid.«

»Eine letzte Frage noch«, bat Vassy.

»Nun gut.«

»Du sagtest, Sheerlee und ich seien uns nicht zufällig begegnet und wir hätten bereits eine gemeinsame Lebenserfahrung im alten Griechenland gehabt.«

»Das ist richtig.«

»Was sollen wir diesmal gemeinsam erarbeiten?«

»Ihr habt beide das Talent, gewisse Kunstformen zu koordinieren. Ihr könnt gewisse metaphysische und spirituelle Kunstformen fördern.«

»Sind wir deshalb auf Erden, um metaphysische Aspekte der Kunst hervorzuheben?« fragte ich.

»Wir würden sagen, ja.«

»Aber wie können wir das erreichen, wenn die Menschen auf derartige Versuche mit Spott reagieren?«

»Das halten wir für nicht ganz richtig. Es hat bereits erfolgreiche Meilensteine gegeben. *2001: Odyssee im Weltraum* oder *Star Wars* mit ›The Force‹. Und es wird noch vieles in dieser Richtung folgen.«

»Hat das Publikum in *Star Wars* die metaphysischen Aspekte erkannt, oder fand man den Film nur gut, weil er eine abenteuerliche Weltraumoper ist?«

»Ich möchte es einmal so ausdrücken: Der Film hat das Interesse der Menschen geweckt und die Öffentlichkeit auf subtilere Informationen vorbereitet. Ja, viele Menschen sahen in ›The Force‹ eine Gottesmacht.«

»Willst du damit sagen«, fragte ich, »irgendwo im Unterbewußtsein der Öffentlichkeit schlummere ein Verständnis für die Dinge, über die wir hier sprechen?«

»Ganz gewiß. Nehmt beispielsweise *2001: Odyssee im Weltraum*. Die Symbolkraft dieses Films ist sehr stark. Er ist ein glänzendes Beispiel für metaphysische Potenz. Stanley Kubrik ist ein großer Metaphysiker.«

»Was hat das mit uns zu tun?« fragte Vassy.

»Ihr seid bereit, ähnliche Projekte in Angriff zu nehmen«, antwortete McPherson. »Habt ihr jetzt noch weitere Fragen?«

»Nein«, sagte ich. »Danke, Tom. Nochmals vielen Dank.«

»Gut. Wir ziehen uns nun zurück. Die Heiligen mögen euch beschützen. Gott segne euch.«

Tom verließ den Körper, und John meldete sich noch einmal, um seinerseits den Segen über uns zu sprechen.

Vassy und ich hielten uns an den Händen, als Kevin das Bewußtsein wiedererlangte.

»Hallo?« sagte Kevin fragend, als habe er jede zeitliche und räumliche Orientierung verloren. »Hallo? Seid ihr da?«

»Ja, Kevin. Wir sind da.«

Er blinzelte und streckte sich. »Wie lange war ich weg?« fragte er.

»Etwa eineinhalb Stunden«, berichtete ich ihm.

»Aha. Mein Zeitgefühl kommt manchmal ganz durcheinander, wenn ich ohne Bewußtsein bin.« Er gähnte und rieb sich die Augen.

»Ich koche uns Kaffee«, sagte ich, stand auf und ermahnte mich, daß ich immer noch in der realen Welt lebte. »Eine Tasse Kaffee wird uns allen guttun.«

Dreizehntes Kapitel

Nach unserer spirituellen Sitzung unternahmen Vassy und ich wieder lange Bergwanderungen und diskutierten über mögliche Ansätze für einen Film, der die geistig-seelische Geschichte eines Menschen in persönlicher Form erzählen sollte. Wir hielten weitere Sitzungen ab, in denen uns John und Tom Vorschläge für unser Projekt machten und uns rieten, in welcher Weise wir zusammenarbeiten könnten.

Vassy nahm die Informationen von John und Tom entgegen, aber je mehr ich mich für das, was sie uns mitteilten, interessierte, um so zurückhaltender wurde er. Ich glaubte seinen Standpunkt zu verstehen. Er machte sich wohl Gedanken darüber, daß ich ihren kreativen Vorschlägen mehr Gewicht beimessen könnte als dem, was er sagte; er fürchtete, ich würde die Wahrheit aus dem »Jenseits« als wissenswerter und fundierter erachten als seine. Ich versuchte mich in seine schöpferischen Qualen einzufühlen, fand jedoch keinen Zugang zu ihm. Also unterließ ich es.

Kevin kam während der nächsten Wochen häufiger zu Sitzungen. Manchmal hatte Vassy Besprechungen in der Stadt und kam während einer Sitzung nach Hause, zu der ich mich entweder mit Kevin allein oder mit interessierten Freunden in ein nach hinten gelegenes Zimmer zurückgezogen hatte, um nicht vom Straßenlärm gestört zu werden. Wenn Vassy Zeit hatte, setzte er sich zu uns. Doch zuweilen hatte ich den Eindruck, er *wollte* mir das Gefühl geben, uns zu stören. Er steckte den Kopf zur Tür herein, blickte in die Runde und ging wieder. Ich hätte es gern gesehen, wenn er an den Sitzungen teilgenommen hätte, um zu lernen wie wir anderen auch. Ich war zu sehr mit anderen Dingen beschäftigt, um zu erkennen, daß Vassy seine Zuneigung zu mir durch meine Beziehung zu den spirituellen Wesenheiten bedroht sah. Ich wußte nicht, wie ich auf sein Verhalten reagieren sollte, ohne einen Streit vom Zaun zu brechen – von dem ich ahnte, er würde in Unsachlichkeit ausarten.

Eines Abends kam Vassy nach Hause, ohne daß ich es bemerkt hatte, denn wieder einmal saßen meine Freunde und ich zusammen, um mit Tom und John zu sprechen. Die Sitzung dauerte ziemlich lange, bis die Wesenheiten uns wissen ließen, daß wir Kevin überanstrengten und aufhören sollten. Allmählich ließen wir unsere spirituelle Lehrsitzung ausklingen, dann ging ich in die Küche. Dort stand Vassy und schnitt Rüben und Äpfel, um eine seiner Rohkostspezialitäten zuzubereiten. Auf dem Herd köchelte eine Gemüsesuppe. Er hatte längst das Regiment in der Küche übernommen, weil er einfach besser kochte – das war nicht nur seine Ansicht, sondern auch meine.

»Hallo, Honigbär«, begrüßte ich ihn überrascht, »ich wußte nicht, daß du schon da bist.«

»Ich bin aber da«, antwortete er mürrisch, »es ist noch kein Abendessen da. Also mache ich es.«

»Prima. Ich verabschiede mich nur schnell von den anderen, dann helfe ich dir.«

Ich brachte die Gruppe zur Tür, um Vassy nicht mit einem Abendessen für fünf Personen zu belästigen. Als ich zurück in die Küche kam, starrte er mit versteinertem Gesicht ins Gemüse. Dann rührte er grimmig in der Suppe. Ich war irritiert.

»Was ist los, Liebling?« fragte ich.

»Bleib weg vom Herd«, drohte er und ließ Zwiebeln und Gewürzkräuter in Olivenöl schmoren. Es duftete köstlich.

Ich sagte nichts.

»Tu nicht so, als wüßtest du nicht, was los ist«, sagte er.

Jetzt war ich wirklich konfus. Und wenn ich sehr konfus bin, werde ich meist wütend.

»Was soll denn das?« Die schrille Schärfe meiner Stimme tat selbst meinen Ohren weh.

»Du beschäftigst dich zu sehr mit deinen spirituellen Wesen, anstatt mir Abendessen zu kochen.«

Mein Erstaunen mischte sich mit der Wut, die in mir hochstieg.

»*Dir Abendessen kochen?* Machst du Witze? Wir kochen doch immer gemeinsam. Ich wußte nicht einmal, daß du nach Hause gekommen bist.«

»Das wußtest du genau.«

»Tut mir leid, aber das ist vollkommener Unsinn. Du hast dich nicht mal blicken lassen. Wie sollte ich wissen, daß du zurück bist? Außerdem kochst du gern. Warum sagst du so etwas?«

»Ich sage gar nichts, du tust etwas.«

Das reichte. Unvermittelt stürzte ich in eine tiefe Depression. Sein Vorwurf war so haarsträubend, daß ich mir tatsächlich den Kopf darüber zerbrach, was ich falsch gemacht haben könnte. Da mich seine Feindseligkeit ganz unerwartet traf, blieb mir als Gegenwehr nur der Zorn. Verzweifelt versuchte ich Ruhe zu bewahren, vernünftig und erwachsen zu reagieren; es half nichts. Ich verlor die Beherrschung.

»Du bist ein Scheißkerl«, brüllte ich, »du bist anmaßend und egozentrisch. Und ich habe keine Ahnung, was du eigentlich von mir erwartest!«

»Weil du kein Einfühlungsvermögen besitzt«, entgegnete er kalt.

Ich schleuderte den Kochlöffel zu Boden, entsetzt über die Gewalttätigkeit, die er in mir auslöste, und stürmte aus der Küche ins Schlafzimmer, Vassy hinter mir her.

»Du machst mich wahnsinnig«, schrie ich, »nie weiß ich, was du in deiner elitären Erwartungshaltung von mir willst, und das bringt mich jedesmal total aus dem Gleichgewicht.«

»Du bist elitär«, sagte er, jetzt mit erhobener Stimme, »du kümmerst dich nur um deinen Kram und darum, was du lernen kannst. Du hältst dich nicht an das, was du versprochen hast.«

»Was habe ich versprochen?« schrie ich.

»Daß das Abendessen auf dem Tisch steht, wenn ich nach Hause komme.«

»Also, das ist, bei Gott, eine unverschämte Lüge!«

Was er da gesagt hatte, stand in so krassem Widerspruch zu unseren Gewohnheiten, daß ich noch wütender wurde. Ich wäre am liebsten auf und davon gelaufen.

Er stellte mich mit seinen voreingenommenen Meinungen immer vor vollendete Tatsachen, ohne auch nur im geringsten anzuerkennen, daß andere ein Recht besaßen, anders zu denken. Damit wurde ich nicht fertig. Er scherte sich nicht darum, ob ich eine Situation, für die wir *beide* verantwortlich waren, anders beurteilte als er.

Ich drehte durch. Rannte auf den Balkon, kletterte über die Brüstung, getrieben von dem Drang, vor ihm wegzulaufen. Gleichzeitig wollte ich, daß er mich zurückhielt. Ich wollte ihn zwingen, sich *gleichermaßen* mit der Verantwortung für das, was da passierte, auseinanderzusetzen. Da es mir nicht gelang, ihn zu einem Gespräch zu zwingen, blieb mir als Ausweg nur die Erpressung. Dennoch war ich wirklich verzweifelt. Vassy stürmte hinter mir her.

»Was machst du da, Nif-Nif!!« brüllte er, packte meinen Arm und riß mich vom Geländer zurück. Ich stieß ihn zur Seite und taumelte in die andere Ecke.

»Du treibst mich noch zum Wahnsinn!!« schrie ich ihn an. »Ich begreife nicht, wie du behaupten kannst, ich sei gefühllos und unaufmerksam!! *Du* stellst Ansprüche, ohne mich je wissen zu lassen, was du eigentlich willst. Ich hasse den Zustand, in den du mich treibst. Ich hasse es, wenn ich so bin wie jetzt! Ich *hasse* es!«

Vassy schien völlig durcheinander, als sei ihm die Möglichkeit, ich könne in der Weise explodieren, nie in den Sinn gekommen. »Was hast du denn vor?« stammelte er hilflos.

»Was meinst du damit, was *ich* vorhabe?« kreischte ich. »Ist dir das nicht klar? Du machst mich wahnsinnig! Und ich will *weg* von hier! Ich *haue ab*. Ich halte das nicht mehr aus. Und wenn du so weitermachst, verlasse ich dich wirklich, ob du das nun mit Absicht tust oder nicht.«

»Du willst mich verlassen?« fragte er, als sei ihm auch diese Möglichkeit nie in den Sinn gekommen.

»Ja! Ja! Ja! Weil ich dieses Monster an Wut, in das du mich verwandelst, nicht ertrage.«

»Nif-Nif«, versuchte er mich zu beschwichtigen, »das sind wieder die satanischen Mächte. Bitte erkenne das doch. Das bist nicht du.«

Ich mußte mich setzen, in Tränen aufgelöst. Am ganzen Körper zitternd, versuchte ich wenigstens etwas von meiner Fassung wiederzuerlangen.

»Das sind keine satanischen Mächte, du Idiot. *Ich* bin das, Vassy. *Ich* bin es, die zuläßt, so zu werden. Und *du* provozierst das. Und ich ertrage es nicht, daß wir nie darüber reden. Ich verliere die Selbstbeherrschung, wenn du mich so behandelst, weil wir nicht miteinander reden können. Wir werden uns wohl nie einig werden. Aber dieser Quatsch mit dem Satan hat damit nichts zu tun!«

»Bete«, sagte Vassy. »Bete zu Gott, und du wirst dich selbst davon befreien.«

O Mann, o Mann, o Mann, dachte ich. Was habe ich mir da angetan! Er mochte ja recht haben, vielleicht sollte ich beten – aber nicht, um den Teufel auszutreiben. Ich sollte beten, daß ich meine Fassung wiedererlangte.

»Vassy«, begann ich stockend, »begreifst du denn nicht, daß wir zwei uns gefunden haben, um eine Beziehung zu erarbeiten? Der Teufel hat damit gar nichts zu tun. Bitte übernimm wenigstens ein *bißchen* Verantwortung für deine Rolle. Und schiebe sie nicht satanischen Mächten zu.«

»Meine Rolle und deine Rolle bestehen darin, Gott näherzukommen und negative Kräfte zu überwinden, wenn sie von uns Besitz ergreifen.«

»Aber Vassy«, versuchte ich es noch einmal, »*wir* sind verantwortlich für unsere Handlungen. *Wir* müssen reife, erwachsene Menschen sein, denen bewußt ist, was wir uns selbst und einander antun. Ich glaube, daß ich spirituell ebenso fortgeschritten bin wie du, aber ich kann nicht mit dem Gedanken leben, in meinem Inneren fechten Gott und der Teufel einen Kampf aus. *Ich* lebe dort nämlich auch.« Ich hämmerte gegen meine Brust, in die Gegend des Solarplexus, wo ich mein wahres Selbst vermutete.

»Wie kannst du es nur zulassen, daß diese satanische Gewalttätigkeit von dir Besitz ergreift? Das ist nicht gut«, war seine Antwort.

»Darauf kannst du deinen Kopf wetten, daß das nicht gut ist. Wäre ich Teilnehmer an den SALT-II-Gesprächen, würde ich vermutlich das Handtuch werfen.« Ich wurde der Diskussion überdrüssig.

»Das Handtuch?« fragte Vassy.

»Nicht so wichtig. Ich gehe unter die Dusche.«

Vassy machte sich am Kühlschrank zu schaffen und nahm die Wodkaflasche heraus. Ich goß mir ein Glas Rotwein ein und nahm es mit nach oben. Wir hatten wieder nicht miteinander gesprochen. Warum tranken die Russen bloß so viel Wodka. Lag das am System? Das System, das offene Diskussionen unterdrückte? Doch ich hatte gelesen, daß die Russen seit Jahrhunderten übermäßig tranken. Warum? Lag es am Klima? In anderen Ländern war es auch kalt. Lag es an der allgemeinen Verunsicherung über Identität, über Gott, über Realität? Was war Realität? Sie war relativ. Was er erlebte, war seine Realität. Ich kam mit seinen Anforderungen nicht zurecht, und er hatte möglicherweise die gleichen Probleme mit mir.

»Wenn ich stur bin«, hatte er einmal gesagt, »dann mußt du mich schlagen. Schlag mich richtig fest. Russen müssen geprügelt werden. Wir verstehen nichts anderes als Prügel. Wir brauchen eine eiserne Faust.«

Ich konnte keine Gewalt anwenden. Ich mußte verstehen.

Tagelang dachte ich über unsere Beziehung nach. Etwas hatte sich verändert. Er sagte, er könne meinen Drang nach Gleichberechtigung nicht respektieren. Ich hielt dagegen, ich könne nicht ohne Respekt *und* Gleichberechtigung leben. In der Liebe existiere keine Gleichberechtigung ... nur Besitzanspruch, Eifersucht, Leidenschaft und absolute Treue, so lauteten seine Argumente. Ich würde um die Gleichberechtigung der Identität streiten. Vassy behauptete,

Gleichberechtigung in der Liebe sei ein Phantasiegebilde. Im Zustand der Liebe gebe es keine echte Partnerschaft, nur Besitz und Leidenschaft – echte, direkte, ehrliche Leidenschaft. Und die Liebe dauere so lange an, wie es Leidenschaft gebe. Komme der Respekt hinzu, sterbe die Liebe und auch die Leidenschaft. Als ich ihm vorwarf, er glaube an die Unausweichlichkeit einer Katastrophe, entgegnete er, Leiden sei das Schicksal der Menschen, Leiden bedeute, Gott zu erkennen.

Allmählich wurde mir klar, daß der Grund für die Unterschiede in unseren Auffassungen nicht wirklich darin zu suchen war, daß er Russe und ich Amerikanerin war. Gewiß, es entstanden Probleme durch die verschiedenen Kulturkreise, die uns geprägt hatten. Unsere wirklichen Reibungspunkte lagen jedoch an unseren grundverschiedenen Auslegungen des Bösen – das Böse bezogen auf Gott und die Menschen. Russen und Amerikaner haben diametral verschiedene Ansichten über Hoffnung und Zukunft. Man macht es sich zu leicht, wenn man davon ausgeht, die russische Seele sei geprägt von dem Bedürfnis nach Leiden, genausowenig kann man sagen, die amerikanische Seele sei bestimmt von kindlicher Naivität, die zu grenzenlosem Enthusiasmus und Optimismus führt. Vielleicht hatte Vassy recht, wenn er behauptete, wir würden einander nie verstehen. Damit wollte er wohl ausdrücken, daß das, was ihm heute als Wahrheit erschien, morgen als Unwahrheit erscheinen mochte; und ich konnte damit nicht Schritt halten, weil ich zu viele *Fragen* stellte. Ich sollte manches einfach akzeptieren.

Wir schlossen eine Art befristeten diplomatischen Waffenstillstand und versuchten, unsere Beziehung an der Oberfläche plätschern zu lassen. Vassy hätte das genügt. Wäre ich in der Lage gewesen, mich über seine Anordnungen, wie ich mich ernähren, kleiden, wie ich trainieren, singen, tanzen, Yoga und Atemübungen machen sollte, lächelnd hinwegzusetzen, wäre unser Leben einfacher verlaufen. Aber das schaffte ich nicht. Auch wenn er gewöhnlich recht hatte. Wenn er meine Proteste mit dem durchaus vernünftigen Argument zurückwies, er wolle doch nur mein Bestes, lehnte ich mich gegen die Gültigkeit seiner Ansichten auf und hielt ihm entgegen, ich sei ohne seine Maßregelungen bisher ganz gut zurechtgekommen. Diese Ansicht schien er nicht zu teilen.

Die Zeit verstrich in einem ständigen Auf und Ab in unserer Beziehung. Manchmal lebten wir in verzauberter Harmonie, dann wieder gerieten wir so disharmonisch aneinander, daß ich Ohren, Augen und mein Herz verschließen mußte.

Ich las viele Bücher über russische Maler, Schriftsteller, Philosophen und Musiker in dem Bemühen um mehr Verständnis für Vassys Wesen. Und ich kam zu dem Schluß, daß die Russen von sich selbst überzeugt waren, »wir sind nicht zu verstehen«. Diese Haltung stellte für mich eine Herausforderung dar. Ich wollte es nicht zulassen, etwas nicht zu verstehen ... zumindest gab ich mich nicht damit zufrieden. Halb Wilder, halb Heiliger. Das schien die einhellige Meinung unter den Russen über sich selbst zu sein. Die kommunistische Ideologie schien eine nur unwesentliche Rolle zu spielen, sie war lediglich die Fortsetzung eines Systems in anderer Form, das die Bedeutung des Individuums grundsätzlich ablehnte. Vassy hatte zu Beginn unserer Freundschaft einmal gesagt, das russische Volk habe die Regierung, die es verdiene und verstehe. Er ging sogar so weit zu behaupten, im Grunde möchten sie wieder einen Josef Stalin haben, denn er hatte sie tatsächlich vor sich selbst geschützt.

»Ohne unser strenges Regime hätten wir Anarchie«, pflegte er zu sagen. »Und die meisten Russen sind dieser Ansicht, das kannst du mir glauben.«

Was bedeutete das wirklich? Ich konnte mich des Gefühls nicht erwehren, es handle sich lediglich um die Meinung eines gewissen Wassili Ochlopchow-Medwedjatnikow. Zugleich fragte ich mich, ob ich in einen komplizierten Lernprozeß verwickelt war, den möglicherweise jeder durchmachen mußte. Und ich fragte mich auch, ob ich, als Amerikanerin in dem fremden Rußland lebend, den Versuch unternehmen würde, meinem Geliebten *meine* Ansichten aufzuzwingen.

Dann gab es wieder Zeiten, in denen unsere Freude miteinander und unsere Verspieltheit mich in glückliche Verzauberung versetzten. Für ihn war unser Glück »wie Musik, von der ich fürchte, sie wird eines Tages enden«. Unser Lachen war unbeschwert und unsere körperliche Harmonie beglückend. Vassy staunte wie ein Kind über den Wohlstand in Amerika, über die Toleranz, mit der Amerikaner einander begegnen, ob im Verkehrsstau oder im Gedränge eines Rockkonzerts. Er berauschte sich am Überfluß des Angebots an frischem Obst und Gemüse in den Supermärkten und war begeistert vom »gesunden« Leben in seinem »geliebten Malibu«. Wir arbeiteten weiter daran, ein Filmprojekt auf die Beine zu stellen, und einige namhafte Drehbuchautoren Hollywoods waren begierig darauf, Vassy kennenzulernen – seine Begabung als Filmemacher hatte sich herumgesprochen. Freunde neckten uns wegen der Explosivität unserer Beziehung und sahen amüsiert zu, wenn wir aufeinander losgingen.

Es gab auch Perioden, in denen Vassy sich zwanghaft, doch auf rührende Weise fürchterlich betrank und beim Nachhausekommen in verzweifeltem Schluchzen zusammenbrach. Niemand könne verstehen, was es bedeute, »ein verdammter Russe in Amerika« zu sein, schluchzte er. »Mein verdammtes Land, mein geliebtes Rußland«, jammerte er. »Kein Mensch hier versteht mein Land. Ihr richtet über uns, verdammt uns, ihr glaubt, wir tragen allesamt Messer zwischen den Zähnen. Ihr steckt voller Vorurteile, man hat euch einer schlimmeren Gehirnwäsche unterzogen als uns. Wir Russen kennen von Amerika wenigstens nicht nur schlimme Dinge. Aber ihr stellt euch Rußland wie ein Konzentrationslager vor. Ihr mögt keine Kommunisten. Das ist euer Problem. Und ich erlebe, daß die Amerikaner denken, ›russisch‹ sei gleichbedeutend mit böse, dumm und faul. Was wißt ihr schon von unserer Kultur, unserer Musik, unserer Genialität, unserer Geduld, unserer Durchhaltekraft – das sind gute Eigenschaften, keine schlechten! Ja, wir sind, verdammt noch mal, anders, warum auch nicht? Warum sollten wir alle gleich sein? Anstatt einander verändern zu wollen, warum tolerieren wir nicht einfach unsere Andersartigkeit und freuen uns an unseren Gemeinsamkeiten?«

Seine Klagen machten mich sprachlos, hilflos und noch verständnisloser. Irgendwie fühlte ich mich gestrandet zwischen zwei Kulturen. Ich wußte nur eines: dieser Mann, den ich liebte und zu verstehen suchte, flehte aufrichtig um Verständnis – es war beinahe ein Flehen, ihm zu helfen, sich selbst zu verstehen. Oft dachte ich, wenn ich mich selbst besser verstehen würde, wäre ich fähig, Vassy zu verstehen.

Wir reisten häufig nach Paris und New York. Vassy meinte, er könne New York nie anders als durch meine Augen sehen. Mit Paris war das etwas anderes; dort hatte er vieles ohne mich erlebt.

Manchmal kamen Freunde von Vassy nach New York oder Kalifornien. Einer seiner Freunde war Amerikaner, der drei Jahre in Rußland gelebt hatte und noch jetzt mehrmals im Jahr geschäftlich in Moskau zu tun hatte. Bei einem Abendessen unter vier Augen fragte ich ihn, was er von Vassys Reisen in die Sowjetunion hielt. Vassys Geburtstag rückte näher, und er wollte ihn mit seiner Familie auf der Datscha außerhalb von Moskau feiern. Seine Papiere sollten in Kürze eintreffen; nach einigen Schwierigkeiten mit den sowjetischen Behörden in Paris hatte er die Einreisegenehmigung erhalten. Jack sagte, er kenne die Familie Medwedjatnikow ziemlich gut. Vassy sei dafür bekannt, daß er keinerlei politische Interessen verfolge, daß er aber alle Hebel in Bewegung setze, um sein Ziel zu erreichen, die Welt außerhalb der Sowjetunion zu bereisen und als freier Künstler im Westen zu arbeiten.

»Er würde alles tun?« fragte ich.

»Nun ja«, antwortete Jack, »ich weiß nicht, wie weit das bei ihm persönlich geht. Doch viele Russen sehen in der Ehe mit einem Ausländer den einzigen Weg, um Rußland verlassen zu können. Nach der Revolution in den 30er Jahren kursierte ein Bonmot: ›Ein Auto ist kein Luxusartikel, sondern ein Fortbewegungsmittel.‹ Heute heißt es: ›Eine Ausländerin ist kein Luxusartikel, sondern ein Fortbewegungsmittel.‹ Viele Russen heiraten nur deshalb Ausländerinnen, um reisen zu können. Das System zwingt sie, so etwas zu tun.«

»Wollen Sie damit unterstellen, Vassy habe seine französische Frau geheiratet, um rauszukommen?«

Jack zuckte mit den Schultern. »Keine Ahnung. Viele tun so etwas.«

»Dann benützt er mich doch auch, nicht wahr?« fragte ich.

»Sie benützen? Ich bin nicht sicher, ob man das so ausdrücken sollte«, erwiderte Jack. »Ich weiß, wie dankbar er Ihnen ist. Er sagt, Sie haben ihm sehr viel ermöglicht. Und er liebt Sie. Sie sind tatsächlich die Frau seines Lebens, wie lange es auch dauern mag.«

»Wie lange? Was wollen Sie damit sagen?«

»Na ja«, über Jacks offenen Blick huschte ein argwöhnischer Schatten. »Hatten Sie früher schon mal etwas mit einem Russen zu tun?«

Da war es wieder.

»Ich verstehe«, sagte ich. Irgendwie schien diese Frage immer die letzte Antwort zu sein. »Und wie steht's mit Versprechungen? Halten russische Männer ihre Versprechen?«

Jack lachte laut auf.

»So etwas gibt es nicht«, antwortete er erheitert über meine Naivität. »So etwas wie eine Abmachung kennen sie nicht. Dafür sind sie zu emotional, leben zu sehr im Augenblick. In der Leidenschaft versprechen sie alles, und wenn sich später ihre Gefühle ändern, verraucht auch ihre Leidenschaft, und sie werfen einem Einfalt vor, wenn man sie an ein Versprechen erinnert.«

Ich versuchte Jacks Worte zu verarbeiten, doch tief in mir ahnte ich, daß meine Beziehung zu Vassy in großer Gefahr war.

Wir kannten uns mittlerweile seit etwa eineinhalb Jahren, und es war uns gelungen, uns relativ reibungslos anzupassen. Wir befaßten uns intensiv mit der Entwicklung eines Projektes, in dem er Regie führen und ich die Hauptrolle spielen sollte. Er hatte mit verschiedenen Autoren gearbeitet und hatte feststellen müssen, daß keiner von ihnen begriff, was er mit seinem Film wirklich ausdrücken wollte.

Doch Vassy wußte genau, was er wollte. Seine Sicherheit war nichts Ungewöhnliches, eine Qualität, die man an wirklich guten Regisseuren öfter bewundern kann. Nachdem ich jedoch an einigen seiner kreativen Besprechungen teilgenommen hatte, fing ich an, mir Gedanken darüber zu machen, ob Vassy sich nicht selbst Hindernisse in den Weg stellte, die gar nicht notwendig gewesen wären. Wenn ich das erwähnte, erklärte er mir zum wiederholten Male, daß aus einem kreativen Prozeß nur über schmerzhafte Qualen ein Kunstwerk entstehen könne. Er wußte, ich war kein Anhänger dieser Theorie. Sobald seine Probleme in der Zusammenarbeit sich verschärften, näherte er sich entweder der Verwirklichung seiner Vorstellungen, oder die Arbeit mit dem Autor ging in die Brüche. Auch diesmal sah es so aus, als würde letzteres eintreten. Nachts warf er sich ruhelos im Bett hin und her und machte schwere Krisen durch. Ich hatte beinahe das Gefühl, daß tief in ihm ein Selbstzerstörungsmechanismus am Werk war. Mag sein, daß dies nur seine Arbeitsweise war.

Die Sonne brannte uns heiß ins Gesicht, als wir auf einer Wanderung einen steilen Aufstieg erklommen. Ich hatte am Abend vorher viel geraucht, aber auch nicht so viel, daß meine Atmung in Mitleidenschaft gezogen war. Ich inhalierte übrigens nie und redete mir ein, daß der Rauch eigentlich gar nicht bis in meine Lunge vordrang. Doch Vassy schoß sich während des Gehens auf meine Raucherei ein. Seine Schritte wurden immer schneller. Als ich ihn bat, langsamer zu gehen, sagte er: »Wenn du mit dieser Pafferei aufhören würdest, könntest du mit mir Schritt halten.« Ich spürte einen verärgerten Stich. Warum kümmerte er sich permanent um Dinge, die nur mich etwas angingen? Es kam zu einer Auseinandersetzung, die immer heftiger wurde, bis das Rauchen Nebensache war. Es dauerte nicht lange, und wir diskutierten über die grundsätzlichen Mängel unserer Beziehung, wobei Vassy hartnäckig seinen Standpunkt verteidigte und ich meinen. Wir gerieten beide in Rage, und ich hatte wieder einmal den Wunsch, ihm eine Ohrfeige zu geben. Ich nahm mich zusammen. »Laß uns eine Abmachung treffen und eine Viertelstunde nicht reden, einverstanden?« schlug ich vor.

Er warf einen Blick auf seine Armbanduhr. »Fünfzehn Minuten?«

»Ja.«

»Einverstanden.«

Schweigend setzten wir unseren Weg fort. Nach etwa fünf Minuten fiel mir ein stichhaltiges Argument ein, doch ich unterdrückte meinen Wunsch, es laut auszusprechen, denn wir hatten ja eine Abmachung getroffen. Wir gingen weiter. Ich war stolz auf meine Selbstdisziplin. Plötzlich platzte Vassy mit einem Schwall Argumente hervor. Ich deutete auf meine Uhr. »Die Viertelstunde ist noch nicht vorbei«, tadelte ich.

»Na und? Ich habe etwas zu sagen.«

Ich blieb stehen und starrte ihn an. »Aber wir haben eine Abmachung getroffen«, erinnerte ich ihn streng.

»Eine Abmachung? Was für eine Abmachung?« fragte er.

»Wir haben vor fünf Minuten eine Abmachung getroffen, unseren Streit für fünfzehn Minuten zu unterbrechen«, sagte ich langsam und betont.

Vassy lachte höhnisch. »Bist du so dumm, anzunehmen, daß ich das als Abmachung betrachte? Du bist naiv.«

Ich sah augenblicklich rot. Ich hob den Arm und holte mit der kaltblütigen Absicht aus, ihn zu schlagen. Er blockte meinen Schlag ab, und ich verfehlte ihn. Er lachte mir ins Gesicht. Ich war tief gekränkt, empört ... alle negativen Gefühle brachen auf, die er in mir zu provozieren verstand. Ich drehte mich auf dem Absatz um und rannte den Abhang hinunter.

»Aber Nif-Nif. Ich liebe dich doch«, rief er hinter mir her, als habe er mich noch nicht genug beleidigt.

Ich rannte den Berg hinunter, ohne anzuhalten. Er polterte hinter mir her. Ich konnte keinen klaren Gedanken fassen. Es war einfach grauenvoll. Ich hatte keinen Kontakt mehr zu meinen positiven Energien. Zum zweitenmal spürte ich die Gefahr.

Am Fuße des Berges angelangt, setzte ich mich in den Wagen. Ich hätte starten und Vassy einfach stehenlassen können. Aber ich wartete, kochend vor hilfloser Wut, bis er kam.

Ganz selbstverständlich stieg Vassy in den Wagen. »Aber Nif-Nif, warum warst du so aufgebracht?«

Ich hätte ihn schon wieder schlagen können.

»Warum? Verdammt noch mal, wir hatten eine Abmachung, eine Viertelstunde lang nicht zu streiten, und du hast dich einfach darüber hinweggesetzt. Dann hast du mich auch noch dumm und naiv genannt, weil ich dir glaubte. Was ist das denn für ein Scheißverhalten? Willst du denn, daß ich dir *nicht* glaube?«

»Du warst dumm«, antwortete er nur. »Das ist alles. Ich hatte eben früher etwas zu sagen.«

»Aber ich doch auch«, antwortete ich. »Und ich habe mich beherrscht, um mich an unsere Abmachung zu halten.«

Vassy dachte einen Augenblick nach. »Es ist ja nichts passiert. Also vergessen wir das Ganze. Genieße die herrliche Sonne. Lausche dem Vogelgezwitscher. Rieche, wie wunderbar dieser Tag riecht.«

Ich war vollkommen durcheinander ... gelähmt vor Hilflosigkeit über die Realität *seiner* Wahrheit – *seiner* Ansicht – *seiner* Betrachtungsweise – und meiner Unfähigkeit, in seine Realität vorzudringen.

Schweigend fuhren wir nach Hause. Ich wußte, für mich war die Sache noch nicht erledigt.

Erst später erfuhr ich, daß Vassy von meinem Verhalten in den Bergen ebenso beunruhigt war wie ich von seinem. Er schrieb seinem Bruder in Moskau einen langen Brief, schilderte ihm den Vorfall und fragte ihn, was er falsch gemacht habe. Ich wollte von ihm wissen, warum er einen anderen Russen zu Rate zog und nicht einen Amerikaner. Er meinte, sein Bruder kenne ihn eben besser.

Einige Zeit später sah ich Jack wieder und erzählte ihm die Begebenheit.

»Ich bin sicher, Vassy meinte das, was er sagte, zu dem Zeitpunkt, als er es sagte«, erklärte Jack. »Aber ein Russe hat ein anderes Zeitgefühl als wir. Das ist der grundlegende Unterschied – die Begeisterung für den Augenblick. Ist dieser Augenblick vorüber, ist das Leben ein neues Spiel. Als er sagte, Sie seien naiv, ihm zu glauben, hätte er Sie ebensogut fragen können, ob Sie noch an das

Christkind glauben. Ein Russe lebt nicht über den gegenwärtigen Augenblick hinaus. Daher erscheinen sie uns so leidenschaftlich und selbstzerstörerisch. Wer weiß, vielleicht heißt im Augenblick zu leben die erfüllteste Art zu leben. Immerhin sprechen ihre expressiven Künste zu den Tiefen der Seele. Also, wer weiß?«

Tagelang dachte ich über Jacks Worte nach. Bestanden die Unterschiede zwischen Vassy und mir vorwiegend darin, wie wir uns zur Unmittelbarkeit des Augenblicks verhielten? Ich mußte gestehen, daß die Intensität unseres Glücks und unserer Freuden eine Kette wunderbarer Augenblicke war. Vassy war offen, geradeheraus, dachte nicht an eventuelle Folgen für die Zukunft. Ich schon. Seine Glücksmomente waren vollkommen. Meine nicht. Lebte ich in meiner amerikanischen Art zu sehr auf die Zukunft bedacht? War es das, worum es bei »Abmachungen« ging? Seine Zukunft zu schützen? Vassy schien die Zukunft in den Wind zu schlagen. Sie war so lange nicht vorhanden, bis sie da war. So gesehen wünschte ich, wie er sein zu können. Und dennoch ...

Und dennoch hatte ich das nagende Gefühl, daß die Zukunft für Vassy *Leiden* bedeutete. Und da begriff ich, daß die Gefahr, die ich durch ihn spürte, nicht wirklich die Zukunft betraf, sondern eher das *Schicksal*. Sein Schicksal.

Er sprach oft von Schicksal. Das Wort hatte für mich bisher einen melodramatischen Beigeschmack. Doch wenn *er* es benutzte, wurde es irgendwie lebendig. Vassy schien zu spüren, daß sein Schicksal vorgezeichnet war. Er hatte schicksalhaft gefühlt, mich kennenzulernen und mit mir zu leben.

Einige Wochen später bemerkte ich, wie die Kommunikation zwischen uns langsam erstarb. Die Arbeit an seinem Filmprojekt wurde zunehmend kritischer. Vassy und sein Co-Autor brachten kein zufriedenstellendes Drehbuch zustande. Je mehr ich Vassy ermutigte, um so deprimierter und unzufriedener wurde er. Je mehr Vorschläge ich machte, desto mehr nahm er mir das übel. Unsere Streitgespräche wurden immer verbissener, bis unsere Beziehung eines Abends endgültig in einer Explosion zerbrach.

Seit drei Tagen war unser Verhalten mürrisch und launisch zueinander. Auch unsere körperliche Harmonie war gestört, denn unsere emotionalen Differenzen bewirkten ganz natürlich auch sexuelle Lustlosigkeit.

Ein Ehepaar, mit dem wir gut befreundet waren, kam zu Besuch und blieb über Nacht. Es waren Amerikaner, die in Paris lebten und denen einige unserer Probleme nicht verborgen geblieben waren. Am nächsten Tag mußte ich nach New York fliegen und erwähnte das beiläufig. Vassy nahm es stumm hin, doch ein finsterer, feindseliger Zug lag auf seinem Gesicht. Wir unternahmen eine Wanderung, während der er wortkarg blieb. Als wir zurückkamen, zog er sich in sein Büro zurück, um zu schreiben. Ich grübelte, wie ich ihn aufheitern könnte, brachte ihm seinen Lieblingstee und Kekse auf einem Tablett an den Schreibtisch, beugte mich zu ihm und schlang meine Arme um ihn. Unwillkürlich lächelte er, setzte jedoch sofort wieder sein mürrisches Gesicht auf.

»Ich muß mit dir sprechen, meine Liebe«, fing er an, »ich war bei einem Arzt wegen *deines* Problems.«

Mir fiel der Unterkiefer herunter. »Welches Problem denn?«

»Dein sexuelles Problem.«

»Du warst wegen *mir* beim Arzt?«

»Ich habe deinen Namen natürlich nicht erwähnt. Ich habe lediglich mit ihm über dein sexuelles Problem gesprochen.«

Ich war völlig verdattert. »*Welches* sexuelle Problem? Es ist zwar nicht mehr so stürmisch zwischen uns wie zu Anfang. Na und? Und weshalb eigentlich *mein* Problem? Zum Tangotanzen gehören zwei.«

Vassy stand auf und ging ins Wohnzimmer, wo unsere Freunde saßen.

»Moment mal«, sagte ich und rannte hinter ihm her. »Laß uns darüber sprechen. Das können wir gern vor Judy und Jerry tun. Wir kennen sie gut genug. Sie haben ihre eigenen sexuellen Schwierigkeiten hinter sich.«

»Fein«, sagte Vassy und setzte sich auf einen Hocker an der Theke zur Küche.

»Wir haben Probleme«, verkündete er, »aber Sheerlee ist zu dickköpfig, um sie wahrhaben zu wollen. Also ging ich zu einem Arzt und habe mit ihm darüber gesprochen.«

Judy und Jerry nickten nur, in Anbetracht des etwas heiklen Themas.

Ich spürte, wie es in mir zu brodeln anfing. »Vassy, ich glaube nicht, daß es hier wirklich um Sex geht. Sexualität hat meist nicht nur mit Sex zu tun. Warum hast du nicht mit *mir* darüber gesprochen? Warum mußtest du damit zu einem Außenstehenden gehen? Ich hatte keine Ahnung, daß du dir darüber Gedanken machst.«

»Ein Arzt weiß darüber besser Bescheid«, antwortete er.

»Ein Fremder, ob Arzt oder nicht, soll besser über meine Gefühle Bescheid wissen als ich?«

»Richtig.«

»Was heißt richtig?«

»Du hörst mir nicht zu. Der Arzt schon«, entgegnete er.

»Aber der Arzt konnte doch nur deinen Standpunkt hören. Ich nehme dir übel, daß du kein Wort mit mir darüber gesprochen hast. Das nehme ich dir wirklich übel.«

»Der Arzt war sehr informativ«, sagte er.

»Welcher Arzt denn?« fragte ich. »Jemand, den ich kenne?«

»Nein«, antwortete er, »ich fand seinen Namen im Telefonbuch. Ein Arzt in Santa Monica.«

»Im *Telefonbuch*?« Es war nicht zu fassen. Ich konnte nicht glauben, was er sagte. Seine Worte kränkten mich zutiefst. »Moment mal!« Ich versuchte meine Stimme unter Kontrolle zu halten, ohne Erfolg. »Wie, zum Teufel, kommst du auf die Idee, das, was zwischen uns vorgeht, mit einem völlig Fremden zu besprechen? Und ohne mir ein Sterbenswort davon zu sagen? Ich meine, wenn es dich so gestört hat, warum hast du nichts gesagt? Warum bist du nicht zu *mir* gekommen?«

»Ich wollte mit einem Arzt darüber sprechen.«

Ich holte tief Luft. »Aha. Das klingt beinahe so, als wärst du wieder auf einem deiner Macht-Trips. Du hast versucht, darüber zu bestimmen, wie ich esse, wie ich spazierengehe, wie ich singe und tanze und spiele und jetzt, bei Gott!, jetzt willst du darüber bestimmen, was ich mit meinem Körper im Bett zu tun habe. Die Intimsphäre meiner Sexualität bedeutet mir ebensoviel wie dir deine.«

»Nein, die Beziehung eines Mannes zu seiner Sexualität ist wichtiger als die einer Frau zu der ihren.«

Plötzlich gab es keine Argumente mehr. Diesmal sah ich wirklich rot. Empört schlug ich Vassy mitten ins Gesicht, hart, schnell. Aus seinem Gesicht wich alle Farbe. Er hob den Arm, um zurückzuschlagen, und sein Gesichtsausdruck traf mich schmerzhafter, als sein Schlag es getan haben könnte. In seinen Augen stand blanker Haß. Ich rang nach Luft. Langsam ließ er seinen Arm sinken. Judy und Jerry stürzten sich dazwischen. Judy hielt meinen Arm fest. Jerry packte Vassy.

Vassys Feindseligkeit ließ mir das Blut in den Adern gerinnen. Das, was er *nicht* zu erkennen gab, ließ mich erstarren. Was ging wirklich in ihm vor? Ich war mir nicht sicher, ob ich es wissen wollte.

Sofort verflog meine eigene, emotionsgeladene Gewalttätigkeit. Ich war darüber erschrocken, daß ich ihn schließlich doch so unerwartet geschlagen hatte. Entsetzt war ich jedoch über den Ausdruck grausamer Endgültigkeit in seinem Gesicht.

Vassy befreite sich aus Jerrys Griff. Sein Gesichtsausdruck blieb wie versteinert.

Judy ließ meinen Arm los.

»O Gott«, stammelte ich, »es tut mir leid, Vassy. Ich wollte dich nicht wirklich schlagen. Aber du hattest absolut kein Recht, meine Intimsphäre zu verletzen, indem du zu einem Arzt gingst, ohne dich vorher mit mir auszusprechen.«

Vassy durchquerte das Zimmer, bückte sich, hob die Brille auf. »Es ist vorbei.«

»Was ist vorbei?« fragte ich.

»Unsere Beziehung ist vorbei«, erklärte er. »Ich werde jetzt gehen.«

Ich lachte laut auf. Wenn es hysterisch geklungen hat, so lag es

an seiner absolut lächerlichen, melodramatischen Art. »Aha, ich verstehe. Du weigerst dich also, über die Verantwortung zu sprechen, die wir beide für das, was eben passiert ist, haben.«
»Richtig.«
»Aha.«
Er straffte den Rücken, stemmte die Hände in die Hüften und ging zum Kühlschrank, um sich Wodka zu holen.
»Du bist gewalttätig. Deine Gewalttätigkeit macht mir zu große Angst.«
»Ja«, gestand ich ein, »ich war gewalttätig, und es tut mir leid. Aber wie steht es denn mit deiner Gewalttätigkeit meinen Gefühlen gegenüber? Was, zum Teufel, *erwartest* du eigentlich von einer Frau, der du sagst, *du* als Mann bist wichtiger als sie?«
»Das ist unwichtig. Es ist vorbei«, antwortete er.
»Was meinst du mit vorbei? Ist das dein Ernst?« Ich blickte zu Judy und Jerry. Judy meldete sich zu Wort.
»Vassy, glaubst du nicht, daß du Angst vor deiner eigenen Gewalttätigkeit hast? Ich habe den Ausdruck in deinem Gesicht gesehen. Du hättest Shirley am liebsten umgebracht. Ich glaube, du hattest Angst, es wirklich zu tun.«
Vassy warf Judy einen vernichtenden Blick zu. »Es ist vorbei. Ich gehe.«
»Es ist dir also wirklich ernst damit«, sagte ich. »Und was wird aus unserem Film, was wird daraus, unsere Beziehung auszuarbeiten? Was wird aus deiner Überzeugung?«
Eine ganze Weile sagte Vassy nichts. Dann brachte er mühsam hervor: »Ich weiß, ich werde das mein ganzes Leben bedauern, aber es ist mein Schicksal. Ich gehe.«
Ich fühlte mich völlig hilflos. Sein männlicher Infantilismus, mit dem ich mich nicht mehr herumschlagen *wollte*, und seine Sucht nach Leiden gingen über mein Fassungsvermögen.
Jerry und Judy gingen zu ihm.
»Vassy«, sagte Jerry, »versuche dir über deine Gefühle klarzuwerden, bevor du eine unbesonnene Kurzschlußhandlung begehst. Bitte denke nach, was wirklich in dir vorgeht.«

»Nein«, sagte er betont, als müsse er sich selbst überzeugen. »Es ist mein Schicksal.« Langsam verschwand er im Flur. Ich folgte ihm.

Schweigend packte er seine zwei Cordhosen und die Abendschuhe seines Großvaters ein. Sorgfältig legte er seine sechs Hemden und zwei Pullover in den Koffer, nahm das Bild seiner Mutter und die Christus-Ikone vom Nachttisch und die Tonbänder seines Englischkurses. Im Badezimmer verstaute er das Water-Pik und das russische Haarwasser. Seine Joggingschuhe und die Turnhosen steckte er in eine Plastiktüte, die Zahnbürste und den elektrischen Rasierapparat in seinen braunen Lederbeutel.

Ich blickte mich in unserem Zimmer um, sah gelähmt zu, wie er seinen Rückzug antrat. Er nahm den Koffer hoch und warf die Lederjacke über die Schulter. Dann blickte er auf die alte russische Bibel, die ihn zeit seines Lebens begleitet hatte.

»Die Bibel lasse ich hier«, sagte er. »Meine Bibel wird dir immer gehören. Ihr Platz ist hier in Malibu.«

Tränen der Trauer und der Ausweglosigkeit füllten meine Augen. Ich wußte, er ging wirklich. Hatte er die Trennung geplant, oder war sie eine Spontanhandlung? Er schien keinen freien Willen zu haben über das, was er als sein Schicksal ansah.

Ich folgte ihm durch den Flur. Im Vorbeigehen verabschiedete er sich an der offenen Wohnzimmertür von Judy und Jerry. Ich hielt ihm die Haustür auf. Es gab nichts mehr zu sagen.

Schweigend ging er die Treppe hinunter. Dann drehte er sich um.

»Nif-Nif«, sagte er, seine rauhe, schwermütige Stimme drohte ihm zu versagen. »Mein Sonnenschein, Nif-Nif. Das Leben mit dir war wie Musik. Und nun ist die Musik zu Ende. Meine Bücher und Platten hole ich irgendwann später.«

Mir fiel nichts ein, was ich hätte sagen können. Alles war so unwirklich. Ich mußte daran denken, welch einsilbiger Geschichtenerzähler das Leben ist.

Am Fuß der Treppe drehte er sich noch einmal um. »Ich war dein Honigbär, und du warst mein Nif-Nif. Und außerdem bist du ein Rennpferd. Ein Pferd aus einem sehr guten Stall.«

Ich winkte ihm nach, als er durch das rotlackierte Gartentor ging und in seinem klapprigen, alten Wagen verschwand.

Am nächsten Morgen nahm ich die Frühmaschine nach New York. Vassy rief mich ein paar Tage später dort an. Ich ließ ihn wissen, ich sei bald wieder in Malibu, dann könnten wir miteinander reden. Als ich wieder zu Hause war, wollte er nicht. Er war in das Gästezimmer einer alten Freundin gezogen. Innerhalb einer Woche erkrankte er an Brustfellentzündung und legte sich fiebernd und deprimiert ins Bett. Er wollte mich nicht sehen. Er wollte niemanden sehen. Ich versuchte, ihn am Telefon etwas aufzuheitern.

Wochen später trafen wir uns zum Abendessen. Er war bezaubernd, aber förmlich. Er brauche eine Frau, die seine Sklavin sei, die ihn ohne Vorbehalt liebe, gab er preis. Er wünschte sich »eine Frau, die bewundernd zu meinen Füßen sitzt und mir sagt, wie fabelhaft ich bin«. Ich mußte an Milankas Warnung in Paris denken. Ich lachte. Er lachte. Er sagte, er wisse, daß er reichlich einfältig sei, aber so sei er nun mal. Ich glaubte, ihn besser zu verstehen.

Aber ich mußte nicht Vassy verstehen, ich mußte mich selbst verstehen.

Die Trennung stürzte mich in ein tiefes Loch der Einsamkeit. Irgendwie hatte ich immer gewußt, daß unsere Romanze kein Versprechen auf Dauer sein würde. Vassy vielleicht auch. Möglicherweise war er bewußter und mutiger als ich, sich dies als erster einzugestehen. Vielleicht lag der Grund für meine Einsamkeit mehr in ihrer Plötzlichkeit als in der Unausweichlichkeit unserer Trennung.

Noch Monate später rührten mich seine »Unbesonnenheit« und die Einsamkeit, die auch er empfand, zu Tränen. Ich fühlte mich noch mit ihm verbunden und verantwortlich für *seinen* Schmerz. Und was mich tiefer betrübte als alles andere, war das Gefühl, daß ich nicht wirklich begriffen hatte, was ich in unserer Beziehung hätte lernen müssen. Ich hatte einen russischen Menschen auf intime Weise kennengelernt, mit allem, was damit verbunden war.

Aber *persönlich* hielt ich das, was uns in erster Linie zusammengeführt hatte, für ungelöst.

Ich begriff, daß jede Liebesbeziehung zwischen Mann und Frau eine Lernerfahrung für das *Selbst* war, doch meine Gefühle berührten bei der Trennung etwas anderes ... etwas, was ich nicht genau definieren konnte. Ich wußte, daß ich meine Gefühle der Einsamkeit überwinden mußte, doch ich war nie fähig gewesen, Gefühle zu bewältigen, bevor ich nicht verstand, wodurch sie verursacht wurden.

Diese Fragen beschäftigten mich, und ich begann zu erkennen, daß es nicht wirklich wichtig war, ob ich Vassy verstand. Ich sah ein, daß ich ihn um seiner inneren Wahrheit willen akzeptieren mußte. Er mußte sein eigenes Leben führen, seine eigenen Entwicklungen auf seine Weise durchmachen. Vielleicht respektierte *ich ihn* nicht. Vielleicht war *ich* der Beweis, daß Liebe und Respekt nicht nebeneinander existieren konnten. Als ich die Bedeutung dieses Gedankens durchschaute, löste sich meine eigene innere Verwirrung auf. Endlich gestand ich mir ein, daß ich nur ein Lippenbekenntnis meines Glaubens abgegeben hatte, Liebe und Respekt seien nebeneinander möglich. Nun war es an der Zeit, auch danach zu leben. Als Folge davon blieben Vassy und ich gute Freunde, und wir verstanden uns wesentlich besser als zuvor. Die größere Distanz und das Fehlen emotionaler Bindungen machten uns nicht mehr blind füreinander. Wir erkannten beide die Zuneigung, die wir immer noch füreinander hegten, und beide glaubten wir weiterhin, daß wir in vielen Lebensspannen einander verbunden gewesen waren.

Obwohl meine Beziehung zu Vassy vor beinahe vier Jahren zu Ende gegangen war, liegt die Bibel immer noch auf meiner indischen Kommode in Malibu. Er besteht weiterhin darauf, daß mein Haus der richtige Platz für sie ist. Er hat seinen Traum wahrgemacht, Filme in Amerika zu drehen, und ich weiß, wir werden eines Tages zusammenarbeiten. McPherson hatte recht. Wir beide spüren den Drang, die Kunst zu spiritualisieren, und wenn die Zeit reif ist, wird es geschehen.

Er ist in Hollywood als bedeutender Künstler anerkannt. Niemand schert sich um seine politischen Ansichten. Man *respektiert* ihn. Ob er auch geliebt wird? Von vielen ja. Er vertritt immer noch den Standpunkt, daß Liebe und Respekt menschliche Gefühle sind, die nicht nebeneinander existieren können. Die meisten seiner Drehbücher sind Ausdruck dieser Überzeugung. Er besteht auch nach wie vor auf seiner Ansicht, daß echte Kreativität ohne Leiden nicht möglich ist; er glaubt tatsächlich, daß der Konflikt dem Menschen innewohnt und für das Leben *notwendig* ist. Er glaubt noch immer, daß man ohne Kampf Gott nicht erkennen kann. Er hält noch immer an seinen Vorstellungen vom Bösen, daß es als Macht außerhalb des Menschen existiert, fest. Und er glaubt auch, daß *Gott* sich außerhalb des Menschen befindet.

Genauer gesagt, er glaubt, es sei das Schicksal des Menschen zu leiden. Er ist so sehr davon überzeugt, daß er sich meiner Meinung nach dazu gezwungen fühlt, Leiden zu schaffen.

Andererseits, sind wir nicht alle mehr oder weniger »süchtig« nach Leiden? Aus Schuldgefühl, weil wir meinen, wir verdienen es nicht, glücklich zu sein; als Reaktion auf Unrecht oder Entbehrungen, die wir in der Kindheit erlitten haben (wie *lange* dauert es noch, bis man erwachsen wird); oder durch Versagen im erwachsenen Leben – aus welchen Gründen auch immer –, wir alle fühlen die Macht der Negativität und beharren darauf, daß sie aus Quellen fließt, die außerhalb unseres Selbst liegen.

Tatsache ist jedoch, daß Gut und Böse in uns vorhanden sind. Niemand steht total im Licht und niemand total im Schatten. Und die meisten Menschen schaffen sich durch ihr Denken viele Probleme. Seit ich nach Selbsterkenntnis trachte, gewinnen meine positiven Aspekte größeres Gewicht, und die Reise in mein Inneres ist die einzige Reise, die sich wirklich lohnt. Wenn diese Reise nach innen zur Erkenntnis und Bewußtmachung meines höheren, positiveren Selbst führt, dann werde ich keine Seelenqualen und keine Konflikte mehr zu erleiden haben. Wenn ich die Gottheit in mir selbst erkenne, werde ich die höhere Gottesquelle erkennen, die wunderbare Energie, die uns alle verbindet. Ich glaube, *das* war unsere Lehre füreinander. Keiner von uns sah sich so, wie der andere ihn sah; wir sahen uns selbst im anderen.

Und wenn ich heute über die Gewalttätigkeit nachdenke, die Vassy in mir provozierte, bin ich ihm dankbar dafür. Er öffnete mir die Augen dafür; erst danach konnte ich mich damit auseinandersetzen. Er lieferte mir die Voraussetzung, mich besser zu verstehen. Ich hätte nicht mit *ihm* reden müssen, ich hätte mit mir selbst reden müssen. Seine Probleme und Konflikte waren seine, und meine Probleme waren meine. In der kurzen, stürmischen Zeit, die wir zusammen verbrachten, wurde mir deutlicher als je zuvor bewußt, wie sehr ich noch wachsen mußte. *Weil* es schwierig war, lernte ich. *Weil* er mich verwirrte, erreichte ich größere Klarheit, und *weil* wir beide uns darüber im klaren waren, daß unsere Beziehung durch unseren eigenen, freien Willen vorgegeben war, versuchten wir es miteinander. Wir waren dazu bestimmt, gemeinsam ein Musikstück zu spielen, um die Disharmonie ebenso zu hören wie die Harmonien.

Vassy bleibt ebenso »russisch«, wie ich »amerikanisch« bleibe. Heute wissen wir, daß wir nebeneinander existieren können, doch wir müssen getrennte Wege der Erfahrung gehen. Vielleicht hatte er recht, als er sagte, Liebe und Respekt sind unvereinbar – in *seiner* Erfahrung. Ich glaube jedoch nicht, daß er sich dabei auf Menschen bezieht. Ich glaube, er bezieht sich auf den Konflikt mit der Gottheit in sich selbst.

Ich beendete den Bericht meiner Liebesbeziehung zu Vassy, und Mom und Dad hatten aufmerksam zugehört.

»Versteht ihr jetzt?« sagte ich. »Ich denke, jede Beziehung findet statt, damit wir etwas über uns selbst lernen können.«

Dads Pfeife war leergebrannt und Mutters Tee kalt geworden.

»Also Äffchen«, sagte Daddy, »ich muß schon sagen, du erlebst eine ganze Menge.«

»Ja, finde ich auch.«

»Dieser Vassy verstand es ziemlich gut, dich auf die Palme zu bringen, nicht wahr?« sagte meine Mom und warf Dad ein Lächeln zu.

»Ja, das verstand er wirklich«, gab ich zu. »Aber mittlerweile habe ich begriffen, daß *ich* das Problem war. Nicht er. Alles, was er tat, war eben er – weiter nichts. *Ich* war diejenige, die lernen konnte, und er bot mir Gelegenheit dazu.«

»Und ihr hattet wirklich beide das Gefühl, daß ihr euch in einem früheren Leben gekannt habt?« fragte Mutter mit einem forschenden Blick.

»Ja, wirklich. Und ich bin sicher, daß ich eines Tages mehr darüber erfahren werde. Aber im Augenblick ist *dieses* Leben das einzig wichtige.«

Mutter schaute zu Dad hinüber, als erwarte sie von ihm eine Stellungnahme.

Lächelnd tat er ihr den Gefallen. »Ich schätze, deine Mutter und ich waren auch schon ein paarmal zusammen auf dieser Spielwiese.«

»Den Eindruck habe ich auch«, sagte ich. »Interessiert es euch, daß ich über eins eurer gemeinsamen Leben schon etwas erfahren habe?«

Mutter straffte die Schultern und machte den Eindruck, als sei sie nicht sicher, ob sie das, was ich zu berichten hatte, hören wollte. Dann zuckte sie mit den Schultern. Daddy nickte.

»McPherson hat mir davon erzählt. Normalerweise gibt er keine Informationen über andere Menschen preis. Aber er meinte, es sei vielleicht gar nicht schlecht, wenn ich euch davon erzähle.«

Die beiden rückten ein wenig näher.

»Ihr hattet ein gemeinsames Leben in Griechenland. Möglicherweise sogar zu derselben Zeit wie Vassy und ich. Ihr wart zwei angesehene Rechtsanwälte. In dieser Inkarnation wart ihr beide männlich.«

»Nein, Shirl, wirklich?« rief Mutter.

»Ja, wirklich.«

»Na so was, aber erzähl weiter!« forderte sie gespannt.

»Also, Mutter, du warst ein liberaler Rechtsanwalt, und, Daddy, du ein konservativer.«

»Soweit, so gut«, meinte Daddy.

»Es gab Unstimmigkeiten über den Bau eines Erostempels. Mutter war dafür, du warst dagegen.«

»Wie hätte es anders sein können?!« warf Dad ein.

»Ihr beide habt euch unentwegt über den Tempel gestritten. Ihr wart so verbissen und unnachgiebig, daß die Bürger der Stadt sich über euch beide ärgerten. Ihr machtet *euch* zum Mittelpunkt des Interesses, nicht den Bau des Tempels.«

Mutter lachte. »Das kann ich mir gut denken. Deinem Vater ist es ja heute noch nicht möglich, meinen Standpunkt zu akzeptieren.«

»Jedenfalls«, fuhr ich fort, »eines Tages, nachdem ihr euch beide wieder in der Gerichtsarena stundenlange Wortgefechte geliefert hattet, jeder in dem Glauben, eure Anhängerschaft zu vertreten, wurde den Bürgern die Streiterei zu dumm. Um euch zum Schweigen zu bringen, hoben sie jeden von euch auf die Schultern. Ihr nahmt das als Unterstützung eurer Partei. Jede Gruppe schrie euch an, mit dem Streit aufzuhören. Je lauter die Bürger schrien, um so überzeugter wart ihr von der Zustimmung eurer Gruppe. Man trug euch auf den Schultern durch die Menge aus der Stadt hinaus zu der Stelle, wo der Tempel errichtet werden sollte. Ihr wart beide der Meinung, dort draußen würde es nun zur Abstimmung kommen. Doch statt dessen warf euch die aufgebrachte Volksmenge, ohne lange zu fackeln, über die Felsklippen ins Meer.«

Ich wartete auf eine Reaktion. Meine Eltern waren zu verdutzt, um etwas zu sagen.

Mutter brach das Schweigen. »Kommt mir irgendwie bekannt vor.« Sie breitete zustimmend die Arme aus. »Ich verstehe das vollkommen.«

»McPherson sagte, daß ihr heute das gleiche tut und daß ihr in diesem Leben wieder nicht eure Probleme löst, wenn ihr nicht aufhört, miteinander zu streiten.«

Für Dad war das Stichwort gekommen. »Willst du damit sagen, wir sollen aufhören zu streiten, bevor wir sterben?«

»Ja, ganz recht.«

»Aha.« Seine Folgerung hatte er schon parat. »Das allein scheint mir Grund genug, um weiterzustreiten.«

Ich beugte mich vor und nahm ihn bei der Schulter. »Sei bitte ernst, Daddy. Ihr müßt doch nur wiederkommen und von vorne anfangen, wenn ihr es diesmal wieder nicht schafft.«

»Das ist wohl so ähnlich wie im Showbusiness«, scherzte er, »eine Szene wird so oft wiederholt, bis sie sitzt.«

»Ja. Aber bei euch beiden muß sich eine ganze Menge karmischer Unrat angesammelt haben, den ihr miteinander aufzuräumen habt.«

»Soviel Unrat wie in meinem verdreckten Zimmer wohl kaum«, kicherte Dad in sich hinein.

»Aber Ira«, tadelte Mutter, »vielleicht hat sie recht.«

»Zum Teufel, Scotch«, brummte er, »ich bin doch kein Idiot. Ich weiß verdammt genau, daß sie recht hat. Das wußte ich schon immer. Die Frage ist nur, was sollen wir tun? – Sterben, um es herauszufinden? Ich streite nun mal *gern*. Es erhält mich am Leben.«

»Vielleicht hast du auch einen Schuß russisches Blut in dir«, konterte Mutter. »Vielleicht sollte ich mich gar nicht mit dir anlegen, weil du so gerne leidest.« Ihre Augen glitzerten triumphierend über den gelungenen Seitenhieb.

Dad ließ die Runde an sie gehen.

Ich stand auf und ging auf und ab. »Wißt ihr, was mich wirklich interessiert?« fragte ich.

»Was?« wollte Mutter wissen.

»Mich interessiert, wo *ich* in euer beider Karma stehe. Ihr habt alles für mich getan. Was soll ich nun für euch beide tun?«

Beide wurden ernst.

»Glaubst du, daß du uns aus irgendeinem Grund dir als Eltern ausgewählt hast?« fragte Mutter.

»Ja.«

»Und wir dich als Tochter?«

»Ja.«

»Es wäre interessant zu wissen, warum«, sagte sie nachdenklich.

»Finde ich auch«, stimmte ich zu, und eine Idee formte sich im Hinterstübchen meines Kopfes.

»Wie willst du das herausfinden?« wollte Dad wissen.

Es machte mir Spaß, ihn ein wenig zu hänseln. »Ach«, sagte ich gespielt hochnäsig, »ich habe da so meine Beziehungen.«

»Aha. Und das könnte wohl wieder Stoff für ein neues Buch abgeben, wie?« Er lachte, schlug die Beine übereinander und entfernte mit spitzen Fingern ein Stäubchen von seiner Hose.

»Habt ihr es denn gern, wenn ich über euch in meinen Büchern schreibe?« fragte ich.

»Wie könntest du uns ignorieren?« sagte Daddy. »Wenn es uns nicht gäbe, müßtest du uns erfinden, zum Teufel noch mal.«

»Ich glaube, ihr beide habt euch selbst erfunden.«

»Tja. Die ganze Welt sollte hin und wieder eine andere Rolle spielen als die der Lady Macbeth.«

Mutter starrte ihn an. Ich sah es deutlich vor mir, wie beide über diese Felsklippe ins Meer geworfen wurden. »Ira«, mahnte sie, »ich lasse es nicht mehr zu, daß du mich auf die Palme bringst. Du kannst so russisch sein, wie du willst. Mich wirst du nicht mehr einschüchtern.«

Er lachte und hüstelte. Ihn brachte nichts aus der Ruhe.

»Mutter, du kommst dir doch oft machtlos und hilflos vor, nicht wahr?« fragte ich.

»Und wie! Aber das ist vorbei. Dieses Gefühl wird er mir nicht mehr geben können.«

»Gut«, fuhr ich fort. »Aber vielleicht gibt es dafür eine Erklärung.«

»Wie soll ich das verstehen?« In ihrer Stimme schwang leise Verärgerung mit.

»Vielleicht fühlst du dich in diesem Leben machtlos, weil du in einem früheren Leben Macht mißbraucht hast.«

»Aber Shirl, ich könnte mit Macht gar nicht umgehen.«

»Was soll das nun wieder?« mischte Dad sich ein. »Zu Hause hast du doch das Heft in der Hand. Seit jeher. Das weißt du ganz genau. Du bist der Boß, und du weißt es.«

»Na, das kann ich nur hoffen«, erwiderte sie, sich bedenkenlos widersprechend, »sonst würdest du dich doch völlig zum Narren machen.«

»Schon gut, ihr beiden«, beschwichtigte ich, in dem Versuch, ein erneutes Wortgefecht zu vermeiden. »Macht ruhig so weiter. Das gibt euch vermutlich Kraft. Und sollte ich zufällig über weiteres Informationsmaterial aus gemeinsamen vergangenen Lebensabschnitten stoßen, dann streitet ihr euch darüber wohl noch die nächsten zehn Jahre.«

»Weißt du, Äffchen«, sagte Dad schließlich, »das Schöne an der Sache ist, daß es einen riesengroßen Topf gibt, voll mit Dingen, von denen niemand etwas Sicheres weiß. Aber suche du nur weiter.« Er machte eine kurze Pause. Dann fuhr er fort: »Vielleicht findest du dann auch etwas darüber heraus, was du eigentlich mit diesem Kerl, deinem Ex-Ehemann, am Hut hattest.«

Das traf mich wie ein dumpfer Schlag. Ich straffte mich – wie immer, wenn ich mich herausgefordert fühle. »Ja, Daddy. Vielleicht tue ich das.« Nicht, daß ich das Gefühl gehabt hätte, er sei zu weit gegangen. Im Gegenteil. Ich hatte mit meinen Eltern so persönlich, wie man nur werden konnte, gesprochen. Warum sollte mein Vater nicht ebenso persönlich mit mir werden?

»Ich möchte wetten, Dad, du und Steve, ihr hattet in einem früheren Leben irgendeine Beziehung miteinander. Vom ersten Moment fandest du ihn unsympathisch. Und er mochte dich ebensowenig. Diese Haltung hat sich nie geändert. Ich glaube, du suchtest als Vater nur einen Grund, um den Mann, der deine Tochter heiratete, nicht zu mögen. Aber sei's drum«, sagte ich traurig, »wir hatten ein paar schöne Jahre miteinander. Er war mir eine große Hilfe bei meiner spirituellen Suche und stimmte mit mir in vielen Dingen überein. Er hatte zwar seine Probleme, Daddy, aber haben wir die nicht alle?«

»Na schön«, sagte Dad, »sprechen wir nicht mehr über diesen Mistkerl. Du hast eine bezaubernde Tochter, also hat sich die Sache gelohnt.«

»Ganz recht, Ira«, pflichtete Mutter bei. »Lassen wir das. Shirley tut die Dinge auf ihre Weise. Und Steve gehörte nun mal dazu. Er war etwas, das sie einfach tun mußte.«

»Ja, stimmt.« Ich wollte darüber nicht sprechen. Das Ende meiner Ehe mit Steve war ein Thema, das ich mit niemandem diskutieren wollte und bisher auch nicht getan hatte. Er war ein wichtiger Bestandteil meines Lebens. Darüber mußte ich mir erst noch klarwerden, und das würde seine Zeit dauern. Die Zusammenhänge waren zu kompliziert, als daß sie jemand verstehen würde, auch nicht meine Eltern.

»Ach, es war wirklich wunderschön, dich auf der Bühne zu sehen«, warf Mutter diplomatisch ein. »Ich hoffe, Sachi ist gut nach Kalifornien zurückgekehrt. Sag ihr bitte, sie soll uns wissen lassen, wenn sie eine gute Rolle bekommt.«

Mutter hatte eine vernünftige Art, anderen Menschen über schwierige Momente hinwegzuhelfen, und eine bemerkenswerte Gabe, Spannungen abzubauen, solange es nicht ihre eigenen waren. Und sie besaß ein untrügliches Zeitgefühl. Dominick wartete bereits unten, um sie zum Flughafen zu bringen.

»Rufst du bitte Spatzenhirn an und sagst ihr, daß wir unterwegs sind?« bat Daddy.

»Klar, aber wie soll ich sie nennen?«

»Mrs. Randolf«, sagte Dad. »›Spatzenhirn‹ ist ein Kosename, kapiert?«

»Wir haben sie wirklich sehr gern. Ich wüßte nicht, was wir ohne sie anfangen würden«, gestand Mutter.

»Wir würden Eier und Eierlöffel zur selben Zeit auf dem Tisch haben«, sagte Dad.

Ich half meinen Eltern, ihre Siebensachen zum Wagen zu bringen, und begleitete sie zum Flughafen.

Als sie, auf ihre Stöcke gestützt, stolzen Schrittes zur Maschine marschierten, blickte ich ihnen nach. Ein paar Leute waren stehengeblieben, um ihnen ebenfalls nachzublicken. Nicht ich erregte ihre Aufmerksamkeit, sondern meine Eltern. Sie strahlten eine gewisse gebieterische Aura aus, waren die Stars ihres eigenen Bühnenstücks.

TEIL DREI

DER TANZ IM INNERN

Vierzehntes Kapitel

New Mexico wird das verzauberte Land genannt, so steht es auf jedem Autonummernschild.

Auf meiner Autofahrt von Albuquerque nach Santa Fe sah ich diese Bezeichnung wieder einmal bestätigt. Die Berge schimmerten orange-violett in den Strahlen der sinkenden Sonne. Wie gezackte Zähne ragten die Felsen in den Horizont, und ihre blauen Schatten zogen sich schon über das trockene Wüstenland. Ausgedörrte Büschel von wildem Salbei huschten über die Straße. Windgepeitschte Wolken trieben über den Abendhimmel. Ich liebte es, alleine über die Highways des Südwestens zu fahren. Die Erhabenheit des weiten Landes gab mir das Gefühl ungeahnter Möglichkeiten. Die Landschaft hatte eine reinigende Wirkung auf mich, schien triumphierend in ihrer Aussage die Harmonie des Überlebens zu symbolisieren.

Ich kam seit einigen Jahren nach Santa Fe. Hier lebte eine spirituell weit fortgeschrittene Kommune, die wegen der »hoch schwingenden Energie« der Landschaft, wie die Indianer es bezeichneten, hierhergezogen waren. Santa Fe heißt »Heiliger Glaube«. Die Indianer behaupteten, das Land sei verzaubert und vom Großen Geist gesegnet und jeder, der hier lebt, sei ebenfalls gesegnet.

Ich fuhr durch Santa Fe, wo Touristen zum alljährlichen Kunstfestival zusammengeströmt waren. Die gemütlichen Lokale waren dicht besetzt mit Urlaubern, die weiche indianische Tücher und Schmuck aus Türkisen und Korallen trugen. Bald bedeckten die hell leuchtenden Wüstensterne den Nachthimmel wie kleine Kristalle.

Das Haus, das ich gemietet hatte, lag etwas außerhalb auf der Nordseite der Stadt. Der Manager eines nahe gelegenen Hotels hatte es für meine Ankunft vorbereiten lassen – Milch, Brot, Obst und Kaffee standen im Kühlschrank. Ich wollte zehn Tage bleiben, und für mein Vorhaben brauchte ich absoluten Frieden und Ruhe.

Die Indianer von New Mexico lebten in Einklang mit den Gesetzen der Natur. Der Große Geist war Teil ihres Lebens, die unsichtbare Gottes-Wahrheit Basis ihrer Realität. Sie fühlten sich nicht von jener Macht bedroht, sondern lebten in Harmonie mit ihr.

Die Bergvölker, mit denen ich in den Anden und im Himalaja gelebt hatte, standen der gleichen unsichtbaren Realität nahe, befanden sich in Einklang mit ihr, da sich ihrer Erkenntnis nichts in den Weg stellte. Ihre Wahrnehmungen waren klarer, sie schienen die Fähigkeit zu besitzen, mit dem Herzen zu »sehen«, spürten die höhere Dimension, da sie von der Technologie und den Zwängen des 20. Jahrhunderts unberührt geblieben waren.

Ich hatte gelernt, tiefen Respekt für die spirituelle Lebensweise dieser Völker zu haben, deren wichtigster Lehrer die Natur ist. Natürlich respektierte ich die intellektuellen Fähigkeiten moderner Menschen. Aber erst als ich begann, *spirituelle* Erkenntnisse mit meinem Intellekt zu verbinden, fühlte ich mich erstmals in meinem Leben als ganzer Mensch. Dieses »Etwas«, was mir gefehlt hatte, war das Bewußtsein meines spirituellen Selbst. Aber wie konnte ich das beweisen, denn es handelte sich ja nicht um etwas, das man mit wissenschaftlichen Methoden messen konnte. Ich war ja kaum fähig, es zu beschreiben, dieses transzendentale, nicht in Worte zu übersetzende Etwas. Eine Integration, die man erfahren muß, um sie zu verstehen. Nachdem man sie erfahren hat, ist das Leben nicht mehr das gleiche.

Ich war nicht als Touristin nach Santa Fe gekommen. Ich kam hierher, um eine Frau aufzusuchen, die sich einer Akupunkturmethode bediente, um Erinnerungen an vergangene Leben wachzurufen. Sie hatte sich diese chinesische Technik angeeignet und öffnete mit Hilfe der Akupunkturnadeln Nervenkanäle, die Erfahrungen aus vergangenen Leben freisetzten. Sie stach die Nadeln in bestimmte Meridianpunkte, um Inkarnationsinformationen hervorzuholen. Ebenso wie Akupunkturnadeln dazu verwendet werden, physische Nervenverbindungen zu unterbrechen, mit denen das Gehirn Schmerz signalisiert, konnten sie auch verwendet werden, um Wege freizulegen, die Gedächtniskanäle im Gehirn öffneten. Alten chinesischen Überlieferungen zufolge sind im menschlichen Körper alle Inkarnationsereignisse, die die Seele erlebt hat, eingeprägt. Werden die Nadeln in das Dritte Auge (die Stirnmitte) eingesetzt, in die paranormalen Meridianpunkte (rechte und linke Schulter) oder in die galaktischen Punkte (Ohrenbereich), beginnen im Gedächtnis des Klienten Szenen und Erinnerungen aufzusteigen, die er in einer lange zurückliegenden Vergangenheit erlebte. Die Nadeleinstiche erfolgen fast schmerzlos. Wenn der Klient entspannt und ohne Widerstand auf dem Behandlungstisch liegt, beginnen die Nadeln zu wirken, wobei man von dem »Gefühl« durchdrungen ist, sich unmöglich selbst belügen zu können. Bilder beginnen vor dem inneren Auge zu entstehen, wenn die Nadeln die Erinnerungsmuster anregen, die im Zellgedächtnis des Körpers bereits vorhanden sind.

Chris Griscom ist eine Meisterin in der Kunst parapsychologischer Akupunkturtherapie. Sie hat im Lauf der Jahre bei Hunderten von Patienten erstaunliche Resultate erzielt. Anfangs hatte ich mich der Behandlung lediglich aus Neugier unterzogen, um zu sehen, was passiert. McPherson, Ramtha und andere Wesenheiten hatten viele meiner Inkarnationen erwähnt, doch erst in meiner Arbeit mit Chris stieß ich auf ein Phänomen, von dem ich sagen konnte, ich habe es selbst erfahren. Ich hatte mit transzendentaler und anderen Formen der Meditation experimentiert, doch nichts war geschehen, dessen ich hätte »gewiß« sein können.

Im Laufe meiner spirituellen Suche verspürte ich eine immer stärker werdende Sehnsucht danach, zu verstehen, *warum* ich früher gelebt hatte und was ich aus diesen vergangenen Leben für die gegenwärtige Inkarnation lernen könnte. Für mich galt Einsteins These: »Wissen ist im Grunde nichts anderes als Erfahrung.« Ich wollte die Erfahrung machen, daß jeder von uns *das ist, dessen wir uns bewußt sind*. Ich wollte ein erweitertes Bewußtsein erlangen und war sehr neugierig, welche Enthüllungen mir dadurch über mein höheres, unbegrenztes Selbst zugänglich sein würden.

Ich hatte schon einige Male mit Chris zusammengearbeitet, ihre Nadeln hatten leise in verschiedenen Regionen meines Körpers gebebt und mich in die Lage versetzt, die Bilder in meinem Kopf frei fließen zu lassen, ohne sie zu blockieren. Anfangs fiel es mir schwer, dies zu akzeptieren. Als die Nadeln das Zellgedächtnis meines Körpers anregten, filterten Bilder verschiedener Zeiträume und Ereignisse in mein Bewußtsein. Ich dachte, ich würde »diese Bilder erfinden«, glaubte, sie entsprängen meiner Einbildung, bis ich aufhörte, darüber nachzudenken, was Einbildung eigentlich ist. Jedesmal, wenn Ausschnitte bestimmter Erlebnisse an mir vorüberzogen (die Wirkung ist vergleichbar mit dem Abspulen eines Films vor dem inneren Auge), fragte ich mich, woher sie kamen. Ich wußte, der Verstand war zu ungeheuerlichen Ausgeburten kreativer Phantasie fähig. Aber was war eigentlich Phantasie? Ziemlich lange stellte ich die Gültigkeit meiner Bilder in Frage. Warum sah ich eine Wüste, eine Karawane, ein mittelalterliches Kloster, ein peruanisches Indianerdorf, eine afrikanische Mutter und vieles mehr? Ich hatte mir diese Bilder nicht bewußt geschaffen. Sie waren einfach da. Und doch beharrte ich Chris gegenüber darauf, daß ich diese Bilder in freier Assoziation selbst hervorbrachte. Sie stimmte mir zu, sagte aber auch, daß ich diese Bilder produziere, weil sie in meiner eigenen Erfahrung wurzelten. Das *sei* Phantasie. Die Akupunkturpunkte öffneten die Wege zum intuitiven rechtsseitigen Gehirnbereich (Yin). Die linke Gehirnhälfte (Yang) dürfe diese Wege nicht blockieren. Und als ich die Einwände meines endlichen Gehirns aufgab und somit die Wege nicht mehr versperrte, wurden die Bilder deutlicher. Sie zeigten detaillierte Kleidung, Bewegungen, Geräusche, emotionales Verhalten. Aber mehr als alles andere und in immer stärkerem Maße waren die Bilder, die jetzt hochkamen, mit bewußtem Verständnis meinerseits durchdrungen, warum ich mich an sie erinnerte.

Chris beschäftigte sich, wie gesagt, mit der Rückschau auf vergangenes Leben. Sie erklärte mir, daß das höhere unbegrenzte Selbst unser irdisches Selbst stets auf solche Erinnerungen aufmerksam mache, die am meisten dazu beitragen, Probleme zu lösen, die uns in der gegenwärtigen Inkarnation zu schaffen machen. Da wir alle eine große Anzahl von Inkarnationen gelebt haben (in vielen Formen von Anbeginn der Zeit), tastet das unbegrenzte höhere Selbst die Informationen der Seelengeschichte ab und wählt die Emotionserfahrungen aus, die sich auf karmische Störungen beziehen. Sehr selten sind die erinnerten Erlebnisse angenehm, denn es wäre sinnlos, einen Bereich, der bereits bewältigt und damit abgeschlossen ist, wieder an die Oberfläche zu holen. Der Sinn des Lebens ist die Beseitigung der Seelenkonflikte. Der Sinn, sich mit früheren Lebenserfahrungen auseinanderzusetzen, ist folglich, die Bereiche emotionaler Disharmonie einzugrenzen, damit der Konflikt in der gegenwärtigen Inkarnation verstanden werden kann. Alles Leben gründet sich auf die *Totalität* der Seelenerfahrung. Was uns als »böse« Verhaltensweise erscheinen mag, hilft uns, den »Opfern«, lediglich, uns selbst besser zu erkennen. Somit ergibt der buddhistische Glaubensgrundsatz: »Segne deinen Feind, denn er befähigt dich zu wachsen« plötzlich einen Sinn.

Anfangs konnte ich die ungeheure Güte, die diesem Lernprozeß zugrunde lag, nicht akzeptieren. Ich war davon überzeugt, daß böses Verhalten in der Welt *existiert*. Dafür gibt es unzählige Beispiele – in der Menschheitsgeschichte ebenso wie im täglichen Leben. Dem Bösen mußte man widerstehen, dagegen ankämpfen, ihm trotzen; es mußte vernichtet und ausgemerzt werden. Aber je weiter *ich* in das Wissen um das »Böse« eindrang, das mir in der Vergangenheit widerfahren war, desto mehr stellte ich fest, daß ich darauf nicht mit einem Richterspruch reagierte. Vielmehr realisierte ich, daß ich einen Lernprozeß durchgemacht hatte. Einen Lernprozeß, den ich mir selbst ausgesucht hatte.

Der Lernprozeß des Karma ist kein Strafvollzug. Er befolgt lediglich die Gesetze, die auch für die Wissenschaft gelten, wonach jeder Wirkung eine Ursache vorausgeht – im allgemeinen Sprachgebrauch wird Karma als Erfahrung übersetzt: die Gesamtheit *aller* Erfahrung. Karma erzeugt Karma. *Doch jeder Akt der Versöhnung anstelle von Vergeltung ist ein karmischer Schritt nach vorne.* Positives Karma erzeugt positives Karma. Dieser fortwährende Prozeß dauert so lange, bis wir schließlich durch das gesamte Spektrum aller menschlichen Erfahrungen gegangen sind und die vollkommene Realität unserer Beziehung zu allem, was es gibt, erkennen.

Fünfzehntes Kapitel

Ich richtete mich für einen Alltag in Santa Fe ein. Das Haus war hell und freundlich, hatte viele Fenster und einen ummauerten Innenhof, wo ich meine Yoga-Übungen im Freien machen konnte. Das Haus war spanisch möbliert und mit indianischem Kunstgewerbe dekoriert. Über dem Kamin hing ein *Ojo de Dios*, ein Auge Gottes, in Form eines Wandbehangs aus Garn und Bambusstäben. Den Mittelpunkt bildete das Auge Gottes aus vier Dreiecken, deren Grundlinien ein Quadrat ergaben. Es sah aus wie die Große Pyramide aus der Vogelperspektive.

Das Auge Gottes findet sich in allen vier Kulturen New Mexicos wieder, der indianischen, mexikanischen, spanischen und der angelsächsischen – das Symbol hängt in beinahe jedem Haus. Einige Historiker führen seinen Ursprung zurück auf das Ägypten der Pharaonen, andere nehmen an, es stamme aus Peru. Die Yacqui-Indianer sollen es aus Mexiko in den Südwesten der Vereinigten Staaten gebracht haben. Jedenfalls verwenden es alle Kulturen und weisen ihm einen Ehrenplatz im Haus zu, denn es symbolisiert Glück, Gesundheit und langes Leben – wie die eingeborenen Indianer behaupten.

Jeden Morgen erwachte ich gegen acht Uhr unter dem Ojo de Dios, absolvierte meine Yoga-Übungen, sang meine Mantra-Gesänge, aß ein leichtes Frühstück (Obst, Toast und coffeinfreien Kaffee) und begab mich auf die etwa eine Stunde dauernde Fahrt zu Chris, die in einem kleinen Dorf lebte.

Der alte Santa Fe Trail mündet in einen modernen Freeway, der wiederum zu einer Abzweigung in das weite Wüstenland von New Mexico führt. Indianische Pueblos, von denen einige bis auf das

Jahr 1250 zurückgehen, liegen verstreut unter Baumwollbäumen, die sich im Wind wiegen. Ristras (aneinandergeflochtene rote Paprikaschoten) hingen an beinahe jedem Balkon.

Die Sangre-de-Cristo-Berge schimmerten im blauen Dunst des Morgenlichts. Die Spanier hatten diesen Teil der Rocky-Mountains-Kette das Blut Christi genannt, wegen der rötlichen Färbung ihrer schneebedeckten Gipfel bei Sonnenuntergang. Zwanzig Meilen westlich von hier fließt der Rio Grande, der in Colorado entspringt und noch einen 1800 Meilen langen Weg vor sich hat bis zur Mündung in den Golf von Mexiko. Ich stellte mir vor, wie die Stämme der Pueblo-, Navajo- und Hopi-Indianer die umliegenden Hochebenen durchstreift hatten – Archäologen nehmen an, diese Völker haben die Gegend bereits vor 6000 Jahren bevölkert. Die spanischen Eroberer kamen zum erstenmal 1558 hierher (62 Jahre bevor die Pilgerväter am Felsen von Plymouth landeten), und ihr Einfluß herrscht heute noch überall vor. Lehmhütten passen sich dem Hügelland an und bieten den Bewohnern im Sommer Schutz vor Hitze und im Winter Schutz vor Kälte.

Die Morgenluft war frisch und trocken. Ich fuhr, ohne es zu bemerken, ein Tempo von achtzig Meilen auf der schnurgeraden Straße. Die seltsamen geologischen Formationen und die Tafelberge in der Ferne weisen keinerlei Vegetation auf. Wolkenbildungen am türkisfarbenen Himmel erinnerten an den Schmuck, den ich hier gern trage. »Himmelsstein« nennen die Indianer diesen Halbedelstein. Sie tragen ihn, weil seine Vibrationen auf der Haut sie in Harmonie mit der Natur versetzen.

Ich näherte mich den verschlafenen, aus Ton gebackenen Häusern des Dorfes Galisteo mit seinen rund zweihundert Einwohnern, die in Häusern aus ofengetrockneten Ziegeln mit flachen Dächern leben, die aus biblischen Zeiten stammen könnten. Das Dorf liegt auf einer Anhöhe im weiten Tal, von wo aus man einen herrlichen Rundblick hat. Im Frühling strömt das Wasser von den umliegenden Bergen in verschlungene Bachläufe zusammen, die jetzt durch die Sommerhitze ausgetrocknet waren. Ein Pferd und zwei streunende Hunde versperrten die einzige Dorfstraße – ein etwas breiterer Lehmweg, der an einem Laden mit dem verwitterten Schild »Lebensmittel« vorbeiführte, dessen Lamellentür im Wind schlug.

Drei kleine Kinder warteten auf den uralten, ehemals orangefarbenen Schulbus. Die Post mußten die Dorfbewohner aus den Briefkästen am Highway abholen.

Vorsichtig steuerte ich den Wagen an den Tieren vorbei, fuhr polternd über eine Holzbrücke, eine trockene Staubfahne hochwirbelnd. Es gab keine Hinweisschilder, man mußte sich nach gegebenen Beschreibungen richten.

Chris' Haus lag außerhalb des Dorfes, etwas zur Linken. Vorbei an verbeulten Blechwracks, die früher einmal Autos gewesen waren, und Eseln, die am Wegrand dahintrotteten, fuhr ich einen Holzzaun entlang, der das Grundstück umgab.

Sie erwartete mich bereits, stand winkend im gleißenden Sonnenlicht, umgeben von wildwucherndem Salbeigebüsch. Die Baumwollbäume, die über ihr Haus ragten, waren seit meinem letzten Besuch gewachsen. Auch Chris war gewachsen, besser gesagt, runder geworden, sie war im neunten Monat schwanger.

Freudig watschelte sie auf meinen Wagen zu, und wir umarmten uns. Ich streichelte ihren Bauch und fragte sie, ob sie mit der Seele da drin schon Kontakt aufgenommen habe. Ja, sagte sie, und daß es ein Junge werden würde. Chris war mittelgroß, hatte aschblondes Haar, das ihr volles, offenes Gesicht in sanften Wellen umrahmte. Ihre klaren blauen Augen leuchteten aus der Tiefe ihrer Seele und gaben mir stets das Gefühl, daß sie in mein Inneres blickte und mir die Gewißheit gab, daß ich vor ihr nichts zu verbergen hatte. Ihre Lippen waren voll und glänzend. Sie redete mit leichtem Singsang in der Stimme. Ihre Sanftmut zog mich magnetisch an.

»Hallo, meine Freundin«, begrüßte sie mich, »wir haben uns lange nicht gesehen, und du hast mir gefehlt. Aber ich weiß, du hattest viel um die Ohren.«

Chris besaß keinen Fernseher und las selten Zeitungen oder Magazine. Und doch gab sie mir einen detaillierten Bericht meines Lebens in den letzten Monaten, als habe sie daran teilgenommen.

In spirituellen Kreisen gewöhnt man sich sehr schnell an die Tatsache, daß es keine Geheimnisse gibt. Alle im geistig-seelischen Fortschritt begriffenen Menschen entwickeln eigene paranormale Fähigkeiten. Sie schwingen sich in die Astralenergie ein und »sehen« das, worauf sie sich einstimmen. Je fortgeschrittener sie sind, desto mehr »sehen« sie. Sie schalten sich in die elektromagnetischen Wellenlängen eines anderen Menschen ein, die ihnen Informationen übermitteln. Ein Vorgang, der entfernt mit einem Radiosender zu vergleichen wäre.

Chris führte mich ins Haus. Bald saßen wir an ihrem langen Holztisch, aßen Weintrauben und erzählten einander von unserem Leben, sowohl auf physischer als auch auf astraler Ebene.

Sie hatte mit verschiedenen Gruppen ernsthaft interessierter Klienten gearbeitet – aus verschiedenen Teilen der USA, die mit ihrer Behandlungsmethode Quantensprünge in ihrer spirituellen Entwicklung machten. Je tiefer die Menschen in die komplexe Thematik früheren Lebens vordrangen, desto leichter fiel ihnen die Bewältigung ihrer Aufgaben im gegenwärtigen Leben. Informationen über vergangenes Leben beschränken sich nicht nur auf Ereignisse oder zwischenmenschliche Beziehungen. Sie schließen Lehren ein, bezogen auf den menschlichen Geist, auf elektromagnetische Frequenzen beschleunigter Denkprozesse, auf Übergangserfahrungen zu höheren Bewußtseinsstufen und darauf, wie der Körper sich mit spiritueller Erleuchtung verändert. Der Körper als Tempel der Seele erfährt mit jeder Stufe spiritueller Entwicklung feine Veränderungen. Er wird geschmeidiger, flexibler und reagiert empfindsamer auf Anregungen von außen.

Chris und ich sprachen darüber, wie paranormale Energie als elektroenergetische Frequenzen erfahren wird, die durch Geist und Körper strömen, und wie sich dadurch das Bewußtsein erweitert. Strömt paranormale Energie durch aurische Bereiche, wird sie von anderen wahrgenommen, weniger als erkennbares Licht, sondern als Empfindung des Wohlbehagens, das sich anderen Menschen mitteilt, auch wenn sie nicht begreifen, was tatsächlich vor sich geht.

»Viele Menschen machen rasche Fortschritte im Verständnis

dieser Dimension«, erzählte Chris. »Das hat sie und ihre Umwelt verändert. Ihr Leben gestaltet sich in jeder Beziehung positiver.« Sie blickte auf ihre nackten Füße hinunter. »Die Welt mag uns zur Zeit wie ein Chaos gegensätzlicher Polaritäten erscheinen, aber es gibt neue Menschen, die bereit sind, einen Durchbruch zu versuchen. Die Glocke ruft erst, wenn die Zeit reif ist. Die Zeit ist gekommen. Die Menschen fangen an, dies zu begreifen. Ihr spirituelles Verständnis ist weitaus machtvoller als ihr intellektuelles. Das wird uns davon abhalten, daß wir uns selbst in die Luft jagen.«

Während unseres Gesprächs dachte ich wieder an die Ursprünge meiner Suche. Seit frühester Kindheit trieb meine Neugier mich, nach etwas zu suchen, was ich nur als fehlende Dimension bezeichnen kann. Was hatte mich dazu motiviert, jahrelang zu reisen, in jeder fremden Kultur dem nachzuspüren, was ich nicht verstand? Jetzt wußte ich, warum. Die fehlende Dimension, die ich suchte, lag in mir, ich hatte nur noch keinen Kontakt zu ihr. Ich hatte lange Zeit gebraucht, um zu begreifen, daß das, wonach ich suchte, im Hinterstübchen meines eigenen Geistes verborgen war. Gespräche wie das mit Chris hätte ich tagelang fortführen können.

Ich berichtete ihr, ich sei vordergründig daran interessiert, früheren Lebenszeiten mit meinen Eltern auf die Spur zu kommen.

»Ja«, sagte sie, »das ist sehr wichtig. Unsere Eltern setzten schließlich die Maßstäbe dafür, mit welchen Augen wir die Welt betrachten. Sie kennen unsere Schwachpunkte genau, und wenn wir die Probleme innerhalb der Familie nicht lösen können, nehmen wir sie schicksalhaft in unser Erwachsenenleben mit hinein.«

»Aber Chris, sind solche Konflikte nicht einfach durch unser Familienleben bedingt? Ich meine, ich sehe so viele Gründe für meine eigenen Unsicherheiten bei meinen Eltern. Weshalb beschäftige ich mich eigentlich damit, vergangenes Leben aufzustöbern? Warum liegt mir soviel daran?«

»Das hat einen einfachen Grund. Wenn du begreifst, daß du dir selbst deine Eltern ausgesucht hast, um dich über sie durch gewisse emotionelle Probleme zu arbeiten, hörst du auf, ihnen Schuld zuzuweisen. Wenn du lernst, deinen Eltern keine Schuld zuzuweisen, lernst du auch, anderen Menschen keine Schuld zuzuweisen. Das Familienleben in der Kindheit ist das Milieu, das uns am stärksten prägt. Jedes Familienmitglied reagiert stark intuitiv auf das Verhalten der anderen. Wir fühlen uns als Opfer der Familie, da sie uns von Anfang an beherrscht. Manche Menschen bleiben im Verhaltensmuster dieser Opferbereitschaft stecken und suchen sich im erwachsenen Leben Partner, die diesen Unterdrückungsmechanismus fortsetzen, um ihr Bedürfnis nach Opferbereitschaft zu befriedigen. Wenn jeder Mensch nur begreifen würde, daß er die Wahl seiner Familie selbst getroffen hat, um Probleme miteinander zu lösen, würde er solche Verhaltensmuster nicht in sein Erwachsenendasein mit hineinnehmen. Aber da sie sich nicht ihrer Eigenverantwortlichkeit bewußt sind, verbauen sie sich die Möglichkeit geistigen und seelischen Wachstums.«

»Dann ist also die Familie das Symbol für das grundsätzliche ›Emotionsdrama‹, das wir uns selbst erwählt haben, um daran zu arbeiten?« sagte ich.

»Ja. Und wir benutzen die Familie, um frühkindliche emotionale Symbole zu übersetzen. Ein Kind reagiert beispielsweise stärker auf den Tonfall einer Stimme als auf die Worte. Das intuitive Zusammenspiel zwischenmenschlicher Beziehungen schärft seine kindlichen Wahrnehmungen, um sich in der Welt besser zurechtzufinden. Erwählt sich ein Kind einen herrschsüchtigen Vater, so deshalb, weil es ein Problem hinsichtlich Herrschaft verarbeiten möchte. (Erinnerungen an meinen Vater.) Erwählt ein Kind sich eine passive Mutter, so hat es sich wohl die Aufgabe gestellt, die Mutter erfahren zu lassen, was es heißt, beherrscht zu werden. (Erinnerungen an meine Mutter.) Es gibt unendlich viele innere Szenarien, die jede Menschenseele verfaßt. Nur die Seele weiß, warum sie sich ihr jeweiliges Drama erwählt. Und je größer das Verständnis der Seele wird, um so weniger Probleme der Verwirrung wird sie haben.«

»Weißt du«, fuhr Chris nach einer Weile fort, »wenn wir unsere Kinder aufklären würden, daß sie sich uns als Eltern ausgewählt haben, dann würden unsere Kinder früh lernen, mehr Verantwortung für ihr eigenes Schicksal zu übernehmen. Deshalb ist Erleuchtung so wichtig. Unsere Gesellschaft arbeitet zuwenig mit inneren

Erkenntnissen. So wie die Dinge jetzt liegen, unterwirft sich das Kind entweder der Autorität der Eltern, oder es lehnt sich dagegen auf. Nur die Seele des Kindes weiß intuitiv, daß die Eltern nicht für eine Situation, wie immer sie auch aussehen mag, zur Rechenschaft gezogen werden können. Ein gestörtes Kind hat sich *ausgewählt*, diese Erfahrung zu machen. Und wenn es die selbst gestellte Aufgabe nicht lösen kann, trägt es das Problem weiter in sich. Es kommt mit der ungerechten Behandlung nicht zurecht, behält das Verhaltensmuster bei und überträgt es auf andere. Die Erkenntnis der Eigenverantwortlichkeit würde das Verhaltensmuster aufschlüsseln, dadurch könnte das Kind sich davon befreien. Wenn dem Kind jedoch nicht gesagt wird, aus welchem Grund es eigentlich auf Erden ist, erhält es keine Chance, sich zu verändern.«

»Ziemlich hart«, sagte ich. »Wenn ich manchmal zurückblicke, weiß ich nicht, wie ich auf diesen Weg gelangte. Niemand hat mich etwas gelehrt, obwohl gewisse Menschen mir Anregungen gaben, die mich zur Erforschung meines Selbst führten. Und wenn ich ›spürte‹, daß etwas richtig war, wußte ich, ich mache weiter.«

»Sicher«, antwortete Chris, »man kann nicht weitermachen, wenn man das nicht spürt. Und wie geht es also deinen Eltern?«

Ich lehnte mich zurück, und die tragikomische Beziehung meiner Eltern wirbelte durch meine Gedanken.

»Sie sind großartig; sie sind die reine Seifenoper«, sagte ich lachend. »In jeder Hinsicht sind sie aneinander gebunden. Ich verstehe mich selbst viel besser, wenn ich sie beobachte. Doch manchmal wird es einfach zuviel. Sie müssen ein unglaubliches Karma miteinander haben.«

Chris lachte und legte die Hände auf ihren gewölbten Leib.

»O ja, das ist ziemlich klar. Die Intensität ihrer Beziehung quillt förmlich über. Ich spüre das durch dich.«

Ich dachte über das Prinzip von Karma nach, ein Vorgang, der nicht chronologisch und linear verläuft. Meine Eltern konnten bereits ein friedliches gemeinsames Leben hinter sich haben, in dem sie ein starkes Karma, bezogen auf einen anderen Menschen, ausgearbeitet hatten. Fest stand jedenfalls, daß sie sich in diesem Leben ineinander festbissen, denn sie lebten in einer kokonhaften Existenz, völlig ineinander versponnen, solange ich zurückdenken konnte.

»Weißt du, Chris, manchmal habe ich das Gefühl, ich habe die meisten Probleme mit ihnen verarbeitet, bis auf den Punkt, wenn ich zusehen muß, was sie einander antun. Das macht mich wütend.«

»Klar«, sagte Chris, »deine Rolle besteht diesmal vermutlich darin, sie darauf hinzuweisen, was sie voneinander lernen müssen, und nicht, in welcher Beziehung das zu dir steht.«

Chris stand auf, und wir gingen ins Freie. »Gehen wir an die Arbeit«, schlug sie vor.

Wir überquerten den Innenhof zwischen dem Wohnhaus und ihrem Behandlungsraum. Unter einem alten Ahornbaum lag das umgestürzte Dreirad ihrer jüngsten Tochter. Zwei Ziegen beschnupperten sich in der Umzäunung. Hühner fingen an zu gakkern, als sie Chris' Stimme hörten.

Der Behandlungsraum hinter einem gläsernen Gewächshaus, in dem sie Obstbäume und Heilkräuter züchtete, war gekachelt. Hier war die Temperatur um einige Grade kühler als im Wohnhaus. Dahinter schloß sich ein Badezimmer an mit einem altmodischen Ziehklosett und einer eingelassenen spanischen Badewanne.

In der Mitte des Raumes stand ein großer Massagetisch, bedeckt mit einem frischen Laken und einer gefalteten Decke. Es gab zwei Fenster, vor denen die Bäume im Wind rauschten.

Ich holte meinen Kassettenrecorder aus der Tasche, Batterien und Tonbänder. Den Recorder hängte ich an einen Haken, der an einem Balken über dem Kopfende des Tisches befestigt war, um alles aufzuzeichnen, was geschehen würde.

Auf einem kleinen Tisch neben der Tür standen Gefäße mit Alkohol, Kräutermedizin und den goldenen und silbernen Akupunkturnadeln.

Ich zog mich aus und kletterte auf den Tisch. Draußen in den Bäumen zwitscherten die Vögel. Fliegen summten um meinen Kopf. Chris breitete die Arme aus und »dirigierte« die Fliegen zur offenen Tür. Ob ihrer ausgebreiteten Arme wegen oder weil sie ihnen die Richtung wies, die Fliegen schwirrten jedenfalls ab. Leise schloß sie die Tür und forderte mich auf, mich zu entspannen. Sie nahm die Nadeln aus dem Alkoholbehälter, kam damit zum Tisch und wischte sie mit Gaze trocken.

»Meine spirituellen Meister werden mir heute dabei helfen, die Nadeln einzusetzen. Sie wollen während der kommenden Sitzungen nach einem chronologischen Plan mit dir vorgehen.«

Chris hatte ihre spirituellen Lehrer, ebenso wie ich meine hatte. Und wir wußten beide, daß sie sich untereinander verständigten. Ihre Meister wußten über Meridiane und Energiepunkte im Körper Bescheid. Ihr wichtigster Lehrer, ein alter chinesischer Arzt, war immer bei ihr, wenn sie mit den Akupunkturnadeln arbeitete.

Während ich mich entspannte, spürte ich die Gegenwart der astralen Wesenheiten im Raum. Das muß ich erklären. Will man die Hilfe geistig-dimensionierter Meister in Anspruch nehmen, ist es wichtig, sich auf ihre Gegenwart einzustimmen. Wir Menschen befinden uns in einer Sphäre, die ich als sichtbare Dimensionen des Daseins bezeichnen möchte, welche sich in Höhe, Tiefe, Breite, Masse und Zeit messen lassen. Ich lernte, die unsichtbaren Dimensionen zu erkennen, in denen keine Meßeinheiten möglich sind; man könnte sagen, es handelt sich um Dimensionen der Nicht-Höhe, Nicht-Tiefe, Nicht-Breite, Nicht-Masse und Nicht-Zeit: die Dimensionen des Geistigen. Sie können weder begrenzt noch definiert werden und sind von vielen Menschen nicht als Realität anerkannt. Ich begann zu lernen, daß diese unsichtbaren Dimensionen sehr real sind.

Chris versenkte sich in Meditation, um sich auf ihre Meister einzustimmen. Ich spürte einen kalten Lufthauch über meinen Körper streichen, ein Phänomen, das die Gegenwart eines spirituellen Meisters stets begleitet. Auch ich begann mich auf die Gegenwart der Astralwesen einzustimmen. Ich war nicht fähig, die Energie ihrer unsichtbaren Dimensionen zu »sehen«, wie Chris dies vermochte. Sie sieht ihre Gegenwart in Lichtfarben, die eine Form besitzen. Sie »sieht« auch die Aura jedes Menschen. Mit anderen Worten, sie ist das, was wir »sensitiv« nennen. Ihr Bewußtsein nimmt energetische Strömungen wahr, die von den meisten Menschen nur vage erahnt werden können. Ich »spüre« beispielsweise, wenn Ramtha oder McPherson bei mir ist, kann jedoch keinen Beweis *sehen*. Ich »weiß« es nur und nehme es als gegeben hin.

»Gut«, sagte Chris nach einer Weile, »nun weiß ich, was sie vorhaben. Wir machen heute eine Art Intensivkurs. Dein Körper hält gewisse Erinnerungen zurück, die du freilassen mußt. Ich werde die Nadeln in Meridianpunkte einstechen, die dir die Freisetzung erleichtern.«

»Heißt das, sie können das Gedächtnismuster, das in meinem Körper eingeprägt ist, *sehen?*«

»Ja. Sie sehen aus der Dimension reiner Energie. Jede Zelle deines Körpers enthält die Energie aller deiner Erfahrungen – nicht nur deines jetzigen Lebens, sondern jeder deiner früheren Existenzen. Wir dürfen nicht vergessen, daß unsere linearen Zeitbegriffe sehr begrenzt sind. Holographische, ganzheitliche Zeitbegriffe sind die tatsächliche Wirklichkeit.«

Chris stach drei feine Goldnadeln in den Punkt des Dritten Auges im Zentrum meiner Stirn. Behutsam drehte sie diese, um eine optimale Wirkung zu erzielen. Ich verspürte leichten Schmerz.

»Ich verwende heute Goldnadeln, da sie eine höhere Frequenz als Silbernadeln anregen. Du hast hier Narbengewebe«, sagte sie. »Der Bereich deines Dritten Auges hält irgendeinen traumatischen Schmerz zurück. Das ist nicht schlimm. Du wirst dich davon lösen, wenn die Zeit reif ist.«

Ich brummte, war keineswegs glücklich über diese Aussicht. Ich dachte an meine Eindrücke, als ich das Inka-Museum in Lima in Peru besucht hatte. Ich war an eine Glasvitrine mit Totenschädeln getreten.

Jeder Totenkopf wies ein Loch in der Stirnmitte auf. Entsetzt starrte ich auf die makabre Schädelsammlung und hatte eine seltsame Erinnerung. Der Museumswärter hätte mir gar nicht erklären müssen, daß die Hohenpriester der Inkas Löcher in die Stirnmitte meißelten, um die paranormalen Kräfte des Dritten Auges freizusetzen. Das Dritte Auge ist ein Bereich, der besonders auf spirituelles Bewußtsein sensibilisiert ist. Hellseherische Fähigkeiten, höhere Bereiche der Wahrnehmung, das Auge Gottes werden im

Dritten Auge vermutet. Es ist das Auge, das über irdische Dimensionen hinaus »sieht«.

Chris drehte erneut an den Nadeln. Wieder verspürte ich Schmerz. »Ziemlich dichtes Narbengewebe«, stellte sie fest.

»Vor etwa zwölf Jahren wurde mir ein kleines Krebsgeschwür an dieser Stelle entfernt. Könnte es damit etwas zu tun haben?«

»Nein«, antwortete sie, »es ist mehr. Das Geschwür war möglicherweise sogar eine Reaktion auf die Erinnerung, die dein Körper in dieser Region noch immer zurückhält. Der Körper erinnert sich an alles. Der Seelenstempel ist jeder einzelnen Körperzelle aufgedrückt. Wir tragen die Erinnerung an jede Inkarnation in uns, und solche Erinnerungen müssen freigesetzt und geklärt werden, wenn wir höhere Erleuchtung erlangen wollen. Denn wir trachten nach völligem Verständnis und Erfahrung. Darum kämpfen wir alle. Wenn wir Erfahrung völlig verstehen, ohne darüber zu richten, befinden wir uns auf einer höheren Ebene des Verständnisses und somit auf einer höheren Frequenz. Dies ist der Zustand, in dem Körper, Seele und Verstand ausgeglichene Erleuchtung erreicht haben.«

»Was bewirken die Nadeln eigentlich?« fragte ich.

»Sie setzen Energieströme im Körper frei, die bewirken, daß du dich an früher gemachte Erfahrungen erinnerst, um dadurch dem Trauma freien Lauf zu lassen. Jeder energetische Meridianpunkt wirkt stimulierend, wenn ich an den Nadeln drehe. Sie aktivieren das Zellgedächtnis in diesem Gebiet. Die Chinesen waren darin sehr fortgeschritten. Sie wußten, der Körper ist ein Nachrichtensystem. Durch unsere Körper wissen wir, daß wir uns hier in dieser Dimension befinden – in der Dimension der Materie, in der Dimension der Erfahrung. Der Körper lügt nicht. Er sagt uns, wenn wir krank sind, wenn wir Angst oder Schmerzen haben. Der Körper weiß alles. Wir hören nur nicht auf ihn. Der Schmerz der Nadeln stellt sich darauf ein, woran der Körper sich erinnert, und darauf, was er klären muß. Du darfst aber nichts forcieren. Laß es einfach geschehen.«

Chris stach noch einige Goldnadeln in die Schultern und hinter meine Ohren und drehte auch sie sanft.

»Und nun atme Licht in die Nadeln. Das hilft, den Gedächtnisschmerz zu lindern, während das tatsächliche Erinnerungsvermögen angeregt wird.«

Licht in die Nadeln atmen? Ich visualisierte die Nadeln an jeder Einstichstelle und projizierte über meine Gedanken Licht in sie. Ich atmete tief und regelmäßig.

»Nun entspanne dich mehr«, forderte Chris. »Schalte deine Gedanken ab. Wäge nicht ab und lasse deine linke Gehirnhälfte nicht bestimmen, was du denkst. Räume deiner rechten Gehirnhälfte größere Weite ein. Denke gar nicht. Lasse die Bilder entstehen.«

Ich atmete mehr Licht in die Nadeln, wie Chris mich geheißen hatte. Ich atmete tiefer. Der Odem des Lebens, wie die Indianer sagen. *Prana* Energie. Ich lag da und wünschte, es gäbe Worte, die dieses Erlebnis exakter beschreiben könnten. Unser Verstand arbeitet so linear, so beweissüchtig, so mißtrauisch gegen unsere eigene Seelenkraft. Wie konnte ich beweisen, daß ich eine Seele bin? Warum *sollte* ich? Es war eine törichte Erwartung. Der gesamte Vorgang des Abmessens und Abwägens war ein aussichtsloses Unterfangen, unbewußt dazu angetan, uns in den Niederungen unseres eigenen begrenzten Denkens festzuhalten. Vielleicht klammern wir uns an unsere Hilflosigkeit, denn intellektuell betrachtet ist sie das einzige, was wir beweisen können.

Gottlob lag ich auf diesem Tisch mit bebenden Nadeln in meiner Stirn, meinen Schultern und meinen Ohren und verfügte über das Maß an Glauben, um Kontakt mit Leben, das ich früher gelebt hatte, zu erhalten, um einige der Konfusionen in meinem gegenwärtigen Leben aufzuklären. Hätte mir jedoch vor fünfzehn Jahren jemand gesagt, ich würde mich mit derartigen Dingen beschäftigen, hätte ich den oder die für nicht ganz richtig im Kopf gehalten.

Chris nahm die leichte Decke von meinem Oberkörper und stach zwei weitere Nadeln in die Mitte meiner Brust.

»Und nun atme auch Licht in diese Nadeln.«

Sie drehte sie behutsam. Ich spürte keinen Schmerz. Ich wartete.

»Wenn ich hier keine Schmerzen habe, heißt das, daß es in diesem Bereich nichts zu klären gibt?« fragte ich.

»Vielleicht hast du schon eine Menge geklärt. Vielleicht ist dieser

Bereich aber nicht wichtig für das, wonach wir im Moment suchen. Der Körper trägt die Erinnerung an jede Inkarnation in sich, die du je erlebt hast. Aber es gibt viele Erinnerungen, die du dir in diesem Leben nicht zur Verarbeitung ausgewählt hast.«

»Und meine Seele erinnert sich an alles und weiß, was ich mir diesmal zur Verarbeitung ausgesucht habe?«

»Richtig«, entgegnete sie. »Anders formuliert, dein höheres unbegrenztes Selbst weiß alles und erinnert sich an alles. Und wir wollen versuchen, mit ihm in Verbindung zu treten. Diese intuitive Wahrnehmung geschieht durch die rechte Gehirnhälfte. Wenn du mit ihr in Einklang bist, stehst du in Verbindung mit deinem göttlichen Selbst, und dann wirst du verstehen, daß du bereits alles weißt, was es zu wissen gibt. Deshalb bist *du* dein eigener, bester Lehrer – sozusagen dein eigener Guru.«

Chris breitete das Laken behutsam über die Nadeln und deckte mich wieder zu, damit mir nicht kalt wurde. Die kühlen Luftbewegungen waren stärker geworden.

»Nun sind alle meine Meister anwesend, deine ebenfalls«, verkündete sie. »Ich schalte jetzt den Recorder an, und wir beginnen.«

»Gut«, sagte ich. »Ich bleibe einfach liegen und entspanne mich.«

»Ja. Und lasse zu, daß die Bilder in deinem Kopf Gestalt annehmen.«

Das fiel mir nicht leicht, denn ich kontrollierte gerne meine eigenen kreativen Prozesse. Ich analysierte ständig, warum ich einen bestimmten Gedanken faßte. Das diente mir als Schlüssel zu meinem Unterbewußtsein. Doch Chris sprach hier vom Überbewußtsein.

»Woher werden die Bilder kommen?« fragte ich prompt und unterbrach augenblicklich den Energiefluß.

»Sie kommen von deinem eigenen höheren Selbst, deinem höheren Bewußtsein, deiner unbegrenzten Seele – wie immer du dies formulieren willst. Alle Erfahrungen aus deinen früheren Lebenszeiten wurden von deinem göttlichen Selbst aufgezeichnet, das dir als Ratgeber, als Lehrer und Meister zur Seite steht. Du weißt, wovon ich spreche. Versuche deinem Selbst zuzuhören.«

Ich legte mich zurück und schloß die Augen. Ich vernahm das

leise Surren des Tonbandgeräts, das über meinem Kopf baumelte. Ich hörte die Fliegen vor dem feinmaschigen Gitter am offenen Fenster summen. In der Ferne bellte ein Hund. Die Blätter der Bäume raschelten im Wind.

Ich spürte, wie mein Verstand aus seinem eigenen Bewußtsein wegglitt. Ich versuchte einen Zustand der Leere zu erreichen, denn ich hatte vor einiger Zeit gelernt, daß man nichts erzwingen kann, wenn es um das Ziel geht, in der eigenen friedlichen Mitte zu ruhen.

Plötzlich und mit großer Geschwindigkeit zogen Bilderfolgen an mir vorüber, stiegen zusammenhanglos in mir hoch, daß ich glaubte, ich würde sie frei assoziieren. Es kam mir nicht in den Sinn, laut darüber zu sprechen.

»Was strömt auf dich ein?« fragte Chris. »Ich weiß, du bekommst Inkarnationsbilder, weil auch ich sie empfange.«

Das verblüffte mich. Ich dachte, ich würde nur in meinen eigenen Gedanken herumgleiten, und Chris hielt das für bedeutsam.

»Es ist nichts«, sagte ich, »ich sehe nur viele blitzartige Eindrücke. Die haben wohl nichts zu bedeuten. Ich bilde mir das nur ein. Warte, bis etwas geschieht.«

»Nein«, erwiderte Chris, »es geschieht bereits etwas. Hör auf, zu beurteilen und zu bewerten, was auf dich einströmt. Schalte deinen Verstand aus. Blockiere deinen Weg nicht. Sag mir, was du siehst.«

»Es ist alles so zusammenhanglos. Völlig wirr. Ich weiß nicht, ob ich so schnell reden kann, wie ich die Bilder sehe. Ich möchte mir die Bilder nur ansehen, die ich da erfinde.«

»Du magst das Gefühl haben, das, was du siehst zu erfinden, denn es ist die einzige Erklärung, die du dafür haben kannst. Aber du erfindest diese Bilder nur, weil sie aus deiner Erfahrung herrühren. Hab Vertrauen. Woher, glaubst du, kommen Phantasie und Vorstellungskraft?«

»Ich weiß nicht. Doch, ich weiß. Ich verstehe, was du meinst. Ich kann nur nicht glauben, daß ich mir die Dinge, die ich sehe, nicht einbilde. Es ist irgendwie verrückt.«

»Sag mir, was du siehst«, forderte sie wieder. »Es ist *nicht* verrückt. Dein höheres Selbst kommuniziert mit dir. Höre darauf.«

Na gut, dachte ich. Ich spreche das, was ich sehe, einfach laut aus und denke später darüber nach. Während ich auf dem Tisch lag, war ich mir meiner Umgebung völlig bewußt. Ich befand mich keineswegs in einem Hypnosezustand. Zugleich fühlte ich mich jedoch als außenstehend, als Beobachter. Es war, als würde ich zwei Ebenen des Bewußtseins zur selben Zeit erleben.

Folgendes geschah. Ich sprach alles laut aus, um es aufzuzeichnen. Die Bilder fluteten in mein Bewußtsein, als würde in meinem Kopf ein Film ablaufen. Sie hatten Substanz, manchmal waren sie mit Gerüchen verbunden. Ich verspürte taktile Gefühle. Und ich empfand etwas, das ich als erinnerte Emotionsreaktion bezeichnen möchte.

Ich sah mich selbst bis zum Hals in Sand eingegraben; spürte den starken Druck des Gewichts auf meinem Körper. Mir war heiß, und ich konnte meine Arme nicht bewegen. Und sobald ich mich fragte, was dies zu bedeuten habe, verschwanden das Bild und die Empfindung. Ich sah mich selbst als Pirat mit einem Holzbein, einen Seesack über der Schulter, einen Küstenstreifen entlanghumpeln. Ich lachte über dieses Bild. Ich wußte, daß ich die Gestalt war, auch wenn es sich dabei um einen Mann handelte. McPherson hatte schon einmal erwähnt, daß wir beide eine Inkarnation als Piraten erlebt hatten. Ich fragte mich, ob dies ein Bild aus jener Zeit war. Und ob ich dieses Bild als Hinweis darauf sah, daß McPherson als einer meiner spirituellen Meister an dieser Sitzung teilnahm. Bis zu diesem Augenblick hatte ich nicht an ihn gedacht. Sofort verschwand das Piratenbild.

Eine große, schmale, ägyptisch aussehende Frau, in ein purpurrotes und goldenes Gewand gehüllt, glitt auf mich zu. Mich konnte ich diesmal nicht sehen. Ich sah nur die Frau. Sie war meine Mutter! Sie hatte eine lange Adlernase und tintenschwarzes Haar. Sie mußte eine Königin sein, begleitet von ihrem Hofstaat schritt sie auf mich zu. Gleich darauf, als müsse ich das Dasein der Königin mit dem Folgenden assoziieren, sah ich eine afrikanische Eingeborene, die schluchzend ein Kind in den Armen wiegte. Das Baby schrie vor Hunger, doch die Mutter hatte keine Milch, um das Kind zu stillen, ihre Brüste hingen schlaff und trocken. Auch sie war meine Mutter. Aber ich war nicht das Kind. Als ich mich fragte, wer ich gewesen sein mochte, wechselte das Bild wieder. Ein römischer oder griechischer Athlet rannte im Sonnenschein – ein großer, kräftiger, blonder Mann –, er lief wie im Wettkampf mit hocherhobenem, vorgerecktem Kopf, das Gesicht angespannt in der körperlichen Anstrengung. Der Athlet war ebenfalls meine Mutter! Plötzlich begriff ich, daß ich einen Überblick über einige Inkarnationen meiner Mutter erhielt. Sie waren aus irgendeinem Grund wichtig für mich.

Ein anderes Bild ... Eine Hohepriesterin einer mir unbekannten Kultur trug einen Bogen über der Schulter. Ihr orangefarbenes Gewand fiel lose von der anderen Schulter. Wieder – meine Mutter. Sie hatte also einige Inkarnationen in Machtpositionen gelebt, wenn ich die Erscheinungen richtig deutete.

Wieder veränderte sich das Bild. Nun strömte die Bildmontage schneller auf mich ein. Ich spürte, wie die kühlen Luftbewegungen der spirituellen Energien um den Tisch, auf dem ich lag, stärker wurden.

Ich sah eine Kristallpyramide vor der Ostküste der heutigen Vereinigten Staaten, doch sie stand auf Festland. Sie glitzerte in der Sonne: Die Luftfeuchtigkeit war wesentlich höher als unsere heutige. Die Feuchtigkeitströpfchen glänzten in der Atmosphäre um die Pyramide wie ein schimmernder Vorhang. Ich konnte die Luft wegen der Feuchtigkeitspartikel »sehen«. Mich konnte ich nicht sehen. Aber ich spürte, wie ich die feuchte Luft einatmete, die mit jedem Atemzug in meinem Organismus gefiltert wurde. War es möglich, daß ich die authentische Atmosphäre von Atlantis sah, bevor es versank? Wieder kam ich mir lächerlich vor in meinen Spekulationen. Ich glaubte zwar daran, daß Atlantis einmal existiert hatte, aber diese Vorstellung bildlich zu konfrontieren, mir aus persönlicher Sicht auszumalen, wie es dort vielleicht ausgesehen hatte, war selbst für mich problematisch zu akzeptieren. Und wieder veränderte der Zweifel das Bild vor meinem inneren Auge.

Blitz und Donner krachten über der Pyramide zusammen. Der Donner in meinem Kopf war ohrenbetäubend. Irgendwo an dieser

Stelle hörte ich auf zu sprechen, und die Nadeln hinter meinen Ohren begannen zu schmerzen.

»Was empfängst du?« fragte Chris. »Siehst du Unwetter? Das sehe ich nämlich.«

Ich öffnete die Augen. Sie sah dieselben Bilder wie ich?

»Bleibe bei diesem Bild«, forderte Chris, »es ist wichtig. Sie sagen mir, daß es mit Machtmißbrauch in dieser Lebensspanne zu tun hat. Bleibe bei diesem Bild. Verfolge es.«

Ich schloß wieder die Augen. Der ohrenbetäubende Gewittersturm dauerte an. Warum sah ich das?

»Frage dein höheres Selbst, warum es dir dieses Bild zeigt«, befahl Chris.

Das tat ich. Unmittelbar kam die Antwort: »Weil du in dieser Inkarnation das Wissen der Wetterkontrolle beherrschtest, doch du hast deine Macht mißbraucht und die Konsequenzen deiner Manipulation nicht erkannt.« Die Worte kamen in meiner Sprache, aber der Gedanke, der dahinterstand, beeindruckte mich tiefer als die Worte. *Ich hatte das Wissen der Wetterkontrolle beherrscht?*

Mit meinem bewußten Verstand dachte ich daran, wie ich mich bei Naturgewalten verhielt. Ich liebte es, mitten in grellen Blitzen, grollendem Donner und peitschendem Regen zu stehen. Waren diese Gefühle Überreste ähnlicher Gefühle aus einer früheren Existenz?

Das Sturmbild verschwand, und an seine Stelle traten seltsame Vehikel, die in der Luft über der Wüste schwebten. Sie hatten die Form riesiger Blütenkelche mit Fenstern und schienen den Menschen als Fortbewegungsmittel über der Erde zu dienen. Sie wirkten nicht unbedingt außerirdisch, aber ich war mir nicht ganz sicher. Die Fahrzeuge machten keinen Lärm und verbrauchten keinen Brennstoff. Sie schwebten auf elektromagnetischen Bahnen, die sich wie unsichtbare Energiestraßen durch den Himmel zogen.

Ich glaube, an dieser Stelle wurde mir klar, daß selbst ich keine solch rege Phantasie besaß, um mir das, was ich sah, einzubilden. Ich sah eine Realität, obwohl sie keine Realität war, die ich je zuvor bewußt erlebt haben konnte. Jetzt gab ich mich völlig hin und ließ meinem höheren Selbst freien Lauf.

Die nächste Bilderfolge lief wie gleitende Fotos über einer riesigen Projektionsleinwand ab.

Ich sah mich selbst von meinem kleinen Finger hängen. Gleichzeitig verspürte ich im kleinen Finger Schmerz. Ich sah mich als Nonne in schwarzen, abgetretenen Schuhen (meine Perspektive richtete sich auf die Schuhe). Ich sah ein besonders schreckliches Bild von mir mit einer Augenklappe über dem linken Auge. Mein wirkliches linkes Auge brannte vor Schmerz. Sobald das Bild wechselte, verschwand der Schmerz. Ich konnte die Bilder kaum benennen, in solcher Geschwindigkeit rollten sie vor mir ab.

»Zähle so viele auf, wie du kannst«, sagte Chris. »Sie wollen nur, daß du Inkarnationserfahrungen siehst, die sich auf das beziehen, was du im gegenwärtigen Lernprozeß verwenden kannst.«

»Aber wer sind *sie*?« fragte ich.

»Deine Meister und dein höheres, unbegrenztes, göttliches Selbst«, antwortete Chris sanft.

»Na schön«, meinte ich, »aber wie kann ich diese Dinge sehen und dabei bewußt ein Gespräch führen?«

»Weil du auf zwei Bewußtseinsebenen gleichzeitig arbeitest. Und du wirst lernen müssen, dies für den Rest deines Lebens zu tun, wenn es dir damit ernst ist, das, was du erfährst, mitzuteilen. Bald wirst du in der Lage sein, dein höheres Selbst jederzeit zu befragen und aus dieser Information in deiner irdischen Realität Nutzen zu ziehen. Beide Ebenen sind real. Wenn du die beiden integrierst, wirst du eine zusätzliche Dimension in deinem Leben gewinnen. Was du jetzt erlebst, ist nur der Anfang.«

Jetzt sah ich weitere Bilder.

Ich sah kristallene Portale im Sand stehen – wieder in der Wüste. Säulenportale, doch um sie herum erhob sich kein Gebäude. Es gab auch keine Vegetation. Nur nackte Wüste. Die Tatsache, daß kein Leben existierte, beunruhigte mich sehr.

Dann sah ich Rückblenden in eine Zeit, die vor dem Wüstenbild liegen mußte. Irgendwie wußte ich, sie gehörten zusammen. Das Bild der Rückblende zeigte üppige grüne Gärten mit rosa- und türkisfarbenen Springbrunnen. Graziöse, schlanke Menschen spazierten kristalline Wege entlang. Sie sprachen nicht. Sie kommunizierten telepathisch miteinander. Tiere und Vögel, unseren heutigen sehr ähnlich, bewegten sich auf den kristallenen Wegen mit den Menschen. Sie schienen in Harmonie miteinander zu leben. Ich spürte, wie die Menschen den Tieren auf telepathischem Wege spielerische Anweisungen gaben, etwas zu tun, und die Tiere reagierten prompt darauf. Ein Mensch ging auf einen Baum zu, pflückte eine Frucht, und eine neue materialisierte sich anstelle der gepflückten Frucht. Es gab Gebäude aus weißem Material, das ich nicht kannte. Die Kleidung bestand aus fremdartigem, durchsichtigem, kristallinem Stoff; der gleiche Stoff wurde als Haarschmuck verwendet.

»Ich sehe eine fremde, außergewöhnliche Zivilisation«, sagte ich zu Chris. »Ich sehe Kristall und viele orangefarbene und rosa Farbtöne wie Regenbogenfarben. Was ist das?«

»Frage dein höheres Selbst«, antwortete Chris. »Immer wenn du eine Frage hast, richte sie an dein göttliches Selbst.«

Also fragte ich stumm mein höheres Selbst nach dem, was ich sah. Die Antwort erfolgte in meiner Sprache, als sei sie aus meinem eigenen Verstand gesprochen.

»Was du siehst, ist die Zivilisation von Atlantis«, sagte die Stimme. »Sie war hoch entwickelt.«

»Warum scheint alles aus Kristall zu sein? Warum tragen die Menschen Kopfschmuck aus Kristall?«

»Weil Kristall, auf dem Körper getragen, das höhere Bewußtsein verstärkt«, antwortete die Stimme, »besonders wenn es um den Kopf getragen wird.«

Ich betrachtete das längste und ausführlichste Bild, das ich bisher gesehen hatte.

Vermutlich lag das daran, daß ich es nicht in Frage stellte. Und ich wußte, daß es mit dem nackten Bild der leblosen Wüste zu tun hatte, das ich zuvor gesehen hatte. Ich fragte mein höheres Selbst, in welcher Beziehung diese Bilder zueinander standen.

»Du hast das gesehen, was mit Atlantis nach dem Untergang geschah. Gleichzeitig hast du einen Ausschnitt der Zukunft in deiner gegenwärtigen Inkarnation geschaut«, sagte die Stimme.

Mir blieb beinahe das Herz stehen. Stumm richtete ich meine nächste Frage an mein höheres Selbst. »Willst du damit sagen, daß wir uns selbst vernichten?«

Mein höheres Selbst antwortete nicht direkt darauf. Es sagte lediglich: »Wir werden dir darüber zu einem späteren Zeitpunkt nähere Einzelheiten geben.«

Sofort wechselte das Bild. Ich befand mich auf einem Schlachtfeld. Ich wußte nicht, wo oder wann die Schlacht stattfand. Ich hielt ein Schwert in der Hand und trug Metall um die Schultern. Ein Krieger kam auf mich zu. Er stieß mir seine Waffe in den Bauch. Als ich vornüber stürzte, wechselte das Bild in eine andere Zeit. Ich ging nun auf einen Krieger zu und stach ihm mein Schwert in den Rücken. Beide Male war der Krieger meine Mutter!

Dann sah ich mich als zehnjähriges Kind, das von einem Pferdewagen überrollt worden war. Die Räder des Wagens hatten meine Füße zermalmt. Beide Füße mußten amputiert werden. Ich hatte gelernt, mich ziemlich geschickt auf meinen Stümpfen fortzubewegen. Ich war nicht unglücklich über mein Schicksal. Ich spielte in einer Wiese. Und als ich näher hinsah, erkannte ich in dem Mann, der mit mir spielte, meinen Vater im jetzigen Leben. Er hatte mich versehentlich überfahren und betrachtete es als seine Pflicht, den Rest seines Lebens meiner Erziehung zu widmen. Ich spürte ein warmes Glühen in mir, als ich mir dieses Bild zurückrief.

Wieder veränderte sich die Szenerie. Ein Kloster. Ich war ein junger buddhistischer Mönch in einem safranfarbenen Gewand. Ein älterer Mönch betrat die Zelle, auf deren Steinfußboden ich lag. Als ich aufblickte, schlug der Mönch das Kreuzzeichen über meinem Gesicht und lächelte. Der ältere Mönch war Vassy!

In meiner bewußten Erinnerung sah ich Vassy vor mir, der immer das Kreuzzeichen vor meinem Gesicht machte, wenn wir uns trennten.

Ich fing allmählich an zu ermüden, vermochte nicht mehr alles in mich aufzunehmen. Ich brauchte Zeit, um diese Informationen zu verarbeiten.

»Ich denke, für heute haben wir genug getan«, sagte Chris.

»Frage dein höheres Selbst, ob es noch etwas gibt, was du wissen solltest.«

Wieder stellte ich die stumme Frage.

»Ja«, sagte mein höheres Selbst, »du mußt in nächster Zeit auf deine Ernährung achten.«

Ich fragte nach Einzelheiten, doch ich fühlte mich nicht mehr wohl, konnte mich nicht mehr konzentrieren.

Mein Rücken schmerzte, und ich mußte meine Beine bewegen. Ich erhielt keine weiteren Antworten mehr. Der Kontakt war verloren, abgeblockt.

»Gut«, meinte Chris, »sie sagen, es ist genug für heute.«

Sie legte Papier und Bleistift beiseite und beugte sich über mich. Sanft, doch mit geübt schnellen Griffen entfernte sie die Nadeln aus den Meridianpunkten. Die Nadeln aus dem Bereich des Dritten Auges waren von selbst herausgesprungen.

»Im Dritten Auge sitzt eine starke Verweigerung«, stellte Chris fest.

»Keine Ahnung«, entgegnete ich ziemlich verwirrt.

»Wir werden es schon noch herausfinden.«

Ich stand auf und bewegte vorsichtig meine Muskeln. Mir war, als sei ich nicht ganz von dieser Welt. Aber beide Realitätsebenen waren immer noch bewußt vorhanden.

»Es ist sehr wichtig«, sagte Chris, »daß du heute abend ein Apfelessigbad nimmst. Natürlicher Apfelessig reinigt deinen Körper von der negativen Energie einiger Ereignisse, die du in dir wachgerufen hast.«

»Gut. Ist etwas dagegen einzuwenden, wenn ich mir zu Hause einen Drink mache?«

Chris überlegte. »Na ja, wenn du glaubst, du brauchst einen, ist das in Ordnung, weil dir das hilft, deine linksseitigen intellektuellen Wahrnehmungen abzustreifen. Aber Alkohol schwächt die Körperschwingungen, und es wird dir schwerer fallen, dich wieder auf die höheren Frequenzdimensionen einzustimmen. Sei vernünftig damit. Du weißt, weshalb du hier bist, also höre auf dich selbst.«

Ich zog mich an, und wir gingen ins Wohnhaus hinüber, wo

Chris' fünfjährige Tochter offensichtlich schon länger auf das Abendessen wartete.

Ich saß an dem langen Holztisch, trank Apfelsaft, aß Weintrauben und dachte über das nach, was geschehen war. Ich hatte so viele Fragen, wußte aber gleichzeitig, daß meine Skepsis zu nichts führte. Zwischen dem, was mir soeben widerfahren war, und freier Assoziation war wirklich ein Unterschied. Diese neue Erfahrung hatte eine definitiv andere Struktur. Ich hatte Bilder erlebt, die mich sehr erschreckten. Freie Assoziation in der Psychotherapie bestand aus wahllosen Gedanken, die sich stets auf Erlebnisse aus bekannten Bereichen meines jetzigen Lebens bezogen. Und doch nagte der Zweifel weiter an mir, ich könnte mir alles nur eingebildet, alles nur erfunden haben.

»Fahr nach Hause und nimm dein Essigbad«, sagte Chris, »und grüble nicht zu lange nach. Entspanne dich mindestens zwanzig Minuten im Badewasser, gehe früh schlafen, und morgen machen wir weiter.«

Auf der Rückfahrt nach Santa Fe wirbelten die Inkarnationsbilder noch weiter durch meinen Kopf.

Im Supermarkt kaufte ich Apfelessig. Zu Hause angekommen, legte ich mich sofort in die Badewanne. Der Körper hat eine Affinität zu höheren Oktavfrequenzen, hatte Chris gesagt. Sei vorsichtig damit, wie du sie behandelst. Wenn der Körper sich von dem Trauma physischer Erinnerung befreit, werden Restbestände abgestoßen. Reinige dich davon. Laß es geschehen. In der Badewanne liegend, betrachtete ich nachdenklich meine Beine und Füße. Hatten sie ein eigenes Gedächtnis? Hatte jede Körperzelle ein Gedächtnis, das ihr die Seele eingeprägt hatte? Wenn ja, dann trugen wir alle unsere Pläne von einer Inkarnation in die andere hinein, und diese Pläne drücken sich in Körper und Gesicht aus. Wenn wir also meinen, einen Menschen zu *kennen*, den wir zum erstenmal in unserem Leben sehen, erkennen wir möglicherweise die Seele, die durch seine äußere Erscheinung leuchtet, da jede Inkarnationserfahrung an der Entwicklung von Seele *und* Körper teilnimmt.

Im Badewasser plätschernd überlegte ich, wie lange es wohl noch dauern würde, bis die Wissenschaft Wege findet, um die Evolution der Seele zu verifizieren, in gleicher Weise, wie sie die Evolution des Körpers nachvollzogen hatte.

Ich dachte an all die Bücher, die ich über Quantenphysik gelesen – und versucht hatte zu verstehen ... die Neue Physik, wie sie genannt wird, hat manches gemeinsam mit uralten Lehren östlicher Mystik.

Einige Quantenphysiker behaupten, man könne davon ausgehen, daß subatomare Teilchen Bewußtsein besitzen. Bei Photonen beobachten sie beispielsweise eine »Realität«, wobei Aktivität auf nicht weniger als zwölf verschiedenen Dimensionen stattzufinden scheint. Bisher definierte man Realität in Begriffen, die unsere Sinne wahrnehmen, das heißt unsere bewußte Erfahrung plus Meßeinheiten von Höhe, Breite, Tiefe und abstrakten Dimensionen wie lineare Zeit – doch Einstein lehrte uns bereits, Zeit ist ein Faktor *ohne* Dimensionen.

Daher sind alle ernst zu nehmenden Versuche, »Realität« zu beschreiben, gezwungen, mit dem Metaphysischen zu spekulieren (*über* das Physische hinausgehend). Das könnte bedeuten, daß unsere wahrgenommene physische Welt nicht die einzige Realität ist beziehungsweise nicht die *gesamte* Realität.

Quantenphysik besagt, daß das, was wir als physikalische Realität wahrnehmen, nur unsere erkenntnistheoretische Konstruktion der Realität ist. Folglich ist Realität nur das, was jeder von uns als Realität bestimmt.

Alte Hindulehren besagen dasselbe. Jedes Individuum ist die Mitte seines eigenen Universums – das ist nicht anmaßend, wenn es so verstanden wird, daß jedes Individuum eine Manifestation Gottes ist und daher direkt mit der göttlichen Energie in Einklang steht.

Die Neuen Physiker gehen davon aus, der Schlüssel zum Verständnis des Universums liege im Verständnis für uns selbst, denn wir verändern die Dinge, die wir betrachten, bereits dadurch, daß wir sie betrachten. Wir sind daher nicht Betrachter, sondern Teilnehmer.

Der Nobelpreisträger für Physik Werner Heisenberg rüttelte die wissenschaftliche Welt mit der These auf, »auf subatomarer Ebene gibt es so etwas wie exakte Wissenschaft nicht«. So stark ist die Kraft unseres Bewußtseins, daß wir auf dieser Ebene nichts betrachten können, ohne es zu verändern. »Was wir beobachten«, sagte er, »ist nicht die Natur selbst, sondern die Natur, die sich unserer Fragestellung darbietet. Deshalb führt die Quantenphysik uns zu dem einzigen Ort, wohin wir gehen müssen – zu uns selbst.«

Nach Einstein sind die Begriffe Vergangenheit, Gegenwart und Zukunft ein und dasselbe, weil sie alle in unser *gegenwärtiges* Bewußtsein münden. Zeit existiert nur im Ganzen.

Ich warf einen Blick auf den Holzstuhl neben der Badewanne. Die Naturwissenschaft bezeichnet eine Sache als organisch, wenn sie die Fähigkeit besitzt, Informationen zu verarbeiten und entsprechend zu handeln. Holz besteht aus Zellen, die aus Atomen bestehen, diese wiederum aus Protonen, Elektronen und Neutronen, die ihrerseits aus subatomaren Partikelchen zusammengesetzt sind, von denen eines das Photon ist. *Und Photonen sind Schwingungsenergien, die Bewußtsein besitzen.* Das »Bewußtsein« des Photons und das Bewußtsein des wissenschaftlichen Beobachters wirken aufeinander ein. Tänzer und Tanz bilden eine Einheit.

Werner Heisenberg fragte seinen Lehrer und Freund Niels Bohr einmal, wie die Menschen jemals die Zusammensetzung des Atoms verstehen wollen, wenn uns die Sprache dafür fehle, und Bohr erwiderte: »Zuerst müssen wir lernen, was das Wort ›verstehen‹ wirklich bedeutet.«

Buddhistische Meister, die ihren Schülern die Aufgabe stellten, das Geräusch einer klatschenden Hand zu beschreiben, forderten ihre Schüler dazu auf, sich intensiver mit ihren eigenen Gedankenprozessen hinsichtlich linearer Dimensionen auseinanderzusetzen. Östliche Denksysteme hatten die Grenzen linearer Dimensionen immer verstanden.

Vielleicht war das, was ich mit multidimensionalem Bewußtsein erlebte, Teil der Realität der Quantenphysik. Mein Körper ist ein Gebilde aus subatomaren Partikeln, von denen jedes ein Bewußtsein besitzt. Wenn das subatomare Bewußtsein angeregt wird, sehe ich ihre Übersetzung in Bildern.

Yogis, die gelernt haben, ihr Bewußtsein zu erweitern, können eigene frühere Inkarnationen sehen, ebenso wie die anderer Menschen. Sie »sehen« ihre Realität in Schwingungsfrequenzen des Lichts – das ist genau das, was die Neue Wissenschaft den Photonen zuschreibt.

Quantenphysiker gehen davon aus, daß alle Energieteilchen aus verschiedenen Verbindungen anderer Energieteilchen bestehen. Daß die Ursache und Wirkung dieser Aufeinanderwirkung Kraft hervorruft. Könnte dieser Prozeß auch als Karma subatomarer Aufeinanderwirkung bezeichnet werden?

Im Mahayana-Buddhismus basiert die Erscheinung der Realität auf der gegenseitigen Abhängigkeit aller Dinge. Die alten indischen Vedas berufen sich auf dieselbe Wahrheit.

Die alte Physik lehrte uns, daß wir grundsätzlich in keiner Beziehung zu den Geschehnissen der physikalischen Welt atomarer und subatomarer Strukturen stehen; daß diese untereinander in Beziehung stehen, ungeachtet unserer menschlichen Existenz.

Die Neue Physik dagegen lehrt uns, daß wir unlösbar damit verbunden sind, sogar, daß solche atomaren Strukturen möglicherweise *wegen* unseres Bewußtseins existieren.

Wie John und McPherson und alle östlichen Mystiker es ausgedrückt hatten: »Die Natur unterwirft sich dem Geist.«

Kein Wunder, daß wir Menschen uns von der physikalischen Realität unserer Umwelt und Wissenschaft so isoliert fühlen. Keiner hilft uns, richtig zu verstehen, daß wir nicht nur ein Teil davon sind, sondern daß wir für ihre Existenz verantwortlich sind.

Ich lag im Badewasser und grübelte über das Wesen der Erleuchtung und ihre Bedeutung nach. War sie nicht der Vorgang, die Schleier der Unwissenheit, der Schuldzuweisung und der vorgefaßten Meinung aus unseren Denkprozessen auszuschließen? War sie nicht der Versuch, das eigene Selbst zu verstehen, um dadurch eine höhere Ebene des Bewußtseins zu erlangen?

Ging es in der Physik ebenfalls um diesen Prozeß? Es hatte den Anschein, besonders wenn die Welt der Physik sich mit einer Fragestellung befaßte, die das Bewußtsein des Atoms zum Inhalt hatte. Zumindest sind Spiritualismus und Mystik Gedankenkonzeptionen, die von Forschern der »physikalischen« Welt ernst genommen werden. Generell könnte man sagen, die beiden Wege treffen sich in einer gemeinsamen Wahrheit – der Wahrheit des erweiterten Bewußtseins und damit letztlich in der Erkenntnis der Gotteskraft.

Erleuchtung ist ein Seinszustand. Subatomare Strukturen sind ebenfalls ein Seinszustand. Das bedeutet zwar nicht, daß die beiden Seinszustände ein und derselbe sind, schafft aber andererseits gewiß eine Art Identität zwischen den beiden.

Niels Bohr sagte einmal: »Diejenigen, die nicht erschrecken, wenn sie zum ersten Mal mit Quantenphysik in Berührung kommen, können sie auf keinen Fall verstanden haben.«

Aufgeschlossenheit ist also der erste Schritt zu Erleuchtung.

Draußen war Wind aufgekommen. Ich wußte, Wind existiert, aber gesehen habe ich ihn noch nicht. Wie könnte ich Wind beschreiben? Ich konnte nur seine Wirkung auf Dinge beschreiben. Atome hat auch noch kein Mensch gesehen. Aber wir wissen, sie existieren. Sie interagieren mit Ursache und Wirkung.

Der große Denker und Wissenschaftler Giordano Bruno, den Sir Isaac Newton geschätzt und verehrt hatte, wurde als Ketzer auf dem Scheiterhaufen verbrannt, weil er eine Vielzahl von Sonnensystemen vorhergesagt hatte, Planeten ähnlich unserer Erde sah, sich Leben in anderen Welten vorstellte und seine Überzeugung öffentlich bekanntgab.

René Descartes hatte Visionen, nach denen es ihm unmöglich war, in seinen bisherigen linearen Dimensionen weiterzudenken. Seine Schlußfolgerungen reduzierte er auf den Satz: »Ich denke, also bin ich.«

Aristoteles glaubte, daß Verstand, Geist und Seele wichtiger sind als die »physikalische Welt«.

Das Wasser war lauwarm geworden; und ich fragte mich, ob der Verstand in anderen Körperteilen, nicht nur im Kopf untergebracht sein könnte. Unter den Akupunkturnadeln war mir beinahe so, als könnten meine Beine und Arme, mein Oberkörper denken. Was hatte das zu bedeuten? Als Tänzerin war mir manchmal, als würde mein *Körper* sich an längst vergessene Schrittkombinationen erinnern.

Wilder Penfield, ein berühmter Neurochirurg und Gehirnforscher, behauptete nach intensiver Forschungsarbeit, seiner Überzeugung nach habe der Verstand seinen Sitz nicht nur im Gehirn. Der Verstand habe keinen speziellen Platz innerhalb des Körpers. Der Verstand müsse überall sein – in Muskeln, Gewebe, Zellen, Knochen, Organen. Es schien für ihn keine Trennung zu geben zwischen dem Verstand und anderen Bewußtseinsebenen innerhalb des Körpers. Sie wirkten mit übersinnlichen Kräften aufeinander ein.

Ist es deshalb möglich, das Zellgedächtnis anzuregen und vergangene Lebenserfahrung zurückzurufen?

Gibt es möglicherweise verschiedene Ebenen unterbewußter Wahrnehmungen, die gleichzeitig ablaufen? Wenn die Nadeln die subatomaren Strukturen der Zellen anregen, setzen sie dadurch ein inneres Gedächtnis von Ursache und Wirkung in Gang? Wenn unbewußte Erfahrung, die bekanntermaßen viele Verhaltensmuster nach außen hin prägt, das karmische Zellgedächtnis mit einschließt, können wir daraus folgern, daß das »innere« Karma unser äußeres Karma zum Teil bestimmt? Diese logisch erscheinende Erwägung führt zu der Theorie, daß es im Neuen Zeitalter der Bewußtseinserweiterung darum geht, sich der inneren Wahrheiten unserer subatomaren Struktur bewußt zu werden.

Vielleicht hatten Jesus Christus, Buddha, die indischen Avatars und Yogis unserer Zeit diesen Seinszustand erreicht. Die Avatars behaupten, sie haben durch Beschleunigung ihrer elektromagnetischen Frequenzen eine höhere Ebene des Bewußtseins erreicht. Deshalb können sie »Realität« sehen, die über lineare Dimensionen hinausgeht. Die indischen Meister versichern, sie verspüren keinerlei Drang, andere zu manipulieren, mehr noch, sie kennen keine Negativität mehr, wenn sie diesen Seinszustand erreichen. Sie haben keinerlei Konflikte, weder innere noch äußere. Sie sind eins mit sich selbst und der Vollkommenheit der universellen Gottenergie und können folglich individuelle Energien beherrschen.

Ich dachte an die Lamapriester, die ich in Bhutan erlebt hatte. Bei eisiger Kälte mit Minustemperaturen schlugen sie Löcher in einen zugefrorenen See, tauchten ein und meditierten, bis das Eis um sie herum schmolz und Dampf von ihren Körpern aufstieg. Sie erklärten, lediglich ihre Schwingungsfrequenz erhöht zu haben. Besaßen sie die Fähigkeit, die elektromagnetische Energie subatomarer Partikel in ihren Körpern zu beschleunigen?

Sie versicherten, je schneller sie ihre Frequenzen beschleunigten, desto näher kämen sie der Gottesmacht, die sie als weißes Licht beschrieben, das so hell sei, daß man es nicht sehen könne. Sie sind überzeugt, die elektromagnetischen Frequenzen eines Menschen könnten den Zustand physikalischer Wirklichkeit verändern und der menschliche Geist könne die »gefestigte« Realität von brennendem Feuer und gefrorenem Wasser verändern, indem er seine Haltung gegenüber dieser gefestigten Realität ändere. Der springende Punkt dabei sei, daß es *keine* festgelegten Gesetze gebe, wenn von Bewußtsein die Rede ist. Wir könnten die Macht unserer Bewußtseinsenergie dazu verwenden, um unsere eigene positive oder negative Realität selbst zu schaffen. Das bleibe jedem einzelnen selbst überlassen. *Wir* seien verantwortlich für unsere Realität.

Carl Gustav Jung sprach von »uranfänglichen Bildern« und »archaischen Überbleibseln ohne bekannten Ursprung«.

Er hoffte, eines Tages würden wir verstehen, woher diese Phänomene kämen, anstatt erstaunt und verwirrt zu sein, wenn sie an unser Bewußtsein gelangten. »Wenn wir das verstehen«, sagte er, »sind wir vermutlich fähig, diese Information, die aus der Vergangenheit kommt, mit unserem Willen zu steuern und einzusetzen, denn sie ist Teil unseres Gedächtnismusters.«

J. Robert Oppenheimer meinte, daß generelle Vorstellungen menschlicher Erkenntnisse, etwa der Forschungsergebnisse in der Atomphysik, bereits in früher Vergangenheit existiert haben. Ähnliche Überlegungen sind nicht nur im buddhistischen und Hindudenken verankert, sondern auch in unseren eigenen Kulturen. »Was wir herausfinden«, sagte er, »ist die Verfeinerung alter Weisheiten.« Ich wollte immer wissen, warum Oppenheimer, als er

Zeuge der ersten Atomexplosion in White Sands war, einen Hindu-Sanskrit-Text zitiert hatte.

Als ich zum erstenmal auf den Begriff Akasha-Chronik, wie die Mystiker dieses Phänomen bezeichnen, stieß, hatte ich keine Ahnung, was er bedeutete. Ich las darüber, und meine spirituellen Lehrer erklärten mir, alle Erfahrungen und alle Gedanken seien in dieser Äther-Energie »aufgezeichnet«. Ich hatte das intuitiv verstanden, aber nicht intellektuell. Ich wußte, *Akasha* bedeutet Äther, doch wie konnte der Äther etwas aufzeichnen?

Dann las ich Sir John Woodroffes *Mahamaya: The World as Power. Power as Consciousness* (Die Welt als Macht. Macht als Bewußtsein). Darin definiert er Akasha als die letztliche feinstoffliche Substanz, deren Vibrationsbewegungen zur Übertragung und Weiterleitung von Licht dienen. Akasha ist die uranfängliche Substanz, aus der die Ursprungskraft (Prakrti-Sakti) entspringt. Materie ist Schwingung innerhalb der Akasha-Substanz. Materie sind elektrische Ladungen von Licht, eingefangen in der Substanz Raum–Zeit.

Der Physiker und Leiter der Forschungsgruppe für Physikalisches Bewußtsein am Esalen Institut in Nordkalifornien, Jack Sarfatti, sagt ebenfalls, daß Materie nichts anderes ist als im Schwerefeld eingefangenes gebündeltes Licht.

Die Neue Physik glaubt, elektrische Ladungen des Lichts sind das Phänomen, das Gedankenbilder hervorruft. Konnte es sein, daß das, was ich unter Einwirkung der Akupunkturnadeln sah, Überreste elektrischer Ladungen aus längst vergangenen Zeiten waren? Hatte C. G. Jung das mit archaischen Restbeständen und uranfänglichen Bildern unbekannten Ursprungs gemeint?

Meine Schlußfolgerungen waren vermutlich recht vereinfacht, besonders im Bereich der Physik. Ich war jedoch nicht die einzige, die einen Zusammenhang zwischen Physik und Mystik *spürte*.

Einer Sache war ich mir gewiß, sowohl mental als auch intuitiv: Der Weg zum Verständnis der Realität der Außenwelt führt über das Verständnis der »Realität« der Innenwelt.

Sechzehntes Kapitel

Beim Erwachen am nächsten Morgen verspürte ich starke Kopfschmerzen. Ich wußte, ich hatte »archaische Restbestände und uranfängliche Bilder« »geträumt«, ohne mich daran erinnern zu können. Ich nahm eine heiße Dusche, sang meine Mantras und ging in den Innenhof, um meine Yoga-Übungen zu absolvieren; der dadurch angeregte Blutkreislauf würde meine Kopfschmerzen vertreiben.

Meine Einstellung zu Yoga war verändert. Lange Zeit hatte ich die Übungen lediglich gemacht, weil ich mich danach wohl fühlte – ein ruhiges vibrierendes Wohlbehagen war die Wirkung. Yoga verlieh mir Energie und ein Gefühl des Friedens, beides schien von der vermehrten Blutzirkulation entlang meiner Wirbelsäule auszugehen.

Der Lehre des Tantra-Yoga zufolge liegt im zentralen Nervensystem entlang der Wirbelsäule eine unbegrenzte Energie verschlossen. Wird diese Energie freigesetzt, strömt sie die Wirbelsäule hinauf, fließt durch sieben Energiezentren (Chakras), die auf verschiedene Körperfunktionen einwirken. Chakras sind zentrale Energieknoten, mit denen die Seele mit dem Körper verbunden ist.

Durch Yoga- und Meditationstechniken kann die Energie im unteren Teil der Wirbelsäule (*Kundalini*-Energie) aktiviert werden, bis sie durch jedes Chakra strömt und die Knoten löst, die die Seele festhalten, weiter ins Gehirn aufsteigen und ein Gefühl der Freiheit der Seele bewirken.

Bei normalen Menschen sind die sieben Chakra-Energiezentren verschlossen beziehungsweise »nicht geweckt« und lassen nur eine sehr geringe Menge energetischer Ströme durchfließen. Der

Mensch ist in sich selbst eingemauert und sieht die Außenwelt aus einer geschlossenen und begrenzten Perspektive. Werden die Chakra-Zentren geöffnet, sieht man mit größerem Weitblick. Sind die sieben Chakras offen, befindet man sich in einem Zustand außergewöhnlicher Hochstimmung. Man spürt, wie man von innen heraus strahlt und fähig ist, alle seine Wünsche im Leben zu erreichen.

Ich konzentrierte mich an diesem Morgen stärker als sonst auf meine Yoga-Übungen, da ich ahnte, daß unter dem Einfluß der Akupunkturnadeln etwas Ungewöhnliches geschehen würde, dem ich so ausgeglichen wie möglich begegnen wollte.

Ich aß Obst und Toast in der heißen Morgensonne. Eine leichte Brise strich sanft kühlend über meine Haut. Ich hörte das Telefon klingeln, reagierte aber nicht darauf, ich wollte mit niemandem sprechen, nichts von Zeit, Terminen oder Verpflichtungen wissen, wollte nur sein. Dann stieg ich in den Wagen und fuhr zu Chris.

Chris fragte mich nach meiner Ankunft, ob ich geträumt habe. Ich nickte und sagte ihr, daß ich mich aber nicht daran erinnern könne.

»Sobald du dir deiner Träume bewußt bist, versuche sie aufzuschreiben«, empfahl sie. »Sie sind außerordentlich wichtig. Dein höheres Selbst lehrt und leitet dich auch im Zustand des Schlafens. Der Schlaf ist nicht zuletzt deshalb wichtig, weil du in diesem Zustand mit der Astralebene in Verbindung stehst. Und die Verbindung mit der Astralebene ist wichtig für alles Leben. Die Seele braucht diese Verbindung.«

Ich hatte von einem Experiment über medizinische und psychologische Folgen des Traumentzugs gelesen. In der zwei Wochen dauernden Untersuchung wurden freiwillige Versuchspersonen zu Beginn jeder Traumphase geweckt. Die Versuchspersonen trugen zwar keinen körperlichen Schaden davon, wurden jedoch extrem nervös bis aggressiv; einige litten hinterher unter schweren Halluzinationen. Mediziner und Psychologen folgerten aus diesem Experiment, daß das Unterbewußtsein sich während des Schlafzustandes durch den Traum Ausdruck verschaffen muß. Wird ihm diese Möglichkeit verweigert, gerät der Verstand in einen Zustand verstörter Hysterie. Vielleicht wird damit aber auch der Seele ihr natürlicher Lebensraum, die Astralebene, entzogen, zu der sie nur im Schlaf Zugang hat, wenn der Mensch es nicht versteht, sich mit Hilfe fortgeschrittener Meditationstechniken in diesen Zustand zu versenken. Vielleicht ist die Astralebene, in die wir uns während des Schlafens einschwingen, eine ebenso natürliche Realitätsebene für uns alle wie die irdische Ebene im Wachsein.

Im Schlafzustand können nur die Aktivitäten der Gehirnwellen gemessen werden. Bisher gibt es noch keine Möglichkeit, die Aktivität der Seele zu messen, weil diese Energie auf unsichtbarer und bisher noch unerforschter Dimension arbeitet, ähnlich wie die subatomaren Partikel, über die ich erst vor kurzem etwas erfahren hatte.

Chris und ich gingen über den Innenhof zu ihrem Behandlungsraum. Was mich wohl heute erwartete? Ob mein Bewußtsein tatsächlich eine neue, für mich sichtbare »Realität« erschaffen würde? Nicht in dem Sinne, daß etwas der Phantasie entsprang, sondern weil das Bewußtsein der Vorläufer aller Dinge ist; darin sind Physiker und Mystiker sich einig. Zumindest lernte ich, meinen Verstand auszuschalten, den Fluß nicht zu blockieren. Die Bilder, die ich gesehen hatte, waren für mich real. Ich spürte, daß mein Bewußtsein die gesehenen Bilder in der Vergangenheit erschaffen hatte. Ich »sah« nicht, was ich *jetzt* erschuf. Ich sah etwas, was ich früher erschaffen hatte.

Ich lag auf dem Behandlungstisch. Chris versenkte sich in Meditation, um sich auf ihre spirituellen Meister einzustimmen. Wieder strich der kühle Lufthauch über meinen Körper. Dann begann sie die Nadeln einzustechen.

»Sie sagen, wir werden heute zusätzlich zu den gestrigen Punkten neue Einstichstellen benutzen.«

Sie stach die Nadeln in das Dritte Auge (erneuter Widerstand), in die Punkte an Schultern, Ohren und Brust. Ferner stach sie eine Nadel in meinen Bauch, knapp unterhalb des Nabels.

»Dieser Meridianpunkt ist das Zentrum, das Reines vom Unreinen trennt«, erklärte mir Chris. »Die Chinesen sagen, dieser Punkt bezieht sich im physischen Bereich auf den Dickdarm, steht also im Zusammenhang mit der Ausscheidung unreiner Abfallstoffe des Körpers. Im geistigen Bereich bezieht er sich auf die Trennung von reiner und unreiner Energie. Es sieht so aus, als haben wir heute eine wichtige Aufgabe vor uns.«

Sie drehte die Nadel. Ich verspürte keinen Schmerz. Sie versenkte sich erneut in Meditation.

»Ja«, sagte sie nach einer Weile, »ich muß noch eine Nadel an deinem Hals anbringen, direkt über der Kehle, dem Sitz des Kommunikationszentrums. Die alten Chinesen nannten ihn ›den Punkt, der den Massen befiehlt‹.«

Auch hier war Widerstand vorhanden, als sie die Nadel einstach. Die Nadel wollte nicht in das Gewebe eindringen.

»Das ist interessant«, sagte Chris. »Hier mußt du eine Menge klären.«

Sie versuchte es wieder.

»Sie läßt sich nicht sehr tief einstechen, aber es wird genügen.«

Sie drehte leicht an der Nadel. Ich verspürte dumpfen Schmerz. »Atme nun Licht in diese Nadel«, befahl sie. »Es ist offenbar sehr wichtig, daß wir heute mit diesem Punkt arbeiten.«

Ich atmete weißes Licht in die Nadel und visualisierte, wie es durch die Nadel strömte.

Plötzlich hörte ich ein starkes, klingendes Geräusch im rechten Ohr. Chris schaltete den Kassettenrecorder über meinem Kopf ein. Sie drehte an der Nadel im Bereich meines Dickdarms. Dort verspürte ich jetzt ebenfalls einen dumpfen Schmerz. Meine Ohren verschlossen sich. Ich konnte nichts mehr hören. Das Klingen war jetzt im linken Ohr; gleichzeitig verspürte ich ein Kribbeln in den Füßen, als fließe elektrischer Strom hindurch.

Meine Kehle verengte sich. Was war los? Ich beschrieb Chris meine Empfindungen.

»Ja«, sagte sie, »ich sehe, wie deine Aura die Farbe wechselt. Ihre Strahlenhülle leuchtet heller als zuvor.«

Ich legte mich zurück und atmete sehr tief. Holte etwa fünfzehn

Sekunden Luft und atmete fünfzehn Sekunden aus. Dieses tiefe Atmen setzte ich etwa drei Minuten lang fort. Dann hörte ich (in meinem Kopf): »Atme die Farbe Rosa.«

Ich visualisierte ein tiefes, leuchtendes Rosa und zog es mit meinem Atem ein. Ich atmete weiter.

»Jetzt strahlt deine Aura rosa«, sagte Chris.

»Ja, ich weiß«, entgegnete ich. »Etwas sagte mir, ich solle Rosa atmen.«

»Gut. Mach weiter. Das kann sehr aufregend werden.«

Ich hörte kaum, was sie sagte, denn ich bekam Kontakt mit etwas, was ich nur als eine fremde Energie schildern kann. Sie war mir vertraut und doch neu. Und dann *sah* ich diese Energie. Sie war herrlich kupferfarben.

»Deine Aura wechselt wieder die Farbe«, sagte Chris. »Sie ist jetzt kupferrot. Sehr schön. Was siehst du?«

Es kostete mich Kraft zu sprechen, denn der Eindruck forderte meine ganze Konzentration.

»Denke daran, in beiden Bewußtseinsebenen zu bleiben«, mahnte sie. »Drücke deine Gefühle aus, damit du beide Bewußtseinsebenen erfassen kannst. Entspanne dich und gib dich dem Geschehen hin.«

Ich atmete tief in meine Mitte, um meine innere Harmonie zu erlangen. Dann stieg ein Bild in mir hoch. Anfangs verschwommen, bald sehr klar. Es war verblüffend. Ich sah die Form eines sehr großen, vertrauenerweckenden, beinahe androgynen Menschenwesens. Ein langes, wallendes, cremefarbenes Gewand hüllte die etwa zwei Meter hohe Gestalt ein. Ihre langen Arme ruhten entspannt an ihrer Seite. Die Arme mündeten in sehr lange Finger. Die Energie dieser Form wirkte eher maskulin als feminin. Das Wesen hatte rötliche Haut, sein schulterlanges Haar war rostrot. Das Gesicht hatte hohe Wangenknochen und eine gerade, fein geschnittene Nase. Die Augen waren von tiefem Blau, ihr Ausdruck von höchster Güte und großer Kraft. Das Wesen hob die Arme und breitete sie zur Begrüßung aus. Es wirkte auf mich fernöstlich, eher orientalisch als westlich. Und ich hatte das intuitive Gefühl, daß es außergewöhnlich beschützend, voller Geduld und doch zu tief empfundenem Zorn fähig war. Es war schlicht, doch so mächtig, daß es alles zu »wissen« schien, was es zu wissen gab. Ich war völlig verblüfft von dem, was ich sah, *und* von dem, was ich dabei empfand.

»Wer bist du?« fragte ich und wagte kaum zu hören, was das Wesen antworten würde, noch darüber nachzudenken, was diese Art der Erfahrungsdimension zu bedeuten hatte. Das Wesen lächelte mich an und umarmte mich!

»Ich bin dein höheres unbegrenztes Selbst«, antwortete es.

»Chris«, rief ich laut, »ist das verrückt! Ich glaube, ich sehe mein höheres Selbst. Kann es so etwas überhaupt geben?«

»Natürlich. *Das* ist nicht verrückt. Darum geht es bei der ganzen Sache. Danach hast du gesucht. Deine aurische Sphäre leuchtet nun in allen Regenbogenfarben. Dies ist ein feierlicher Augenblick.«

»Ach du meine Güte! Bist du wirklich da?« hörte ich mich dümmlich fragen.

Es lächelte wieder.

»Ja«, antwortete es. »Ich war immer hier. Ich bin bei dir von Anbeginn der Zeit. Ich bin *nie* von dir getrennt. Ich *bin* du. Ich bin deine unbegrenzte Seele. Ich bin das unbegrenzte Du, das dich durch jede Inkarnation führt und lehrt.«

»Aber warum hast du eine Form, und warum sieht sie so aus?«

Es lächelte wieder.

»Weil du mich in dieser Form einer irdischen Dimension sehen mußt. Die Form der Seele ist ohnehin die Form des menschlichen Körpers. Der einzige Unterschied liegt darin, daß die Seele eine Form ohne Materie ist. Könntest du jedoch die Lichtform einer Seele sehen, würdest du einen Kopf, zwei Arme, einen Körper und zwei Beine sehen. Die Seele ist Hochfrequenzlicht ohne Materie. Das ist der einzige Unterschied.«

Wie konnte ich nur solche Sprache erfinden, dachte ich im stillen. Solche Vorstellungen hatte ich nie bewußt gehabt.

»Und warum erscheinst du mir so maskulin?« fragte ich.

»Ich erscheine dir nur deshalb eher maskulin als feminin, weil ich mächtig bin. Die Seelenenergie ist mächtig, aber sie ist androgyn. Das heißt, zwischen der positiven männlichen Energie und der negativen weiblichen Energie beziehungsweise dem Yang (maskulin) und dem Yin (feminin) besteht vollkommene Ausgeglichenheit. Die männliche, positive Energie ist zeugend und aktiv. Die feminine, negative Energie ist empfangend und passiv. Sie ergänzen einander und spielen im Leben eine gleichwertig wichtige Rolle. Das eine kann nicht ohne das andere bestehen.«

Ich hörte die Worte in meinem Verstand. Die Visualisierung befand sich über mir. Ich interessierte mich mehr für die Information, die ich erhielt, als dafür, das Phänomen in Frage zu stellen. Fasziniert fragte ich: »Ist es eine Tatsache, daß die männliche, positive Seite in der linken Gehirnhälfte sitzt?«

»Das ist richtig, und die negative, feminine Seite hat ihren Sitz in der rechten Gehirnhälfte. Du weißt bereits, daß die linke Gehirnhälfte die rechte Körperseite steuert und die rechte Gehirnhälfte die linke Körperseite.«

»Ja«, antwortete ich, »es kann gar nicht anders sein, wenn ich daran denke, daß die männlichen Machtstrukturen die Welt regieren und die meisten Menschen Rechtshänder sind.«

»Sehr gut«, sagte das Wesen, das ich von nun an als Höheres Selbst oder H. S. bezeichnen werde. »Und männliche Prioritäten wie beispielsweise Selbstbehauptung, intellektuelles Streben, Wissenschaft, Organisation, Mathematik und ähnliches stehen im Vordergrund, und das schon seit ein paar tausend Jahren. Doch sie werden sehr bald ausgeglichen werden durch die weiblichen, rechtsseitigen Gehirnprioritäten: Empfänglichkeit, Intuition, Gefühle, künstlerische Ambitionen und dergleichen. Wie du weißt, befinden wir uns im Zeitalter des Wassermanns, dem Zeichen weiblicher Energie. Es wird notwendig sein, die Energien von Yin und Yang, von negativ und positiv, noch vor dem Ende dieses Jahrtausends auszugleichen. Die Menschheit hat zu lange vorwiegend nur einer Seite des Gehirns vertraut. Doch die Wende naht.«

Das Bild des H. S. stand still und zentriert. Ich hatte den

Eindruck, daß es sich nur darstellte, weil *ich* es dazu motivierte. Ich blickte aus dem Fenster auf einen Baum, dessen Zweige sich im Wind wiegten.

»Wenn ich dich bitten würde, mir zu helfen, die Bewegung der Zweige eines Baums zu unterbrechen, könnten wir das schaffen?«

»Probier mich aus«, forderte H. S. mich auf.

»Gut. Dieser Baum da draußen. Wir wollen ihn dazu veranlassen, daß er aufhört, sich im Wind zu wiegen.«

»Sehr schön. Spüre, wie meine Kraft deine Kraft wird. Wisse, daß wir zusammen alles erreichen können.«

Ich stimmte mich auf die Energie des Bildes meines Höheren Selbst ein und verschmolz mit ihm.

»Und nun«, sagte es, »bitte den Baum um Erlaubnis, seine Bewegung anzuhalten.«

»Den Baum um Erlaubnis bitten?« fragte ich und begriff plötzlich etwas mehr von den verfeinerten karmischen Wechselwirkungen.

»Aber gewiß«, sagte H. S. »denn alles Leben muß sich in Harmonie, Ausgeglichenheit und Achtung vor allem anderen Leben befinden. Es kann keinen Mißbrauch geben ohne zwingende Konsequenzen. Du wirst hören, wie der Baum dir antwortet. Du wirst erfahren, was er darüber denkt und fühlt.«

»Bäume können denken und fühlen?«

»Natürlich. In jedem Leben schwingt Empfindung. Und der *natürliche* Zustand der Empfindung ist Liebe. Der Zustand der Liebe wird erreicht durch einfaches *Sein*. Natur ist die Manifestation des Zustands einfachen *Seins*. Weder Urteil noch Moral sind an dieses *Sein* geknüpft. Es *ist* einfach. Und das, was *ist* in seinem reinsten Sinn, ist die vollkommene Harmonie. Verstehst du das?«

Ich öffnete die Augen und blickte hinauf zum Kassettenrecorder über meinem Kopf, und mir wurde die Unmöglichkeit klar, diesen zweigleisigen Monolog aufzuzeichnen. Das, was geschah, gab mir jedoch die Gewißheit, daß ich niemals ein einziges Wort dieses buchstäblich ätherischen Gespräches vergessen würde.

»Chris, hörst du das?« fragte ich.

»Nicht ausführlich im einzelnen«, sagte sie, »ich spüre nur deine starke Kommunikation mit deinem höheren unbegrenzten Selbst. Du solltest deine Aura sehen. Sie ist unbeschreiblich schön. Strahlendes Kupfer. Mach weiter.«

Ich wandte mich wieder H. S. zu, das wohlwollend abzuwarten schien, bis ich den Baum um Erlaubnis bat, die Bewegung seiner Zweige anzuhalten.

Ich spürte, wie ich mich auf die Zweige und Blätter des Baums vor dem Fenster einstimmte. Ich hatte nie Probleme gehabt, mit der Natur zu sprechen. Blumen, Büsche, auch Felsen waren Wesen, denen ich mich verwandt fühlte, ja beinahe fähig, mit ihnen Kontakt aufzunehmen. Bisher hatte ich das für ein kindliches Vergnügen gehalten. Doch hier ging es um die eindringliche Frage meiner eigenen Macht in Beziehung zur Natur. Über den Mißbrauch meiner Macht hatte ich nicht viel nachgedacht.

»Der Baum«, forderte H. S.

»Gut«, antwortete ich, blickte aus dem Fenster, und aus meinem Solarplexus, dort, wo meine Herzensgefühle lokalisiert sind, fragte ich den Baum, ob er damit einverstanden sei, wenn ich veranlasse, daß seine Zweige aufhören, sich im Wind zu wiegen. Es geschah etwas Interessantes. Ich spürte, wie der Baum mir nicht nur mit »ja« antwortete, sondern mich auch wissen ließ, daß er *von selbst* seine Bewegung einstellen würde, in Harmonie mit meinem Wunsch. Mit anderen Worten, die Aktion, seine Einwilligung einzuholen, versetzte den Baum in die Lage, meinen Wunsch zu manifestieren, da *beide* Energien in Anspruch genommen wurden.

Ich blickte aus dem Fenster. H. S. hob seine ausgestreckten Arme dem Baum entgegen. Der Baum fuhr fort, sich im Wind zu wiegen, und dann, wie auf ein Stichwort, hielt er in seiner Bewegung inne. Kein Blatt regte sich. Es war unglaublich. Der Baum stand buchstäblich stocksteif und angewurzelt. Ein paar Vögel ließen sich sanft auf seinen Zweigen nieder und äugten durchs Fenster zu mir herüber.

Natürlich konnte das alles nur Zufall gewesen sein. Aber ich hatte bereits gelernt, daß es so etwas wie Zufall nicht gibt. Jede

Energie bewegt sich gemäß den Gesetzen von Ursache und Wirkung.

In meinem Innern blickte ich auf zu meinem H. S. Behutsam senkte es die Arme. »Siehst du?« sagte es. »Du hast es getan. Du kannst deine Energie für alles einsetzen. Aber du mußt mich erkennen, um das zu vollbringen.«

Ich war verwirrt und aufgewühlt. Mich bewegten so viele Fragen, die alle in einer einzigen mündeten.

»Was ist dann der Unterschied zwischen dir und Gott?« fragte ich.

»Es gibt keinen«, sagte es, »denn jede Energie entspringt ein und derselben Quelle. Wir sind alle Erscheinungsformen dieser Quelle. Wir sind alle Teil von Gott. Wir sind alle persönliche Reflexionen der Gottesquelle. Gott ist wir – und wir sind Gott.«

»Und *du* bist ich.«

»Richtig.«

»Und weshalb sind wir getrennt worden? Warum sind wir nicht alle eine große, vereinte Energie?«

»Im Grunde genommen sind wir das. Doch einzelne Seelen wurden von der höheren Schwingung getrennt in dem Prozeß, verschiedene Lebensformen zu erschaffen. Verführt von der Schönheit ihrer eigenen Schöpfungen, gerieten sie in Gefangenschaft des Körperlichen und verloren dadurch ihre Verbindung zum göttlichen Licht. Der Schrecken darüber war so groß, daß er ein Schlachtfeld erschuf, welches euch jetzt unter den Begriffen von Gut und Böse bekannt ist. Karma, das heißt Ursache und Wirkung, kam in das Sein als Methode, um letztlich die künstlichen Begriffe von Gut und Böse auszulöschen. Letztlich bewohnten die Seelen höhere Primaten, um sich später zum Homo sapiens zu entwickeln. Reinkarnation ist für Karma ebenso wichtig wie Karma für Reinkarnation. Sie ist der Vorgang, der jeder Seele Gelegenheit gibt, *alle* menschlichen Erfahrungen zu machen, sie ist der Weg zur vollkommenen Spiritualität und zur Vereinigung mit der Gotteskraft.«

»Dann besitzt also jeder Mensch sein eigenes höheres unbegrenztes Selbst?«

»Genau. Und jedes höhere Selbst steht in Verbindung mit jedem anderen höheren Selbst. Alle unbegrenzten Seelen schwingen in völligem Einklang miteinander. Der Grund, warum ihr diese Wahrheit auf der irdischen Ebene nicht erkennt, liegt darin, daß ihr nicht mit der Seelenenergie eures jeweiligen höheren Selbst in Verbindung steht. Aber ihr werdet dorthin gelangen, denn es gibt keinen anderen Ort, um Frieden zu erzielen, Friede nach außen kommt vom Frieden von innen. Der innere Friede entspringt dem Verständnis, daß wir alle Gott sind.«

»Demnach ist also der Konflikt in der Welt im Grunde genommen ein spiritueller Konflikt?«

»Richtig. Die meisten eurer Kriege wurden um die Auslegung des Wortes Gottes gefochten. Und die Kriege, die keine Glaubenskriege waren, wurden geführt um Werte, die Gott als höchstes Prinzip ersetzt haben. Es gibt nichts außer dem Gottesprinzip. Aus ihm fließt alles. Zu glauben, Technologie oder Öl oder Geld oder auch eine freie, offene Gesellschaft seien wichtiger als Gott, ist ein Irrtum. Das ist nicht die Wahrheit. Man kann nicht im Namen einer freien Gottesverehrung kämpfen und töten, ohne das Gottesprinzip zu verletzen.«

»Was wird also mit uns geschehen?« fragte ich.

Mein höheres Selbst hob die Schultern, und ich spürte, wie auch ich die Schultern hob.

»Ihr müßt euch mit eurem jeweiligen inneren Selbst befassen. Mit der Erkenntnis, daß ihr Gott seid. Der Zwiespalt besteht in eurem Unwissen, daß jeder andere Mensch ebenfalls Gott ist.«

»Aber wir glauben, der Mensch ist Mensch und Gott ist Gott, daß wir also von Gott getrennt sind. Das ist die generelle Glaubensrichtung.«

»Genau das ist der Grund für das Problem. Ihr werdet weiterhin voneinander getrennt sein, bis ihr erkennt, daß jeder von euch die Gottesquelle *ist*. Das ist nur eine Umschreibung für die Tatsache, daß ihr eine Einheit seid. Dieses Prinzip bereitet euch Schwierigkeiten, weil eure spirituelle Entwicklung nicht weit genug fortgeschritten ist. Ihr müßt alle Meister eurer eigenen Seelen werden; das wiederum heißt, ihr müßt euch selbst als Gott erkennen.«

»Und wie sollen wir mit Mördern oder Faschisten oder anderen Verbrechern umgehen?«

»Bringt ihnen die spirituellen Prinzipien nahe. Keine dieser Seelen ist mit ihrem Dasein glücklich. Zerstörung ist kein natürlicher Zustand. Verhelft ihnen zu spirituellen Werten. Ihr seid euch bereits bewußt, daß euer Strafvollzug und eure Gefängnisse das Problem nur verschlimmern. Tragt spirituelles Verständnis in die Gefängnisse. Weißt du übrigens, was mit dem Bibelwort gemeint ist ›Auge um Auge und Zahn um Zahn‹?«

»Nun, ich dachte immer, es heißt, man soll zurückschlagen, wenn man geschlagen wird.«

»Nein. Es bedeutet, einem Menschen, der einem anderen Menschen das Augenlicht nimmt, widerfährt unweigerlich das gleiche Schicksal. Dies ist eine karmische Aussage, keine Androhung von Bestrafung. Du erntest das, was du säst. Es ist eine Manifestation des kosmischen Gesetzes von Ursache und Wirkung, welches von den Seelen selbst erstellt wurde, nicht von einer Autorität oder einem Strafgesetz oder einer Regierung, auch nicht von Gott. Die Gott-Energie ist kein Richter über die Menschen. Mit dem Leben ist kein Richterspruch verbunden. Es gibt nur Erfahrung, die von einer Inkarnation zur nächsten getragen wird, bis die Seele ihre Vollkommenheit erreicht, die der vollkommenen Liebe gleichzusetzen ist . . .«

Es entstand eine Pause, in der H. S. auf meine Reaktion wartete. »Verstehst du?« fragte es nach einer Weile.

Ich seufzte innerlich. »O ja, ich verstehe. Aber ich glaube, es wird schwierig, diese Erkenntnis weiterzugeben. Alle Menschen, und ich schließe mich darin ein, sind in ihren überlieferten Auffassungen von Recht und Unrecht gefangen. Ich meine, grundsätzlich bedeutet Moral das Wissen um den Unterschied von Recht und Unrecht. Und du sagst, so etwas gibt es gar nicht.«

»Das ist richtig. Studiere die Bibel. Dort steht es klar geschrieben. Der Sündenfall der Menschen, symbolisiert in der Geschichte des Paradieses, ereignete sich, weil der Mensch vom Baum der *Erkenntnis* von Gut und Böse aß, nicht nur vom Baum des Guten und Bösen, sondern von der *Erkenntnis*, was soviel bedeutet wie die *Erschaffung* von Gut und Böse. Solange die Menschheit nicht erkennt, daß es in Wahrheit das Gute und das Böse nicht gibt – so lange wird kein Friede sein. Es gibt nur karmische Erfahrung, durch die der Mensch allmählich begreift, daß jeder Mensch die vollkommene Liebe ist. Die Anerkennung der Inkarnationserfahrung ist unumgänglich zum Verständnis dieser Wahrheit. Wenn die Menschheit begreift, daß es keinen Tod gibt, wird sie einen großen Schritt hin zum Verständnis des Gottesprinzips gemacht haben, das in jedem einzelnen vorhanden ist.«

»O Gott«, sagte ich seufzend. »Warum ist es so schwer, uns selbst zu lieben, uns zu vergeben, wenigstens daran zu glauben, daß wir es wert sind zu lieben? Wie konnten wir auf solche Abwege geraten? War das Vorsehung? Haben Wesen auf anderen Planeten die gleichen karmischen Probleme wie wir?«

»Nein, nicht alle. Du mußt begreifen, daß es unzählige Trillionen von Seelen gibt, deren Geschichte anderen Sphären des Kosmos angehört. Die Erde ist nicht die einzige Seelensphäre, die Leben trägt. Leben existiert in der Gesamtheit des Kosmos. Manches Leben ähnelt dem Leben auf der Erde. Vieles nicht.«

»Und was ist mit den anderen geschehen?«

»Manche Seelen haben nie inkarniert, sondern sich dafür entschieden, die Entstehung und Evolution des Lebens von Astraldimensionen her zu verfolgen und zu überwachen. Andere Seelen warteten, bis die körperlichen Formen höhere Entwicklungsstufen erreicht hatten, bevor sie inkarnierten. Diese Seelen haben nie die Verbindung zu ihrem göttlichen Licht verloren.«

»Sind diese Seelen also weiter fortgeschritten als wir?«

»Nur in gewisser Beziehung. Sie sind deshalb weiter fortgeschritten, weil sie spirituell verfeinerter sind. Sie verstehen die wissenschaftlichen Prinzipien der Energie, die die spirituelle Gott-Kraft ist. Sie ziehen aus ihrer spirituellen Wissenschaft Nutzen und spielten in der Entwicklung der Menschheit eine bedeutsame Rolle. Aber es wäre nicht korrekt zu sagen, daß das, was du als ›außerirdisches‹ Leben kennst oder vermutest, weiter fortgeschritten ist als euer eigenes in Begriffen der *Seelenerfahrung*. Es wäre bedauerlich, wenn menschliche Seelen außerirdisches Leben im Universum höher und fortgeschrittener einschätzten als ihr eigenes. Denn du mußt wissen, jede Seele ist ihr eigener Gott. Du sollst nie etwas anderes verehren als das Selbst. *Du* bist Gott. Das Selbst zu lieben heißt Gott lieben. Einige außerirdische Wesen verspüren, so fortgeschritten sie sind, weniger Liebe für das Selbst und die Gott-Kraft als gewisse Menschen. Du siehst also, es wäre nicht korrekt, den Fortschritt mit der Evolution der Seelen zu vergleichen. Jede außerirdische oder irdische Seele ist Teil von Gott und entwickelt sich gemäß ihren eigenen Beweggründen, ihren eigenen Gegebenheiten und ihrem eigenen Karma.«

Ich zögerte. »Heißt das, daß unser karmischer, irdischer Lernprozeß etwas mit Geduld zu tun hat?«

»Ja, eine der Lehren ist Geduld. Ungeduld war der Grund dafür, daß wir ursprünglich von Vergnügen und Sinnlichkeit der materiellen, irdischen Ebene verführt wurden. Doch die Menschenseelen sind im Begriff, ihren Weg zurück zu Gott zu finden. Es ist ein langer und beschwerlicher Weg, aber der Fortschritt *ist* erkennbar.«

Meine Gedanken wirbelten durcheinander.

»Haben wir als Seelen uns der Entwicklung des Lebens auf dieser Erde gewidmet, um letztlich wiederzuerkennen, daß wir Teil Gottes sind?«

»Das ist korrekt«, sagte H. S. lächelnd.

Ich mußte mir immer wieder in Erinnerung rufen, daß ich mir in diesen Sachverhalten selbst Erkenntnisse vermittelte, daß ich mich tatsächlich selbst belehrte. »Demnach haben die Verfechter der Schöpfungsgeschichte ebenso recht wie die Evolutionstheoretiker mit ihrer These über die Entwicklung des Lebens.« Ich begann Zusammenhänge zu begreifen.

»Das ist richtig«, bestätigte H. S., »obwohl beide einen Punkt übersehen haben, nämlich die Rolle, die die Seele darin spielt. Die Verfechter der Schöpfungsgeschichte machen ausschließlich ›Gott‹ für die Erschaffung jeglichen Lebens verantwortlich. Die Evolutionstheoretiker erkennen die Rolle der Seele überhaupt nicht an.

Keine der beiden Theorien hat begriffen, daß die Seelen der Menschheit für ihr eigenes Schicksal verantwortlich sind. *Wir sind unsere eigenen Schöpfer.* Wir als Seelen entwickelten das Leben innerhalb der kosmischen Gesetze des Gottes-Geistes. Als wir aus dem Fluß dieser Naturgesetze ausschieden, begegneten wir zum erstenmal dem Entsetzen. Die Angst erzeugte Negativität, gegen die wir seither versuchen anzukämpfen.«

Ich hatte große Mühe, all das, was auf mich einstürmte, zu erfassen, fühlte mich überfordert, spürte andererseits jedoch den Drang, noch weit mehr zu erfahren.

»Habe Geduld«, sagte H. S., »Geduld ist eine deiner besonderen Lernaufgaben in dieser Inkarnation. Das weißt du. Im Augenblick ist es für deine Entfaltung außerordentlich wichtig, daß du mich endlich ›gesehen‹ hast. Du *weißt* nun, daß ich existiere. Du hast mich überzeugt, ebenso wie ich dich überzeugt habe. Keine Beziehung, die du je haben wirst oder je gehabt hast, ist so tiefgehend wie diese Erkenntnis. Nichts ist mit dem Wissen deines unbegrenzten Selbst zu vergleichen. Was immer du brauchst, du mußt es nur verlangen. Das ist gemeint mit dem Wort: ›Bittet, und ihr werdet empfangen‹.«

Tränen rannen mir über die Wangen. Ich war unfähig zu antworten, nicht einmal stumm. Ich bewegte meine Beine, befaßte mich mit der Steifheit meiner Gliedmaßen, um nicht länger weinen zu müssen.

»Tränen sind wichtig«, sagte H. S., »denn jede Träne, die du weinst, fügt deinem Leben Zeit hinzu. Du als menschliche Seele hast viel durchgemacht. Du hast erst einige Bilder davon gesehen. Unterdrücke deine Gefühle nicht. Lasse sie frei. Das ist hier der Sinn. Tränen haben eine befreiende Kraft. Die Energie, die du aufwendest, um Gefühle zu unterdrücken, verursacht Spannungen in Körper und Geist. Laß dich gehen. Es gibt keinen Konflikt, wenn du deine Gefühle freiläßt. Im Leben geht es darum, alles zum Ausdruck zu bringen, also verurteile deine Gefühle nicht. Bediene dich deines intuitiven Verständnisses, um dich nach außen auszudrücken, und quäle dich nicht mit dem, was du nicht verstehst.

Mit zunehmendem Wachstum deiner Seele wird deine Einsicht immer klarer. Bleibe im Einklang mit mir, denn damit wirst du deinem Selbst und Gott helfen. Alles geschieht für das sinnvolle Gute. Denke daran, wo es keinen Widerstand gibt, gibt es keinen Schaden. Widerstand erzeugt Konflikt. Er veranlaßt den Energiefluß, in sich selbst zurückzukehren. Was du eben erkannt hast und womit du verbunden bist, ist der Teppich ineinander verwobener Energie, die von ihrer ursprünglichen Quelle getrennt ist. Weißt du, was das Böse wirklich bedeutet?«

Ich konnte nicht einmal denken, geschweige denn antworten. H. S. fuhr fort: »Das Böse ist lediglich rückwärts, statt vorwärts fließende Energie. Alles Leben ist fließende Energie.«

Ich hörte auf zu weinen. Nie vorher war mir eine derartige Definition für das Böse in den Sinn gekommen.

»Du bist der Energiefluß«, sagte H. S., »wenn du dem Energiefluß Widerstand entgegensetzt, wirst du Polarität erzeugen. Polarität erzeugt Konflikt. Konflikt erzeugt Desaster, was die beinahe völlige Abtrennung von der astralen Gottesquelle bedeutet. Du hast das soeben verstanden. Öffne deinen Widerstand. Lasse deine Energie hin zur Gottesquelle fließen. Du wirst beschützt werden, weil du in Einklang mit mir stehst, und ich bin Teil von Gott.«

Ich lag auf dem Behandlungstisch, versuchte in mich aufzunehmen, was geschehen war, und wurde mir gleichzeitig bewußt, daß ich genau verstanden hatte. In dieser Erkenntnis zu leben bedeutete aber auch, Verantwortung für dieses Wissen zu übernehmen.

Chris reichte mir ein Tuch. Sie hatte während des vorangegangenen Dialogs geschwiegen.

»Ich denke, ich muß mich bewegen«, sagte ich.

»Ja, das denke ich auch. Aber frage dein höheres Selbst, ob es noch etwas gibt, was du mit nach Hause nehmen sollst.«

Wieder schloß ich die Augen und sah in mir hoch, wissend, daß ich die Grenze meiner Aufnahmefähigkeit erreicht hatte.

»Nur noch ein Punkt«, sagte H. S. »Wir werden in den nächsten Tagen weitere Einzelheiten erarbeiten. Einzelheiten, die sich auf dein jetziges Leben beziehen. Es gibt noch vieles, was du verstehen und aufarbeiten mußt. Du mußt die Kanäle zu mir offen halten. Daher rate ich dir, vernünftig zu essen: Gemüse, Obst und Wasser. Keine Milchprodukte. Befasse dich nur mit harmonischer körperlicher Betätigung wie dem Yoga. Kümmere dich nicht um Termine, Zeitpläne oder das Telefon. Sei im Einklang mit der Natur. Befasse dich wenig mit linearer Information. Mache tiefe Atemübungen, um die Kanäle offen zu halten. Meide Menschen, die dich irritieren, und denke daran, daß ich immer bei dir bin. *Ich bin du.*«

Ich nickte.

»Noch eins«, sagte es. »Mein Kompliment, daß du nie Drogen genommen hast. Das ist ein wichtiger Grund für deinen Fortschritt.«

Ich lachte. »Mit dem, was ich eben erlebt habe, kann keine Droge konkurrieren.«

»Das ist gewiß richtig«, sagte H. S. und wir wußten beide, daß ich für diesen Tag genug hatte.

Chris half mir vom Behandlungstisch herunter. »Ungewöhnlich«, sagte sie, »wir haben das meiste auf Tonband. Den Rest wirst du ohnehin nicht vergessen.«

Ich konnte kaum gehen. Mein Rücken schmerzte, und ich hatte kein Gefühl in den Beinen. Ich ging sofort ins Badezimmer. Ich brauchte etwas Erdverbundenes, Vertrautes! Ich putzte mir die Nase und ließ mir Wasser übers Gesicht laufen. Dann ging ich zurück in den Raum, halb in der Erwartung, Chris' spirituellen Meistern in fleischlicher Hülle entgegenzutreten.

Chris hatte sich flach auf den Teppich gelegt, ihr Bauch wölbte sich wie eine Kuppel.

»Geschieht das oft?« fragte ich. »Du hast doch gehört, was passiert ist. Erleben das viele Menschen?«

Sie lächelte. »Viele, viele, viele. Und jeder Mensch, der sein höheres Selbst kennenlernt, führt mit ihm beinahe identische Gespräche. Die Lehren sind immer die gleichen. ›So etwas wie das Gute oder das Böse gibt es nicht. Es gibt nur erleuchtendes

Bewußtsein oder Unwissenheit.‹ Das ist die große Wahrheit. Unser Problem ist, daß wir uns selbst und andere verurteilen. *Das* ist es, was Angst, Konflikte, Widerstand und Verzweiflung hervorruft.«

»Erschrecken die Menschen durch die Aussagen ihres höheren Selbst?«

»Manche schon«, antwortete Chris, »weil diese Wahrheiten den überlieferten Glaubenssätzen, die sie gelernt haben, widersprechen. Doch der Schreck darüber bringt sie zu der Einsicht, daß das Erlebte real ist und nicht von ihnen ›erfunden‹.«

»Und wie ist es mit einigen der Bilder, die ich gesehen habe? Beispielsweise die Vorstellung von Atlantis?«

»Auch sie sind bei allen gleich. Die Leute beschreiben gedämpfte Farben, rosa-, violett- und orangefarbene Wasserfontänen und Kristallbauten und Menschen, die Kopfschmuck aus Kristall tragen. Atlantis wird immer auf die gleiche Weise beschrieben, sogar von denen, die nie von seiner Existenz gehört, geschweige denn daran geglaubt haben. Du siehst also, erweitertes Bewußtsein ist alles. Das höhere Selbst ist sich aller Dinge bewußt. Wir haben die Aufgabe, uns diese Dimension bewußtzumachen und die Einsichten in unser Leben zu integrieren.«

»Du bist also nicht erstaunt darüber, was ich heute erlebt habe?«

Chris lächelte. »Keineswegs. Es ist die Wahrheit. Und ich habe alles schon einmal gehört.«

Ich seufzte tief, bückte mich langsam nach meinen Schuhen, sie waren zentnerschwer. Ich setzte mich, um mich anzuziehen; mir war, als sei das ein ganz neues Erlebnis. Der Stoff meiner Bluse fühlte sich fremd auf der Haut an. Ich war schwerelos und sehnte mich nach Sonne und frischer Luft, wollte die Erde, die Blumen, alles Organische und Lebendige berühren. Und ich starb fast vor Hunger! Durch meine Hände und Füße strömte ein heißes Kribbeln wie elektrische Impulse. Mein Kopf war klar und weit. Ich fühlte mich gleichzeitig benommen und wach wie nie zuvor. Unabhängig und autonom. Beim Sprechen klang meine Stimme voller, tiefer und weniger angespannt. Im unteren Bereich meiner Wirbelsäule, dort wo die Kundalini-Energie aufsteigt, verspürte ich Wärme.

Langsam ging ich ins Freie, als schwebte ich über der Erde. Die Farben der Blumen in Chris' Gewächshaus leuchteten strahlend wie nie zuvor im Sonnenlicht.

Mir war, als könne ich in die Schwingungen ihrer Farben eintauchen, mich an ihnen erfreuen, als seien sie meine eigenen.

Ich schaute auf meine Armbanduhr. Doch Zeit spielte keine Rolle mehr. Ich befand mich in Vergangenheit und Gegenwart zugleich. Ich sah alles um mich herum in mathematisch-logischer Vollkommenheit. Alles war richtig. Die Zeit, die ich auf dem Behandlungstisch gelegen hatte, war absichtsvoll vergangen. Alles, was ich »gesehen« hatte, war absichtsvoll geschehen. Es gab für alles einen Grund. Einen Plan. Ein exaktes, riesiges Bilderrätsel der Vollkommenheit, und jedes Lebewesen auf Erden war ein wertvoller Teil dieses Rätsels. Das Leben selbst schien nur symbolisch für die Seele, eine Gedankensubstanz, die nie aufhört zu sein, niemals stirbt. Leben bedeutet Verwandtschaft mit Gott. Und alles ist Energie. Schwingende, pulsierende, lebendige *Energie*. Und diese Energie ist Energie der *Liebe*, die sich millionenfach ausdrückt, bis sie schließlich die Vollkommenheit ihres Selbst begreift.

Ich suchte nach Worten, um meine Gedanken und Empfindungen auszudrücken, und begriff, daß Dichter die wahren Übersetzer Gottes sind. Mir fiel William Blakes wunderbares Gedicht ein:

> Die Welt in einem Sandkorn sehen
> und den Himmel in einer Blume.
> Die Unendlichkeit in der Hand zu halten
> Und Ewigkeit in einer Stunde.

Siebzehntes Kapitel

Die Nacht verbrachte ich im Schlafsack im Freien unter den Sternen. Chris hatte den Vorschlag gemacht, denn Seele und Geist registrieren den Verlauf der Sterne, wenn kein Dach den Blick in den Himmel versperrt. Und während unser Inneres die Sternenbahnen aufzeichnet, lernen wir.

Mein Schlaf war tiefer, ich ruhte gründlicher aus, der Kontakt mit der Astralebene spendete mir Frieden und ein Gefühl tiefen Wohlbehagens. Ich schlief weniger lang, aber ausschlaggebend ist ja die Qualität des Schlafes, nicht die Dauer.

Am nächsten Morgen versuchte ich ohne Chris' Akupunkturnadeln Verbindung mit meinem Höheren Selbst herzustellen. Es war immer bei mir. Verlegte ich etwas, so fragte ich H. S., wo der Gegenstand sein möchte. Es führte mich immer in die richtige Richtung, irrte sich nie. Ich fragte H. S., was ich essen sollte, wer am anderen Ende der Leitung war, wenn das Telefon klingelte, und was der- oder diejenige von mir wollte. Die Antworten waren erstaunlich exakt. Ich fragte mich, wie lange dieser Zustand anhalten würde. Sofort erhielt ich die Antwort: »Solange du mich findest, wirst du alles finden.«

Und mein Unbehagen, daß ich nie wirklich ein »aufschlußreiches« Erlebnis gehabt hatte, schwand. Es hatte mich gestört, daß ich zwar langsame und stetige Schritte vorwärts machte, aber keine bedeutsame Bestätigung erhielt. Das war nun vorbei.

Der Kontakt zu meiner unbegrenzten Seele war für mich ein außergewöhnliches Ereignis, ein Meilenstein in Wachstum und Verständnis und eine Erfahrung, die mich mit Freude erfüllte. Es bedeutete für mich einen großen Reifeprozeß. Und doch, hätte ein anderer Mensch mir erzählt, diese Entdeckung gemacht zu haben, hätte ich vermutlich gedacht, er habe »geträumt«.

Für mich stellte es ein Gerüst dar, von dem ich das, was mit mir geschah, überblicken konnte. Auf der Fahrt zu Chris dachte ich darüber nach, wie ich schon als kleines Kind in der Suche nach meiner Identität begriffen war und wie meine Suche von dem Punkt, den ich jetzt erreicht hatte, weiter verlaufen würde. Die Lehren der Bibel, des Mahabharata, des Koran und aller anderen spirituellen Bücher, die ich versucht hatte zu verstehen, fluteten auf mich ein: *Das Königreich des Himmels ist in dir. Erkenne dich selbst, und du wirst frei sein; deinem eigenen Selbst sei treu; sich selbst zu erkennen heißt alles erkennen; wisse, daß du Gott bist; wisse, daß du das Universum bist...* Die spirituellen Meister hatten alle dasselbe gesagt. Sie hatten alle gelehrt, daß die Seele unvergänglich ist. Sie hatten alle davon gesprochen, schon zahlreiche frühere Leben gelebt zu haben, auch Christus: »Ich war unter euch, doch ihr habt mich nicht erkannt.« Alle hatten sie gelehrt, der Sinn des Lebens liege darin, sich den Weg zurück zur göttlichen Quelle zu erarbeiten, an der wir alle teilhaben. Und die karmischen Ereignisse, denen wir unterwegs begegnen, dienen lediglich der Erfahrung und dem Fortschritt – stellen keineswegs ein Strafmaß dar. Jedes der großen Bücher hatte sich *gegen* eine Verurteilung ausgesprochen, *gegen* die moralische Falle der Begriffe Gut contra Böse. Die Gesetze von Ursache und Wirkung stellten die grundlegenden Prinzipien ihrer Lehren dar: *Richte, und du wirst gerichtet werden; füge Schaden zu, und dir wird Schaden zugefügt; liebe, und du wirst geliebt werden; gib, und du wirst empfangen.* Sie lehrten, daß Umstände nie eine Rolle spielten. Situationen sind nur das Spielfeld, auf dem unsere Wahrheit ausgetragen wird.

Doch wir leben in einer Welt, in der jeder mit einer Art moralischem Urteilsspruch zu tun hat. Jeder Mensch, jede Gruppierung glaubt, daß ihre Moral das wahre Wort Gottes sei. Sie sind blind für die kosmische Harmonie, daß *jeder* Blickwinkel, auf lange Sicht gesehen, dem vorsätzlichen Guten dient. Wir betrachten das Schicksal der Menschheit und unser individuelles Selbst aus einer begrenzten Perspektive, wir sehen nicht den gesamten Wald; wir konzentrieren uns auf unseren eigenen einzelnen Baum.

Doch die Unmittelbarkeit des Traumas jedes Individuums, die scheinbare Tragödie kann ausgeschaltet werden, wenn wir Einsicht in das unsterbliche Wesen unseres Selbst gewinnen und begreifen, daß demnach folgerichtig *nichts* »tragisch« sein kann. Nichts ist falsch. Nichts ist vergeudet, und nichts stirbt jemals – nichts. Jeder einzelne von uns ist ein ewiges Universum in uns selbst. Und das transzendentale Wunder dieser Wahrheit zu erkennen ist die einzig wirkliche Bedeutsamkeit im Leben.

Ich dachte wieder über *Energie* nach. Mir schien, daß Wissenschaft und Spiritualismus sich in der Erforschung der Energie irgendwann einmal finden müssen. Es gibt zwei verschiedene Theorien für dieselbe Wahrheit. Jede Theorie spricht von der Energie als dem Stoff, der das Universum zusammenhält. Spiritualismus nimmt ihre Existenz als gegeben hin, die Wissenschaft versucht, den Beweis ihrer Existenz zu erbringen. Geist ist Glaube ohne Wissenschaft. Wissenschaft ist Beweis ohne Glaube. Die spirituelle Auffassung universeller Wahrheiten und Harmonie geht stets von den unsichtbaren Dimensionen des inneren Bewußtseins aus. Die wissenschaftlichen Theorien erkennen dieselben Dimensionen von außen an. Doch die Neue Wissenschaft nähert sich der Überzeugung, daß beide das gleiche bedeuten: daß Bewußtsein alles ist. Beide Theorien sind für den menschlichen Fortschritt notwendig. Doch solange wir uns die Instrumente dieser Erkenntnis nicht zunutze machen, welche Kraft können sie uns dann wohl geben?

Während der Fahrt dachte ich daran, daß ich zahlreiche Leben, als Mann und als Frau, gelebt hatte. Ich fragte mich, warum ich mir diesmal das Leben einer Frau ausgesucht hatte. Unsere moderne Welt zeigt starkes Interesse an weiblicher Energie. Die Emanzipationsbestrebungen der Frauen, die Rolle der Frau in entscheidenden Funktionen politischer Macht und weibliches Streben nach Entspannung in der Welt, in dem Versuch, die Vernichtung unserer Zivilisation zu verhindern.

Warum hatte ich mir erwählt, mich durch die Energie des Weiblichen, durch das Yin zu manifestieren? Dann fiel mir ein, daß die Yin-Energie sich vorwiegend von innen heraus darstellt. Die männliche Yang-Energie manifestiert sich von außen. Yin ist intuitiv, Yang ist machtvoll.

Das Yin steht aber auch für das Unsichtbare, das Nichtdimensionale. Yang ist das Unsichtbare – im Sichtbaren ausgedrückt. Yang ist die aktive Energie. Sobald die Yin-Energie vom Unsichtbaren zum Sichtbaren vorrückt, wird sie zur Yang-Energie. Demnach drücken Frauen ihre Yin-Energie in einer Yang-Form aus. Ein Mann, der nach innen blickt und über das Unsichtbare nachdenkt, benützt seine Yin-Energie. Beide Energien sind notwendig.

Muß folglich nicht jedes Individuum, um vollkommen ausgeglichen zu sein, beide Energien innerhalb seines Körpers gleichwertig anerkennen? Um ausgeglichenen Frieden in der Welt zu erreichen, muß jeder einzelne von uns ausgeglichenen Frieden in sich tragen, das bedeutet die gleichwertige Anerkennung der in uns vorhandenen Yin-Energie von innen und der Yang-Energie von außen.

Warum waren Propheten und Meister stets Männer gewesen? Weil alle Propheten *Verkünder* waren. Sie hatten sich nach *außen* manifestiert. Das Weibliche hält das Wissen des Unsichtbaren, die kosmischen Geheimnisse sozusagen. Das Männliche benutzt das Weibliche als innere Stütze, als intuitiven Berater. Jedes ist für das andere notwendig. Das Weibliche besitzt die unsichtbare Wahrheit, *was* zu tun ist. Das Männliche aktiviert die Kraft, *wie* etwas zu tun ist.

Wir befinden uns jetzt im Zeitalter des Wassermanns, einem weiblichen Zeitalter der Ausdrucksform. Mehr Männer bemühen sich darum, ihre intuitiven Fähigkeiten zu verstehen, und mehr Frauen streben danach, ihre eigene Kraft nach außen zu tragen. Anscheinend trachten wir danach, das Unsichtbare und das Sichtbare in Einklang zu bringen.

Die Wissenschaftler streben nach demselben ausgleichenden Prinzip, sie »spüren« immer mehr »unsichtbare« Elemente, die nicht wirklich meßbar sind, deren Existenz nur akzeptiert werden kann. Dieses Akzeptieren trifft auch auf die unsichtbaren Energien von Yin und Yang zu. Sie sind deutlich *vorhanden*, aber nicht meßbar. Sie sind Energien von nicht-dimensionalen Ausmaßen. Was für wissenschaftliche Begriffe gilt, kann auch für menschliche Erfahrungsbegriffe gelten.

Wenn Energie niemals stirbt, wie die Wissenschaft unterstellt, sie nur die Form verändert, dann stirbt auch das Leben nie, das ja gleichfalls aus Energie besteht. Auch das Leben verändert lediglich die Form. Da Energie niemals stillsteht, da nichts inaktiv bleibt, muß die Energie ständig ihre Form wechseln. Ich hatte keinen Zweifel daran, daß die Lebensenergie lediglich ihre Form von einer Lebensspanne zur anderen verändert, ebenso wie die Natur sich von einem Frühling zum nächsten verändert.

Und doch wird all das erst sinnvoll, wenn es in Beziehung zu unserem eigenen, persönlichen Erleben steht. *Spürt* man diese Dinge nicht, so weiß man sie nicht. Wissen ist Erfahrung. Selbst Einstein war gegen Ende seines Lebens überzeugt: »Thesen, die mit Hilfe reiner Logik erarbeitet werden, entbehren jeglicher Realität.« Und weiter: »Die Kosmische Religiosität läßt sich demjenigen, der nichts davon besitzt, nur schwer deutlich machen. Ich behaupte, daß die kosmische Religiosität die stärkste und edelste Triebfeder wissenschaftlicher Forschung ist.«

Ich fuhr durch den strahlenden Morgen, erfüllt von stiller Freude. Die Reise in mein Inneres ist die wichtigste all meiner Reisen, die ich je unternommen habe. Und ich stand erst am Beginn ihrer Eindrücke.

Im Gegensatz zu der dramatischen Intensität der Enthüllungen am Tag vorher war meine nächste Sitzung mit Chris und H. S. ein reines Vergnügen. Sie glich einer langen Märchenstunde, denn die Erinnerungen zogen beinahe fünf Stunden an mir vorüber, während ich auf dem Behandlungstisch lag. Den Grund, warum mein Höheres Selbst mich noch einmal durch diese Erfahrungen führte, verstand ich erst, nachdem alles vorüber war.

Folgendes geschah.

Chris war angeleitet worden, die goldenen Nadeln an meinem Hals anzubringen, knapp oberhalb der Kehle, wieder in den Kommunikationspunkt, der ›den Massen befiehlt‹. Als die Bilder sich entfalteten, wußte ich, warum er so genannt wird.

Das erste Bild, das in mein Bewußtsein getragen wurde, war so ungewöhnlich, daß ich Schwierigkeiten mit seiner Deutung hatte. Ich sah mich selbst mit einer Elefantenherde im Dschungel des Subkontinents Indien. Üppiges Grün umgab klares, türkisfarbenes Wasser. Ich befand mich in einer Zeit, die Tausende von Jahren zurücklag. Während die Bilder an mir vorbeizogen, bat ich bewußt mein Höheres Selbst, mir ihre Bedeutung zu erklären. Ich lebte mit den Elefanten und konnte mich mit ihnen telepathisch verständigen. Ich war mit ihren Lebensgewohnheiten und Empfindungen so vertraut, daß sie mir auf Befehl gehorchten. Ich war etwa zwölf Jahre alt und hatte dunkle Augen, die ich mir mit verkohlter, fein zerriebener Baumrinde angemalt hatte. Ich war mit bunten Tüchern, die zu Pluderhosen gewickelt waren, bekleidet. An meinen Armen und um den Hals trug ich Ringe aus bunt bemaltem Metall.

Die Elefanten und ich spielten, während wir langsam aus dem Dickicht des Dschungels in offenes Hügelland trotteten, wo es vereinzelte Wasserlöcher mit klarem blauem Wasser gab. Auf einen Wink von mir setzte mich ein Elefant auf seinen Rüssel und schwang mich zu seinem Nachbarn, der mich seinerseits weiterreichte. Ich lachte vor Vergnügen. Manchmal schwang mich einer hoch hinauf in die Astgabel eines Baums, dort blieb ich sitzen, bis ein anderer mich wieder herunterholte. Dann wälzten sie mich behutsam mit ihren Rüsseln im weichen Schlamm und warfen mich anschließend ins Wasser, wo ich mit den Baby-Elefanten ein kühles Bad nahm. Ich war völlig unbeschwert und vertrauensselig im Umgang mit den Elefanten und sie mit mir. Sie schaukelten mich mit ihren Rüsseln und trompeteten einander die Spielregeln für unser nächstes Spiel zu.

Immer wenn ich die Führung übernehmen wollte, ließ ich sie das telepathisch wissen. Sie reagierten sofort. Manchmal trabten sie für mich in weiten Kreisen und trompeteten ihre Lebenslust laut hinaus. Ich spürte die wunderbare Kraft der Kommunikation, sowohl auf kollektiver als auch auf individueller Ebene. Es war eine wunderliche Empfindung spielerischer, gütiger Macht.

Ich fragte H. S., wie ich in diese Situation geraten sei. Er sagte, ich habe in einem nahe gelegenen Dorf mit meinem Vater gelebt, der dem Elefantenbullen, der die Herde anführte, früher einmal einen Gefallen erwiesen habe. Mein Vater war inzwischen gestorben, wodurch mein Leben in Gefahr geraten war. Der Elefantenbulle witterte diese Gefahr (deren Hintergründe mir verschlossen blieben), und er holte mich aus dem Dorf. Er hatte sich an die Güte meines Vaters erinnert und erwiderte sie seinerseits mit Güte. Der Bulle brachte mich zur Herde, übergab mich einer Elefantenkuh, die auf mich aufpaßte. Ich war ein kleines Menschenkind, doch ich fühlte mich bei diesen riesigen, sanften Geschöpfen von Anfang an wohl und beschützt. Die Wahrnehmungsorgane waren zu jener Zeit bei Mensch und Tier erheblich schärfer ausgeprägt, als sie es heute sind. Ich wuchs also mit den Elefanten auf, hin und wieder besuchte ich das Dorf, um warmes Essen zu mir zu nehmen und mit Menschen zusammenzusein.

Mein Höheres Selbst teilte mir meinen Namen als Asana mit. Mein Leben mit der Elefantenherde sprach sich im ganzen Land herum. Man nannte mich die Elefantenprinzessin, und ich besaß die Gabe, mich mit Elefanten zu verständigen, auch wenn sie Hunderte von Meilen entfernt waren.

Mitten in dieser Rückerinnerung dachte ich auf bewußter Ebene an die Faszination, die Elefanten seit jeher auf mich ausübten. In meiner New Yorker Wohnung hingen überall Elefantenbilder, und auf dem Kaminsims trotteten eine Menge Holzelefanten, die ich aus Indien mitgebracht hatte. Mir war nie klar, warum ich mich so stark zu Elefanten hingezogen fühlte. In einem Museum hatte ich einmal das Bild eines alten Elefantenbullen gesehen, der unter den Bäumen eines indischen Urwalds verendete. Ich stand vor dem Bild und fing an zu weinen. Auch das verstand ich damals nicht. Als ich auf der Elefantenkuh die 51. Straße entlanggeritten war, hatte ich nicht die Spur von Angst. Mir war, als würde ich sie *kennen*.

Jahre zuvor hatte ich eine ganze Serie von Elefantenfotos, die im *National Geographic* erschienen waren, gekauft. In dieser Fotoserie traten die Liebe und Zuneigung, die diese Tiere füreinander empfinden, sehr deutlich zutage. Ich hatte die Wände meiner damaligen Wohnung damit tapeziert, aber nie begriffen, warum sie mich so stark berührten.

Und plötzlich fing diese Liebe zu Elefanten an, einen Sinn zu ergeben.

Während ich mit den sanftmütigen Riesen lebte und spielte, spürte ich, wie von mir ein Verständnis für ihre Empfindungen ausströmte. Ich kannte jeden einzelnen und respektierte die Hierarchie in der Herde. Ich wachte über die Geburt der Jungen, und wenn einer meiner Freunde sich verletzte, pflegte ich ihn mit menschlichen Heilmethoden gesund.

Die Elefanten wurden meine Schutzarmee, die jeder Mensch im Land respektierte. Obwohl es eigentlich nichts zu beschützen gab. Wir führten ein freies, harmonisches, lustiges Leben. Die Elefanten spielten gerne mit ihren Rüsseln an meinen Metallringen am Hals und an den Armen und freuten sich über die zarten Bewegungen und das klirrende Geräusch, wenn sie aneinanderklimperten.

Wenn ich sie aufforderte, mich ins Dorf zu begleiten, umringten sie den Ort, bis ich wieder mit ihnen in die Wildnis zurückkehrte. Manchmal brachte ich kleine Kinder mit zum Spielen, mit denen sie ebenso zart umgingen wie mit mir. Auch sie wurden in die Luft geworfen und wieder aufgefangen und von Rüssel zu Rüssel geschwungen. Manchmal hatte ein Kind Angst und weinte. Das verstanden die Elefanten nicht. Sie hatten mich nie weinen gesehen.

Und dann geschah etwas im Dorf, das für alle – auch für die Elefanten – eine Lernerfahrung war. Ein Freund, den ich sehr liebte, war in einem Streit getötet worden. Erschreckt und unglücklich weinte ich, schrie und heulte das ganze Elend hinaus, dessen Kinder fähig sind. Mein verzweifelter Gefühlsausbruch verwirrte die Elefanten und machte sie traurig. Durch meine Bilder im Kopf wußten sie, wer der Täter war. Die männlichen Elefanten der Herde wollten Rache. Ihr Zorn teilte sich mir mit, und ich ließ alarmiert die weiblichen Elefanten wissen, daß sie den Bullen Einhalt gebieten sollten, um ein weiteres Blutvergießen zu verhindern. Gemeinsam beschwichtigten wir die männlichen Elefanten und baten sie, von Gewalttaten abzusehen. Sie ließen sich umstimmen, aber erst, nachdem sie trompetend durchs Dorf gestampft waren und die Hütte des Mannes, der meinen Freund getötet hatte, umringt hatten. Der Mann erschrak zu Tode. Er begriff, daß die Elefanten wußten, was er getan hatte. Und er wußte auch, daß sie ihre Racheinstinkte unterdrückten.

Die anderen Dorfbewohner beobachteten das Verhalten der Elefanten voller Furcht. Auch sie wußten, daß die Herde das Dorf dem Erdboden hätte gleichmachen können. Es kam statt dessen zu einem Bündnis zwischen Elefanten und Menschen.

Die Elefanten forderten, daß die Menschen keinerlei Gewalttaten untereinander zulassen dürften, sonst würde die Herde das Dorf niedertrampeln und vernichten. Es wurde also lebensnotwendig, daß jeder Dorfbewohner mit jedem Nachbarn in Frieden lebte. Als Folge davon veränderte sich das *Bewußtsein* im Dorf. Die Erhaltung des Friedens wurde zu einer Aufgabe, an der die Bewohner *arbeiteten*. Sie lernten, Unstimmigkeiten im Gespräch zu bereinigen, anstatt zu kämpfen. Die Elefanten wachten darüber. Das Verständnis zwischen den Menschen verbesserte sich, ebenso wie das Verhältnis zwischen Mensch und Tier.

Von überall her strömten die Menschen zusammen, um dieses Wunder zu bestaunen; gleichzeitig erkannten sie ihre eigene Unzulänglichkeit im Umgang mit Macht. Ein behutsames Gleichgewicht des Verständnisses hielt den Frieden aufrecht. Die Dorfbewohner wußten, daß jeder für den erlangten Grad des Bewußtseins jedes einzelnen in der Gemeinschaft verantwortlich war. Gemeinsam waren sie so stark wie das schwächste Glied ihrer Gemeinschaft. Und die Elefanten spürten stets, wer das schwächste Mitglied der Gemeinschaft war, und ließen diesem Menschen ihre geduldige

Unterstützung zukommen. Sie konnten negative Schwingungen in einem Menschen weitaus schneller aufnehmen als dieser selbst, und sie deckten auf, welcher Mensch dazu neigte, Unruhe zu stiften. Dann sprachen sie mit ihm und klärten ihn wiederholt über die Konsequenzen seines Verhaltens für die Gemeinschaft auf, wenn er seinen negativen Weg weiter beschreiten würde.

Während ich mit den Elefanten lebte, war ich weniger fasziniert von ihrer Vernunftbegabung als von ihrer überströmenden Lebensfreude. Sie lebten Tag für Tag vollständig dem, was er bringen würde, ohne jedoch das Vergangene zu vergessen. Die Elefanten wußten um die Kraft des Mondlichts und kannten die Bedeutung jeder Morgendämmerung. Nachts begingen wir bestimmte Zeremonien außerhalb des Dorfes. Ich lehrte sie tanzen, und sie liebten es, den Dorfbewohnern ihre Fähigkeiten vorzuführen.

Im Verlauf dieser Erinnerungserlebnisse fragte ich mein Höheres Selbst, warum es mir möglich war, mich so vollkommen in diese Geschöpfe einzufühlen.

H. S. erläuterte mir, diese Lebensspanne sei für mich sehr wichtig und deshalb so angenehm gewesen, weil ich die Kunst beherrschte, auf kollektiver Ebene zu kommunizieren, zugleich aber auch jedes Einzelwesen zu achten. Mir war das Prinzip der Demokratie bewußt geworden, dem die Achtung des Individuums in der Gemeinschaft zugrunde liegt und das Einfühlungsvermögen in die verschlungenen Wege menschlicher Denkweisen erfordert. Dieses Wissen hatte ich in meiner gegenwärtigen Inkarnation noch nicht deutlich gemacht. Wenn ich jedoch in meiner Erinnerung des in der Vergangenheit Erlernten fortfuhr, würde ich dieses Verständnis für meine jetzige Lebensspanne wiedererlangen, was für meine Zukunft wichtig sei. Aus diesem Grund war mir gerade diese Inkarnation in mein Bewußtsein gerückt worden. Nicht zuletzt mußte ich die Bedeutung des Naturverständnisses durch Tiere wiedererlangen. *Tiere seien frei von jedem Urteil* und ein Beispiel dafür, wie Menschen sich in dieser Richtung entwickeln müßten. Elefanten seien aber auch Symbole des »Nie-Vergessens«, auch dies zu erkennen sei wichtig für mich.

»Wir Menschen sollten auch daran denken, daß wir die Fähigkeit besitzen, uns mit dem kollektiven Geist der Tiere zu verbinden. Ihre Energie ist für unser künftiges Wachstum unbedingt erforderlich. Es hat seinen Grund, daß Tiere die Erde bevölkern. Unsere Mißachtung ihnen gegenüber hat besorgniserregende Formen angenommen. Tiere besitzen kein Ego. Tiere würden uns lehren, wenn wir nur zuhören wollten. In ihrem kollektiven Bewußtsein wirken die Lehren der Vergangenheit. Ihre Stummheit und Unfähigkeit zu sprechen hat einen Grund. Ihre Kommunikationsebenen können uns helfen, unsere Wahrnehmungen auf die Natur einzustimmen.«

Als dieser beseligende Rückruf sich aus meinen Gedanken zurückzog, wurde ich noch einmal an das ihm zugrundeliegende Prinzip erinnert. Respektiere die Lebensqualität, die bedingungslose Annahme des Lebens in Natur und Tieren im einfühlsamen Fortschreiten verstandesgemäßen Denkens. Und sei dir der Bedürfnisse des einzelnen voll bewußt im Verständnis des Willens der kollektiven Mehrheit.

Am Ende dieser Erinnerung seufzte ich tief auf, denn ich hatte verstanden.

Dieser Geschichte möchte ich einen Nachtrag anfügen, auch wenn ich Gefahr laufe, unglaubwürdig zu erscheinen.

Zunächst möchte ich darauf hinweisen, daß es wichtiger war, das *Thema* jeder Inkarnation zu erfahren, als ihre eigentliche Geschichte. In der Inkarnation der Elefantenprinzessin war das Thema beispielsweise das Nebeneinanderexistieren von Kollektiv und Individuum. In diesem Lernprozeß dienten die Tiere als Instrumente, damit ich auf die Menschen im Dorf einwirken konnte.

Während diese spezielle Erinnerung abrollte, flutete eine weitere Lebenszeit in mein Bewußtsein und löste sich wieder auf, als sei es für mich wichtig, beide zugleich im Zusammenhang mit diesem Thema zu betrachten.

Ich »sah« folgendes: Ich sah mich selbst mit den sozialpolitischen Fragen der Gründerväter der Vereinigten Staaten beschäftigt.

Als ich H. S. fragte, *wer* ich in dieser Lebensspanne gewesen sei, sagte es: »Das spielt keine Rolle. Wichtig ist das Thema Demokratie. Du hattest eine Inkarnation zur Zeit der Niederschrift von Verfassung und Unabhängigkeitserklärung und warst zusammen mit vielen anderen an der Gründung der Neuen Spirituellen Republik der Vereinigten Staaten beteiligt. Wie viele andere Menschen zu jener Zeit hast du dich intensiv mit der Frage der Mehrheitsregierung und der Rechte des einzelnen auseinandergesetzt. Deine Lebenszeit mit den Elefanten hast du deshalb hervorgeholt, weil dein Seelengedächtnis sich an die Erfüllung der gleichen Aufgabe erinnert hat. Verstehst du nun das ganzheitliche holographische Bild?«

Ja, ich sah den Zusammenhang, es schien mir trotzdem ungeheuerlich, die beiden Themen miteinander zu verknüpfen.

»Nichts ist ungeheuerlich, wenn es darum geht, Leitlinien eines Lebens kennenzulernen«, fuhr H. S. fort, »denn die Seele lernt auf viele Weisen. Du mußt lernen, aus jeder Erfahrung deine Lehren zu ziehen. Du wirst feststellen, daß du dieselben Themen in anderen Lebensumständen aufgreifst, bis du das umfassende Verständnis erreicht hast. Dies ist ein Beispiel dafür. Und du wirst erneut mit diesem Thema konfrontiert werden, da die Vereinigten Staaten sich auch weiterhin mit der Problematik kollektiver und individueller Rechte befassen werden. Dieses Land veranschaulicht zwar höchstes Verständnis für dieses Thema, hat jedoch noch an vielen Teilaspekten zu arbeiten.«

Ich fing an zu begreifen.

Ich habe also keine Ahnung, wer ich war oder welche Aufgaben mir in den Tagen der Gründerväter übertragen waren. Ich weiß nur, daß die spirituelle und soziologische Bedeutung dessen, was diese Menschen im Jahr 1776 versuchten zu errichten, mich seit meiner Schulzeit bis heute tief berührt. Meine politischen Aktivitäten im gegenwärtigen Leben waren beseelt von dem Wunsch, zu ihren ursprünglichen Zielen zurückzukehren.

Unsere Staatsgründer waren eine Gruppe spirituell inspirierter Männer und Frauen, die der politischen und religiösen Unterdrükkung in Europa entflohen waren. Der persönliche Hintergrund jedes einzelnen war erfüllt von der Erkenntnis mystischer Wahrheiten, die auf das Ägypten der Pharaonen zurückreichen. Sie hatten den Wunsch, ihre neue Republik zu vergeistigen, und verwendeten uralte Symbole, um die Wurzeln ihrer Glaubensinhalte zu manifestieren. Aus diesem Grunde prägten sie auf die Rückseite der Dollarnote das Bild der Großen Pyramide von Gizeh und setzten das Dritte Auge darüber.

Diese politischen Leitfiguren besaßen spirituelles Bewußtsein. Und ich halte es auch heute noch für unabdingbar, daß Männer mit politischen Führungsqualitäten spirituelle Lebensphilosophien anerkennen, wodurch sie mit der Erkenntnis ihres eigenen höheren Wissens in Verbindung stehen, um fähig zu sein, die Gesellschaft auf den Weg in eine friedliche Welt zu lenken.

Achtzehntes Kapitel

Jede Inkarnation, die mir in den folgenden Tagen offenbart wurde, beinhaltete ein Thema, dessen Bedeutung für mich notwendig war, um mich heute besser verstehen zu können. Mir wurde weit mehr gezeigt, als ich hier schildern kann. Ich möchte mich darauf beschränken festzustellen, daß ich einen Punkt erreichte, an dem ich die Notwendigkeit erkannte, meine eigenen ungelösten Konflikte zu klären, wenn ich die Aufgaben meiner gegenwärtigen Inkarnation wirkungsvoll erfüllen wollte. Um in dieser Inkarnation weiter wachsen zu können, um mein Bewußtsein unsichtbarer Dimensionen zu erweitern, mußte ich emotionale Restbestände meiner Schwachpunkte, die mich noch immer belasteten, klären.

Ich wußte, daß Menschen, die ausschließlich von einer intellektuellen Realität ausgehen, sich in ihrer Welt immer weniger zurechtfinden. *Nichts* erscheint ihnen »intellektuell« sinnvoll. Da ihnen eine Begründung dafür fehlt, werden sie bitter und zynisch.

Unsere Kämpfe und Konflikte tragen wir nicht mit Regierungen oder unserer Kultur oder Gesellschaft aus. Wir kämpfen mit uns selbst. Doch ich begann zu »sehen«, daß uns nichts wirklich bedrohen kann, wenn wir wissen, *wer* wir sind und *woher* wir kommen. Je schneller wir unser Selbstbewußtsein erreichen, um so weniger Gegensätzen durch Autorität und Angst sind wir ausgesetzt.

Das Höhere Selbst erklärte, daß viele Seelen auf der Astralebene darauf warteten, irdische Dimensionen anzunehmen, um mit der Ausarbeitung ihres Karma fortfahren zu können. Aus diesem Grund sei körperliches Dasein hochgeschätzt. Karma werde nicht auf der Astralebene gelöst. Es könne nur im physischen Dasein der Materie auf der Erde erreicht werden.

H. S. sagte, jede Seele wisse, daß sie schließlich das Licht des Verstehens erreichen werde, und wenn es mehrere hundert Lebenszeiten dauere, um ein einziges Thema zu bewältigen.

Im Leben gehe es nicht ums Überleben, sondern um spirituelle Entwicklung. Setze man nur seine Überlebensinstinkte ein, so müsse man gegen etwas ankämpfen. Lebe man jedoch im Sinne einer stetigen Entwicklung, so gebe es keinen Konflikt, da kein Widerstand vorhanden sei.

Wenn wir in der bewußten Erkenntnis leben, daß wir uns jede Erfahrung, die wir machen, *erwählen*, sehen wir Traumata aus einer bewußtseinserweiterten Sicht. Wird unser Bewußtsein erweitert, erreichen wir besseren Einklang mit der göttlichen Quelle, und das Trauma löst sich auf. Tragödie ist deshalb Tragödie, weil wir sie als solche *wahrnehmen*. Dadurch bleiben wir Gefangene in der Tretmühle negativer Blindheit, verstehen den Sinn nicht und lernen nicht hinzu. Wir verurteilen und beklagen unsere Zwangslage und polarisieren zugleich unseren Energiefluß.

Überleben bedeutet, dagegen anzukämpfen. Entwicklung bedeutet im Fluß sein. Da alle Energie zur Gottesquelle fließt, bewirkt der Einklang mit ihr Friede und Vollkommenheit.

Die Seele wird von der Gottesquelle gespeist und getragen, nicht von irdischen Quellen. Es gibt keine Isolierung im Konflikt, wenn man mit dieser Energie in Einklang steht, denn mit ihr befindet man sich mit seinem wahren Selbst in Einklang.

Jedes Ereignis geschieht gemäß dem für die Seele notwendigen Lernprozeß.

Die Tage, in denen ich immer mehr lernte und verstand, entfalteten sich gleichsam wie Blütenblätter. Und mit jeder Sitzung, die sich meinem bewußten Verstand einprägte, wurde mir klarer, daß die meisten Lebenszeiten, die an mir vorüberzogen, mein *Unvermögen* aufzeigten, mir spirituelle Kraft zunutze zu machen. Natürlich hatte es eine Reihe von Inkarnationsvollendungen gegeben, doch sie zu sehen wäre unnötig gewesen. Diese Konflikte waren bereits gelöst. Aber auch in den vollendeten Inkarnationen hatte ich immer nur einen Aspekt eines breiten Spektrums karmischer Aufgaben bewältigt.

Eine Sache war mir klar. Ich *spürte*, daß das, was ich tat, richtig war. Die Informationen, die ich erhielt, machten mich nicht unglücklich, beunruhigten mich auch nicht. Nicht im geringsten. Im Gegenteil, ich spürte eine Art Befreiung in der Erkenntnis, daß mein heutiges Leben das Produkt vieler vorangegangener Leben ist, dem noch viele Leben folgen werden. Das ergab einen Sinn. Darin lag die Harmonie – Zweckerfüllung – eine Art kosmischer Gerechtigkeit, dazu bestimmt, alles im Leben zu erklären – Positives wie Negatives.

Vielleicht wollte ich mehr Einzelheiten aus meinen vergangenen Leben in Erfahrung bringen als die meisten Menschen. Vielleicht würden jene, die mein Vorgehen akzeptieren, sich mit weniger Wissen zufriedengeben. Es mag einfacher sein, Lippenbekenntnisse für eine Theorie abzugeben, ohne tiefer in ihre Problematik einzusteigen. Anderen mochte ich in der Erforschung meiner Person zu heftig sein. Aber dies ist *meine* Wahrheit, meine Art, die Dinge zu tun. Wenn mich einmal etwas interessiert, dann drehe ich jeden Stein auf meinem Weg um.

Und jenen, die mir vorwerfen, meine Theorie der kosmischen Gerechtigkeit sei zu bequem, könnte ich entgegenhalten, sie ist nicht bequemer als die, auf die Welt einzuschlagen, der Welt mit Vorwurf und Kritik zu begegnen. Und jenen, die davon ausgehen, daß es so etwas wie kosmische Harmonie und das sinnerfüllte Gute nicht gibt, könnte ich lediglich damit begegnen, daß ihnen der Blick auf die höheren Realitätsstufen verstellt sei.

Alles im Leben, traurige Ereignisse ebenso wie Erfolge haben ihren tieferen Sinn, wenn man sie sachlich, ohne Richterspruch betrachtet. Alles geschieht aus einem Grund. Das Leben ist wie die Natur. Die Schönheit liegt im *Sein*, und jedes Geschehnis in der Natur ist Glied einer Kette aufeinander einwirkender Geschehnisse. Meine Neugier folgte der Spur dieser Zusammenhänge.

Ich nahm mir die Freiheit heraus, jeder Wahrheit nachzuspüren. Mochte sie auch tief verborgen sein, real war sie trotzdem.

Und immer dann, wenn auf meiner Suche Skepsis sich meiner bemächtigte, lernte ich, sie zu überwinden. Die Wahrheit, nach der ich suchte, war mir wichtiger, wohin sie auch führen mochte. Und ich beschloß, dem, was ich als mein Höheres Selbst begriff, zu vertrauen. Als ich erkannte, was das bedeutete, dachte ich darüber nach, wie ich mein Leben in der *jetzigen* Inkarnation vor meinem spirituellen Erwachen gelebt hatte.

Ich ließ mich von Terminen jagen, bemüht, meine Zusagen einzuhalten, Verantwortung zu übernehmen und anderen zu gefallen. Mein Leben war so ausgefüllt mit Geschäftigkeit, daß ich nie glaubte, alle meine Wünsche oder Anforderungen an mich je erfüllen zu können. Das hatte sich nunmehr geändert. Ich fühlte mich entspannt im Vertrauen darauf, daß mir genug Zeit zur Verfügung stand. Befreit von Angst, entdeckte ich plötzlich, daß ich völlig in der Gegenwart lebte – ich rechnete mir nicht mehr aus, wieviel Zeit ich einem Problem widmen konnte, und bedauerte nicht mehr, etwas in der Vergangenheit versäumt zu haben. Das *Jetzt* zählte. Im Vertrauen auf meine spirituelle Kraft fand ich zu größerer Klarheit im Denken, weil der Faktor Angst fehlte. Dadurch erreichte ich *mehr* in kürzerer Zeit. Es war erstaunlich, wie die spirituelle Befreiung von Angst sich auswirkte. Da ich spürte, daß alles in meinem Leben aus gutem Grund geschah, ließ ich die Dinge *geschehen*. Als Folge davon befähigte mich das Fehlen jeglichen Widerstandes dazu, alles zu tun, was ich mir vorgenommen hatte.

Während ich Tag für Tag unter Chris' Akupunkturnadeln lag, trat ich in einen veränderten Zustand des Bewußtseins ein, wobei ich mir über diesen neuen Bewußtseinszustand vollkommen im klaren war.

Mein Höheres Selbst tastete verschiedene Inkarnationen ab und ging näher auf jene Lebenszeiten ein, deren Betrachtung es für mich bedeutsam hielt. Oft sah ich sich überlappende Bilder, die blitzschnell aufeinander folgten. Dann wieder hielt H. S. eine bestimmte Inkarnation an, um mir daraus Teilaspekte vor Augen zu führen. Nicht immer erkannte ich den Sinn der Bilder, doch irgendwie verstand ich die emotionalen Gründe, warum ich sie sah.

Oft tauchten die Lebenszeiten in mir auf wie Gemälde, die sich bewegten.

Ich tanzte in einem Harem und versuchte, meine Bewegungen zu vergeistigen.

Ich war ein Kleinkind in einer spanischen Kirche und trug Brillantohrringe.

Ich war ein Mönch, der in einer Höhle meditierte.

Ich war ein kleines Kind, wurde von einem Adler erfaßt und zu einer Eingeborenenfamilie in Afrika geflogen. Dort war ich unglücklich wegen der primitiven Lebensumstände.

Ich sah mich als Kind auf einer Schaukel in die Sonne blinzeln.

Ich war eine russische Ballerina, lebte in einem Haus mit einer Veranda, trug Samtröcke und spielte Balalaika. Ich saß auf einer Schaukel, umgeben von Büchern, Papier und Schreibstiften. Ich liebte den Sonnenschein des russischen Frühlings und suchte nach Erdbeeren, die unter der Schneedecke begraben waren. In der russischen Inkarnation sah ich keine anderen Menschen. Ich suchte nach Vassy, aber es gab niemanden.

Blitzartig veränderte sich das Bild nach Brasilien, wo ich irgend etwas mit Voodoo zu tun hatte. Ich mißbrauchte die Macht des Okkulten.

Wieder ein neues Bild. Ich befand mich in einer arabischen Wüste bei einer Karawane und blickte in den Sternenhimmel.

Wieder ein blitzschneller Wechsel – ich machte chinesisches Tai-chi.

Ich tippelte als japanische Frau in einem bunten Kimono im Morgenlicht über Kopfsteinpflaster auf einen buddhistischen Tempel zu.

Ich schwamm in einer Felshöhle. In der Nähe am Flußufer schlief ein Alligator. Ich wußte das und hatte Angst.

Dann tauchte eine Inkarnation auf, die mich so stark aufregte, daß ich nicht weitermachen wollte.

Ich war ein kleiner Junge von etwa elf Jahren. Als ich »näher hinsah«, wußte ich, daß ich ein Inka in Peru war. Stammespriester hatten mich dazu erzogen, die Kraft meines Dritten Auges zu benutzen. Um meine übersinnlichen Wahrnehmungen zu schärfen, hatten sie mir aus der Stirnmitte eine flache Höhlung gemeißelt.

Es war entsetzlich. In der Gegenwart dachte ich an meine Reaktion auf die Totenschädel im Museum von Lima. Plötzlich verspürte ich einen realen brennenden Schmerz in der Mitte meiner Stirn. Eine der Goldnadeln sprang heraus.

Ich wollte nicht weitermachen und fragte Chris, ob es notwendig sei.

»Frag dein Höheres Selbst«, antwortete sie.

Das tat ich.

H. S. antwortete: »Wenn du Fortschritte machen willst, mußt du den psychischen Schmerz, der in deinem Gedächtnismuster eingekerbt ist, klären. Ich schlage vor, im Lernprozeß weiterzugehen, auf zwei Bewußtseinsebenen gleichzeitig zu arbeiten. Du hast das Narbengewebe in deinem Dritten Auge durch viele Lebenszeiten bis in diese Inkarnation getragen. Jetzt solltest du dich davon lösen. Verweigere diese Erfahrung nicht.«

Ich holte tief Luft. Ich würde weitermachen.

Wieder erschien das Bild. Ich befand mich in einer kalten Steinzelle. Ein Priester pflegte mich fürsorglich, legte Kräuter und Tinkturen auf die Wunde meines Dritten Auges. Der starke Schmerz verwirrte mich. Ich wußte, daß ich über mein Verständnis hinaus zu etwas gezwungen wurde. Der Priester versuchte mir die Gründe zu erklären. In der Hand hielt er eine Art Kräutergaze, die um einen schwammigen Pfropfen gewickelt war, der in meine Wunde gelegt werden sollte. Die Tortur war grausam und entsetzlich schmerzhaft. Ich haßte die physische wie auch die psychische Gewalt, die mir angetan wurde, und konnte mich gegen beides nicht wehren. Der Priester wiegte mich tröstend in seinen Armen und fuhr fort, mir zu erklären, daß diese Behandlung mich zu einem höheren Grad der Hellsichtigkeit führen würde. Ich sei dazu auserwählt, die Menschen meiner Gemeinde weg vom Bösen zu führen. Ich wurde hysterisch vor Wut und Demütigung, entriß mich seinen Armen und lief davon. Er machte keinen Versuch, mir zu folgen. Ich drehte mich nach ihm um. Das letzte, was ich sah, war, wie der Priester seine Arme hob zu einer Art melancholischem Segen.

In dieser Sekunde erkannte ich in dem Priester – Vassy! Und das Thema war der Sieg über das Böse.

In jeder Inkarnation, die ich wieder erlebte, erfuhr ich irgendeinen emotionalen körperlichen Schmerz. Ich nenne ihn emotional, weil der Schmerz aus der Erinnerung kam. Doch er stimmte nicht immer mit dem überein, was ich sah. Ich befragte H. S. nach dem Grund.

Es sagte, jede Inkarnation, die ich gesehen habe, endete mit schmerzhaftem Tod. Es sei nicht notwendig, mir den Tod zu zeigen. Es sei nur wichtig, mir meinen Mangel an Verständnis während meines Lebens aufzuzeigen. Doch jeder Schmerzbereich, den ich spüre, beziehe sich auf jeden Tod. Ich müsse die Fesseln des Schmerzes dieser Todesarten spüren, um mich davon zu befreien. Aber ich müsse auch verstehen, daß diese Todesarten nicht schmerzhaft gewesen wären, wenn ich in Einklang mit meiner spirituellen Kraft gestanden hätte. Schmerz sei nichts anderes als Widerstand; Widerstand gegen die Gottesenergie, hervorgerufen durch die Angst.

Ohne Angst und Widerstand wäre der Tod lediglich ein Übergang in eine andere Dimension.

Im Rückblick auf diese Inkarnation wurde mir klar, daß jede ein ungelöstes mystisches Verständnis beinhaltete. Das Thema war das Unvermögen, meine eigene spirituelle Kraft zu nutzen, auch wenn ich mich in mystischen Situationen befand.

Wenigstens hatte ich Vassy in einem meiner vergangenen Leben wiedererkannt.

Am Ende der Woche erkannte ich ihn in weiteren.

Am Ende jedes Sitzungstages gingen Chris und ich die Bedeutungen des Geschehenen durch. Sie war fasziniert von der feinen Ineinanderverwobenheit der Themen. Ähnliche Marathonsitzungen hatte sie mit anderen Patienten durchgeführt, und sie warnte mich davor, mich zu überanstrengen, wenn ich diese überwältigende Informationsfülle in mich aufnahm.

Jeden Abend fuhr ich langsam von ihrer Ranch in den Sonnenuntergang nach Hause. Ich sah keinen anderen Menschen, und abends, im Essigbad liegend, hörte ich die Tonbänder ab. Meine Träume waren intensiv und symbolisch verschlüsselt. Oft erwachte ich mit Kopfschmerzen. Und immer wieder fragte ich mich, ob ich nicht zu weit ging. Aber ich konnte einfach keine halben Sachen machen.

Ich aß frisches Gemüse und Obst und trank täglich mindestens acht Gläser Wasser. Manchmal wußte ich nicht, wonach ich in den Sitzungen suchte. Neben dem Lernprozeß erlebte ich ein Abenteuer in meinem Innern, das mir Vergnügen bereitete und mich mehr anregte als alles, was ich bisher getan hatte.

In den einfachsten Dingen sah ich neue Bedeutungen. Wenn ein Vogel vor meinem Fenster zwitscherte, sehnte ich mich danach, den verborgenen Sinn seines Liedes zu erfahren. Wenn die Sonne mir heiß auf der Haut brannte, fragte ich mich, ob hinter den gasförmigen Sonnenstrahlen Intelligenz lebte. Ich fuhr stundenlang allein durch die Wüstennacht, bis der Mond hinter den Granitfelsen versank.

Und wenn ich mich im Freien unter den Sternen schlafen legte, fühlte ich mich mit allem über mir verbunden.

Es war eine wunderbare Zeit.

Manchmal weinte ich. Manchmal ergriff mich ein überwältigendes Glücksgefühl. Ich stellte mich selbst dar – *für* mich selbst.

Ich meditierte über den kleinsten Fleck, bis ich spürte, er wuchs zu unendlicher Größe an. Dann meditierte ich über einen Berg, bis er zu einem winzigen Fleck schrumpfte. Je mehr ich meine eigene Mitte fand, desto weiter konnte ich mein Verständnis nach außen tragen.

Auf einem Spaziergang über die Hügel gelangte ich an einen hohen Baum. Ich legte meine Arme um ihn und bat H. S., mir das Geheimnis des Friedens dieses Baumes zu verraten.

H. S. sagte: »Er steht ganz still.«

Ich begann das Zeitgefühl zu verlieren. Eine Sekunde wurde zur Stunde. Zuweilen vergaß ich, wo ich war. Manchmal fuhr ich an einer Weggabelung in die falsche Richtung, weil ich oft gesehene Zeichen nicht erkannte. New York und Hollywood befanden sich auf einem anderen Planeten. Die Hektik des Überlebens schien wie eine Verunglimpfung und war unendlich weit entfernt von den tatsächlichen Prioritäten des Lebens. Eine weiße Wolke, die vom Wind über den blauen Himmel getrieben wurde, erschien mir wichtiger. Eigentlich war alles unendlich. Nichts hatte Grenzen oder Abmessungen. Alles hatte Bedeutung. Nichts war vergeudet oder überflüssig, und alles Leben paßte in das Mosaik der Vollkommenheit. Die Welt mit ihrem Chaos hatte einen festen Platz in der Harmonie des Friedens. Denn das Chaos, im nie endenden Fluß der Zeit gesehen, hatte lediglich dramaturgische Funktion im großen Welttheater.

Erst nach meiner letzten Sitzung mit Chris wurde mir deutlich, wonach ich gesucht hatte. H. S. wußte es natürlich die ganze Zeit über, nur »ich« war mir nicht im klaren darüber.

Doch ich war gut vorbereitet, als die Erkenntnis schließlich kam. Ich wußte, daß ich vorwiegend gewalttätige und traumatische Inkarnationen gesehen hatte, weil in diesen Gedächtnismustern die ungelösten Konflikte lagen, die ich zu klären hatte. Zwei wichtige Inkarnationen, die ich nie vergessen werde, verhalfen mir zu tieferer Einsicht. Ich berichte sie in der Reihenfolge ihrer Darstellung, denn dies ist vielleicht von Bedeutung, die ich jedoch noch nicht herausgefunden habe.

Die Szene öffnete sich auf die wilde, einsame Wüste Gobi nahe des Karakorum. (Eines meiner Lieblingsbücher der Kindheit war *The Sands of Karakorum*. Die Geschichte handelte von einem europäischen Paar, das sich durch die tiefen, windgepeitschten Sanddünen der Wüste Gobi kämpft auf der Suche nach einer verlorenen Stadt, in der ihr bester Freund spurlos verschwunden war.)

Ich sah eine Zeltkarawane und Kamele, die sich scharf gegen den nackten, gelben Ozean aus Sand abzeichneten.

In einem der Zelte lebte ich als junges Mädchen mit meinen

Eltern und zwei Schwestern. Wir waren mongolische Nomaden, die von Zeit zu Zeit den Überfällen von umherziehenden Banditen ausgesetzt waren. Die Räuber behandelten ihre Opfer mit gnadenloser, unbeschreiblicher Grausamkeit, wenn diese ihre Forderungen nicht erfüllten. Abgesehen von der ständigen Angst vor diesen Banden führten wir ein beschauliches, einfaches Leben in der Wüste. Wir versorgten unsere Kamele und Pferde; ich webte gern bunte Stoffe, in die ich kleine Spiegelsplitter einarbeitete, die wir an einem Handelsplatz eintauschten.

In diesem Fall ist es wichtig, daß ich die anderen Figuren der Inkarnation nenne. Der Vater war mein heutiger Vater, die Mutter war die Schwester meines jetzigen Vaters. Meine mittlere Schwester (ich war die älteste) war Chris und die jüngste Sachi. Diese Inkarnation stellte also eine direkte Verbindung zu meinem heutigen Leben her.

Die »Geschichte« entwickelte sich folgendermaßen:

Ich stand mit etwa sechzehn in der vollen Blüte meiner Jungmädchenjahre und fühlte mich zu einem jungen Mann von etwa zwanzig hingezogen, der mit seiner Familie im Nachbarzelt lebte. Im Grunde genommen war es beschlossene Sache, daß wir beide eines Tages heirateten, doch vorher mußte mein Vater sein Einverständnis geben. Ich war ein schönes junges Mädchen, das in mancher Hinsicht begehrenswert war, und mein Vater war ein ausgefuchster mongolischer Schacherer. Als Frau in dieser Kultur stellte ich lediglich einen reizvollen Besitz dar, den man je nach Bedarf kaufte oder verkaufte. Und der junge Mann und mein Vater betrachteten mich unter diesen Gesichtspunkten. Bei dem jungen Mann handelte es sich um meinen Ex-Gatten Steve aus meinem heutigen Leben. Mein Vater war das alleinherrschende Familienoberhaupt, wie das in mongolischen Wüstenstämmen üblich war. Doch seine Herrscherrolle konnte leicht durch Bestechung oder Einschüchterung unterwandert werden.

Eines Abends nach der Mahlzeit – Kamelfleisch am Spieß gebraten, zu dem wir getrocknete Brotfladen in saure Milch tunkten – bereitete sich die Familie auf die Nacht vor. Ein dicker Teppich bedeckte den Sand unseres geräumigen Zeltes, und bunte Kissen lagen an den einzelnen Schlafplätzen verteilt. An den Innenseiten der Zeltwände hingen Seidenstoffe, und in einer Ecke lag ein Stapel getrockneter ungegerbter Tierhäute. Vor dem Zelt waren eingesalzene Pelze zum Trocknen aufgehängt.

Die Sterne draußen waren so nah, daß ich glaubte, sie wie Zirkonkristalle vom Himmel pflücken zu können.

In der Ferne hörte ich Pferdegetrappel über den Sand donnern, das sich rasch näherte. Bald sah ich, daß es einer der gefürchteten Banditen war. Neben seinem schwarzen Araberhengst führte er zwei galoppierende Kamele mit sich.

Hastig trat ich ins Zelt und erzählte meinem Vater von dem Banditen.

Er schwieg, aber ich sah, daß er Angst hatte.

Der Bandit schwang sich vor unserem Zelt vom Pferd. Entschlossen schlug er den Teppich am Eingang zurück und trat ein. Für mich sah er aus wie der gefürchtete Dschingis-Khan. Seine Augen funkelten wie schwarze Oliven, sein Gesicht bedeckte ein wilder Bart. Das lange schwarze Haar war im Nacken mit einem dünnen Lederriemen zusammengebunden. Er trug schwarze, musselinähnliche Gewänder, in der Mitte von einer purpurroten Schärpe gegürtet. Breitbeinig stand er da und zückte ein langes, juwelengeschmücktes Schwert. Er wirkte sehr bedrohlich, doch wir wußten, er wollte eine Art Handel mit uns schließen. Die wilden Augen des Banditen schweiften durchs Zelt. Mein Vater lächelte untertänig und verneigte sich ehrfürchtig. Der Bandit beachtete ihn nicht, musterte kurz unsere Pelze und Häute, eingehender aber prüfte er uns drei Schwestern. Mir war klar, daß er gekommen war, um eine Frau zu rauben. Meinem Vater war das wohl auch bewußt. Eine der seltenen Gelegenheiten, wo es nicht darum ging, einen guten Preis für eine Frau auszuhandeln, sondern darum, ob wir am Leben bleiben würden oder nicht.

Der Bandit deutete auf mich und sagte, er würde mich mitnehmen und in Frieden abziehen. Folge ich ihm nicht freiwillig, würde er uns ausplündern, alle Zeltbewohner töten und mich trotzdem mitnehmen. Er brauche eine Frau, und *ich* müsse sein Besitz werden.

Das ließ meinem Vater keine große Wahl. Er sah mich an.

Ich fand den Banditen recht attraktiv. Ich hatte überhaupt keine Angst vor ihm, fand ihn abenteuerlich und aufregend. Ich stellte mir vor, wie ich mit ihm als Beschützer in hellen Sternennächten durch die Wüste reiten würde.

Mein Vater sah meine Furchtlosigkeit, was ihm die Entscheidung erheblich erleichterte. Er hob die Schultern.

Der Räuber beobachtete unsere stummen Blicke der Verständigung scharf, und bevor es zu irgendeiner Verhandlung kam, riß er mich an sich, zerrte mich, ohne daß ich Abschied nehmen konnte, aus dem Zelt und hob mich auf den schwarzen Hengst. Das Schwert steckte er in die Scheide, ergriff die Zügel der beiden Kamele, schwang sich hinter mich aufs Pferd, umfaßte mich mit den Armen und drückte dem Rappen die Fersen in die Flanken. Und wir galoppierten mit den Kamelen im Schlepptau in die Nacht.

Ich hatte keine Angst. Für mich war das ein Abenteuer. Ich wußte, bei dem Banditen befand ich mich in Sicherheit, da er mich nun als seinen Besitz betrachtete.

Der Bandit war meine jetzige Mutter.

Die Bilder meines neuen Lebens mit dem Räuber wirbelten in einer farbenprächtigen Bildfolge durcheinander. Lange Ritte durch den endlosen Wüstensand im heulenden Wind. Gruppen anderer Banditen, mit denen er Geschäfte machte und vor denen er mit mir prahlte. Ich kochte für ihn über einer Feuerstelle in der Wüste, teilte sein Lager, ein Stapel weicher Edelpelze. Er redete selten und wenig mit mir. Er betrachtete mich als angenehmes Schattenwesen, das keine Schwierigkeiten oder Unannehmlichkeiten machte, das einfach *da* war. Ich war nicht unzufrieden, manchmal sehnte ich mich nach meinem Vater und dem jungen Mann, dem ich hätte angehören sollen. Ich war sehr passiv, paßte mich einem Leben an, von dem ich glaubte, es nicht ändern zu können. Meine Verhaltensweisen und Reaktionen waren einfach, ohne große gefühlsmäßige Anteilnahme.

Diese Teilnahmslosigkeit übertrug sich auch in das nächste Geschehen.

Chris stand auf, um wieder eine Nadel in meinen Hals zu stechen. Bisher war es ihr nicht gelungen, in das Narbengewebe aus vergangenem Leben einzudringen. Mein Hals hatte der Nadel noch mehr Widerstand entgegengesetzt, als meine Stirnmitte es getan hatte.

»Sie sagen mir, ich solle wieder eine Nadel an deinem Hals anbringen«, erklärte Chris und stach sie behutsam in das weiche Gewebe meiner Kehle. Diesmal hatte sie damit Erfolg. Die Nadel zitterte nur leicht.

»Bitte mach weiter«, sagte Chris.

Ich schlief auf den Fellen im Zelt. Inzwischen war ich schwanger geworden und freute mich auf das Kind, durch das ich Gesellschaft bekommen würde. Ich schlief alleine, weil der Räuber unterwegs war.

Aus der Stille trat jemand ins Zelt. Ich rief etwas und bekam Antwort. Es war der junge Mann aus dem Dorf, der mich gesucht hatte und nun sein Eigentum zurückfordern wollte.

Sobald er sah, daß ich schwanger war, geriet er in Wut. Seine Augen sprühten Funken. Er schrie mich an. Er war nicht wütend auf den Räuber. Er war wütend auf *mich*. Ich war *sein* Besitz, und nun war ich durch einen anderen Mann geschändet worden.

Er fiel über mich her und vergewaltigte mich auf brutalste Weise. Seine eigene Gewalt erotisierte ihn. Aber auch ich hatte Spaß an unserem erotischen Kampf. Meine einzige Sorge galt dem Wohlergehen des ungeborenen Kindes.

Plötzlich wurde der Teppich am Eingang zurückgeschlagen. Der Bandit war zurückgekehrt.

Er entriß mich den Armen des jungen Mannes, zerrte mich hoch. Er war nicht wütend auf den jungen Mann. Er war wütend auf *mich*.

Er schleifte mich hinaus in die Morgendämmerung. Der junge Mann folgte. Der Bandit zog sein Schwert aus der Scheide. Auch der junge Mann zückte sein Schwert. Ich wußte, der Bandit würde zuerst mich töten und dann den jungen Mann. Doch plötzlich warf der junge Mann sich vor dem Banditen auf die Knie, um sich gleich darauf auf mich zu stürzen im Bemühen, sein eigenes Leben zu retten. Er packte mich von hinten, hielt mich fest und schlitzte mir langsam die Kehle auf. Der Bandit beobachtete die Szene mit erbarmungsloser Miene, in die sich leise Trauer mischte.

Blut spritzte mir über Schultern und Arme. Der junge Mann redete beschwichtigend auf den Banditen ein, während er mich an einen Pflock im Wüstensand fesselte. Mein Tod sollte ihm das Leben retten. Das Gesetz der Wüste befahl, daß eine ehebrecherische Frau ihre Tat mit dem Leben bezahlte.

Ich mußte also sterben und blickte zu dem Banditen hinüber. Sein Gesicht war ein wenig traurig, aber unerbittlich. Ich blickte zu dem jungen Mann. Er stand wie gelähmt, mehr aus Angst um sein Leben als um meines. Reglos starrte er vor sich hin.

Nicht einmal in dieser Situation reagierte ich auf das, was mir angetan wurde. In der Gegenwart, auf dem Tisch liegend, spürte ich keinen Schmerz, und obwohl die Bilder entsetzlich waren, interessierte ich mich eingehender für die anderen Figuren als für mich selbst.

Der junge Mann wandte sich von mir ab und ließ mich an den Pflock gefesselt zurück. Der Bandit schrie etwas in seine Richtung. Der junge Mann hob die Arme, als wolle er sagen: »Mach mit ihr, was du willst.«

Der Bandit ließ ihn ziehen. Der junge Mann schwang sich auf sein Pferd, und ohne sich umzublicken, ritt er der Sonne entgegen und ließ mich in der Wüstenhitze verbluten.

Traurig brach der Bandit sein Lager ab, bepackte sein Pferd und die Kamele mit seiner Habe und ritt ebenfalls davon. Ich blieb allein zurück. Raubvögel fielen über mich her, während ich langsam zu Tode blutete.

Jetzt, auf dem Tisch liegend, setzten die Schmerzen in meiner Kehle wieder ein. Die Nadel fiel wieder heraus. Ich wollte nicht weitermachen.

Wie setzte man sich mit einem derartigen Rückruf aus der Vergangenheit auseinander? Alle Menschen hatten eine Vielzahl von Schrecknissen durchgemacht, doch was sollte ich aus dieser Erfahrung des Entsetzens lernen? Vögel hatten mir immer Angst gemacht. Sie besaßen Kräfte, denen ich mich hilflos ausgeliefert fühlte. Waren diese unrealistischen Ängste Restbestände aus der Erfahrung dieses Rückrufs?

»Löse dich von dieser Angst«, sagte Chris. »Sie wird für immer geklärt. Wir werden uns später damit beschäftigen.« Sie drehte die Nadel wieder in meine Kehle.

Ich atmete Licht in die Nadel. Der Schmerz war schrecklich, quälend, pochend.

Das Bild meines Sterbens blieb bestehen. Die Sonne stand nun hoch am Himmel. Ich lag in den letzten Zügen. Die Szene war so grauenvoll, daß ich sie nicht länger ertragen konnte. Zur gleichen Zeit, als ich mich nicht mehr darauf konzentrieren wollte, sah ich, wie ich meinen Körper verließ und starb.

Die Gefühle des Entsetzens und des Schmerzes schwanden sofort mit dem Verlassen meines Körpers. Ich blickte auf mich selbst hinunter, schwebte hinter dem jungen Mann her, sah, wie er zu meinem Vater zurückkehrte, dem er berichtete, der Bandit habe mir die Kehle durchgeschnitten und mich in der Wüste sterben lassen. Mein Vater glaubte ihm und machte ihm schwere Vorwürfe, daß er mich nicht verteidigt habe. Doch schließlich hatte er noch zwei andere Töchter, mit denen er einträglichere Geschäfte machen konnte.

Der junge Mann fing nun an, um meine jüngste Schwester (Sachi) zu handeln. Sachi weigerte sich jedoch, an ihn verkauft zu werden, da sie sich in *seinen* jüngeren Bruder verliebt hatte. Dieser Mann war mein jetziger Bruder! Die beiden jungen Leute gingen zusammen fort und überließen die zwei Männer, die für mein Schicksal verantwortlich waren, ihrem Streit. Ich hörte, wie der junge Mann der Seele meines Vaters Rache schwor, ihn verfluchte und gelobte, ihn so lange zu verfolgen, bis er ihn zur Strecke gebracht habe, und wenn es in einem zukünftigen Leben sein sollte.

Das Bild entfernte sich, bis es verschwunden war.

Ich begann die Mosaiksteine aneinanderzufügen und sagte zu Chris: »Das Wesentliche an dieser Geschichte scheint mir die Beziehung zwischen meinem Vater und dem jungen Mann zu sein. Interessanterweise konnten mein Vater und mein Ex-Mann vom Moment ihrer ersten Begegnung an einander nicht ausstehen. Es war wie ein chemischer Prozeß, eine Abneigung, die auf nichts Greifbarem beruhte. Sie behandelten einander, als müsse *jeder* mich vor dem anderen beschützen. Ich habe das nie begriffen. Jeder glaubte vom anderen, er sei nicht gut für mich. Ich liebte beide, aber sie konnten einander auf den Tod nicht leiden.«

Chris lachte leise. »Da war wohl eine Menge Karma im Spiel. Solches geschieht in jeder Familie. Aber sieh dir das Karma an, das deine Mutter als Bandit und dein Vater miteinander zu verarbeiten haben. Sie hat ihre Macht in jener Lebensspanne wirklich schändlich mißbraucht, auch wenn es das Gesetz der Wüste war, eine Frau zu rauben. Wie denkst du darüber?«

Ich versuchte, so objektiv und ehrlich wie möglich zu sein. »Ich war immer stark daran interessiert, was zwischen meinen Eltern vorgeht. Anscheinend habe ich gegen beide keinen unterbewußten Groll weitergetragen, sondern mich entschlossen, in diesem Leben ihre Tochter zu sein, um ihnen zu helfen, ihre Probleme miteinander zu lösen. Kann das sein?«

»Ja. Und weiß der Himmel! In deiner Mutter hast du dir ein wundervolles Beispiel erwählt, um dir viele für dich notwendige Bereiche zu erarbeiten. Sie hat dich gelehrt zu lieben, ohne Urteile zu fällen. Sie hat dir vor Augen geführt, daß jeder von uns zu irgendeiner Zeit ein Tyrann war. Sie hat das alles durchgemacht und strahlt diese Einsicht aus, die du auch einmal erreichen wirst. Dein Vater schwankt noch zwischen dem Verständnis seiner latenten Macht und wie er sie einzusetzen hat. Aber auch er wird es schaffen. Sie machen beide rasche Fortschritte, weil du sie machst. Deine Eltern haben eine betonte und starke karmische Bindung, doch die Erleuchtung einer einzigen Seele erhebt jede andere Seele unseres Planeten. Du hast dir deine Mutter erwählt, um durch sie zu lernen. Sie veranschaulicht das, was du lernen mußtest. Deshalb war sie für dich als Mutter so interessant.«

Das war milde ausgedrückt, fand ich. Was mir so bemerkenswert erschien, war die offenkundige Machtlosigkeit meiner Mutter in ihrem jetzigen Leben. Was immer ihre Gründe für diese Unterlegenheit sein mochten, ich wollte nicht, daß das mit mir geschah. Obwohl sie in diesem Leben viel frustrierte Hilflosigkeit ausstrahlte, diente mir ihr Verhalten als Lehre, ein ähnliches Schicksal zu vermeiden. Für diese Lehre war ich ihr immer dankbar. Ich hatte mir jedenfalls einen hervorragenden Lehrer ausgesucht. Was nun das Zusammenleben meiner Eltern betraf, so ließen sie ihren unterdrückten Emotionen füreinander nur freien Lauf, wenn ich mit ihnen zusammen war. Vielleicht sollte ich daraus die Erkenntnis ziehen, ihrer karmischen Dichte mit Geduld zu begegnen, sie getrost miteinander streiten und aufeinander losgehen zu lassen, bis sie sich ihre Probleme von der Seele geredet hatten, denn über ihre Liebe füreinander gab es keinen Zweifel. Diese Art der Liebe hatte zwar nichts mit Lebenserfahrung zu tun. Sie hatte etwas mit dem vergebenen *Selbst* zu tun, so daß jeder sich in sein eigenes Dasein verlieben konnte.

Noch einige Punkte zur Wüsteninkarnation.

Seit meiner Kindheit hatte die Wüste einen mystischen Reiz auf mich ausgeübt – nicht die Mojave-Wüste oder die Sahara, sondern die Wüste Gobi. Es war immer eine Wüste mit mongolischen Bewohnern, die meine Phantasie anregte. Ein wildes, rauhes Volk, das sich nur Gott verantwortlich fühlte, dem es mit Angst und Ehrfurcht begegnete. Den heulenden Sturm als ständigen Begleiter und die Weite des Himmels als einzigen Trost, daß es nicht verlassen war. Warum ich jedoch solch romantische Gefühle der Wüste Gobi entgegenbrachte, nachdem ich diese grauenvolle Lebenserfahrung dort gemacht hatte, weiß ich nicht zu deuten. Es sei denn, ich hatte die Probleme mit den Menschen, die mich so ungerecht behandelten, in späteren Leben verarbeitet, lediglich die Traumata mit den Aasgeiern, der sengenden Sonne und dem langsamen Sterben waren geblieben.

Jene Lebenszeit war mit meinem gegenwärtigen Leben so stark verknüpft, daß es mir nicht möglich war, jede einzelne Verbindung zu verstehen. *Und* was mir in der Wüste angetan worden war, war das Resultat von Geschehnissen, die diesem vorangegangen waren.

Nach dem Erlebnis mit dem jungen Mann in der Mongolei, der mir die Kehle durchgeschnitten hatte, wollte ich wissen, was ich ihm davor angetan haben mußte, um diesen gewaltsamen und langsamen Tod erleiden zu müssen.

Ich befragte mein Höheres Selbst. Es zeigte mir eine Inkarnation aus der Römerzeit. Ich war ein römischer Soldat, der eine Frau und ihre Tochter eingekerkert hatte. Sie starben eines langsamen Hungertodes, nachdem sie in der verdreckten Zelle von Aussatz befallen worden waren. Die Frau war die Seele des jungen Mannes, der wiederum mein heutiger Ex-Mann war!

Das karmische Gesetz von Ursache und Wirkung war atemberaubend in seinen Aussagen. Das Drama schien kein Ende zu nehmen. Ich staunte über das breite Spektrum der Menschheitsgeschichte. Welche Filme könnten aus karmischen Dramen entstehen! Wenn Hollywood sich nur dafür interessieren würde, wie Karma sich in jedem einzelnen vollzieht. Dann gäbe es keine Simplifikationen mehr wie etwa: guter Mann bekämpft Bösewicht. Wir alle würden gemeinsam im Topf aller emotionalen Konflikte stecken. Ich sehnte mich nach einem Film, in dem Gerechtigkeit sich über mehrere Lebensspannen erstreckt. Daraus könnten wir lernen, wie die Harmonie der Sinnerfüllung im Leben funktioniert. Gewalt wäre nicht kopflos und impulsiv; sie hätte Hintersinn. Und würde dieser Hintersinn verstanden, wäre Gewalt weit weniger herausfordernd und gefährlich. Vielleicht könnten die Menschen im Wissen, daß *sie* der letzte Richter für ihre Taten sind und Meister ihres eigenen Schicksals, ihre Verhaltensweisen kontrollieren.

Das menschliche Verständnis würde unendlich wachsen, wenn jeder von uns Gewißheit hätte, daß das, was wir einander antun, Gutes oder Schlechtes, auf uns zurückkommt. Wieder dachte ich über Führungsqualitäten nach. Jeder Mensch in einer Machtposition muß die Einsamkeit empfinden, die »Bedeutung«, eine Entscheidung nicht zu überblicken, die möglicherweise den Tod anderer Menschen zur Folge hat. Dabei geht es nicht in erster Linie um den Tod. Es geht darum, einem Menschen das Instrument zu rauben, mit dem er Erfahrung sammeln kann, seinen Körper, und das ist das höchste kosmische Verbrechen. Der einzige Weg zu Gott führt durch das irdische Dasein, die karmische Erfahrung, die nur im Körper vollzogen werden kann. Einen anderen Menschen zu töten bedeutet, der Seele eine Gelegenheit zu nehmen, Gott zu finden.

Wäre der einzige Sinn von Chris' Akupunktursitzungen der eines Unterhaltungswertes gewesen, so müßte ich sagen, daß sie das dramatischste Erlebnis waren, das ich je das Privileg hatte zu erfahren. Und wie das bei guter Unterhaltung eben mal ist, hat alles eine tiefe Bedeutung.

Die letzte Inkarnation, die ich erlebte, war die bedeutsamste, bezogen auf mein jetziges Leben.

Sie begann im zaristischen Rußland (da war es also wieder!). Ich bekleidete eine wichtige Stellung bei Hofe und führte ein Luxusleben: Schlittenfahrten durch tief verschneite Landschaften, das sanfte, lautlose Dahingleiten der Kufen begleitet von hellem Glockengebimmel. (Ich konnte die Eiseskälte spüren und die Schlittenglocken hören während des Rückrufes dieser Inkarnation. Sie war so präsent, als würde ich alles tatsächlich noch einmal erleben.) Man parlierte Französisch mit russischem Akzent, unterhielt sich über impressionistische Malerei und die Eleganz Europas.

Die Bauern und Handwerker lebten in bitterster Armut, während die aristokratische Gesellschaft Sinfonien lauschte und sich an Ballett- und Operndarbietungen ergötzte. Die Armen vegetierten in erbärmlichen Hütten – halb verhungert, halb erfroren.

Diese Bilder stellten die Grundvoraussetzungen dar für meine Konflikte.

Die russisch-orthodoxe Kirche hatte eine hohe Machtstellung am Zarenhof inne. Der Satan, das personifizierte Böse, war ein reales und gefürchtetes Symbol. Der herrschenden Philosophie zufolge waren die Armen vom Satan heimgesucht: Das war ihr

Schicksal. Die Reichen wurden von Gott geliebt und belohnt: Das war ihre Bestimmung. Doch die Gesellschaft am Zarenhof fühlte sich den europäischen Fürstenhöfen unterlegen, weil sie sich der Primitivität ihres Bauernlandes schämten. Wenn die Aristokraten mit französischen Intellektuellen in den Salons parlierten, sprachen sie davon, daß die Bauernklasse nicht für die Demokratie bereit sei. Sie seien »Wilde«, die mit strenger Hand regiert werden müßten, um sie vor sich selbst zu schützen. Sie könnten, ohne zu überlegen, töten, seien mehr Tier als Mensch. Dieselben elitär denkenden Menschen mit ihren vorgefaßten Meinungen verschlangen mit bloßen Händen Lammschlegel an kostbar gedeckten Tafeln.

Solche Auseinandersetzungen verliefen nicht in kultivierten Wortgefechten; gewöhnlich endeten Meinungsverschiedenheiten in Ausbrüchen körperlicher Gewalt, dem Gelächter und Tränen folgten. Die Leidenschaften uferten aus.

Ich lebte ein behütetes Leben in der Geborgenheit des Zarenpalastes mit meinem Sohn, den ich abgöttisch liebte. Er war mein ganzer Lebensinhalt. Er war etwa sechs Jahre alt, als das Bild sich verdichtete. Der Knabe hatte hohe Wangenknochen (ein Merkmal, das mir sofort auffiel) und goldbraune Haare. Ich erkannte Vassy in dem Kind (er war also doch in einer früheren Inkarnation mein Sohn gewesen).

Dann wechselte das Bild in die Wälder der Vereinigten Staaten während des Bürgerkriegs. Ich war eine Frau, die allein in einer Blockhütte mit ihrem Sohn lebte. Auch dieser Sohn war Vassy! Er war sehr wütend auf mich und wollte aus der Blockhütte davonlaufen. Halb im Spaß, halb im Ernst stürmte er aus der Tür. Ich rannte hinter ihm her. Er lief zu einer Klippe, wo er sonst immer spielte, stolperte und stürzte über den Felsen. Das Bild wechselte zurück nach Rußland.

Vassy war ein schüchternes Kind, das mit der Not der Armen großes Mitgefühl empfand. Oft verließ er den Palast, um mit Freunden draußen zu spielen, und brachte den armen Kindern kostbare Geschenke mit, die sie für Nahrung eintauschen konnten. Ich wußte davon und ließ ihn gewähren.

Ein neues Bild zeigte sich. Ein Mann aus dem Dorf bat um eine Unterredung mit mir. Ich ließ ihn vor. Er führte eine Gruppe Armer zu mir und schilderte die verheerenden Lebensbedingungen, unter denen er und seine Familie lebten. Er sagte, seine Leute brauchten Hilfe und der Zarenhof müsse einsehen, daß etwas gegen die erbärmliche Armut unternommen werden müsse.

Ich hörte mir den Bericht des Mannes mit großer Anteilnahme an, fühlte mich aber zu schwach, etwas für ihn zu tun. Der Mann hatte bereits großen Mut bewiesen, sich überhaupt bis zu mir vorgewagt zu haben. Der Mann war Steve, mein Ex-Ehemann.

Ich versprach, ernsthaft über seine Probleme nachzudenken. Später nahm ich Verbindung mit ihm auf, verließ heimlich als Bäuerin verkleidet den Palast, um mich mit ihm zu treffen und mich selbst von den Lebensbedingungen der Bauern zu überzeugen. Sie begrüßten mich in ihren elenden Behausungen und teilten mit mir Essen und Trinken. Ich hörte mir ihre Geschichten an und sang ihre Lieder. Mein Sohn begleitete mich, stellte mir seine Freunde vor und gab den Leuten beim Abschied immer etwas Geld. Seine kindlichen Gesten der Wohltätigkeit brachten mich in Verlegenheit. Das Problem war so überwältigend, daß diese kleinen Geldgaben schäbig wirkten.

Die Armen wurden mir auf diese Weise sehr nahegebracht. Ich war gern in ihrer Gesellschaft und wollte ihnen helfen. Ich stand vor der Entscheidung, ob ich den Mut aufbringen würde, etwas für die Linderung ihrer Not zu tun.

Ich suchte Rat bei einem Mann, der eine hohe Machtposition bei Hofe innehatte. Sein Rang wurde mir nicht klar. Ich wußte nur, er war mein jetziger Vater.

Er hörte sich mein Anliegen teilnahmsvoll an, sah aber keinen Grund, seine Position zu gefährden, indem er Unruhe stiftete. Er sagte, das sei eben das Schicksal der Armen und sein spiritueller Ratgeber habe ihm gesagt, sich in das karmische Schicksal anderer Menschen einzumischen sei ein spirituelles Verbrechen. Sein Ratgeber war die Seele meiner heutigen Mutter.

Ich begann zu begreifen, wie kompliziert unsere karmischen

Verbindungen gewesen waren. Als ich mich an sie wandte, um sie um Hilfe für die Armen anzuflehen, sagte sie, es sei ein Werk des Satans, wenn die Zarenfamilie sich in das Karma der Armen einmische. Der Satan gehe verschlungene Wege, man müsse ständig vor ihm auf der Hut sein. Mein Sohn war Zeuge dieses Gesprächs. Ich konnte sehen, wie sie ihn beeinflußte.

Ich befand mich in großen Gewissensnöten. Durch meine russisch-orthodoxe Erziehung glaubte ich fest an die Gegensätze von Gut und Böse und war davon überzeugt, daß der Satan als Wolf im Schafspelz unter uns weilte. Glaubten wir nicht an den Satan, so war er es, der uns dazu verführte, ihn nicht anzuerkennen.

Ich war verwirrt und unfähig, etwas zu unternehmen. Ich wollte den Menschen helfen, die ich liebengelernt hatte, deren Leiden mein tiefes Mitgefühl hervorriefen. Ich sah mich selbst, wie ich in tiefer Verzweiflung in meinen Gemächern auf und ab ging. Ich versuchte, auf meine eigene innere Stimme zu hören, andererseits hatte ich Angst, mir den Unmut jener zuzuziehen, die in ihrer Beurteilung des Satans recht haben mochten. Und ich hatte Angst davor, bei der Zarenfamilie in Ungnade zu fallen.

Ich stellte meine Besuche im Dorf ein. Es war mir unmöglich geworden, die Gastfreundschaft der Armen anzunehmen. Der Mann, der mich anfangs um Hilfe gebeten hatte, verlor allen Mut, als er meine Feigheit erkannte, das zu tun, von dem ich wußte, es wäre richtig gewesen.

Als er noch einmal bei mir vorzusprechen versuchte, wies ich ihn ab und schickte ihn weg.

Etwas später berichtete mir mein Sohn, der Mann sei völlig verzweifelt und krank geworden. Nicht nur seine Familie, auch viele andere Dorfbewohner waren von ihm abhängig. Jetzt war er zu niedergeschlagen und zu krank, um für sie zu arbeiten.

Ein Familienmitglied nach dem anderen starb, er mußte hilflos zusehen.

Ich unternahm immer noch nichts.

Er wurde immer wütender auf mich. Eine Seuche suchte das Dorf heim.

Ich war so entsetzt darüber, daß mich die Nachricht nur noch mehr lähmte.

Ganze Familien wurden dahingerafft, bis das Dorf schließlich völlig ausgerottet war.

Der Mann konnte meinen Mangel an Zivilcourage nicht begreifen. Im Namen all derer, denen ich Hilfe verweigert hatte, schwor er mir Rache. Er kannte die Prinzipien karmischer Bestimmung, als er diesen Schwur ablegte. Es war nicht wichtig, ob die Rache mich in jener Lebenszeit oder in einer späteren erreichen würde.

In besagter Inkarnation gab es eine weitere Figur, die stumm blieb, aber an den Lebensbedingungen der Armen heftigen Anteil nahm. Der Mann war eine Art Chronist, der die Ereignisse der damaligen Zeit niederschrieb. Dieser Schriftsteller war mein Bruder Warren. Ich dachte an Warrens heutige leidenschaftliche Besessenheit, die Geschichte der Russischen Revolution durch John Reed zu berichten.

Die Bilder blieben bestehen. Mehr brauchte ich nicht zu sehen. Ich wußte genau, was sie bedeuteten.

Das Karma meiner Eltern war klar. Dadurch, daß sie den armen Bauern Geld und Unterstützung verweigerten, glaubten sie im jetzigen Leben Geldsorgen zu haben, auch wenn dies Unsinn war. Und beide, Mom und Dad, hatten heute ein tiefes Mitgefühl für die Not der Armen.

Auch Vassys Rolle war klar. Er war in mindestens vier Lebenszeiten mein Sohn (es kristallisierten sich noch zwei andere heraus, die aber nicht so wichtig waren, daß sie hier erwähnt werden müßten). Und in jeder Periode war das Thema Gut und Böse und Liebe und glühende Leidenschaft gegen Freiheit und Respekt.

Den größten Aufschluß gab mir der Mann aus dem Dorf. Meine Eltern mochten aus jener Lebensspanne Geldprobleme mit herübergenommen haben, aber ihre waren bedeutungslos im Vergleich zu meinen. Wie schon gesagt, der Mann, der mir Rache geschworen hatte, war mein Ex-Ehemann Steve. Während unserer Ehe hatte er mir große Geldsummen abgenommen, und bei den Unterhaltsregelungen nach der Scheidung verlangte er noch mehr. Ich hatte den Grund seiner Habsucht bis zu diesem Zeitpunkt nicht verstanden. Meinem Vater hatte er in der mongolischen Zeit Rache geschworen und mir in der russischen.

In der russischen Inkarnation war ich gelähmt vor Angst, hatte mich gegen meine Überzeugung passiv verhalten, hatte ihm Hilfe verweigert und damit schreckliche Folgen für ihn und seine Familie heraufbeschworen. Im gegenwärtigen Leben erfuhr ich die karmische Reaktion, erntete die Früchte meiner eigenen Schwäche aus der Vergangenheit. Es paßte alles zusammen.

Ich fragte mich, ob diese Überzeugung den Millionen Menschen helfen würde, die verbittert darüber sind, daß man ihnen alles weggenommen hat, die verraten und allem Anschein nach aus keinem ersichtlichen Grund verletzt wurden.

Es gibt für alles einen Grund. Wir nehmen alle teil an unserem karmischen Drama von einer Lebenszeit in die andere. Es ist lediglich ein Lernprozeß, und wenn wir uns selbst überzeugen könnten, in dieser Form darüber zu denken, würden wir viele Schicksalsschläge leichter ertragen.

Als ich das Gesehene verstand, spürte ich, wie tiefe Traurigkeit in mir hochstieg. Die *Gründe* für Steves negative Haltung zu begreifen berührte mich tiefer, als ich in Worte fassen kann. Ich ließ die Augen geschlossen, konzentrierte mich wieder auf mein Höheres Selbst, das mir klarer denn je erschien.

H. S. stand friedlich in meiner Mitte, ruhig und gelassen. Dann geschah etwas Erstaunliches. Mein Höheres Selbst breitete die Arme aus, als wolle es ein anderes Wesen begrüßen. Dieses neue Wesen näherte sich H. S., und ich erkannte in ihm Steves Höheres Selbst. Doch er hatte das Erscheinungsbild eines sehr alten Mannes. H. S. umarmte den alten Mann und blickte unverwandt auf mich herunter.

»Ich hoffe, ich habe dir geholfen zu lernen«, sagte der alte Mann voll Mitgefühl und Trauer. »Das war mein einziger Zweck. Ich liebe dich über alles Verstehen hinaus, und wir beide haben dem

Leben, das wir in dieser Inkarnation zusammen verbracht haben, zugestimmt. Wir haben zu viele gemeinsame Erfahrungen, um uns an alle zu erinnern. Das weißt du. Und durch jede haben wir einander belehrt und voneinander gelernt. Alles, was du mir angetan hast, und alles, was ich dir angetan habe, ist im Zeichen der Liebe geschehen, und die Liebe füreinander war nur eine Lehre der Liebe und Erkenntnis unseres Selbst.«

Mein Herz strömte vor Mitgefühl über, als sich die verwirrten, zerrissenen Gefühle in meinem Innern aufzulösen begannen. Wieder lächelte der alte Mann traurig. Und dann geschah etwas, was mir stets gegenwärtig sein wird.

H. S. hob erneut die Arme zum Willkommensgruß. In mein Bild höherer Dimension strömten die Wesen einiger anderer Menschen. Ich sage Wesen, denn sie hatten keine wirklichen Formen, und doch konnte ich sehen, daß sie die Seelenenergie des jeweiligen Höheren Selbst meiner Mutter, meines Vaters, meines Bruders, Vassys und Sachis waren. Jedes Wesen besaß eigene Lichtschwingungen und machte Aspekte seines Selbst sichtbar. Sie hielten sich in ihrem eigenen Licht, bebten in einer feinen Vibration ihrer persönlichen Strahlung.

Ich konnte das, was diese Erscheinung in mir auslöste, kaum fassen. Ich fing wieder an zu weinen. Ich spürte soviel überströmende Liebe von ihnen ausgehen. Es war so vollkommen. Sie bedeuteten mir so viel. Sie waren umgeben von ihrem eigenen Licht. Zwei andere Lichtwesen kamen hinzu – Ramtha und Tom McPherson. Sie gesellten sich zu beiden Seiten der kleinen Gruppe. Und meine Tränen rannen unaufhörlich.

Dann sprach H. S. wieder. »Dies ist *deine* Vollkommenheit. Dies ist die Harmonie, die du suchst. Deine Tränen erkennen eine Wahrheit, die du gesucht hast. Wisse, daß sie für dich da ist, und verliere sie nicht, indem du zu sehr kämpfst, um sie zu finden! Und denke immer daran, daß die Suche dein Weg ist, nicht der Kampf. Die Suche ist ein notwendiger Teil des Ganzen, und in der unvollkommenen Welt, die wir uns selbst erschaffen haben, muß es immer eine Suche nach Harmonie geben. Das ist der Sinn der

Unvollkommenheit – und daher der Widerspruch, die Unvollkommenheit, die das vollkommene Gleichgewicht herstellt. Verstehst du das? Verstehst du, daß wir alle in Liebe und Licht und Sinnerfüllung verbunden sind?«

Ich weinte so sehr, daß ich froh war, nur in Gedanken antworten zu müssen.

»Ja«, sagte ich, »ich verstehe.«

Abgesehen von den Einblicken in die Beziehung zu meiner Familie, zu Freunden und Geliebten, fällt es mir schwer, die Auswirkungen meiner Zeit mit Chris und der dadurch erlangten Nähe zu meinem Höheren Selbst genau zu beschreiben. Es gibt drei wichtige Lebensbereiche, in denen meine wachsende spirituelle Reife große Bedeutung für mich bekommen hat: erstens meine Energie und meine inneren Reserven; zweitens in der Wahrnehmung der Realität; und drittens in erfahrener Realität.

Zum ersten Punkt: Meine Energie ist »phänomenal«, das sagen mir die Menschen, mit denen ich zusammenkomme – und natürlich spüre ich das in jeder Phase meines täglichen Lebens und in meiner Arbeit. Zweitens: Ich bin immer mehr von der Wahrheit der Aussage Flauberts überzeugt: »So etwas wie Realität gibt es nicht, es gibt nur Wahrnehmung.« Und diese Wahrnehmung der eigenen Realität bezieht sich direkt auf den dritten Aspekt – erfahrene Realität.

Wenn ich einem Problem gegenüberstehe, das zu negativ oder verwirrend scheint, als daß ich es bewältigen könnte, erleichtert mir das Wissen, daß ich mir dieses Problem für meine eigene Lernerfahrung gewählt habe, damit fertig zu werden. Die Aufgabe wird dann zur Herausforderung, zu ergründen, *warum* die Dinge geschehen, damit Teilstücke in ein größeres Bild eingepaßt werden können.

Kurz nachdem ich Santa Fe verließ, ereigneten sich zwei Begebenheiten, die für mich beispielgebend sind für den Vorgang, wie man dem Leben im Licht der Spiritualität begegnet.

TEIL VIER

DER TANZ
DES ROTEN FADENS

Neunzehntes Kapitel

Ich machte mich sofort an den ersten Entwurf von *Many Happy Returns*. Bereits der Titel inspirierte mich dazu, das, was ich sagen wollte, in leicht verständlicher Form zu Papier zu bringen. Ich stellte fest, wenn ich das Schreiben meinem Höheren Selbst anvertraute, konnte ich neun bis zwölf Stunden täglich arbeiten, ohne zu ermüden. Genauer gesagt, mir war gar nicht so, als arbeite ich, es war wie ein freier Gedankenfluß. Ich begann zu verstehen, wie das schöpferische Prinzip des Vertrauens in das eigene höhere Wissen funktioniert. Ich stand mir ganz einfach nicht mehr selbst im Weg. Den ersten Entwurf schaffte ich in fünf Wochen.

Und dann kam die Blockade.

Ich war nach Los Angeles zurückgekehrt, und während einer Sitzung mit Kevin Ryerson – dem Medium für die spirituellen Wesenheiten Tom McPherson und John – sagten mir die beiden, es gebe ein Problem mit dem Buchtitel: Ein Buch über die vergangenen Lebensspannen Edgar Cayces, des berühmten amerikanischen Mediums, das in Kürze erscheinen werde, trage den Titel *Many Happy Returns*. Sie fügten aber auch hinzu, daß ich einen passenderen Titel finden werde, der sich persönlicher auf mein Leben und meine Vergangenheit beziehen werde. Ich war niedergeschlagen, wartete aber, daß mir ein neuer Titel einfiel. Ich kehrte zur Bühne zurück.

Ich spielte am Orpheum-Theater in San Francisco, als Kevin Reyerson eine Vorstellung besuchte. In meinem roten Paillettenanzug betrat ich die Bühne für meine Eröffnungsnummer. Als ich anfing zu tanzen, bemerkte ich einen langen roten Faden an einem Ärmel hängen. Ich hatte genügend Erfahrung mit Paillettenmaterial, um zu wissen, daß es sich nicht empfiehlt, an einem losen Faden zu ziehen, da die Pailletten ähnlich wie Perlen aufgefädelt sind. Die Garderobiere war eine sehr zuverlässige Person, und mir war schleierhaft, wie das geschehen konnte.

Nach der Eröffnungsnummer bat ich um eine Schere und sagte dem Publikum, wenn ich an dem roten Faden zöge, würde ich möglicherweise das ganze Kostüm auftrennen. Es sollte sich herausstellen, daß meine Bemerkung eine Metapher war für das, was geschehen würde.

Kevin kam nach der Vorstellung hinter die Bühne, mit einer Broschüre unterm Arm. »Ich denke, wir haben hier eine interessante Übereinstimmung«, sagte er. »Lies das mal. Dann sprechen wir darüber.« Ich wußte natürlich nicht, was er meinte, bis ich das Heft gelesen hatte.

Schnell überflog ich einen Artikel über das Leben eines Zen-Meisters des 15. Jahrhunderts aus Japan namens Ikkyu. Er war ein berühmter Dichter, Bilderstürmer und religiöser Reformator, der zwar königlichem Geblüt entstammte, jedoch den Großteil seines langen Lebens (er wurde 88 Jahre alt) als heilender Wandermönch zubrachte. Er wurde einer der besten Kalligraphen seiner Zeit, war aber auch als legendärer Liebhaber berühmt, der seine große Liebe kennenlernte, als er die Siebzig bereits überschritten hatte. Ikkyu war ein Mann voller Widersprüche, ebenso wie die Zeit, in der er lebte. Eine Zeit politischer Unruhen mit Aufständen, Bürgerkriegen, Seuchen, Epidemien und Hungersnöten. Parallel dazu erfolgten aber auch radikale Erneuerungen in den schönen Künsten, eine kulturelle Renaissance, vergleichbar etwa der italienischen Renaissance. Ikkyus Einfluß auf seine Epoche war sehr bedeutend. Er wurde zu einem Volkshelden. Seinen größten Beitrag zur japanischen Kultur leistete er als Vater des *Wabi*, frei übersetzt, die Schönheit des Einfachen, das Fehlen materialistischen Pomps durch »Dinge«. Als Poet genoß er sowohl in China als auch in Japan hohes Ansehen.

Doch der Zen-Meister lehnte sich auch gegen einige Aspekte der Zen-Philosophie auf, deren Lehren die Existenz der Frau nicht nur mißachteten, sondern sie geradezu ablehnten und folglich auch Liebe und Sexualität zwischen Mann und Frau. Ikkyu nannte seine Anerkennung der Sexualität und die Achtung für die weibliche Energie Zen des Roten Fadens und wies darauf hin, daß kein Leben existieren könne ohne die Nabelschnur, die uns mit dem Weiblichen verbindet. Er lehnte den Zölibat mit Nachdruck ab und erklärte, seine intimen Beziehungen zu Frauen hätten ihm zu tieferer Erleuchtung verholfen. Er hatte viele Beziehungen zu Frauen unterhalten, lernte aber erst mit Mitte Siebzig die große Liebe seines Lebens kennen, wie er selbst sagte. Die Frau war eine blinde japanische Balladensängerin, vierzig Jahre jünger als er. Auf dem Sterbebett widmete er ihr sein letztes Gedicht.

> Ich bedaure, meinen Kopf nicht mehr
> in ihren Schoß betten zu dürfen,
> und gelobe ihr ewiges Leben ...

Ich las den Artikel, und er kam mir seltsam bekannt vor. Kevin meinte, er habe sich »gezwungen« gefühlt, ihn mir zu bringen. Er müsse wohl etwas mit meiner eigenen Erfahrung in einem vergangenen Leben zu tun haben. In meinem intuitiven höheren Verstand ahnte ich irgendwie, daß ich vielleicht die blinde Balladensängerin gewesen sein könnte.

Einige Tage später trafen wir uns zu einer Sitzung. McPherson und John teilten sich mit. Ich fragte sie nach der Bewandtnis in der Übereinstimmung des roten Fadens am Ärmel meines Bühnenkostüms und des Zen des Roten Fadens von Ikkyu. »Wir planten diesen kleinen, doch wichtigen Zwischenfall«, gestand McPherson, »um dein Interesse zu wecken.«

»Aber warum?« fragte ich. »War ich die blinde Balladensängerin? Und wenn ja, welche Bedeutung hat das?«

»Wie denkst du selbst darüber?« fragte McPherson, wie alle spirituellen Meister dies tun, um einen zu intensiverem Nachdenken zu zwingen.

»Hm, ich denke schon, daß ich sie *war*.«

»Du hast recht.«

Dann plötzlich sah ich einen Zusammenhang zwischen meinen Augenproblemen und dem, was mir eben klargeworden war. In letzter Zeit schwammen immer häufiger dunkle Flecke vor meinen Augen, die mir das Lesen erschwerten. Ich fragte, ob darin ein Zusammenhang bestehe.

»Ja, gewiß«, meinte McPherson, »dein Höheres Selbst erkannte, daß du diese Einsicht deinem Bewußtsein zuführst, und die Erinnerung an die Blindheit drückte sich durch das Zellgedächtnis deiner Augen aus.«

Ich blinzelte und versuchte mich zu erinnern, wie ich ausgesehen haben mochte. Mir wurde bewußt, daß ich mit tieferer Klarsicht »sah«. Ich sah keine »Form«, ich »sah« Bedeutung und Gefühle.

»Du hattest damals eine große Sicht nach innen«, sprach McPherson weiter, »einen hochentwickelten Sinn für das Dasein, weil dir das Augenlicht nach außen fehlte. Es wäre gut für dich, wenn du in diesem Leben die Sicht nach innen stärker betonen würdest.«

In der Sekunde, als McPherson diese Worte aussprach, hatte ich eine blitzartige Einsicht in die Beziehung zu Ikkyu. Ich wagte kaum, sie laut zu äußern, doch ich hatte längst gelernt, mich nicht von Skepsis leiten zu lassen.

»Tom«, sagte ich, »ich habe eine sonderbare Idee.«

»Ich weiß«, antwortete er.

»Ist sie richtig?«

»Äußere deine Gefühle«, drängte er mich.

»Also«, – ich schluckte –, »ich habe das Gefühl, dieser Ikkyu war mein Ex-Ehemann Steve!«

Tom lächelte durch Kevins Gesicht.

»Ganz richtig«, bestätigte er. »Du mußtest die Fäden deines eigenen Geheimnisses entwirren, um zu einem neuen Verständnis zu gelangen und dadurch zu einem persönlicheren Titel für dein Buch.«

»Welchen Titel?«

»Für dich ist doch das ganze Leben ein Tanz, nicht wahr?«

»Ja.«

»Ein Tanz von Energie und Lehren?«

»Ja.«

»Ikkyus Zen des Roten Fadens war die Erkenntnis des Tanzes männlicher und weiblicher Energie, da wir in jeder Inkarnationserfahrung sowohl Männliches als auch Weibliches verkörpern. Ihm gelang damit ein dramatischer Durchbruch auf dem Gebiet der puritanischen sexualfeindlichen Zen-Philosophie seiner Epoche. Er erkannte, daß alle Erfahrung über den roten Faden der Nabelschnur mit dem Weiblichen verbunden ist. Ikkyu war dein Steve. Deshalb bist du ihm in deiner gegenwärtigen Inkarnation in spiritueller Hinsicht sehr verbunden, und deshalb empfandet ihr beide diese Liebe zu Japan. Die spirituelle Zugehörigkeit wurde in diese Lebenszeit herübergenommen, nur sind eure Rollen in diesem Leben vertauscht. *Dir* kommt die Rolle zu, die Lehren in die Öffentlichkeit zu tragen; er ist der Lernende. Manchmal sind deine Einsichten zuviel für ihn. In solchen Augenblicken verschließt er sich. Genau wie seine Einsichten in eurer früheren gemeinsamen Inkarnation größer waren, als andere sie verstehen konnten. *Deine* innere Einsicht in diese Inkarnation wird dich befähigen, mit anderen toleranter umzugehen, die manchmal vom Licht geblendet sind. Verstehst du?«

Ich setzte mich gerade auf, straffte die Schultern und atmete tief. Die Flecken vor meinen Augen waren ebenso verschwunden wie ein starkes Schmerzgefühl in meiner rechten Schulter, das mir seit zwei Tagen zu schaffen machte.

»Der Schmerz in deiner rechten Schulter hat sich verflüchtigt«, sagte Tom, »weil du mit der Inkarnation, über die wir eben gesprochen haben, Verbindung aufgenommen hast.«

»Warum spürte ich diesen Schmerz?«

»Er war dir damals von einem anderen Zen-Meister zugefügt worden, das ging über dein Verständnis hinaus.«

»Hat Ikkyu mich geschlagen?«

»Nein. Ein anderer Mönch schlug dich, weil du und Ikkyu es gewagt hattet, die alten Zen-Glaubenssätze umzustoßen.«

Ich rieb meine Schulter, ohne die Stelle, die mir noch vor ein paar Minuten weh getan hatte, lokalisieren zu können.

»Jeder körperliche Schmerz«, fuhr Tom fort, »wie übrigens auch jede Krankheit, ist nichts anderes als ungelöste karmische Unreinheit. Wenn das Karma verstanden wird, fließen die Energieströme im Körper frei. Je freier man in karmischer Hinsicht wird, desto weniger Schmerzen, um so weniger Krankheiten befallen den Körper.«

»Aber Tom«, widersprach ich, ohne zu verstehen, warum ich plötzlich so heftig wurde, »wie können die Menschen sich vor Schmerz und Krankheit schützen, wenn sie nicht wissen, wie sie mit ihrem Karma aus vergangenem Leben in Verbindung treten sollen? Nicht jeder hat spirituelle Meister wie dich, mit denen er sprechen kann.«

»Im Grunde genommen ist das sehr einfach«, entgegnete Tom gelassen, »sehr einfach. Wenn jedem Menschen ein grundsätzliches spirituelles Gesetz gelehrt würde, dann wäre eure Welt ein glücklicherer und gesünderer Platz. Und dieses Gesetz lautet: *Jeder Mensch ist Gott. Jeder.* Die größte Bedrohung der Erde entsteht durch die spirituelle Unwissenheit. Die Welt hungert nach mehr Wissen. Durch die Rückbesinnung auf religiöse Werte erfährt die Menschheit einen Ruck in diese Richtung. Doch jede religiöse Splittergruppe begegnet der anderen mit Vorurteilen und Unduldsamkeit. Laßt ab von eifernden Richtersprüchen. Wenn jeder Mensch sich in Einklang mit der Erkenntnis befindet, daß *jeder* Mensch Teil Gottes ist, wird das kollektive Bewußtsein Frieden widerspiegeln – inneren Frieden. Ihr müßt erkennen, daß sich in jedem einzelnen die allmächtige kosmische Wahrheit befindet, die ihr mit dem Begriff Gott bezeichnet.«

Ich starrte auf Tom McPhersons Energie, die sich durch Kevins Körper mitteilte. »Wenn wir also *erkennen*, daß wir als Gemeinschaft und als einzelner Teil dieser Gotteskraft sind, werden *wir* keinen Schmerz, kein Trauma, keine Krankheit mehr erleiden – willst du das damit ausdrücken?«

»Das ist richtig«, sagte Tom ruhig. »Erleuchtung kann über

jeden kommen, ungeachtet, welch verabscheuenswertes Leben er auch führen mag. Jeder einzelne arbeitet sich durch seinen eigenen Seelenkonflikt. Jeder Mensch bewältigt auf seine Weise sein eigenes Trauma. Niemand kann einen anderen wirklich kennen oder ihn beurteilen. Denn jede Seele im Universum ist ein Teil Gottes.«

Ich saß reglos.

»Weißt du, was ein Koan ist?« fragte Tom.

»Nein.«

»Ein Koan ist eine Frage, die ein Zen-Meister seinen Schülern stellt, auf die es keine logisch richtige und faßbare Antwort gibt. Er stellt sie ihnen, damit sie tiefer über ihre eigene Realität nachdenken. ›Kannst du den Klang einer klatschenden Hand beschreiben?‹ Das ist ein Koan. ›Verursacht ein umstürzender Baum im Wald ein Geräusch, wenn niemand da ist, um es zu hören?‹ Auch das ist ein Koan. Das Koan soll die Sicht nach innen anregen. Der Titel *Many Happy Returns* war ein Koan für dich. Er regte dich an, Nachforschungen anzustellen. Als er dir genommen wurde, vertiefte sich deine Einsicht noch mehr. Nun, da du den Tanz des Bewußtseins kennengelernt hast, weißt du mehr über dich selbst. Das Selbst zu kennen ist die einzig lohnende Erkenntnis. Ihr entströmt alles andere.«

Wir saßen beide schweigend. Ich fragte mich, wie Tom, die spirituelle Wesenheit, aussehen würde, wenn er eine Form hätte. Was ist Form? Was sind Körper? Was sind wir? Sind wir nun koagulierte, zu Materie gewordene Gedanken? Sind wir körperliche Manifestationen unseres eigenen Bewußtseins?

»Nun, Tom«, sagte ich schließlich, »ich glaube, du bist mein neues Koan. Wenn du Form hättest, wie würdest du dann aussehen?«

»Ganz recht, und ich kann dir nur versichern, daß ich für jede Seele, die diese Frage stellt, anders aussehen würde. Realität ist das, was jeder wahrnimmt. Wenn du keine weiteren Fragen mehr hast, werde ich mich nun zurückziehen.«

Ich nickte. »Und wenn du gehst, hat es dann nur den Anschein, als seist du gegangen?«

»O ja, nichts geht wirklich. Alles und jeder ist immer gegenwärtig. Denke daran in den Tagen, die kommen werden. Je mehr du dir darüber im klaren bist, desto größer ist dein Bewußtsein. Je mehr Bewußtsein du besitzt, um so näher lernst du dein höheres unbegrenztes Selbst kennen. Je näher du dein Höheres Selbst kennst, desto näher bist du jedem anderen Höheren Selbst und dem Licht, das die Gotteskraft ist.«

Durch Kevins Körper zuckte ein Schauder. Tom McPherson verließ ihn. Ich sollte wirklich an Toms Worte denken und dankbar dafür sein »in den Tagen, die kommen werden«.

Ich erhielt einen Anruf von Christopher Adler, meinem langjährigen Freund, der die Texte für meine New Yorker Show geschrieben und der die phantastische »Licht und Leben«-Geburtstagsparty für mich veranstaltet hatte. In den Jahren unserer Zusammenarbeit waren wir uns sehr ans Herz gewachsen. Nun war er verzweifelt.

»Es ist etwas Furchtbares im Gange«, sagte er in unterdrückter Panik, »ich habe entsetzliche Magenschmerzen und Fieber, Ödeme und überhaupt keine Energie mehr. Die Ärzte wissen nicht, was los ist.« Er wolle sich in einer Klinik gründlich untersuchen lassen.

Sofort rief ich Chris Griscom in Santa Fe an, um herauszufinden, ob sie sich in etwas einschwingen konnte, was Christopher betraf. Sie war entsetzt.

»O mein Gott, liebste Freundin«, sagte sie nach langem Schweigen, in dem sie mit ihrem Höheren Selbst Verbindung aufnahm. »Der ganze Körper des jungen Mannes ist von Krankheit zersetzt, die vor etwa drei Jahren begonnen hat. Shirley, es scheint, als würde er nicht durchkommen.«

Ich war wie vor den Kopf geschlagen. Christopher war ein Bild strahlender Gesundheit. »Und was kann er dagegen tun?« fragte ich.

»Er muß akzeptieren, daß er sich erwählt hat, diese Erfahrung zu machen, die nicht angenehm werden wird. Wenn er die Rolle seines karmischen freien Willens darin begriffen, besteht vielleicht die Chance, daß ein Heilungsprozeß einsetzt.«

Ich wußte nicht, was ich tun sollte – ob ich Christopher anrufen sollte oder nicht.

Ich rief Kevin an und bat ihn, mit McPherson und Ramtha Verbindung aufzunehmen.

Sie konnten mir keine positivere Auskunft geben. Die Ausbreitung der Krankheit in Christophers Körper war wirklich weit fortgeschritten.

Ich sprach mit Richard Adler, Christophers Vater, mit dem ich ebenfalls all die Jahre zusammengearbeitet hatte. Keiner von uns konnte die grauenvolle, offensichtliche Endgültigkeit dessen, was mit Christopher geschah, begreifen.

Ein paar Tage später rief Christopher mich wieder an. »Es ist Lymphom, Shirley«, sagte er und hatte Mühe, seine Tränen zurückzuhalten. »Ich habe Lymphknotengeschwülste im ganzen Körper. Ich habe Krebs. Ich kann es nicht fassen. Sie haben alles mögliche aus meinem Körper entfernt, und nun muß ich mich fünf Wochen einer Chemotherapie unterziehen. Ich begreife nicht, wieso das passiert.«

Ich konnte nicht sprechen. Wie, in Gottes Namen, konnte ich ihn trösten?

Dann sagte Christopher mit fester Stimme. »Hör zu, ich brauche spirituelle Hilfe. Ich habe *Angst*. Wir haben über deine spirituellen Ansichten gesprochen und darüber, wie sich das alles auf unser Leben bezieht. Aber jetzt muß ich die Zusammenhänge *wirklich* verstehen.«

Ich sprach wieder mit Chris Griscom und Kevin. Sie sagten, daß die Chemotherapie die natürlichen Heilkräfte des Körpers behindern würde, weil sie außer den Lymphomen auch gesundes Gewebe zerstört. Sie prophezeiten aber auch, daß gemäß seiner karmischen Prognose die Behandlung ohnehin nicht mehr viel Sinn hätte.

Ich sprach mit Christophers Ärzten. Sie meinten, in meiner spirituellen Einstellung zu der grauenvollen Krankheit meines Freundes liege eine gewisse Wahrheit, die jedoch empirisch nicht zu erhärten sei, und deshalb würden sie ihre medizinischen Therapien fortsetzen. Ich sah das ein. Christopher verstand es. Und auch Richard.

Es folgten Wochen der Krankenbesuche und langer Telefonate. Für Christopher brachten sie die schrecklichen Nebenwirkungen der Chemotherapie mit sich. Er zweifelte, ob er die Krankheit bekämpfen oder sie annehmen sollte.

Ich versuchte ihm zu einer inneren Einstellung zu verhelfen, das Lymphom überwinden zu können, jedoch nicht von einem »kämpferischen« Standpunkt her. Ich sprach mit ihm eher in dem Sinne, die Krankheit zu verstehen und daran zu glauben, daß sein Körper vollkommen sei, wenn er sich nur auf die Realität dieser Vollkommenheit konzentrieren könne. Er war dreißig Jahre alt, sein Herz war gesund, also könnte auch sein Körper gesund sein, wenn er das nur »erkennen« würde.

Die Familie Adler war auf das Schlimmste gefaßt. Alle unterstützten sie Christopher in seinem Kampf, so gut sie es vermochten. Ich flog nach New York, um eine Woche bei ihm zu sein. Während dieser Zeit hatte ich einen Traum, eine Art »Vision«, wie wir sie wohl alle von Zeit zu Zeit erleben, die so real ist, daß man glauben könnte, das Geträumte erlebt zu haben.

Ich betrat Christophers Krankenzimmer, in dem ich ihn in der Realität verzweifelt, ratlos und unabänderlich hatte liegen sehen.

Als ich diesmal eintrat, war er angezogen und streckte die Arme nach mir aus. Er sah gesund und glücklich aus. Er legte seine Arme um mich, und wir begannen miteinander zu tanzen. Ich blickte mich um. Wir tanzten in einer Kugel aus reinem, weißem Licht. Er flüsterte mir ins Ohr: »Jetzt bin ich bereit, über meine Mutter zu sprechen.«

Ich wachte abrupt auf. Ich wußte, seine Mutter war gestorben, als er noch ein kleiner Junge war. Ihr Tod hatte ihn völlig aus der Bahn geworfen.

Ich rief Chris Griscom an und fragte sie nach der Bedeutung meines realistischen Traumes.

»Meine Meister sagten mir, daß er eine lange und komplizierte

Beziehung mit seiner Mutter verarbeiten muß, die seit Jahrhunderten besteht. Dies ist seine Art, sie zu bewältigen.«

»Bedeutet der Traum, daß er überleben wird? Oder wird er sterben?«

»Er wird sterben, Shirley. Die weiße Lichtkugel um euch bedeutet sein Einverständnis, in das Licht des Verstehens einzutauchen, *nachdem* er in eine höhere Dimension eingegangen ist.«

Ich legte den Telefonhörer auf. Ich war nicht bereit, diese Erklärung hinzunehmen. Ich wollte, daß Christopher in seinem Körper lebte, so sehr, wie er und seine Familie dies wünschten.

Ich ging in mein Zimmer, um einige Yoga-Übungen zu machen. Mitten in einer Yogaposition begann mein Höheres Selbst zu mir zu sprechen mit klarer, präziser Stimme.

»Weshalb glaubst *du* das Recht zu haben, darauf zu bestehen, daß Christopher in seinem Körper weiterlebt, wenn er in einer höheren Dimension andere Bereiche klären will?«

Ich verharrte reglos in meiner Position. »Was meinst du damit?« fragte ich laut.

»Genau das, was ich sage«, antwortete H. S. streng. »Du weißt genau, daß er ohnehin nicht wirklich sterben wird. Laß ihn seinen Weg auf seine Weise gehen. Ein Mensch kann nie wirklich verstehen, was ein anderer tut und warum er es tut.«

»Aber«, protestierte ich, »*er* sagte doch, er möchte in seinem Körper weiterleben.«

»Nur ein Teil von ihm, aber es ist klar, daß sein Höheres Selbst weitergehen muß, sonst würde dies nicht geschehen. Er verläßt die Erde, weil er sich dazu entschlossen hat. Das mag für dich schwierig sein zu verstehen, weil du dem körperlichen Leben so viel Bedeutung beimißt. Aber *du* bist der Widerspruch. Laß ihn in Würde gehen. Das ist seine Lehre an euch alle.«

Ich stand da und starrte mich im Spiegel an. Plötzlich ergab die Personifizierung der sogenannten Todeserfahrung einen Sinn. Ich hatte noch nie erlebt, daß ein mir nahestehender Mensch »gestorben« war. Jetzt begriff ich auf sehr eindringliche Weise, daß Christopher uns nicht wirklich verlassen würde, er ging nur ein in die

Gefilde einer anderen Dimension. Und je mehr ich oder andere darauf bestanden, daß er in seinem Körper weiterlebte, um so schwieriger machten wir ihm den Übergang. Was er tun würde, mußte ihm überlassen bleiben. Die Ärzte würden ihre Rolle spielen. Teilaspekte von Christopher selbst würden fortfahren zu kämpfen, doch der wirkliche Christopher würde seine eigene Entscheidung treffen, wann und ob er gehen würde.

Nach diesem Erlebnis mit meinem Höheren Selbst hörte ich auf, um Christopher zu kämpfen. Ich empfand Trauer und Schmerz um den Verlust eines treuen Freundes und Mitgefühl für die Familie, der er fehlen würde. Doch ich fühlte nicht mehr diese empörte Verzweiflung in mir.

Er traf seine Entscheidung etwa sechs Wochen später. Ich trat in meiner Show in Los Angeles auf. Beim Text meiner Eröffnungsnummer dachte ich jedesmal an ihn. Eines Abends ging ich nach der Show nach Hause, um mich früh ins Bett zu legen. Als ich schlief, erfüllte ein gleißendes weißes Licht das Zimmer. Davon erwachte ich. Ich dachte, die Sonne scheine ins Zimmer. Das Zimmer war dunkel, doch ich war in Lichtstrahlen getaucht, die mich umgaben und gleichzeitig aus meinem Kopf zu gleißen schienen. Ich wußte, dieses Licht war Christopher. Das Licht blieb die ganze Nacht bei mir und noch einige Tage danach.

Als ich Richards Anruf erhielt, sagte ich ihm, ich wisse es bereits.

Immer wenn ich die Bühne betrat und im Licht der Scheinwerfer tanzte, schien Christophers Licht sich damit zu verbinden. Ich spürte, wie er sich über das, was ich tat, freute, woran er so großen schöpferischen Anteil hatte.

Ich spürte, er war irgendwie heimgekehrt an einen Ort, wo all seine Fragen endlich beantwortet wurden. Und er ließ mich wissen, daß sein »spiritueller Spielplan« in vollem Gang war. Er war befreit von seiner Verwirrung, von Schmerz und Angst und wußte genau, was er tat.

Wir fanden uns alle auf unsere Art mit seinem Fortgehen ab. Immer wenn ich an ihn denke, sehe ich ihn in einem Lichtkegel tanzen, er blickt auf mich herab, während ich in meinem Licht tanze.

EPILOG

All dem, worüber ich geschrieben habe, mit Skepsis zu begegnen ist verständlich. Zu Beginn war auch ich befangen, außer in einer Hinsicht. Ich wußte, es *geschah* mir. Vielleicht wollte ich, daß es geschieht. Die Erfahrung, die ich machte, bewirkte in mir größeres Verständnis für das, was die Neuen Physiker und die Alten Mystiker in ihren Studien miteinander zu vereinbaren suchten: die Realität des Bewußtseins. Außer, daß sie plötzlich dieselbe Sprache zu sprechen beginnen, nähern sie sich der Übereinstimmung, daß möglicherweise selbst der *Kosmos* nichts anderes ist als Bewußtsein. Daß das Universum und Gott selbst vielleicht nur ein einziger kollektiver »Gedanke« ist. Und daß jede winzige Information, die in unserem eigenen Bewußtsein gespeichert ist, auf jede andere Information verweist, nicht nur in unserem eigenen Bewußtsein, sondern in jedem anderen Bewußtsein. Daß die »Realität« des physikalischen Universums in Wahrheit nur holographische Gedächtnismuster in unseren eigenen Gedanken sind. Daß Zeitalter für Zeitalter in den Gedächnismustern unseres mentalen und körperlichen Bewußtseins weiterleben.

Das Hologramm dieses Bewußtseins versetzt uns in die Lage, uns mit dem Universum eins zu fühlen und eins mit allem, was wir je erfahren haben. Wir sind in »Wirklichkeit« multidimensionale Wesen, die alle die Totalität des Ganzen widerspiegeln.

Ich glaube, meine unermüdliche Suche nach meinem Selbst war von der intuitiven Gewißheit geleitet, daß in mir der Spiegel aller

Existenz liegt. Daß alle Neugier, bezogen auf die Außenwelt, in Wahrheit Neugier war, in mein Inneres zu sehen. Würde ich alles über mich wissen, würde ich das Universum begreifen.

Die Neuen Physiker und die Alten Mystiker scheinen nun in folgender Erkenntnis übereinzustimmen: Betrachtet man die Welt und die Wesen in ihr, so stellt man fest, daß wir eigentlich nur mit unserem eigenen Bewußtsein »tanzen«. Alles, was wir fühlen, denken und wonach wir handeln, steht in Beziehung zu allem, was alle anderen Menschen denken, fühlen und wonach sie handeln. Wir *alle* nehmen teil an diesem Tanz.

Als ich begann, die Welt mit karmischem Bewußtsein zu betrachten, ließ mich das Wissen, daß wir alle unsere eigenen Wege unseres eigenen freien Willens erschaffen, die kosmische Gerechtigkeit in allem erkennen. Mir wurde klar, daß in jeglichem Geschehen das sinnvolle Gute liegt, wenn ich diesem Geschehen den Weg der Erfahrung und des Verständnisses öffne.

Vielleicht dauert es Äonen, bis ich das volle Verständnis und die volle Klarheit für mein Selbst erreiche, doch habe ich dieses Bewußtsein einmal erlangt, so werde ich vollständig mit der unsichtbaren, allmächtigen Kraft verbunden sein, die wir Gott nennen.

Diese göttliche Kraft heute zu verleugnen wäre für mich gleichbedeutend damit, meine Existenz zu verleugnen.

Ich *weiß*, daß ich existiere, also BIN ICH.

Ich *weiß*, daß die Gottesquelle existiert. Deshalb IST SIE.

Da ich Teil dieser Kraft bin, BIN ICH, was ICH BIN.

Spirituelle Prinzipien zu verstehen ist für mich gleichbedeutend damit, wissenschaftliche Prinzipien zu begreifen. Die beiden Ansätze zur Wahrheit beinhalten die Antwort auf dieselbe Frage: Was ist Gott?

Ich glaube, eines Tages werden Wissenschaftler und Theologen einträchtig nebeneinander denselben Berggipfel der Erkenntnis erreicht haben.

Was mein eigenes Leben betrifft, so ist mein Höheres Selbst stets bei mir. Wenn mich Probleme beschäftigen, ziehe ich es zu Rate. Habe ich eine Frage, so richte ich sie an mein Höheres Selbst.

Es ist mein Lehrer. Es ist der Meister meiner Seele. Es ist *Ich*.

Bin ich einmal getrennt von ihm, nehme ich mir Zeit zur Meditation, bis ich mich wieder in Einklang mit ihm befinde.

Das fließende, gebende, einsichtige Bewußtsein meines eigenen Seins ist für mich so lebensnotwendig geworden wie die Luft zum Atmen. Ich kann seine Existenz keinem anderen Menschen beweisen. Jeder muß seine eigene Erfahrung machen, um diese Erkenntnis zu erlangen.

Geschieht dies, werden wir den Sinn des Lebens verstehen, werden wir begreifen, warum wir das tun, was wir tun. Aber wichtiger als alles andere ist es, meiner Erfahrung nach, diesen Weg zu verfolgen, um das SELBST zu verstehen. Der Tanz im Inneren und der Tanz nach außen sind ineinander verschlungen. Tanz und Tänzer sind eine Einheit.

SHIRLEY MACLAINE

SHIRLEY MACLAINE
DIE REISE NACH INNEN

Mein Weg zu spirituellem Bewußtsein

In ihrem ersten Praxisbuch weist Shirley MacLaine den Weg zum Kern der Dinge und des eigenen Ichs, zu einem ganzheitlichen, spirituellen Bewußtsein. Subjektiv und sehr persönlich zieht sie die Quintessenz der tiefen Erfahrungen, von denen ihre früheren Bücher berichteten. Ganz konkret gibt sie einen Leitfaden zu Selbsterkenntnis und Selbstverwirklichung.

GOLDMANN